"博学而笃志，切问而近思。"
（《论语》）

博晓古今，可立一家之说；
学贯中西，或成经国之才。

复旦博学·复旦博学·复旦博学·复旦博学·复旦博学·复旦博学

主编简介

华民，男，1950年生。1982年复旦大学本科毕业，1993年获复旦大学经济学博士学位。现为复旦大学经济学院世界经济系研究所所长、教授、博士生导师，中国世界经济学会副会长，上海市人民政府决策咨询委员会专家，上海市"十五"规划顾问，上海市企业家资质评审专家。长期从事国际经济、世界经济与中国经济研究。著有《西方混合经济体制研究》、《不均衡的经济与国家》、《世界国有企业概览》、《当代资本主义经济导论》、《当代资本主义市场经济》等学术专著8本，《公共经济学》等教材4本。《经济研究》、《管理世界》等学术刊物上公开发表各种学术论文300多篇。先后获得"金三角"企业研究优秀论文奖，吴玉章奖，安子介国际贸易优秀论文奖，国家教育部人文社会科学优秀著作奖，上海市社联优秀著作奖和优秀论文奖，上海市经济学会优秀论文奖等。1996年享受国务院特殊津贴。

普通高等教育"十一五"国家级规划教材

博学·经济学系列
ECONOMICS SERIES

国际经济学（第二版）

华 民 编写

复旦大学 出版社

内容提要

国际经济学的研究对象包括微观的贸易理论与宏观的国际收支理论这两个基本的组成部分。微观部分主要介绍各种各样的贸易理论，包括作为古典贸易理论起源的重商主义贸易理论，古典贸易理论，新古典贸易理论，在第二次世界大战以后发展起来的各种新贸易理论，以及作为自由主义贸易理论之反论的贸易保护理论，对各种新贸易理论的评介是本教程的重点所在。宏观部分以开放经济条件下的国民收入流量核算体系为其分析的理论起点，然后依次从经常项目、资本项目以及货币因素的影响等角度介绍了多种有关国际收支调节的理论。这次修订主要新增了：产品内贸易理论、经济地理和新贸易理论、技术转移以及战略性贸易理论四章。本教程的主要特点是：理论分析透彻，逻辑性强，涉及内容广泛，借助各种图表阅读也不是很难。本教程可作为国际经济专业本科高年级学生学习国际经济学课程的教材，也可作为国际经济专业低年级硕士研究生相应课程的教材。此外，对于任何想在国际经济学知识领域有所收获与进步的经济类高年级本科生、低年级硕士生以及那些已经走出大学校门，但正在从事国际经济活动的实际工作者来说，也可通过阅读本教程而达到预期的目标。

目　　录

导论 ·· 1
 0.1　国际经济学的产生 ·· 1
 0.2　国际经济学的研究对象 ··· 2
 0.3　国际经济学的研究方法 ··· 3
 本章小结 ·· 3
 本章关键词 ·· 4
 本章思考题 ·· 4

上篇　微观国际经济学

第一章　劳动生产率与比较利益：李嘉图原理 ·· 7
 1.1　导言 ·· 7
 1.2　重商主义的贸易理论 ·· 7
 1.3　绝对利益论 ·· 8
 1.4　比较利益原理 ·· 10
 1.5　大国经济模型 ·· 13
 本章小结 ··· 15
 本章关键词 ··· 16
 本章思考题 ··· 16

第二章　俄林—赫克歇尔模型 ··· 18
 2.1　导言 ··· 18
 2.2　封闭经济的均衡 ·· 18
 2.3　俄林—赫克歇尔模型 ·· 26
 2.4　俄林—赫克歇尔定理与里昂惕夫之谜 ··· 29
 2.5　大国经济 ·· 38

本章小结 ··· 39
本章关键词 ·· 41
本章思考题 ·· 41

第三章　制成品贸易 ·· 42
3.1　导言 ·· 42
3.2　规模经济与贸易 ·· 43
3.3　对差别产品的需求与贸易 ································· 48
3.4　垄断竞争市场与贸易 ······································· 51
3.5　产品的生命周期与贸易 ···································· 55
本章小结 ··· 57
本章关键词 ·· 58
本章思考题 ·· 58

第四章　产品内贸易 ·· 60
4.1　导言 ·· 60
4.2　产品内贸易模型 ·· 61
4.3　产品内贸易的效应 ··· 68
本章小结 ··· 70
本章关键词 ·· 71
本章思考题 ·· 71

第五章　经济地理与国际贸易 ····································· 72
5.1　导言 ·· 72
5.2　封闭经济：中心—外围模型 ······························ 73
5.3　开放经济：国际专业化 ···································· 78
5.4　开放经济：贸易的引力模型 ····························· 85
本章小结 ··· 88
本章关键词 ·· 89
本章思考题 ·· 90

第六章　贸易保护理论 ··· 91
6.1　导言 ·· 91
6.2　贸易保护的形式 ·· 92

6.3 关税理论 ……………………………………………… 93
6.4 出口补贴、出口税收与进口限额 …………………… 110
6.5 关税同盟与自由贸易区 ……………………………… 115
本章小结 …………………………………………………… 120
本章关键词 ………………………………………………… 121
本章思考题 ………………………………………………… 121

第七章 战略贸易理论 …………………………………… 123
7.1 导言 …………………………………………………… 123
7.2 基本模型 ……………………………………………… 125
7.3 若干拓展 ……………………………………………… 132
本章小结 …………………………………………………… 134
本章关键词 ………………………………………………… 135
本章思考题 ………………………………………………… 135

第八章 国际投资 ………………………………………… 136
8.1 导言 …………………………………………………… 136
8.2 资本的国际转移过程 ………………………………… 137
8.3 资本国际流动与经济增长 …………………………… 145
8.4 跨国公司与直接投资 ………………………………… 148
8.5 跨国公司的经济效应 ………………………………… 157
8.6 大国经济 ……………………………………………… 163
本章小结 …………………………………………………… 164
本章关键词 ………………………………………………… 165
本章思考题 ………………………………………………… 165

第九章 技术转移 ………………………………………… 167
9.1 导言 …………………………………………………… 167
9.2 跨国公司与技术转移 ………………………………… 167
9.3 跨国公司对外直接投资的策略选择 ………………… 170
9.4 技术转移与东道国 …………………………………… 174
本章小结 …………………………………………………… 177
本章关键词 ………………………………………………… 178

本章思考题 ··· 178

下篇　宏观国际经济学

第十章　开放经济下的核算框架 ················· 183
　10.1　导言 ·· 183
　10.2　从微观国际经济到宏观国际经济 ·········· 184
　10.3　开放经济下的国际收支账户 ················ 186
　10.4　开放经济下的财产账户 ······················ 188
　10.5　国民收入账户 ··································· 189
　10.6　货币账户 ··· 191
　本章小结 ··· 193
　本章关键词 ··· 194
　本章思考题 ··· 194

第十一章　经常项目 ··································· 196
　11.1　导言 ·· 196
　11.2　休谟的"价格—铸币"流动机制理论 ······ 196
　11.3　开放经济中的乘数分析 ······················ 200
　11.4　弹性方法 ··· 205
　11.5　吸收方法 ··· 216
　11.6　米德综合：内部平衡与外部平衡 ·········· 219
　11.7　货币方法 ··· 226
　11.8　经常项目的一般均衡模型：$IS/LM/BP$ 模型 ······ 233
　11.9　大国经济 ··· 242
　本章小结 ··· 243
　本章关键词 ··· 246
　本章思考题 ··· 246

第十二章　资本流动 ··································· 248
　12.1　导言 ·· 248
　12.2　资本流动与国际收支的调节 ················ 248

12.3　流量理论 ··· 251
　　12.4　存量理论 ··· 259
　　12.5　货币方法 ··· 265
　　本章小结 ··· 272
　　本章关键词 ··· 273
　　本章思考题 ··· 273

第十三章　伸缩汇率 ································· 275
　　13.1　导言 ·· 275
　　13.2　经常项目差额模型 ··························· 275
　　13.3　购买力平价 ····································· 280
　　13.4　蒙代尔—弗莱明模型 ······················· 285
　　13.5　资产市场方法 ································· 293
　　13.6　大国经济 ··· 311
　　13.7　远期外汇市场 ································· 312
　　本章小结 ··· 318
　　本章关键词 ··· 319
　　本章思考题 ··· 319

第十四章　汇率政策 ································· 321
　　14.1　导言 ·· 321
　　14.2　浮动汇率政策 ································· 321
　　14.3　固定汇率政策 ································· 326
　　14.4　中间选择的汇率政策 ······················· 330
　　14.5　国际货币合作与通货区 ··················· 335
　　本章小结 ··· 347
　　本章关键词 ··· 348
　　本章思考题 ··· 348

主要参考书目 ··· 350

后记 ··· 351

第二版后记 ··· 353

导　论

0.1　国际经济学的产生

经济学家对国际贸易与货币的研究早在18世纪就开始了。进入19世纪以后,经济学家们又围绕着贸易政策与货币政策展开了激烈的争论。

但是,由于当时统一的世界市场尚未形成,国际分工发展不够,既没有全球性的贸易制度,也没有世界性的货币体系,所以,国际贸易与国际货币交换的量都很小,从而也就没有必要建立一门专门的经济学来对各国间的贸易与货币交换问题加以研究,现代意义上的国际经济学只不过作为当时经济学的一个内在组成部分而存在,并没有发展成为一门独立的经济学。

在19世纪最后三分之一时间里,由于国际货币制度的作用(即以英国为首的金本位的建立),世界开始日益形成一个整体,国际贸易与跨国资本流动有了进一步的发展。然而,1914年第一次世界大战的爆发残酷地粉碎了虽然还不普遍但却充满信心的19世纪的经济进展。自由贸易、个人的自由流动、资本的自由流动和金本位制度逐渐地被各交战国采取的控制手段和限制措施所取代。因此,在那种年代里国际经济学要想作为一门独立的经济学科得到发展简直是不可想象的。

从1929年以后,世界被卷入大萧条的猛烈漩涡之中,想恢复战前局面的不现实企图终于全部破灭了。经济崩溃与极端的民族主义再次导致1939年全面战争的爆发。第二次世界大战所造成的破坏要比第一次世界大战更为惨重。但是即使在战争还处于白热化阶段时,国际社会就已决定设计一个有助于战后经济繁荣与和平发展的新的国际经济体系。几乎就在战争结束的前一年,国际社会在美国的新罕布什州的布雷顿森林召开了具有历史意义的会议,会议决定成立两个国际性的经济组织,以促成战后新的自由的国际经济秩序的形成。这两个国际性的经济组织分别是:旨在处理国际货币问题的国际货币基金组织(IMF)和国际复兴开发银行。前者的目的在于保持国际货币的稳定,后者旨在促进用于重建和发展目的的长期贷款的流动,以取代大萧条年代消失的国际资本市场。同时,也在计划创造一个国际贸易组织,以避免将来再度出现20世纪30年代那样的商战。

当1945年第二次世界大战正式结束时,几乎所有这些计划都得到了实现,只是由于当时的社会主义国家没有参加这些国际性的经济组织,从而使得这些国际经济组织的作用范围有所减小。在以上这些国际经济组织的积极作用之下,战后西方国家的经济恢复迅速,国际金融稳定,贸易成了经济增长的发动机,而经济发展反过来又推动了国际贸易与国际资本流动的迅猛发展。于是,必须有一门单独的经济学科来对日益膨胀的国际经济活动加以研究,国际经济学便由此而正式产生。

0.2 国际经济学的研究对象

国际经济学所研究的是发生在主权国家之间的经济活动,这些经济活动主要包括主权国家相互之间的商品、劳务与资本的流动,以及货币的支付等。除此之外,国际经济学还要研究各国在管制与调节商品、劳务、资本流动和货币支付时所采用的政策,以及由这些政策所带来的经济与社会的福利效应。

这样,国际经济学将主要包括以下一些内容:国际贸易理论、国际贸易政策、国际收支理论,以及国际收支的调节政策等。

国际贸易理论主要分析国际贸易发生的原因,以及国际贸易的所得。国际贸易政策主要分析各种贸易政策的产生及其对一国福利的影响。国际贸易理论与国际贸易政策一起构成了国际经济学的微观部分。

国际收支理论主要研究一国在开放经济下的国际收支的平衡问题与汇率的决定。国际收支的调节政策主要研究国际收支与汇率的调节方法。这两部分内容综合在一起,便构成了国际经济学的宏观部分。

除此之外,国际经济学也研究国际经济活动的各种制度安排,如国际贸易的制度安排、国际货币制度的安排等。国际经济学之所以要研究这些问题,是因为所有的国际经济活动都是在一种特定的制度环境下完成的。所以,如不对国际经济活动的制度环境进行研究,就不可能对各种各样的国际经济活动做出准确的判断。但是,限于本书的篇幅与教学时间的限制,并为了避免与世界经济等课程发生重复,本书将不对制度问题进行专门的讨论。这样,本书在结构上将由上下两篇组成:上篇为微观国际经济学,下篇为宏观国际经济学。

0.3 国际经济学的研究方法

　　国际经济学的理论基础是微观经济学与宏观经济学。按照微观经济学与宏观经济学的分析方法,为了揭示国际经济活动最本质的内涵,就必须以一系列严格的假设为前提,然后再通过不断地放松这些假设来进行理论上的演绎,从而使得理论分析能够不断地逼近现实。

　　因此,国际经济学的研究通常总是从"2-2-2"模型开始的。所谓"2-2-2"模型是指由两个国家、两种商品与两种要素组成的世界,国际经济学从这样一个简单的模型出发,以商品与要素市场的完全竞争为基础,以不存在贸易限制与交易费用为零作为最基本的前提假设来研究贸易是怎样发生的,以及贸易的利益是怎样分配的。

　　尽管上面描述的世界在现实中是不存在的,其前提假设也过于苛刻,但通过对这样的一个贸易模式的研究所得出的一些基本结论对于我们从根本上理解贸易的基本原理则是十分必要的。以这样一个简单的模型为基础,国际经济学以现实世界为对象,通过不断地放松上述各种极为苛刻的假设条件,以逻辑演绎的方法,渐次推导出一系列贸易理论与政策,然后,再按照从微观到宏观的逻辑顺序,依次建立起有关国际收支的理论,以及以这些理论为基础的政策选择。

本 章 小 结

　　1. 国际经济学作为一门独立的学科,其产生与发展的客观基础是跨越国界的经济活动的不间断的增长。作为国际经济学理论基础的经济学虽然揭示了社会经济活动的一般原理,但却没有能力对日益增长的国际经济活动加以深入与全面的研究,因此,原先作为经济学的一个有机组成部分的国际经济学必须从经济学中独立出来以便完成这样一个重要的任务。

2. 对应于经济学的微观部分,国际经济学的微观部分研究的也是微观主体的经济活动。由于在国际经济舞台上活动的各个经济主体隶属于不同的国家,所以发生在它们相互间的各种交换活动与发生在一个主权国家范围内的交换活动是有重大区别的,这种区别导致微观经济学的厂商理论演变为国际经济学的贸易理论与贸易政策。宏观经济学研究的是国民收入的决定,但在国际经济学中,各国国民收入的决定不仅要受到本国国内各种经济变量的影响,而且还要受到国际各种经济变量的影响,这样对一国国民收入的研究就必须同时考虑国内的收入流量与国际的收入流量,于是,对国民收入流量的研究自然而然就变为对国际收支的研究。以上两者综合在一起构成了国际经济学的基本内容。

3. 国际经济学的方法与经济学的方法基本相似,也是通过对现实经济的高度抽象,由假设与模型来建立其一般理论的,然后,再不断地放松假设与逻辑演绎来使理论分析逼近现实的。

本章关键词

国际经济　　国际贸易理论　　国际贸易政策　　国际收支　　国际收支政策　　微观经济学　　宏观经济学

本章思考题

1. 学习国际经济学的重要性是什么?
2. 国际经济学的研究对象是什么?它与经济学有什么区别?
3. 国际经济学的研究方法是怎样的?试与经济学进行比较。

上篇　微观国际经济学

第一章
劳动生产率与比较利益：李嘉图原理

1.1 导　　言

本章所要讨论的是作为全部贸易理论基础的古典贸易理论。

古典贸易理论是在批判重商主义贸易思想的基础上形成与发展起来的,因此,本章将从重商主义的贸易思想开始讨论。

古典贸易理论的发展大致经历了两个重要的发展阶段：其一,是亚当·斯密的首创阶段；其二,是大卫·李嘉图的继承与发展阶段。经过这两个阶段的发展,以比较利益为支柱的古典贸易理论便最终确立起来了。

1.2　重商主义的贸易理论

有关对外贸易的理论最初几乎都是出自重商学派的著作。虽然"重商主义"这个称呼在今天是对贸易主义的一种含有贬义的指责,但在当时却并非如此,所以花点时间来了解这个学派有关贸易的一些基本观点对于我们全面理解当代的国际贸易理论还是有益的。

重商主义者认为,贸易的吸引力在于它能够提供国际收支顺差的机会。在重商主义者看来,出口是一件值得称赞的事,因为它可以促进本国工业的发展,并导致贵金属的流入。与此相反,进口却是一种负担,因为它减少了对本国产品的需求,这不仅会导致国内就业的下降,而且还会使贵金属流失。

重商主义之所以会产生以上的看法,这主要与他们把财富与金银等贵金属直接等同起来有关。基于以上这样的立场,重商主义的政策建议是：国家应对出口与生产加以保护与奖励,而对进口则应采取保护主义的措施予以限制,特别是那些具有战略意义的产业部门更是应当如此。

不用说在当时,即使用现在的观点来看,重商主义的这些思想与政策建议也未必都是荒谬的。在一个主权国家的范围内,社会总需求低于生产能力的事是经常可能发生的,因此,国家采取有助于出口增加或进口减少以求增加社会总需求的政策显然是应当受到欢迎的。

此外,不管货币代表什么,由重商主义政策所导致的货币供给的增加(由贸易顺差、金银等贵金属流入所致)对经济显然有促进作用,这是因为货币供给的增加会引起价格上升,进而刺激供给的增加。

然而这并不是说重商主义的贸易理论全都是对的,它至少存在以下几个问题:

第一,重商主义的政策结论仅在某些情况下站得住脚,并非在一般意义上能够站得住脚;

第二,重商主义把国际贸易看作是一种零和博弈,即贸易一方的顺差必然要以另一方的逆差为代价这一观点显然是错误的,并在后来受到了古典经济学派的猛烈抨击;

第三,重商主义把货币与真实财富等同起来也是错误的,正是基于这样的错误认识,重商主义才轻率地把高水平的货币积累与供给等同于经济繁荣,并把贸易顺差与贵金属的流入作为其唯一的政策目标。

按照重商主义的以上理论与政策建议,自由贸易似乎永远是不可能的。然而古典经济学的伟大创始人亚当·斯密在他的著作《国富论》(1776年)中雄辩地证明了自由贸易的可能性与必然性,从而建立起了古典主义的贸易理论。

1.3 绝对利益论

国际贸易的绝对利益理论是由亚当·斯密在200年以前创立的,为了能够与以下分析方法保持一致,我们将用现代经济学的语言来表述由斯密所创立的这一贸易原理。

1.3.1 前提假定

绝对利益贸易原理是建立在以下一些前提假定基础之上的,这些前提假定分别是：

(1) 有两种商品：一种是制成品 M；另一种是初级产品 X。

(2) 有两个国家：一个是 W 国，它在生产 M 产品方面具有生产率的优势；另一个国家是 U 国，它在生产 X 产品方面具有生产率的优势。

(3) 只有一种稀缺要素（劳动），生产函数为规模报酬不变。这意味着可以只用一个参数来概括生产技术，即劳动的"投入—产出"系数。根据上述 U 国与 W 国各自的优势假定，我们可以得到：$L_m^u > L_m^w$ 其含意是 U 国生产 M 产品的成本要绝对大于 W 国生产 M 产品的成本；$L_x^u < L_x^w$，其含意是 U 国生产 X 产品的成本要绝对低于 W 国生产 X 产品的成本。

(4) 贸易条件为 P_x/P_m（对于 U 国来说），即以出口价格比进口价格。

根据以上假定，我们可以得到图 1-3-1。

图 1-3-1 中的纵轴表示的是 M 产品的产量，横轴表示的是 X 产品的产量，ZP 线表示的是 U 国在封闭条件下的生产可能性边界，由于 U 国生产 X 产品的生产率高，所以 ZP 线的斜率比较平坦。有了图 1-3-1，我们就可以来分析 U 国在封闭经济下的均衡与在开放经济下的均衡有什么不同了。

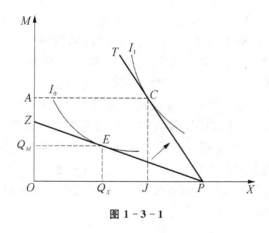

图 1-3-1

1.3.2　封闭经济下的均衡

在封闭经济的情况下，U 国的生产均衡点是在 E 点，在该点 $P_x/P_m = L_x/L_m$，即边际生产率与边际替代率正好相等，因此，作为社会福利象征的无差异曲线 I_0 也就必然在此与生产可能性曲线相切。结果，U 国生产的 X 产品的

产量为 Q_x,而 M 产品的产量则为 Q_m,整个经济处在其资源条件所许可的帕累托最优状态。

1.3.3 开放经济下的均衡

在开放经济的情况下,U 国将获得一种有利的贸易条件(图 1-3-1 中的 TP 线)。这种有利的贸易条件根源于 U 国在生产 X 商品时所具有的生产率方面的绝对优势。这种优势决定了 U 国可以以较低的成本生产 X 商品,但却可以以较高的价格在国际市场上出售 X 商品,并由此而增加国民所得,增进国民福利。

当然,U 国为了要通过贸易来增加国民所得与福利,就必须对国内的资源重新进行配置,即将原先配置在 M 部门的资源全部转移到 X 部门,专业化生产 X 商品。这样,U 国的 X 商品的产量将从 Q_x 增加到 P,而 M 商品的产量则从 Q_m 减少为零,其经济的均衡点将因此而从 E 点移动到 C 点。

现在我们可以来比较一下 C 点与 E 点的区别。在 C 点,生产可能性曲线向右旋转,与更高水平的无差异曲线 I_1 相切,这表明 U 国的国民收入与福利因参与国际分工与贸易而增加了。其机理可以分析如下:U 国专业化生产其具有国际竞争力的 X 商品,自己消费 OJ 数量,余下的 JP 数量的 X 商品用于出口,通过在国际市场上的贵卖(X)贱买(M),换回 OA 数量的 M 商品,从而使该国在要素总量与结构均不变的情况下,即生产可能性边界不变的情况下,将国内的消费水平由 E 点大幅度地提高到 C 点。

有必要指出的是,由贸易而导致的收益增加是对称的,即当 U 国通过专业化生产 X 商品而导致其国民收入与福利提高的同时,只要 W 国亦能采取同样的做法——专业化生产其最具国际竞争力的 M 商品,然后与 U 国进行交换,W 国亦可得到同样的结果。由此可见,贸易是一种对贸易双方均为有利的正和博弈,而绝不是像重商主义所说的那样,贸易是一种你有所得,我就必有所失的零和博弈。

1.4 比较利益原理

1.4.1 斯密假定的放松

斯密在构造其绝对利益贸易原理时,所依赖的是这样一个事实:即 U 国

生产 X 商品的成本绝对低于 W 国,而 W 国生产 M 商品的成本又绝对低于 U 国。正因为如此,才有图 1-3-1 中 TP 线比 ZP 线陡峭的情况发生。然而,U 国生产 X 商品的成本绝对低于 W 国与 W 国生产 M 商品的成本绝对低于 U 国这一约束条件是一个极强的约束条件,在现实世界中能够满足这一贸易条件的贸易行为并不是很多的。与此相反,在现实世界中人们经常可以看到的现象倒是参与贸易的双方往往是其中一方同时在生产 M 商品与 X 商品方面具有生产的优势,这意味着斯密定理的失效,但贸易却仍可进行,其原因何在呢?斯密的后继者李嘉图对此作了精辟的回答。李嘉图通过放松斯密的假设,用比较利益原理阐明了当贸易双方中的一方在生产上述两种商品都具有生产率优势时贸易仍可发生的原因。

1.4.2 李嘉图假定与机会成本

李嘉图假定与斯密假定相比只有一个区别,就是变前述的 $L_m^u > L_m^w$ 和 $L_x^u < L_x^w$ 为 $L_m^u > L_m^w$ 和 $L_x^u > L_x^w$,或刚好相反。在前一种情况下,U 国生产两种商品的成本均大于 W 国;而在相反的情况下,U 国生产两种商品的成本均小于 W 国。

在这样一种更加逼近现实的假定之下,贸易为什么仍然会发生呢?李嘉图认为在这里起作用的是机会成本。由于两国生产 X 商品与 M 商品的机会成本不同,因而通过专业化分工与国际贸易仍然可以获得比较利益。

对此,举例分析如下:假定 U 国生产 X 商品的单位成本为 3 小时劳动,生产 M 商品的单位成本是 5 小时劳动;而 W 国生产这两种商品所需的单位成本则分别为 2 小时劳动与 3 小时劳动。这一假定与李嘉图假定是完全一致的,即 U 国生产这两种商品的绝对成本都要高于 W 国。但是,进一步的分析表明,这两个国家生产这两种商品的机会成本,也就是李嘉图所说的比较成本则是不同的。在 U 国生产这两种商品的机会成本为 3/5,而在 W 国生产这两种商品的机会成本则为 2/3。我们先对这两个机会成本的分母进行通分,结果有 9/15∶10/15,这一结果表明,U 国生产 X 商品的机会成本要小于 W 国,从而有比较利益。现在我们再对分子进行通分,结果有 6/10∶6/9,这一结果表明,U 国生产 M 商品的机会成本高于 W 国,从而 W 国在生产 M 商品时有比较利益。如果这两个国家按照各自的比较利益进行专业化分工,那么,这两个国家仍然可以通过贸易来实现国民收入的增加与国民福利的增进。

1.4.3 李嘉图均衡

有了以上这些知识,就可以来讨论立足于机会成本之上的李嘉图贸易均衡了。根据以上两国机会成本的差异,可以得到图 1-4-1。在图 1-4-1 中,纵轴为 M 商品的产量向量,横轴为 X 商品的产量向量,OA 线为两国消费者的同位相似偏好,并假定其在贸易前后均不发生变化(作这样的假定仅仅是为了分析问题的方便)。按照前面给出的李嘉图假定,UU' 线为 U 国的生产可能性边界线,WW' 线为 W 国的生产可能性边界线。UU' 线被包容在 WW' 线之内是因为 U 国为小国。

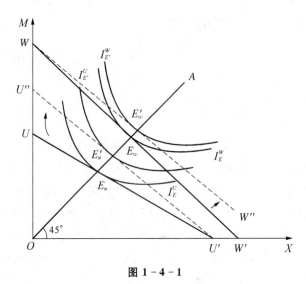

图 1-4-1

在两国实现专业化分工并进行国际贸易以前,也就是当两国均处在封闭经济状态时,它们各自的帕累托有效的均衡点分别在 E_u 点和 E_w 点。现在,这两个国家若能根据李嘉图的比较利益原理进行专业化分工并随之开展相互之间的贸易,那么它们各自的均衡点将不受本国现有资源的约束而移动到具有较高福利水平的 E'_u 点和 E'_w 点。两国福利水平的提高可以从以下事实中清晰地看到:对于 U 国来说,它可利用对其有利的贸易比价(图 1-4-1 中的 $U'U''$ 线,该线等价于 WW'' 线)而使其贸易后的社会无差异曲线 $I^u_{E'}$ 高于其贸易前的社会无差异曲线 I^u_E;对于 W 国来说,它也可以利用对其有利的贸易比价(图 1-4-1 中的 WW'' 线)而使其贸易后的无差异曲线 I_E^w 要高于贸易前的无差异曲线 I_E^w。

从以上"之"形图的演变结果来看,确实如同李嘉图所说的那样,贸易并非一定要以绝对的成本差异为前提条件,即使参与贸易的双方都没有绝对成本的差异,但只要它们有机会成本的差异,贸易仍可大规模地进行,除非构成世界经济的 U 国与 W 国相互之间既没有绝对利益也没有比较利益。但是,在以后各章的分析中将会发现,还有其他一些因素也会导致贸易的发生,然而这需要我们进一步放松有关的前提假定,在本章的最后一节,让我们首先来放松上述两个贸易原理中关于 U 国是小国的假设,导入比较利益论的大国经济模型。

1.5 大国经济模型

1.5.1 大国经济模型的构造

放松 U 国为小国经济的假设之后,我们所面临的将是一个由两个经济规模相当的国家所组成的世界经济。其中 U 国在生产 X 商品方面比较有利,而 W 国则在生产 M 商品方面比较有利,从而可以通过国际分工,开展国际贸易而使各自的国民福利得到改进。但是,与小国经济模型相比较,大国经济模型又有一些不同的特点,为此,我们需要建立新的模型来加以阐述。

大国经济模型的假设,使得我们可以把两国的生产可能性曲线相加而得到图 1-5-1。

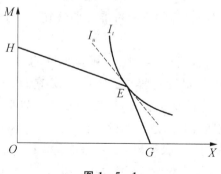

图 1-5-1

图 1-5-1 中的 GEH 线为世界生产可能性边界。G 点表示,若两国的资源都用于生产 X 商品时的 X 商品的最大可能性产量。同样,H 点所表示的是,当两国的资源都用来生产 M 商品时所能获得的最大可能性产量。而 E 点所表示的则是两国专业化生产它们各自具有比较利益的商品时的最大可能性产量。

由 GEH 线连接而成的曲线可以分为两条线段:一为 EG 线段;二为 EH 线段。在 EG 线段,U 国专业化生产 X 商品,而 W 国则既生产 M 商品又生产 X 商品。因此,该线段的斜率等于 W 国的生产可能性边界的斜率。同样,线段 EH 的斜率等于 U 国的生产可能性边界的斜率,它所表示的含义是:W 国专业化生产 M 商品,而 U 国则既生产 X 商品又生产 M 商品。

由两个大国的生产可能性边界加总而形成的世界生产可能性边界必定凹向原点。这是因为,从世界角度来看,当世界的生产从 H 点出发,沿着世界的生产可能性边界线向右下方移动时,它首先动用的是 U 国的经济资源,因为 U 国在生产 X 商品时具有比较经济利益,也就是说它的机会成本相对较低。但是,当 X 商品的产量超过 E 点之后,就需要动用 W 国的经济资源来加入 X 商品的生产行列了。然而,正如我们在假设中已经指出的那样,W 国的比较经济优势不在生产 X 商品方面,而是在生产 M 商品方面,因而其生产 X 商品的机会成本较高,所以,当 W 国也开始加入 X 商品的生产行列时,其边际收益必递减,结果世界的生产可能性边界线也就必以 E 点为转折,以更加陡峭的斜率向右下方倾斜,从而导致了严格凹向原点的世界生产可能性曲线的形成。

1.5.2 各种均衡状态的福利比较

假如有可能将世界的消费者偏好进行加总,从而有可能得到一条世界无差异曲线 I_t,那么它将与世界的生产可能性曲线在哪一点上相切呢?这里大致有以下几种可能。

(1) 相切于 E 点。这意味着 U 国与 W 国两国均实行专业化生产,从而 X 商品的相对价格(也就是 U 国的贸易条件)正好处在 U 国与 W 国的相对成本之间(就是图 1-5-1 中的那条虚线)。由此,U 国可以把 X 商品卖得贵些,而 W 国则可以买得便宜些,因此,这时的世界福利最大。这可从贸易比价线的斜率 I_u 既大于 EH 线段的斜率又大于 EG 线段的斜率这一现象中清楚地看到。

(2) 相切于 EG 线段。此时,U 国实行专业化生产,W 国则既生产 M 商

品又生产 X 商品。很容易看出,这种情况与小国模型基本相同,即 U 国按照 W 国所给出的贸易条件进行贸易,从而实现了国民所得的增加。与此同时,W 国也因在一定程度上参加了贸易而使其国民收入有所增加。但值得注意的是,这时世界总的福利的增进没有在 E 点相切时大。

(3) 相切于 EH 线段。这时,W 国实行专业化生产,而 U 国则既生产 X 商品又生产 M 商品。于是,上述的结论便完全改变了(相切于 EG 线段的结论)。简单说来,当切点在 EH 线段时,对于 U 国来说其贸易比价没有发生任何变化,这意味着在它参加贸易时并没有获得什么有利的贸易条件。因此,当贸易结束时,贸易利益将主要为 W 国所得。毫无疑问,这样的贸易虽然也能增进整个世界的福利(当然没有像在 E 点相切时那么大),但贸易的利益分配则是不公平的。

(4) 相切于 G 点或 H 点。这是两种极其反常的状态,即要么是两国都生产 X 商品,要么就是两国都生产 M 商品。因此,不管最后是相切在 G 点,还是相切在 H 点,都不会有贸易行为发生,所以也就不会有世界福利的增进与各国国民收入水平的提高。

1.5.3 各种均衡可能出现的概率

(1) 如果两国经济规模相当,且比较利益明显,那么出现第一种均衡的概率就比较大。

(2) 如果 U 国的经济规模相对 W 国要小,那么,图 1-5-1 中的世界生产可能性曲线的拐点离 H 点就越近,这样,切点出现在 EG 线段上的可能性也就越大。当 U 国的经济规模与 W 国的经济规模相差十分大时,那么我们将重新回到小国模型。

(3) 如果 U 国与 W 国的规模大小正好与(2)相反,那么我们也将回到小国模型,不过 U 国与 W 国的地位将出现颠倒。

(4) 在当今世界出现 G 点均衡与 H 点均衡的可能性可以说是完全不存在的,因此根本无需讨论。

本 章 小 结

1. 重商主义产生于资本主义的原始积累时期,所以总是强调贸易的顺差,这是可以理解的,因为贸易顺差可以加快资本积累的速度。但是,重商主义把贸易看成是一种零和博弈则是错误的,因为对贸易作这样的理解最终将导致贸易保护主义盛行,进而使贸易根本无法发展。重商主义之后的世界贸易发展的历史雄辩地证明了重商主义的这种看法是完全错误的。

2. 亚当·斯密用贸易双方绝对成本的差异证明了贸易并不是一种零和博弈,而是一种对于贸易双方均有好处的相互有利的行为,从而为自由主义的贸易理论奠定了坚实的理论基础。但是,斯密的绝对成本差异论的约束条件极强,在现实经济生活中很难得到满足,故而有其一定的局限。

3. 李嘉图通过放松斯密绝对成本差异的前提约束,以比较成本的差异为前提假定,建立起了比较利益贸易论,从而为自由主义的贸易理论再添一瓦。比较利益贸易论的基础显然是机会成本的不同。因此,理解李嘉图贸易理论的关键是在于机会成本这个极其重要的概念。

4. 斯密的贸易原理与李嘉图的贸易原理都是建立在小国经济假设基础上的。但是世界上有许多贸易是发生在大国之间的。为此,我们必须进一步放松斯密与李嘉图的假设,建立一个大国经济的贸易模型。该模型的重要结论是:大国之间若能按照不同的机会成本实行专业化分工,然后进行国际贸易,亦能取得与小国经济模型下一样的比较利益。大国经济模型同时也给我们一个非常重要的启示,那就是当两国经济规模的大小明显不同时,小国若不实行专业化生产而去参与国际贸易,那么贸易结果将对它极其不利,即贸易的利益分配将不利于该小国。

本 章 关 键 词

重商主义　　绝对成本差　　贸易比价(贸易条件)　　比较成本差　　机会成本　　专业化分工　　生产可能性边界　　自由主义　　小国经济　　大国经济

本 章 思 考 题

1. 重商主义对贸易是怎么看的? 重商主义的国民财富观与现代经济学的国民财富观有什么不同?

2. 斯密贸易原理中的贸易基础是什么？决定贸易双方贸易收益的关键因素又是什么？

3. 李嘉图的贸易原理与斯密的贸易原理相比较有了哪些发展？这两种贸易原理是相互矛盾的还是一脉相承的？为什么？

4. 为什么在小国经济的基础上还要建立大国经济的模型？大国经济模型与小国经济模型的主要区别是什么？

5. 为什么在大国经济条件下，小国若不进行专业化生产，贸易后的结果会对其非常不利？

第二章
俄林—赫克歇尔模型

2.1 导　言

由斯密与李嘉图建立与发展起来的古典贸易理论的一个基本特点,就是只用单一要素的生产率差异来说明国与国之间为什么发生贸易行为,以及生产率不同的两个国家为什么通过国际分工与贸易可以增加各自的收入与福利。

但是,人们自然会问,为什么国与国之间的要素生产率会有不同?人们对于这个问题的最初回答是自然条件不同。后来又有人试图用技术水平的差异来解释各国之间生产率的差异。俄林(Bertil Ohlin)与赫克歇尔(Eli Heckscher)的解释是:国与国之间要素生产率的差异主要来源于各国的不同生产要素的相对存量,这些不同的要素供给会影响到特定商品的生产成本,从而奠定了新古典贸易理论的基石。

从以上这个基本思想出发,经过一系列著名经济学家的精细探究,终于形成了以 $2\times2\times2$ 结构为特征,以要素禀赋差异为其核心的新古典贸易理论。

2.2 封闭经济的均衡

俄林与赫克歇尔所讨论的是发生在两个国家利用两种生产要素生产两种商品时的贸易问题,因此,与斯密和李嘉图相比,俄林与赫克歇尔的贸易理论实际上是进一步放松了只用一种生产要素(劳动)生产两种商品的古典假设,在引进资本这一新的生产要素之后的贸易问题。为了能够正确把握俄林与赫克歇尔的贸易理论,我们首先需要对理解这一贸易原理所需要的分析工具作一个简单的介绍。

2.2.1 等产量线

比较有代表性的等产量线大致有以下三种：新古典主义的等产量线、里昂惕夫式的等产量线，以及只具有两种生产途径的等产量线(见图 2-2-1)。

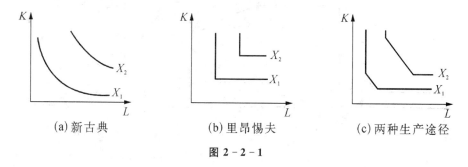

(a) 新古典　　　(b) 里昂惕夫　　　(c) 两种生产途径

图 2-2-1

(1) 新古典等产量线。新古典等产量线是一条严格凸向原点，且连续可导的光滑曲线，在一个由劳动与资本两个向量组成的坐标系中，曲线的斜率为负，即曲线是从左上方向右下方倾斜的。新古典等产量曲线的这种性质表明在生产 X 与 M 这两种商品时，劳动与资本这两种生产要素具有完全的替代性。

(2) 里昂惕夫等产量线。里昂惕夫(W. Leontief)等产量线在上述的直角坐标系里为一条带有拐点的，且凸向原点的 L 形曲线。具有这样性质的等产量线表明劳动与资本这两种要素在生产 X 商品或 M 商品时不可连续替代，它们在事实上只有一种固定的搭配关系。之所以会出现这种情况，可能与生产过程中所使用的特定技术有关。

(3) 只具有两种生产途径的等产量线。这种等产量线的性质与里昂惕夫等产量线的性质十分相似，即在生产 X 商品或 M 商品时，劳动与资本这两种生产要素也同样具有不可连续替代的性质，但与里昂惕夫等产量线相比，它又多了一种固定的搭配方式。因此，在上述的直角坐标系中，这种等产量线的形状是严格凸向原点，且具有两个拐点的准 L 形曲线。

2.2.2 两种要素与两种商品的生产均衡

有了等产量线这个基本的分析工具以后，我们就可以来研究两种要素与两种商品生产的均衡了。

我们首先以新古典等产量线为工具来研究这种均衡。其方法是将两个表示两种商品的等产量线图一起置于一个埃奇沃思方框图中,这样,就可以得到图 2-2-2。

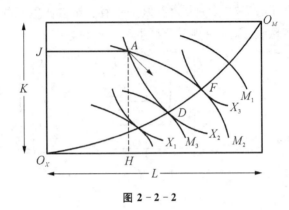

图 2-2-2

方框图的两边表示该经济可供利用的两种生产要素的数量。其中,两条水平的边线为劳动(L)的可使用量;两条垂直的边线为可供使用的资本(K)的数量。水平边线比垂直边线要长,表明该经济的要素禀赋属于劳动要素密集型。

在图 2-2-2 中,凸向原点 O_X 的等产量线为生产 X 商品的等产量线。由于生产 M 商品与生产 X 商品是一种替代关系,所以表示 M 商品的等产量线必须倒置。正是基于这样的理由,才构成了上述这样的方框图。

如果我们在方框图中同时列出两种商品的一组等产量线,那么,我们就可以对用两种要素生产两种商品的经济均衡进行研究了。为此,我们需要确定几个点来作为我们的研究对象,它们分别是:A 点、D 点与 F 点。

(1)A 点的性质。在 A 点我们看到的是两种商品的等产量线的一个交点,其中 X 商品的产量为 X_2,而 M 商品的产量为 M_2。很显然,当一个国家的经济资源作这样的配置时,其经济福利肯定没有达到最优状态。因为根据帕累托最优原理,只有当两条等产量线相切时整个经济才处在最优的均衡状态,从而才能达到该经济福利的极大化。A 点的这种非最优均衡性质可以从其远离最优均衡轨迹这一现象中清楚地看到。

(2)D 点的性质。D 点与 A 点的一个明显区别是,整个经济的均衡出现在两种商品的等产量线的切点上。很显然,这是一个帕累托有效的经济福利最大化的均衡点。在 D 点,X 的产量没有发生变化,但是,M 商品的产量却从

M_2 增加到了 M_3。因此,在与 A 点进行比较之后,我们很容易看到该经济的福利得到了改进,且已达到最大化的程度。

(3) F 点的性质。F 点的性质与 D 点的性质相同。区别仅在于对 X 与 M 这两种商品的消费偏好不同,即消费者现在乐意多消费一些 X 商品,相对少消费一些 M 商品而已。

根据以上三个均衡点的分析,如果我们舍弃掉非最优的 A 点,选择像 D 点与 F 点这样的帕累托有效点,并把无数个这样的均衡点连接起来,我们就可以得到一条向下弯曲的,从左下方往右上方倾斜的曲线,这就是接下来所要分析的契约线。

2.2.3 契约线的性质

我们把契约线定义为帕累托最优均衡点的连线,在这一曲线上的任何一点都意味着经济资源处在最有效率的配置状态。

契约线之所以凸向右下角并非偶然,它表明了一个非常重要的技术假设,即 X 产业是属于劳动要素(L)密集型的,而 M 产业则是属于资本要素(K)密集型的。其实,这已经可以从契约线位于对角线的下方这一事实中清楚地看到(虽然在图 2-2-2 中没有给出这条对角线,但我们仍然可以想象有这么一条对角线)。对角线上的任何一点都表明 X 产业与 M 产业的要素密集是相等的。因此,只要契约线背离对角线,那么就必然意味着两个产业的要素密集程度是不等的。从图 2-2-2 中看,当契约线处于对角线下方时,X 产业是 L 密集型的,而 M 产业则是 K 密集型的;反之,则刚好相反。

这里有必要提及的一个问题是,判断一个产业是何种要素密集型的,不能简单地看这两种产业的等产量线的斜率,而是要比较这两种产业的等成本线。以图 2-2-3 为例,X 产业的等产量线的斜率在 F 点要大于 M 产业的等产量线的斜率,而在 A 点又要小于后者的斜率。所以,仅仅根据等产量线的斜率大小是很难判断这两种产业的要素密集程度的。为此,就必须导入等成本线的概念来准确判断各个产业部门的要素密集程度。一旦导入等成本线这个分析工具以后,就很容易发现 M 产业是 K 要素密集型的产业,而 X 产业则是 L 密集型的产业。对此,只需要对图 2-2-3 中的 A、D 两点加以比较,其答案就一目了然了。很明显,M 产业等成本线与等产量线相切的 D 点告诉我们,它所使用的 K 要多于 X 产业,而它所使用的 L 则要少于 X 产业。所以,M 产业为 K

要素密集型产业,而 X 产业则为 L 要素密集型产业可以说是必然无疑的了。

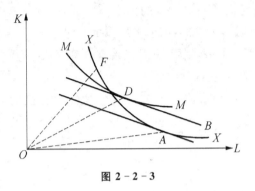

图 2-2-3

有必要指出的是,任何产业的要素密集程度都不是一成不变的,在现实世界中,到处都可以看到要素密集程度发生变化的事例。例如,农业在工业化的早期发展阶段显然是属于 L 要素密集型的产业部门。但是,随着工业化的发展,农业也走上了工业化的道路,以至于其要素密集程度会发生根本性的变化,最终也演变为 K 要素密集型的产业。如果我们再进一步将发达国家的农业与发展中国家的农业作一番比较,那么我们还可以发现,在发达国家,农业通常是 K 密集型的;而在发展中国家,农业则必定是 L 要素密集型的。这样,就会面临一种新的情况,即生产要素密集型的可转换性。以后的研究表明,这一概念对于理解贸易结构的变动是十分重要的。

至此,可以得到一个基本的结论,如果等产量线不相交,那么按照图 2-2-2 给出的契约线的形状,我们可以说 X 产业处处都是 L 要素密集型的。当然,也不能排除图 2-2-4 中的情况出现的可能性,即两种产业的等产量线交叉

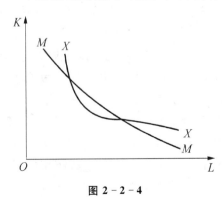

图 2-2-4

的可能性。即,某一产业在一组要素价格下是 L 要素密集型的,而另一个产业在另一组要素价格下也是 L 要素密集型的。这时,我们就可以说这是经济存在要素密集型转变的现象。

2.2.4 生产可能性曲线

研究契约线的目的是为了得到各国特定资源禀赋下的生产可能性曲线。毫无疑问,由于等产量线的不同,以及由此所得到的契约线的性质也是不同的,因而生产可能性曲线的性质也就会不同。下面就来分析各种不同性质的生产可能性曲线。

(1) 新古典生产可能性曲线。新古典生产可能性曲线与新古典等产量线一样也具有连续可导的性质,并且受新古典边际报酬递减法则的制约,是一条严格凹向原点的曲线(见图 2-2-5)。

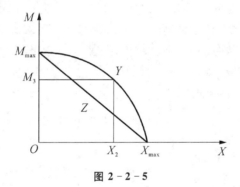

图 2-2-5

图 2-2-5 中的 M_{max} 点为全部资源均用于 M 商品的生产,它相当于埃奇沃斯方框图中的 O_x 点的值。图中的 X_{max} 点为全部资源都用于 X 商品的生产,它相当于埃奇沃斯方框图中的 O_m 点的值。图中的 Y 点相当于埃奇沃斯方框图中的 D 点,即位于契约线上的点。图中的 Z 点则相当于埃奇沃斯方框图中对角线上的一个均衡点。

现在的问题是,为什么处在契约线上的均衡点 Y 的福利水平会高于处在对角线上的 Z 点呢? 这是因为,在两种产业的要素密集程度不同时,无论是从 M_{max} 点出发还是从 X_{max} 点出发,通过将 L 重新分配到 X 商品的生产,以及将 K 重新分配到 M 商品生产,都可以达到与埃奇沃斯方框图中的契约线上的 D 点相一致的 Y 点,以至于 X 与 M 这两种商品的产量都要高于 Z 点时的产量,因为当均衡点出现在 Z 点时,要素在两种商品生产的分配上是均等的,而不是根据两种产业的要素密集程度的不同进行配置的。这个结论可以用来反复证明新古典的生产可能性曲线为什么处处为凹向原点的。例如,当我们把均衡点从埃奇沃斯方框图中的 D 点移向 F 点时,新古典生产可能性曲线上的均衡点也会发生相应的变化,即从 Y 点慢慢地向右下方移动(即增加 X 商品的产量,减少 M 商品的产量),但是,只要均衡点的调整是根据两种商品生产的要素密集程度进行的,那么不管它怎么移动,该均衡点将总是处在图 2-2-5 中 Y 点与 $X_{\max}$ 点连接而成的直线之外,从而使得新古典的生产可能性曲线总是凹向原点。

(2) 里昂惕夫式生产可能性曲线。自然,里昂惕夫式的生产可能性曲线是以里昂惕夫式的等产量线为技术基础而建立起来的。里昂惕夫式等产量线在埃奇沃斯方框图中呈现出井字形状,之所以会呈现出这种状态,是因为里昂惕夫式的等产量线是由以下这种生产技术所决定的,即 $X=F(L)$,$M=F(K)$。其含义是:X 商品的生产仅仅使用劳动,而 M 商品的生产使用的则仅仅是资本。因此,在埃奇沃斯方框图中,X 的等产量线是垂直的,而 M 的等产量线则是水平的。

这样,在埃奇沃斯方框图中,契约线必定为一条直角线,若将这条契约线转换到图 2-2-6 中右边的生产可能性曲线中去,那么,我们就可以得到一条矩形的生产可能性曲线。

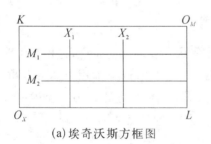
(a) 埃奇沃斯方框图

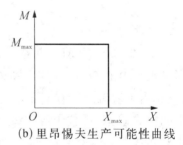
(b) 里昂惕夫生产可能性曲线

图 2-2-6

这种矩形的生产可能性曲线究竟意味着什么呢?其经济含义是:该经济可以同时实现 X 与 M 这两种商品的极大化生产,而不会引起另一种商品产量的减少。然而,令 $X=F(L)$,$M=F(K)$ 这样的技术假定实在是过于苛刻了。所以在以后的分析中我们基本不使用这样的生产可能性曲线来作为我们分析问题的工具。

(3) 固定生产系数的生产可能性曲线。这种生产可能性曲线来源于两个里昂惕夫固定系数的生产函数。由于 X 商品的生产函数具有劳动较为密集的固定系数,而 M 商品的生产函数具有资本较为密集的固定系数,因而在埃奇沃斯方框图中,X 商品的等产量线为 L 形,而 M 商品的等产量线则为倒 L 形,由此而得到的契约线是一条凸向右下角且带有一个拐点的折线。契约线之所以会呈现出这样的形态,不仅是因为这两种商品生产的要素密集程度不同,而且还因为各自的要素投入系数保持不变。当我们把这条折线状的契约线转换到生产可能性曲线图上时,所得到的同样是一条带有拐点的曲线,但其凹凸的方向正好与契约线相反(见图 2-2-7)。

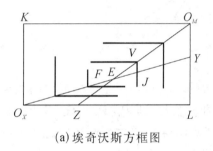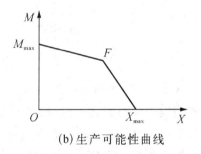

(a) 埃奇沃斯方框图　　　　(b) 生产可能性曲线

图 2-2-7

从图 2-2-7 可见,这条具有固定投入系数的生产可能性边界线是由两条线段组成的:一条从 X_{max} 点(相当于埃奇沃斯方框图中的 Y 点)到 F 点;另一条从 F 点到 M_{max}(相当于埃奇沃斯方框图中的 Z 点)。一条生产可能性曲线之所以会由两条线段组成,从埃奇沃斯方框图来看,是因为 X 的生产沿 FEY 轨迹扩张时不能充分利用资本要素,而 M 的生产沿 FEZ 轨迹扩张时则不能充分利用劳动要素,要使两种要素都得到充分利用的均衡点只能是 E 点,其结果是:E 点同时也就成了这条生产可能性曲线的拐点。

现在,进一步来分析这条生产可能性曲线的经济意义。当我们引进机会成本概念后,就可以发现,生产 X 商品的机会成本在第二个线段(即 FX_{max} 线段)上要比在第一个线段上来得高。其原因是,当过了生产要素充分利用的均衡点 F 点之后,稀缺的要素已从原来的 K 密集型转变为 L 密集型了,两种要素的相对稀缺性之所以会发生这样的变化,就是因为生产 X 商品的密集要素是劳动,因此,随着 X 商品的产量的不断增加,资本就会相对丰裕。同理,生产 M 商品的机会成本在第一个线段要比在第二个线段上来得高。

(4) 封闭经济中的一般均衡。封闭经济中的一般均衡是由供给与需求之间的相互作用来决定的。按照经济学的一般原理,供给由生产可能性曲线来表示,需求则由一组社会无差异曲线来表示。这样,就可以得到图 2-2-8。

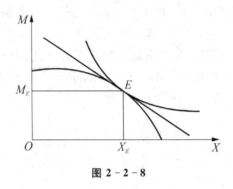

图 2-2-8

从图 2-2-8 可以看到,封闭经济中的均衡点是在生产可能性曲线与无差异曲线相切的 E 点。这时,X 商品的相对价格(即 P_x/P_m)由过 E 点的切线的斜率所决定。这一相对价格使消费者对两种商品的需求与它促使生产者供给的两种商品的数量刚好相等,从而保证了市场出清的均衡的实现。

任何偏离这一均衡点的状态都将导致资源配置的浪费与社会福利的下降。例如,当 X 商品的相对价格提高时,P_x/P_m 的斜率就会变陡,这将使生产者愿意多生产 X 商品,而消费者则愿意多消费 M 商品,结果,这将导致 X 商品的生产过剩,以及 M 商品的供给不足。反之,则相反。

2.3 俄林—赫克歇尔模型

2.3.1 导言

在本章的第三节,将利用第二节所提供的分析工具来阐述新古典的贸易理论,即著名的俄林—赫克歇尔模型。

俄林—赫克歇尔模型所讨论的是两个新古典经济之间的均衡贸易。如前所述,新古典经济的基本特征是资本与劳动可以连续替代。

俄林—赫克歇尔模型的基本思想是，一国经济的比较利益根源于它的要素禀赋。例如，一个劳动要素相对充裕的国家会发现，它能够比较便宜地生产劳动密集型的商品，从而，它将在劳动密集型商品的生产上拥有比较利益。反之，一个资本要素相对充裕的国家则将在资本要素密集型的商品生产上拥有比较利益。因此，要素禀赋将成为国际专业化分工与贸易的主要原因。这样，俄林—赫克歇尔模型就在李嘉图古典的比较利益论的基础上进一步阐明了比较利益是怎么产生的这个根本问题。

2.3.2 俄林—赫克歇尔模型的理论假设

俄林—赫克歇尔模型的理论假设共有三组，它们分别是：

（1）一组有关生产技术的假设。① 生产函数为一次齐次（即线性齐次的）的，这意味着生产过程的规模收益不变；② 资本要素（K）与劳动要素（L）在生产中可以相互替代，即生产函数是正常的；③ 没有要素密集型转变的情况；④ 调整是瞬时的，从而经济总处于均衡状态。

（2）一组有关贸易条件的假设。① 没有运输费用；② 自由贸易；③ 在所有市场上（包括要素市场）都是完全竞争的。

（3）一组把问题变得容易处理的假设。① 只有两种商品、两种要素、两个国家，即这里所讨论的是一个 $2\times 2\times 2$ 模型；② 可供使用的要素量固定不变（通常称为"禀赋"），并且得到充分的利用；③ 消费者偏好能够用一组常规形状的（即凸向原点的）社会无差异曲线来表示。

如果以上任何一个假设被放松，或有变化，那么俄林—赫克歇尔模型的结论就可能发生变化，甚至完全不能成立。

2.3.3 俄林—赫克歇尔的自由贸易模型

假设有两个国家，一个为 U 国，另一个为 W 国，U 国在劳动密集型生产 X 商品上具有比较利益，这意味着在没有贸易时，W 国生产 X 商品的相对价格要比 U 国的高。再假设 U 国是能以 W 国所确定的价格随意进行贸易的小国经济。这样，只要我们把表示外生的贸易条件的一条直线，或更确切地说是一组平行线引入到图 2-2-8 中，就可以得到图 2-3-1。

图 2-3-1 中的 CP 线是贸易发生时所面临的贸易条件，很显然，CP 线的斜率要比图 2-2-8 所示的封闭经济中的比价线的斜率来得陡峭，这意味

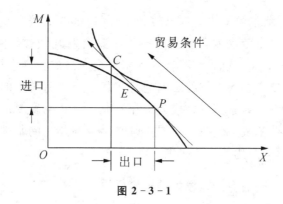

图 2-3-1

着 X 商品的国际价格要高于封闭经济中的价格,因而 U 国的生产者就会在比较利益的推动下将 X 商品的产量从封闭经济中的 E 点调整到开放经济下的 P 点,即新的比价曲线与生产可能性曲线相切的这一点。毫无疑问,X 商品产量的增加必须以 M 商品的产量的减少为代价,因而,当 U 国在增加 X 商品的生产与出口数量时,它也必须相应地增加 M 商品进口的数量,从而能够保证 U 国在开放经济下获得比较利益的均衡点只能是图 2-3-1 中的 C 点(消费的均衡点)与 P 点(生产的均衡点)。在开放经济下消费均衡点与生产均衡点不出现在同一个点上,并不意味着这个经济是不均衡的,而是表明这个经济通过对外贸易已经获得了比较利益。

比较开放经济下的均衡点与封闭经济下的均衡点,可以发现,开放经济下的均衡点具有以下性质:

第一,X 商品的价格相对于 M 商品的价格而言变贵了,而 M 商品的价格则相对变得便宜了,而这正是 U 国的比较利益得以实现的机制;

第二,X 商品的产量增加,而 M 商品的产量则减少,这意味着 U 国要想获取比较利益就必须调整其产业结构;

第三,以自由贸易的价格来衡量,尽管 U 国的生产可能性曲线没有发生任何变化,但其实际收入却明显地提高了;

第四,M 商品的消费增加,是因为相对价格的变化产生了为正的收入效应与替代效应,而 X 商品消费量的增减则取决于这种相对价格的变化所产生的收入效应与替代效应究竟何者为大,如果正的收入效应大于为负(仅对于 X 商品而言)的替代效应,那么在 M 商品的消费量增加的同时,X 商品的消费量也可能增加,反之则相反;

第五，X 商品的生产超过国内消费的那部分构成出口，而 M 商品的消费超过国内生产的那部分则由进口来满足；

第六，由于图 2-3-1 中的 CP 线表示的是开放经济下的贸易条件，即是以进口价格表示的出口价格，所以，尽管 U 国的出口数量并不等于其进口的数量，但它的进出口价值额却是相等的；

第七，开放经济下的处在均衡位置的无差异曲线要高于封闭经济状态下，这意味着存在比较利益的自由贸易可使消费者达到最高的消费位置，并且，这种位置是同由生产可能性曲线所表示的技术限制与由 CP 的斜率所表示的外生的贸易条件相一致的。

毫无疑问，以上这些来自俄林—赫克歇尔模型的结论，都是以满足模型创造者的一系列前提假设为条件的。假如这些前提假设发生了变化，那么这些结论就未必能够成立，但放松他们的前提假设可能会得到新的结论，而这正是我们在以后各章中所要做的工作。

2.4 俄林—赫克歇尔定理与里昂惕夫之谜

2.4.1 定理的表述

俄林—赫克歇尔定理是有关两国经济贸易的著名定理，此两国经济各自都有上一节所描述的经济特征。这个定理可以表述如下：每个国家都将出口它的充裕要素密集的商品。在上一节的例子中，U 国的充裕要素是劳动(L)，因此，根据这个定理，U 国将出口劳动要素密集的 X 商品。证明这个定理的大多数假设我们已在上一节建立了，余下的是要进一步确认贸易双方在许多方面是相同的，这样就可使这个定理最终得以成立。所以，在这里所要做的工作实际上是使定理成立的进一步假设。

这些进一步的假设是：

(1) W 国也具有前面赋予 U 国的所有特征，即在要素禀赋上也是劳动密集型的；

(2) 两国都有相同的技术；

(3) 两国的嗜好相同，且品位相似。

以上这些假设意味着这两个国家在经济特征上基本相似，但仍有一些差别,即:按照前面所做的 U 国为小国的假设,W 国在经济规模上要大于 U 国;另外,W 国的资本拥有量无论在绝对量上还是在相对量上都要多于 U 国。这样,就可以得到由两个国家的埃奇沃斯方框图组合在一起的复合型的埃奇沃斯方框图(见图2-4-1)。从图2-4-1中看,由于 W 国的经济规模要大于 U 国,且资本的拥有量既绝对又相对地多于后者,所以即使在经济特征基本相同的情况下,W 国的契约线却处处位于 U 国的契约线之上,从而反映出两国在 K/L 比上的差异性。

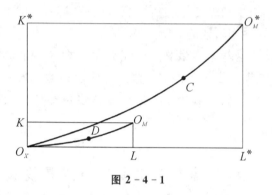

图 2-4-1

现在假定 U 国与 W 国都按照与 X 和 M 两种商品被消费的相同的比率来生产这两种商品,这时就不存在国际分工与贸易。这种状况就如同图2-4-1中的 D 点与 C 点。很明显,当 D 点与 C 点分别代表两国 X/M 相同的生产比率时,从 O_x 到 C 点射线的斜率必定要大于从 O_x 到 D 点射线的斜率。这意味着 W 国生产 X 商品的 K/L 必然要大于 U 国生产 X 商品时的 K/L。同样,W 国在生产 M 商品时,与 U 国相比也会出现这样的情况。这就是说,即使两国的生产比率完全相同,但由于 W 国的资本要素在绝对数量与相对数量上都要多于 U 国,所以 W 国生产两种商品的资本密集程度都要高于 U 国。

W 国较高的资本密集程度意味着它生产资本密集商品的机会成本较低,而 U 国较低的资本密集程度则意味着它生产劳动密集商品的机会成本较低。这样,当两国按照各自的要素密集程度实行国际专业化分工,然后进行国际贸易,便都可以获益。当然,由于 W 国与 U 国的经济规模不等,作为小国的 U 国可以实行完全的专业化,而作为大国的 W 国则不能,这是因为,大国的专业化将受到小国需求数量的限制。

2.4.2 里昂惕夫之谜

1953年,美国经济学家里昂惕夫试图用美国的经验来验证俄林—赫克歇尔定理,即美国是否像该定理所描述的那样,出口的是资本密集的商品,进口的是劳动密集的商品,因为美国在当时无疑是人均资本拥有数量远远高于其所有贸易伙伴的国家。

里昂惕夫运用附加有出口商品构成数据的"投入—产出"表,以便估算出有代表性的100万美元出口额中所包含的资本与劳动的数量。但对进口商品他却不能这样做,因为他只有美国的"投入—产出"表,而没有美国购买进口商品的国家的"投入—产出"表。为此,他采用从美国的数据中计算进口替代品要素密集度的方法来估计进口品的要素密集程度。

里昂惕夫的计算结果表明,美国出口商品的劳动密集度要高于其进口替代品的劳动密集度。这一结论不仅与俄林—赫克歇尔定理完全相反,而且有悖常理,不能想象,一个世界上资本要素最充裕的国家居然在出口劳动要素密集的商品。这就是所谓的里昂惕夫之谜。

对于里昂惕夫之谜,经济学家曾经有过各种各样的解释:

(1) 统计错误。不过没有证据支持这种解释,相反,许多随后进行的统计分析与调查研究重复了里昂惕夫的结果。

(2) 要素密集转换。罗纳得·琼斯(Ronald Jones)认为,里昂惕夫之谜也许是由于图2-2-4中所示要素密集型的转变所产生的结果。例如,美国是世界上最大的粮食出口国之一,但是与同样出口粮食的泰国相比,美国的粮食生产显然是属于资本密集的,然而与美国生产的机器制成品相比却又是劳动密集的。这样,虽然从世界的角度来看美国出口的是资本密集的商品,但从美国的角度来看它出口的却是劳动密集的商品。琼斯的这一解释虽然在理论上很有吸引力,但没有证据可以表明,要素密集程度的转变是一种普遍的现象,以至琼斯的解释成了对美国农业出口的唯一解释。

(3) 需求方面的影响。另一种解释是,里昂惕夫之谜是由美国人对于资本要素密集产品的强烈偏好而产生的。由于美国人强烈地偏好于资本要素密集的产品,以致超过了美国较其他国家更为充裕的资本供给,从而不得不出口劳动要素密集的商品,进口资本要素密集的商品。然而,用需求方面的因素来解释各国居民的消费偏好的差异可能是有问题的。例如,巴西人喜欢喝咖啡是因为巴西盛产咖啡的结果;法国人喜欢大量饮葡萄酒则是因为法国地中海沿岸盛产葡萄的结果。因此,在决定各国居民的消费嗜好方面,需求方面的差异比起供给方面的差异来显然要逊色得多了。

(4) 贸易保护。有人指出,俄林—赫克歇尔定理的前提假设是自由贸易,而在里昂惕夫进行统计分析的年代里,美国事实上有很高程度的贸易保护,这种贸易保护主要针对的是美国缺乏国际竞争力的劳动要素密集型的商品,所以,在这种贸易保护政策的作用下,美国出口商品的劳动密集程度要高于其进口商品的劳动要素的密集程度。但是,这个解释没有明确回答的一个重要问题是,假如在美国实行贸易保护政策的同时,与美国发生贸易关系的国家都只能以自己没有比较利益的商品去与美国进行贸易,那么它们为什么要去做这种明显伤害自己利益的事情呢?

(5) 人力资本密集。相对来说,一种较为可信的解释是,美国与世界上其他的国家相比较,它不仅具有较为充裕的资本要素,而且也具有较为充裕的人力资本。因此,美国出口的商品并不是一般意义上的劳动要素密集型的商品,而是人力资本要素密集型的商品。

除此之外,还有一种是在文献中较少得到注意的解释,那就是,里昂惕夫之谜表明俄林—赫克歇尔定理有重大错误,这一错误不是出在俄林—赫克歇尔定理的逻辑上,而是出在这一定理的指向上,即俄林—赫克歇尔定理所强调的要素禀赋对于现代国际贸易来说其实并不重要。这一对于里昂惕夫之谜的新解释开始把人们的注意力转向新的研究领域。但在进入新的贸易理论研究领域之前,我们还须把另外一些与俄林—赫克歇尔定理有关,然而与俄林—赫克歇尔定理又不尽相同的贸易理论作必要的分析。

2.4.3 斯托尔珀—萨缪尔森定理

俄林—赫克歇尔定理的结论显然是自由贸易,然而斯托尔珀(Wolfgang Stolper)与萨缪尔森(Paul Samuelson)却发现,在某种情况下一国采取保护贸易的措施也能使其实际收入趋于增加,于是便有了作为俄林—赫克歇尔定理之反论的"S—S"定理。

S—S定理的基本思想是:关税将增加在受到保护的商品生产中密集使用的要素的收入。如果关税保护的是劳动密集的商品,那么劳动要素的收入将趋于增加;如果关税保护的是资本密集的商品,那么资本的收入就将趋于增加。

正如我们在一开始就已指出的那样,关税保护可以增加受保护的那种商品在其生产过程中所使用的密集要素的收入是有条件的,这些条件是通过以下的假设来给定的:

(1) 生产技术可以由要素可替代的规模收益不变的生产函数来表示;
(2) 两种商品与两种要素的数量固定;
(3) 产品与要素市场都是完全竞争的;
(4) 调整是瞬时的,其含义是:在两种商品的生产部门中,劳动与资本总是得到相同的收益,即等于各自的边际产品的收益。

由上可见,所有这些假设,实际上都是那些用来构成俄林—赫克歇尔定理基础的假设的子集合。

按照以上假设,这个经济可以用埃奇沃斯方框图来表示(见图 2-4-2)。

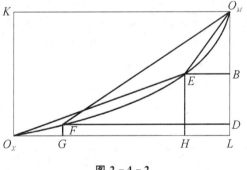

图 2-4-2

自由贸易的均衡点是在图 2-4-2 中的 E 点,现在假定该国决定对 M 商品的进口征收关税。毫无疑问,这一政策实施的结果将提高 M 商品在国内的相对价格,从而激发厂商增加 M 商品的生产。为使经济仍然保持在充分就业状态,这个经济的生产必移向契约线上某个较低的点,比如 F 点。在 F 点,生产两种商品的 K/L 之比都要比在 E 点时低,这是因为,FO_M 线的斜率小于经济在 E 点均衡时的 EO_M 线的斜率。同样,O_XF 线的斜率亦小于 O_XE 的斜率。征收关税前后两个均衡点的斜率区别也可以用公式表示如下:

$$FG/O_XG < EH/O_XH; \quad O_MD/FD < O_MB/EB$$

那么 K/L 比率的下降又意味着什么呢?首先它意味着资本边际生产率

(MPK)的提高;其次,在整个经济规模报酬不变的情况下,它也意味着劳动边际生产率(MPL)的下降。因此,在给定完全竞争这个条件时,实际工资就会趋于下降,这可从图 2-4-3 中看出。

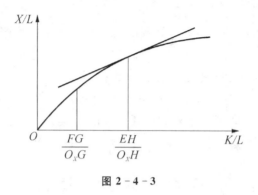

图 2-4-3

如图 2-4-3 所示,由于征收关税的缘故,相对于需求而言,充裕要素的实际收入是下降的,这可从图中横轴上 K/L 往左边移动,从而导致纵轴上 X/L 的下降这一事实中观察到这种趋势。相反,就像 S—S 定理所断言的那样,稀缺要素的实际收入却是趋于增加的(K/L 下降意味着 K 已经成为稀缺的要素)。其直观的理由是,稀缺要素密集型商品价格的上升,导致对该要素的需求增加,从而提高了它的价格与收益。

这个定理表明,在典型的发展中国家里,非熟练劳动必定是最为充裕的生产要素,因此,这类国家若对生产 M 商品的制造业实施贸易保护政策,那么其后果必定是降低这类国家中劳动要素的实际收入。所以,按照 S—S 定理,对于劳动要素充裕的发展中国家来说,其最好的贸易策略是对外开放,生产与出口劳动要素密集的商品,以增加数量最多的要素的实际收入。

但是,发展中国家在使用这一定理时必须十分小心,这是因为,以上的政策结论是建立在要素可以自由流动的假设基础之上的,假如我们放松这一假设,那么结果就会截然不同。现在就利用图 2-4-4 来分析放松要素可以自由流动这一假设之后可能产生的结果。

图 2-4-4 中的下半部分是已经非常熟悉的埃奇沃斯方框图,上半部分是两部门劳动力的数量配置与工资的关系。其中曲线 V 表示的是劳动的边际产出,它的高低决定各个部门的工资水平(W),即 V_X(为 X 部门中的劳动边际产出)= W_X(为 X 部门的工资),V_M(为 M 部门中的劳动边际产出)= W_M

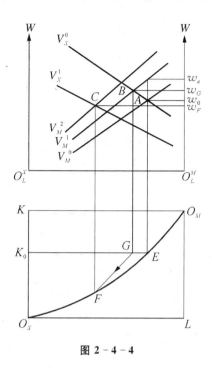

图 2-4-4

(为 M 部门的工资)。V_X 与 V_M 方向相反,是因为在劳动要素总量既定的情况下,一个部门的就业量增加意味着另一个部门劳动供给的减少,所以 V_X 与 V_M 的方向必相反,且受要素报酬递减率的影响,两者的斜率均为负。

先来分析两种要素都不能流动时的保护关税的均衡。假定经济的均衡点原来位于埃奇沃斯方框图中的 E 点,现在该国决定对 M 部门实施关税保护,但由于要素不能流动,故 M 产品的产量不会增加,结果就只有价格上涨的效应,这一效应在图 2-4-4 的下半部分表现为经济仍在 E 点均衡,然而在图 2-4-4 中的上半部分,原先与 E 点对应的 A 已不复存在,尽管 V_X 线仍然处在初始位置,但 V_M 线则因关税保护而引起的 M 商品的价格上涨而上升为 V_M^1,与此相对应的工资也就不再是 W_0,而是 W_e,至于 X 部门的工资则没有发生变化。到此为止,我们所分析的仅仅是名义工资的变化。如果再进一步来考察实际工资的变化,就可以发现,该国的这种做法事实上对于国民福利的增进没有任何意义,它最终所产生的不过是国民收入再分配的效应。以购买 M 商品为例,由于对 M 商品征收关税的缘故,其价格是上升的,因而 M 部门工人工资的增加正好为 M 商品价格的上升所抵消,所以该部门的实际工资不变。相反,由于 X 部门的工资未变,故其实际工资是下降的。再以 X 商品为例,由于 X 部门未受到关税政策的保护,所以其价格没有发生变化。这样,当 M 部门的工人以增加的名义工资去购买此商品时,其实际工资是上升的,而 X 部门的工人因其名义工资未变,故其实际工资也未变。现在,我们把以上所分析的加以综合,就不难发现,M 部门的工人在购买 X 商品时的实际工资的增加,事实上是以 X 部门的工人在购买 M 商品时的实际工资的下降为代价的。因此,两者抵消的结果,并没有国民福利的增加,而只有国民收入的再分配。所以,在市场不完全、要素不能自由流动的发展中国家里,关税保护政策将是一种非常糟糕的贸易政策。

接下来再分析一种要素不能自由流动的情况,即劳动可以流动,但资本不能流动的情况。分析这种情况的必要性在于,即使在发达的市场经济国家里,由于存在所谓的资本专用性问题,也会使资本不能自由流动,尽管市场是充分竞争的。当一国经济处在这种状态时,政府若对 M 部门实行关税保护政策,那么 M 部门名义工资的增加将吸引 X 部门的劳动流向 M 部门,结果 M 部门名义工资的上涨幅度因受到来自 X 部门的劳动力的竞争而相对变小了。与此同时,X 部门的名义工资则因部分劳动力的流出而有了提高。只要这两个部门的名义工资存在差异,那么劳动力在两个部门之间的流动就不会中止。因此这个经济最后的均衡点将出现在 G 点,以及与之相对应的 B 点。从 G 点看,资本在两个部门之间的分配没有发生任何变化,有变化的只是劳动要素的配置,而且这种新的配置显然是一种扭曲的配置,因为 G 点并未落在契约线上。如果我们可以在契约线上再添加这两种商品的等产量线,那么我们就很容易看到,G 点肯定不是这两种商品的等产量线的切点,而只能是它们的交点,从而意味着社会的福利损失(假如该经济原来是处在帕累托最优状态)。更有趣的现象是,该国政府对 M 部门进行关税保护的目的原本是为了提高其所使用的密集要素的收益,即增加资本的利润,但这一政策实施的结果却是增加了工资(尽管实际工资可能不变),减少了利润。由此可见,在资本要素不能自由流动的情况下,保护关税政策也未必能收到如 S—S 定理所推定的结果。

最后,只有当资本与劳动这两种要素都能自由流动时,才会出现 S—S 定理所预期的结果,这就是图 2-4-4 中所示的 F 点,以及与之相对应的 C 点。在这两个点上我们可以清楚地看到,关税保护是有效的,因为 F 点恰好落在契约线上,与 E 点相比较 M 商品的产量有了显著的增加。另一方面,名义工资与实际工资都是下降的,这意味着资本利润的增加与资本积累的加速,从而对于该国未来的经济增长是有利的。

2.4.4 莱布辛斯基定理

这一定理的基本思想是:一种要素数量的增加将会减少另一种要素密集的商品的生产。例如,劳动要素数量的增加将减少 M 商品的产量。

这个定理的假设仍然是新古典的,即:两个国家,两种要素(K 与 L),生产两种商品;要素可以自由流动;以及这个国家作为参数接受的价格是由世界市场的竞争来决定的。这意味着莱布辛斯基(T. Rybczynski)所分析的对象依然是新古典的小国模型。

莱布辛斯基定理的证明可以用图 2-4-5 来分析。

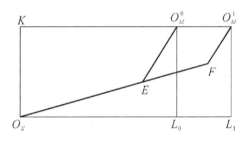

图 2-4-5

在劳动供给为 L_0 时,E 点是从 O_x 到 O_M^0 契约线上的一个均衡点。当劳动供给从 L_0 增加至 L_1 时,F 点将成为从 O_x 到 O_M^1 契约线上的一个均衡点。F 点与 E 点的斜率完全一样,这可从 F 点与 E 点处在同一条射线上清楚地观察到。比较 F 点与 E 点,不难发现,在 F 点上,劳动要素密集型的 X 商品的产量增加了,而 M 商品的产量却明显地下降了。这种情况之所以会发生,是因为劳动要素供给的增加使得资本要素相对变少了,受这种资本稀释效应的影响,在生产技术保持不变的前提下,该国只能通过增加 X 商品的生产来维持一个与劳动要素供给增加之前完全相同的 K/L,以便使这两种生产要素的相对价格保持不变,以及国际竞争优势与比较利益保持不变。

以上所作的分析也适用于资本要素供给增加的情况。当然,在资本要素的供给增加时,埃奇沃斯方框图的演变方向将由水平方向的扩张变换为垂直方向的扩张。

根据莱布辛斯基定理,我们可以得到以下结论:

(1) 享有资本存量相对增加的国家,应该预期到它们的劳动要素密集型工业的规模将会趋于收缩,那些已经实现工业化的国家,在资本存量不断增加的条件下试图通过贸易保护政策来维护其劳动要素密集型的工业是不可行的。

(2) 相反,对于劳动要素供给趋于增加的发展中国家来说,不合时宜地发展技术与资本要素密集型的工业则可能导致比较利益的丧失,并使经济增长出现欲速而不达的结果。

(3) 莱布辛斯基定理还告诉我们,一个国家的比较利益并不是一成不变的。随着一个国家某种生产要素的积累与增加,其要素密集就会发生变化,而这必然会导致其比较利益的变化,这时该国若墨守成规,不适时地调整其生产与产业结构,那么它不仅会失去比较利益,而且也会因此而痛失经济继续发展的机会。

2.5 大国经济

2.5.1 俄林—赫克歇尔定理与大国经济

放松小国经济的假设,将使我们面临两个大国之间的贸易问题。在这种情况下,以小国假设为前提的俄林—赫克歇尔定理是否仍然有效呢?回答是肯定的。即:只要这两个大国的要素禀赋是不同的,那么它们通过国际的专业化分工而进行贸易,仍然可以实现各自的比较利益而使它们两国的国民福利得到改进。

进一步的分析表明,两个大国的专业化生产与贸易可以使各自的福利得到改进,而且还会使这两个国家的要素价格出现均等化的趋势。究其原因,主要是因为大国经济把价格由小国经济下的外生变量变成了内生变量。结果,当一个资本要素相对密集的大国专业化生产资本要素密集的 M 商品时,它就会使原来相对丰裕的资本变得稀缺起来;与此相反,另一个劳动要素相对密集的大国专业化生产劳动要素密集的 X 商品时,它又会使得相对丰裕的劳动要素变得稀缺起来。这两种方向相反的变化,会使两种生产要素的国际价格逐渐趋于均等化。伴随着要素国际价格均等化而来的将是这两个大国原先所具有的比较优势趋于消失,因此,生产要素价格的均等化可以说是这两个大国进行国际分工的一个临界点。

有必要指出的是,要素价格均等化只能是一种趋势,而不可能成为一种现实。这是因为,作为一种现实的要素价格的均等化需要满足很多条件,比如:规模收益不变;要素在生产中的可替代性;没有要素密集程度的转变;没有运输费用;市场完全竞争;没有贸易保护;以及不存在非贸易品等等。所有以上这些条件在现实生活中显然是难以得到全部满足的,因此,要素价格的均等化只能是一种趋势。但是了解与把握这种趋势仍然是十分重要的,因为只要这种趋势确实是存在的,那么不管一个大国的要素禀赋是怎样的,只要其实行对外开放的经济政策,积极开展对外贸易,就可以利用这一趋势来增加本国丰裕要素的收益。

2.5.2 S—S 定理与大国经济

S—S 定理在大国经济条件下一般也能成立,但是关税的效应也可能是相反的。假如关税导致的是进口商品的国内价格的下降,那么受关税保护的那种商品生产的密集要素的收入反而会下降。这种情况之所以会发生,是因为在大国经济中市场容量很大,该国若对进口商品通过关税而加以限制,那么本国的替代品生产部门将因此而获得规模经济,从而导致其产品价格的下降,进而影响其所使用的密集要素的收益或是不变,或是减少。在这两种情况中,最后究竟是哪一种情况发生的可能性居大,那要视该国国内的需求状况而定。

2.5.3 莱布辛斯基定理与大国经济

莱布辛斯基定理不能推广到大国经济情形,这是因为,莱布辛斯基定理依赖于要素价格不变与商品价格不变这个非常严格的前提假定,而这种假定只有在小国经济的条件下才能成立。

本 章 小 结

1. 为了能够更好地理解由俄林与赫克歇尔所创建的新古典贸易理论,首先必须熟悉他们所使用的分析工具。这套分析工具就是由新古典经济学所建立起来的等产量线、无差异曲线与生产可能性边界线等。正因为俄林与赫克歇尔使用的分析工具是新古典的,所以由他俩所创建的贸易理论也被称为新古典贸易理论。

2. 新古典贸易理论与古典贸易理论相比较,不仅在于它承认比较利益是贸易发生的基本原因,更主要的是在于它找到了比较利益得以形成的源泉,那就是贸易双方的要素禀赋的差异。

3. 新古典贸易理论的核心观点是:在一个国与国之间存在要素禀赋差异的世界里,各个国家可以通过生产与出口其要素最为密集的商品来增加其国民收入,推动经济增长。但是,这必须以自由贸易作为其前提条件。

4. 但是,新古典贸易理论并不能解释所有的贸易问题,这是因为它的前提假定过于严格。最先对新古典贸易理论提出挑战的是所谓的"里昂惕夫之谜"。对于里昂惕夫之谜的回答,其实可以通过放松新古典贸易理论的若干前提假设而得到较为满意的答案,其中最为重要的可能是要素密集程度的转变与新的要素——人力资本要素的导入。

5. S—S定理对新古典贸易理论中只有自由贸易才能产生福利效应的观点提出了反论,这一不同于新古典贸易理论的定理认为,在一国国内要素可以自由流动的情况下,该国若对其使用相对稀缺的要素生产的工业部门进行关税保护,则可使这种稀缺要素的收益得到明显的提高。这意味着按照新古典贸易理论进行专业化分工,参与国际贸易可能并不是增加一国国民收入的唯一途径。

6. 莱布辛斯基定理放松了新古典贸易理论中关于要素禀赋数量不变的前提假定,虽然这一定理没有改变新古典贸易理论的任何结论,但它却预示着要素密集程度的可转换性,从而为贸易理论的进一步发展提供了新的空间。

7. 大国经济则进一步放松了新古典贸易理论的小国经济假设,从而提出了关于价格均等化的新见解。尽管价格均等化只是一种趋势,但它却从理论上给出了国际分工与各国专业化生产的边界。

8. S—S定理在大国经济条件下可能产生正解,即关税保护将使受到保护的那种商品的密集投入的要素的收益得到提高,但在存在规模经济的情况下也可能产生为负的解,然而这并不意味着国民福利也必定是下降的。

9. 莱布辛斯基定理在大国经济条件下是无效的,因为这一定理必须以价格不变为前提条件,而在大国经济条件下,价格恰恰是可变的,其原因在于大国经济把价格从一个外生的变量变成了一个内生的变量。

本 章 关 键 词

等产量线　契约线　等成本线　生产可能性边界线　要素密集　要素禀赋　里昂惕夫之谜　要素密集转换　人力资本　价格均等化

本 章 思 考 题

1. 是什么因素决定着一个国家的生产可能性边界线的形状？试着画出资本要素密集型国家的生产可能性边界线与劳动要素密集型国家的生产可能性边界线。

2. 除了用埃奇沃斯方框图来证明新古典贸易理论之外,还有其他什么方法可以证明这一贸易原理？

3. 比较利益源泉是什么？它是通过什么样的机制来实现的？

4. 你对里昂惕夫之谜是怎样理解的？

5. S—S 定理是不是对新古典贸易理论的否定？为什么？

6. 按照 S—S 定理,在什么情况下关税保护能增进国民福利？在什么情况下不能？

7. 莱布辛斯基定理为什么只适用于小国经济而不适用于大国经济？

8. 莱布辛斯基定理的理论和实际意义各是什么？

9. 价格均等化的原因及其意义各是什么？

第三章
制成品贸易

3.1 导　　言

对俄林—赫克歇尔新古典贸易理论以资源禀赋的差异作为所有贸易发生的基础这一命题提出挑战的,首先是上一章所述的里昂惕夫之谜。P·克鲁格曼(Paul Krugaman)据此展开了新的研究,并发现在当今世界上至少有三种程式化的贸易事实,就像里昂惕夫之谜所表明的那样,都是与俄林—赫克歇尔定理相悖的。

这三种程式化的贸易分别是:

(1) 资源禀赋相同的国家间的贸易得到了迅速的发展。如欧洲共同体国家的贸易就属于这种程式化的贸易。

(2) 大量相似产品的贸易。如美国与日本之间的汽车贸易就属于这种程式化的贸易。

(3) 并非像俄林—赫克歇尔定理所说的那种自由主义的贸易在世界盛行,保护主义贸易在当今世界依然非常活跃。其原因可能就如 S—S 定理所表明的那样,保护主义贸易也是可以带来贸易利益的。

这三种程式化的、并且是与新古典贸易定理相矛盾的现实贸易的日益发展迫使人们去对它们作出新的解释,于是便有了以下一些新的说法,从而产生了一系列新的贸易理论,其中主要有:

(1) 与规模经济有关的贸易理论;

(2) 与产品差别化和需求多样化相关的贸易理论;

(3) 与市场不完全竞争相联系的贸易理论;

(4)有国家干预的贸易理论等等。

如果不考虑国家干预这个外生变量,那么上述前三种贸易理论事实上都是与制成品有关的贸易理论,因此,制成品贸易就成了本章的研究对象。从这一研究对象出发,本章的任务当然是分析制成品的贸易机理,但在分析制成品贸易机理的同时,也试图揭示制成品贸易理论与新古典贸易理论的区别与联系。

3.2 规模经济与贸易

3.2.1 规模经济与生产可能性曲线

(1)一种要素两种产品。假定有两种不同的产品,它们都具有规模收益递增的特性,那么在只有一种生产要素的条件下,我们可以清楚地看到,该经济的生产可能性曲线将是凸向原点的(见图 3-2-1)。

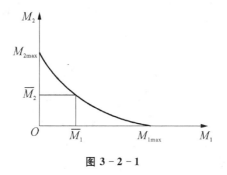

图 3-2-1

从图 3-2-1 中看,这个单一的生产要素若被全部投入 M_1 的生产,它就可能生产出 $M_{1\max}$ 的产量;若被全部用来生产 M_2 产品,那么它就可能生产出 $M_{2\max}$ 的产量。但是当这个经济处在封闭状态而不与外界发生贸易关系,从而必须同时生产 M_1 与 M_2 两种不同的商品,并假定其是等量生产这两种不同的产品时,那么它却不能生产出 $(1/2M_{1\max}+1/2M_{2\max})$ 这么多的产品,而只能生产出 $(\overline{M}_1+\overline{M}_2)$ 数量的产品。换句话说,若从平分资源的均衡点出发,或是沿着 $M_{1\max}$ 的方向,或是沿着 $M_{2\max}$ 的方向重新配置资源,那么尽管投入都只增加了 1 倍,但是产量却都可以增加 1 倍以上,这意味着这两种产品的规模报酬都是递增的。由于存在着规模报酬递增的现象,所以图 3-2-1 中的中心点必然位于从 $M_{1\max}$ 到 $M_{2\max}$ 的射线的内侧,从而生产可能性曲线也就必然凸向原点。

(2) 两种要素两种产品。一种要素两种产品的假设显然是不太现实的,因此有必要放松这一假设,这样就可以来讨论两种要素与两种产品的规模报酬递增问题了。

假定两个产品的要素密集度恰好相同,那么就可以得到图 3-2-2。

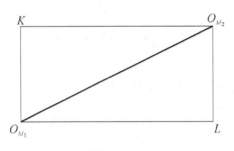

图 3-2-2

图 3-2-2 也是一个埃奇沃斯方框图,但有变化的是它的契约线的形状。由于两种产品的要素密集度恰好相同,所以与以往的埃奇沃斯方框图不同,契约线已不再凸向任何一个原点,而是成了一条连接 O_{M_1} 与 O_{M_2} 的对角线。毫无疑问,当该经济平分资源同时生产上述两种产品时,其均衡点是在对角线的中心点上,这时,这两种产品的产量分别是:$O_{M_1}\overline{L}_1 \times O_{M_1}\overline{K}_1 = \overline{M}_1$;$O_{M_2}\overline{L}_2 \times O_{M_2}\overline{K}_2 = \overline{M}_2$。而当该经济改变资源配置,将其所拥有的全部资源或是都投入到 M_1 的生产中去,或是都投入到 M_2 的生产中去,那么其均衡点不是出现在 O_{M_1} 点上,就是出现在 O_{M_2} 点上,由此所得到的总产量均为 $O_{M_1}L \times O_{M_2}L$,即埃奇沃斯方框图的宽乘上其长。这样,我们所得到的结果仍然是 $M_{1\max}$ 大于 $2M_1$,$M_{2\max}$ 大于 $2M_2$。因此,我们将重新得到如图 3-2-1 那样的凸向原点的、具有规模报酬递增的生产可能性曲线。

(3) 两种产品的要素密集度不同的情况。在现实经济生活中不同产品的要素密集度一般来说并不相同,因此,我们必须进一步放松关于要素密集度相同的假设。

当出现两种产品的要素密集度不相同的情况时,图 3-2-2 中的契约线就不再是一条连接 O_{M_1} 与 O_{M_2} 的对角线了,它可能位于对角线之上,也可能位于对角线之下,至于它的凸向则要看规模报酬与要素密集程度这两种影响契约线性质的效应之大小了。

以 M_1 产品为例,假如其规模报酬是不变的,且为劳动要素相对密集的(与 M_2 产品比较而言,与上一章所说的 X 产品相比它仍然是资本要素密集的),那么它的契约线就会是一条凸向 O_{M_1} 点的曲线,这条曲线反映在生产可能性曲线上则是一条凹向原点的曲线,这样我们就将回到前一章的分析。假如其规模报酬是递增的,但这种规模经济效应与要素密集的效应正好抵消,那么我们就回到了上述的对角线状态。只有当规模经济的效应大于要素密集的效应时,我们才能得到一条凸向原点的生产可能性曲线。

3.2.2 两国都有规模经济的模型

以上讨论了一国存在规模经济的三种情况。但在仅有一个国家具有规模经济的情况下,产业内(制成品)的贸易仍是无法发生的。因此,必须引进一个贸易伙伴国,并且它也必须是具有规模经济的。当我们采取如此做法之后,便开始进入两国都有规模经济的产业内贸易模型了。

这个模型的前提假设是:两国在一切方面都相似,不仅在技术与消费偏好上一致,而且在大小与资源禀赋方面也相同,因而,这两个国家的生产可能性曲线与无差异曲线也相同。

根据这样的假设,就可以得到一个由这两个国家的生产可能性曲线加总而成的世界生产可能性曲线(见图 3-2-3)。

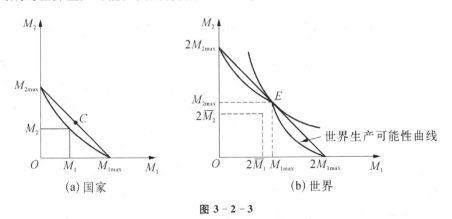

图 3-2-3

从图 3-2-3 中看,假如两国都生产 M_1,那么其均衡点就在 $2M_{1\max}$ 点上;假如两国都生产 M_2,那么其均衡点就在 $2M_{2\max}$ 点上;假如两国实行国际专业化分工,其中的一个国家专业化生产 M_1,另一个则专业化生产 M_2,那么这时的均衡点将出现在 E 点上,如果世界的无差异曲线恰好与此点相切,那么整个世界将得到具有规模经济的最优解;但是,若这两个国家不进行国际专业化分工与贸易合作,从而都平分资源既生产 M_1 产品又生产 M_2 产品,那么它们总共只能得到 $2\overline{M}_1$ 加上 $2\overline{M}_2$ 的产品,这时整个世界经济的均衡点将出现在从 $2M_{1\max}$ 到 $2M_{2\max}$ 这两点连线之内的某一点上,而这显然意味着规模经济的丧失与世界经济福利的下降。

根据以上的分析已经不难发现,即使两个国家在要素禀赋与消费偏好上完全一样,只要存在报酬递增的规模经济,并且一致同意实行专业化分工,至于具体生产哪个产品在这里可以说是无关紧要的,然后沿着世界价格线(即贸易条件)进行贸易,那么这两个国家就都可以从对外贸易中获益,而其源泉将不再是新古典贸易理论中所描述的要素密集度的差异,而是制成品生产中经常存在的规模经济。

存在规模经济的制成品贸易原理告诉我们,它并不是对于新古典贸易原理的否定,而是对于后者的补充与发展。若将这两种贸易原理结合在一起考虑,那么就会很容易地区别两种不同性质的贸易方式:若是贸易双方存在资源的禀赋差异,那么它们就应当选择产业间的贸易,即如前所述的 X 商品与 M 商品间的贸易;若是贸易双方无资源禀赋的差异,但有规模经济,那么它们就应当选择产业内的贸易,这就是本章所分析的 M_1 与 M_2 之间的贸易。

3.2.3 放松需求偏好完全相同假设时的产业内贸易

以上关于产业内贸易的原理依赖于两个非常重要的前提假设:其一是要素禀赋完全相同;其二是需求完全一致。那么这是否意味着上述的贸易原理只能在非常有限的范围内进行呢?对此不妨通过放松其前提假设来观察一下可能产生的后果。很明显,在以上两个前提假设中,有关两国要素禀赋相同的假设是不能放松的,因为放松了这个假设也就不存在以规模经济为条件的产业内贸易了。因此,唯一能够放松的前提假设就只能是需求完全一致这个条件了。事实上,放松这个假设条件也是非常合理的,因为在现实经济生活中所看到的就是那些在要素禀赋上十分相似,而在需求偏好上却存在很大差异的国家之间有着数量十分庞大的产业内贸易。

现在就让我们来重新假定两国的需求偏好。我们可以假定一国的偏好不变,而另一国的偏好发生变化,且并不与前者相一致;或者也可以完全倒过来;此外还可以假定这两个国家的偏好都发生变化。所有这些都无关紧要,关键的问题是,以上这些偏好的变化是否相对改变了对 M_1 与 M_2 这两种商品的需求量,即对一种商品的需求量是否超过了对另一种商品的需求量。假如没有,即对这两种商品的总需求是完全对等的,那么我们以上所作的分析仍然成立。假如通过放松需求完全一致的假设以后所出现的是一种商品的总需求量超过了另一种商品量,比如对 M_2 的总需求量大于对 M_1 的总需求量,这时,以上所作的分析就会遇到问题,从而需要我们对于这种新的现象作出新的分析。

当两国的需求偏好发生变化,从而出现 M_2 的需求大于 M_1 的需求这种情况时,图 3-2-3 中的贸易比价线(即连接 $2M_{1\max}$ 点与 $2M_{2\max}$ 点之射线)的斜率就会发生变化。这是因为,在两国都实行专业化生产的条件下,供给结构并没有发生变化,而当对 M_2 的需求大于对 M_1 的需求时,M_2 就会出现供不应求的状况,从而导致其价格上涨,结果,贸易比价线就会以 E 点为支点,逆时针旋转,这意味着 M_2 商品的国际价格变贵了,而 M_1 商品的国际价格则相对变得便宜了。现在的问题是,在这种情况下,贸易是否还能进行?若能进行,它对贸易的结果又会产生什么样的影响?

对于这两个问题,可以利用图 3-2-3 来加以分析。

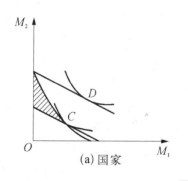 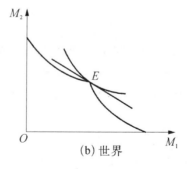

(a) 国家　　　　　　　　(b) 世界

图 3-2-3

按照两国在生产方面一切相似的假定,我们可以像图 3-2-3 那样把这两个国家的生产可能性曲线同时置于一个直角坐标系中,并加上已经发生变化的贸易比价线。由于这是一个两国模型,且这两个国家已实行专业化生产,所以就会产生两条平行的贸易比价线,它们分别与这两个国家的生产均衡点相切。这两条平行的比价线的斜率当然是完全一样的,从而意味着这两个国家的贸易条件是完全相同的。但是,由于人们对这两种商品的需求不同,这两条平行比价线所反映的两种商品的比价关系已经截然不同了,因而专业化生产 M_2 的国家的贸易所得将会增加,这反映在与其生产均衡点相切的贸易比价线位于较高的位置上。与此相反,专业化生产 M_1 的国家由于其所生产的产品需求相对下降,故其贸易所得将随之减少,这反映在与其生产均衡点相切的贸易比价线处在相对较低的位置上。

这一结果表明,放松两国需求完全一致的假设,制成品的贸易仍可进行,且不影响整个世界经济的福利水平,因为世界的无差异曲线仍然可以在图 3-2-2 中的 E 点上与整个世界的生产可能性曲线相切,但是由于贸易条件的变化,由贸易所产生的利益将在两国之间进行再分配,这种再分配的结果一般来说对专业化生产供不应求的商品的国家有利,而对专业化生产需求相对小于供给的商品的国家不利。

3.3 对差别产品的需求与贸易

3.3.1 差别产品的定义

规模经济论主要是从供给角度解释了产业内贸易之所以会发生的原因,对差别产品的需求则将从需求的角度来探讨制成品贸易得以发生的机理。当然,这一研究必须以规模经济的存在作为前提条件。如果没有规模经济这个前提条件,那么所有国家都可以同时生产其本国居民所需要的制成品,而不必担心其福利水平的下降。

同一种产品往往会有多种品牌同时存在,它们所反映的是产品的成本、质量、外观、造型、使用的方法、附带附件的多少、厂家提供的服务,以及产品的生命周期等方面的差异,而不是这一产品的基本功能的差异。把产品的基本功能相似,但却存在以上各个方面差别的产品定义为差别产品。如各种品牌与型号的汽车、空调、电视机、电冰箱与洗衣机等。这些差别产品既可以由同一个厂家来提供,也可以由不同的厂家来生产;既可以由一个国家的不同厂家来生产,也可以由不同国家的不同的厂家来生产。

差别产品的产生主要是因为人们对各种产品的需求存在结构性的差别,

这种结构性的差别不仅来源于人们消费偏好的不同,更重要的还在于人们收入水平的不同。尽管厂商与市场均衡理论告诉我们,垄断生产商可以采用生产差别产品的方法来谋取垄断利润,但是归根结底,厂商的这种行为是不能突破由消费者的收入预算线所给定的消费能力的。很多厂商在向市场提供新的产品时,其利润往往为负,就再也清楚不过地表明了这个道理。该厂商要想盈利,就只有两种可能:其一是设法降低生产成本;其二是等待消费者收入水平的提高。降低成本的重要途径是批量生产,而这在相当大的程度上又依赖于消费者收入水平的普遍提高,以至越来越多的消费者有能力来购买这种新的产品。

3.3.2 决定各国需求结构差异的主要因素

一般而言,决定各国需求结构差异的主要因素是各国的人均收入水平。经验告诉我们,一国的人均收入水平越高,其对同类产品的质量要求也就越高,并且其对新产品的接受能力也就越大。这样,就平均水平而言,具有较高人均收入水平国家的居民的需求结构一定位于人均收入水平较低国家居民的需求结构之上。

事实上,除了收入水平的国民差异之外,在每个特定的国家里同时还存在着收入水平的社会差异,这是因为在任何一个实行市场经济制度的国家里,国民收入的分配总是不均等的。由于国民收入的不均等分配,一国就可能出现多个具有不同消费水平的社会阶层,从而形成了该国特定的消费或需求结构。

至此,可以得到以下结论:各国的需求结构取决于各国国民收入的分配结构。各国国民收入分配越是不均等,那么其对差别产品的需求也就越大;各国间需求结构的差异则主要取决于各国人均收入水平的差别,人均收入水平高的国家,其需求结构总是位于人均收入水平低的国家之上。

3.3.3 需求结构的国民差别与制成品贸易

假设有两个国家,分别为 A 与 B,A 国的人均收入水平要高于 B 国的人均收入水平。因此,根据以上的分析,A 国的需求结构肯定要位于 B 国之上,这样我们就可以得到图 3-3-1。

图 3-3-1 的横轴为各国的人均收入,纵轴为各国的对于某种特定产品的需求结构。假定这两个国家的国民收入分配的结果相同,即都形成了 5 个

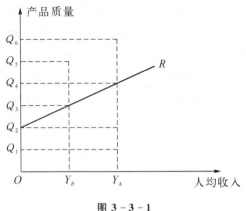

图 3-3-1

不同收入水平的社会阶层,但由于它们的人均收入水平是不同的,故而这两个国家对于差别产品的需求范围也就有所不同。其中 A 国的差别产品的需求范围为($Q_2 \sim Q_6$),而 B 国的差别产品的需求范围则为($Q_1 \sim Q_5$)。

毫无疑问,在这种情况下,A 国同时生产从($Q_2 \sim Q_6$)的差别产品,以及 B 国同时生产从($Q_1 \sim Q_5$)的差别产品,以便分别来满足本国居民对于各种差别产品的需求这种做法,对于这两个国家来说显然都是不经济的。因为这种平分资源去同时生产多个产品的做法将会导致规模经济的丧失。为了避免这种对于双方都不利的后果,两国可以通过专业化生产差别产品和贸易来实现帕累托改进。

其方法是,首先寻找本国需求量最大的差别产品。在市场经济条件下,一般说来中产阶级的人数总是最多的,特别富有与特别贫困的总是少数。因此,可以推定,在 A 国中由人数最多的中产阶级的需求状况所决定的该国需求量最大的差别产品将为 Q_4,而在 B 国中则为 Q_3。然后,两国可以以此为根据进行专业化生产,即 A 国专业化生产 Q_4,B 国专业化生产 Q_3。最后,两国再通过贸易来完成 Q_4 与 Q_3 的交换。这样做的结果是,A 国将从专业化生产 Q_4 中获得规模经济,而 B 国则将从专业化生产 Q_3 中获得规模经济。之所以会出现这样的结果,是因为两国实行专业化生产以后,其专业化生产的那种产品的市场规模都要比过去扩大了。

至于 Q_4 与 Q_3 以外的差别产品,或者可以通过放松只有两个国家的假设,引进第三与第四或更多的国家来加以解决;或者分别由 A、B 两国作为其具有规模经济产品的附带产品来满足市场的需求。

此外,在本国技术无法达到生产较高质量的差别产品,而把产品销往国外的运输成本又相对较低的情况下,不管是 A 国还是 B 国,它们也可以通过生产与出口国外需求量最大的产品来实现专业化生产的好处。但这里的一个先决条件显然是,本国生产与出口的这个产品必须具有国际竞争力。

3.4 垄断竞争市场与贸易

3.4.1 垄断竞争市场形成的机理

垄断竞争市场的形成机理大致可以区分为以下三种情况:

(1) 规模经济。在有规模经济存在的产业中,垄断厂商(大规模生产的厂商)的边际成本要小于非垄断厂商(小批量生产的厂商)的边际成本。这一结果可以从图 3-4-1 中清楚地看到。图中的横轴为产量,纵轴为价格,D 为需求曲线,MR 为厂商的边际收益,MC 为垄断厂商的边际成本,ΣMC 为非垄断厂商的加权平均的边际成本。如果所有厂商的行为都是理性的,那么利润极大化的定价法则为:$MC=MR$。根据这一定价法则,垄断厂商的产量为 $Q_{(L)}$,其价格为 $P_{(L)}$;而自由竞争厂商的均衡产量与价格则分别为 $Q_{(S)}$ 与 $P_{(S)}$。结果,在一个具有规模经济的产业里,我们发现一个垄断竞争的市场结构反而可以增进国民福利。因此,在一个遵从经济规律的市场经济里,垄断竞争的市场结构不仅是必然的,而且也是应当受到欢迎的。

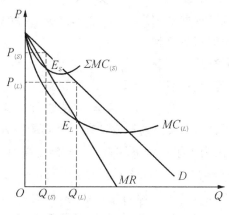

图 3-4-1

（2）自然垄断。自然垄断往往产生于所谓的最小规模经济（Minimum Size Efficiency（MSE））。这种 MSE 不是由厂商的主观意志所决定的，而是由该产业的技术因素所决定的。例如在自来水、煤气、电力的供应上，以及铁路运输与航空运输领域，都存在自然垄断的技术要求。

关于自然垄断与自由竞争市场结构的差异，我们不妨用图 3－4－2 来分析。

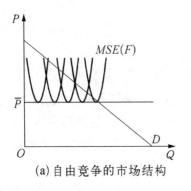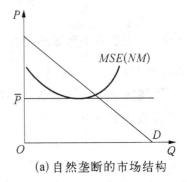

(a) 自由竞争的市场结构　　　　(a) 自然垄断的市场结构

图 3－4－2

由图 3－4－2 可见，在市场规模既定的情况下，一个产业的单个厂商的 MSE 越小，这个产业所在的市场结构就越可能是自由竞争的；相反，当一个产业的单个厂商的 MSE 越大时，那么这个产业所在的市场结构也就越有可能是自然垄断的。

（3）技术专利与无形资产。当一个或少数几个厂商拥有与其竞争的同行所没有的生产技术或其他商业秘密时，这个产业也很可能从自由竞争的市场结构演变为垄断竞争的市场结构。

一个厂商要想拥有其他厂商所没有的技术专利与商业秘密，它必须有大量的 R&D 投资，并需要有长期的无形资产的积累。所有这些有形的与无形的资本投入，对于已在场内的垄断厂商来说是数额巨大的沉淀资本（Sunk Capital），而对于场外的厂商来说则构成了高不可攀的进入壁垒。

更重要的是，正因为有了这种沉淀资本，厂商在增加产量，尤其是在开发新技术与新产品的时候，其边际成本总是要小于新进入的竞争者，有时这种边际成本还可能趋于零。利用这样的竞争优势，拥有技术专利与无形资产的厂商很容易垄断其所在产业的市场，从而形成垄断竞争的市场结构。

3.4.2 封闭经济中的垄断竞争市场的均衡

从以上三种垄断竞争市场成因的分析中,很容易区分出三种不同的垄断类型,即:大批量生产的垄断、自然垄断,以及知识产权的垄断。一般说来,自然垄断大多是与公用事业这类非贸易品的生产相联系的,因此,与现在所讨论的主题关系不大,可以把它排除掉。剩下的两种垄断类型在制成品的生产中则是经常可以见到的现象,因此,我们将以这两种垄断类型作为我们研究的对象。

如前所述,无论是大批量生产的垄断,还是由技术专利与商业秘密等知识产权所造成的垄断,它们的一个共同特征是:都有大量的沉淀资本,这种沉淀资本可能是由大量的固定资本投资所造成的(在大批量生产的场合),也可能是由大量的 $R\&D$ 投资或巨额的广告费投入所造成的。在把握了垄断竞争市场中厂商的这个基本特征之后,就可以来分析垄断竞争市场与制成品贸易之间的关系了。当然,在分析这种关系之前,首先需要对封闭经济条件下的垄断竞争市场的均衡问题进行分析,否则就会对开放经济下的均衡分析缺乏基础与工具。

为了分析问题的方便,我们选择垄断竞争市场中的一个典型厂商,并假定它有一个只使用一种生产要素(L)的生产函数。这个假设的合理性在于,这个典型厂商先期投入的固定资本已转化为沉淀资本,从而与该厂商产品生产数量的多少已经没有关系了,因而可以不予考虑。这样就可以得到如下的方程式

$$C = W \cdot L = W(\alpha + \beta X)$$

式中的 C 为总成本,总成本等于工资率乘上所使用的劳动总量,这就是式中的 $W \cdot L$;总成本是由两部分组成的,这是因为总的劳动投入必须划分为 α 与 β 两部分,其中的 α 部分是用来维持固定成本运转的,毫无疑问,α 与产量的多少也是无关的,于是 αW 就成为只使用一种要素的生产函数中的总固定成本;另一部分劳动 β 是厂商用来生产产品的,假如该厂商的产量记为 X,那么 β 就与 X 相关,于是就有式中的 βX,若将 βX 乘上工资率 W,就有 $\beta W X$,它成为这个生产函数中的总可变成本。如果我们再把以上的 C、αW 与 $\beta W X$ 都除以产品的产量,那么我们就可以分别得到平均总成本、平均固定成本与平均可变成本。如果再加上一条不变的边际成本线(边际成本为上式中的 βW,βW 之所以不变,是因为存在规模经济),那么就可以得到图 3-4-3。

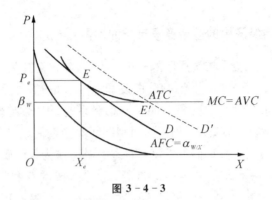

图 3-4-3

从图 3-4-3 中看,封闭经济的均衡点必定出现在图中的 E 点,因为 E 点是厂商的平均总成本与需求线 D 相切的一点(需求线的这种性质是由垄断竞争市场的性质所决定的,这个问题在微观经济学里已经解决了,这里就不再作进一步的解释)。无论在这一均衡点的左边还是右边,该厂商的产量都没有达到边际利润为零,即利润极大化的状态。在均衡点的左边会有新的厂商进入,在均衡点的右边则会有不能盈利的厂商退出。

然而值得注意的是,这一均衡点并没有同时落在边际成本线上,之所以会出现这种现象,是由于该产业存在规模经济的缘故。由于该产业具有规模经济,因而厂商的平均固定资本加上平均可变资本以后所形成的平均总成本总是要大于其边际成本,除非市场的规模足够大,从而能够使该厂商的需求曲线发生变化。然而在小国封闭经济条件下这种情况是不会发生的,所以当均衡点出现在 E 点时,意味着这个国家的垄断竞争产业尚有巨大数量的规模经济没有得到实现。关于封闭经济下的均衡,就分析到这里。

3.4.3 开放经济与自由贸易制度下的垄断竞争市场的均衡

在开放经济并实行自由贸易制度的情况下,上述模型中的均衡点将从 E 点移到 E' 点。E' 点是该厂商的平均总成本与其边际成本、平均可变成本,以及消费者对其产品的需求数量都恰好相等之点,并且平均固定成本正好等于零,这意味着该厂商所具有的规模经济全部得到实现。

毫无疑问,开放经济条件下规模经济的实现靠的是贸易所带来的市场需求量的扩大。在这里,所要分析的问题是:在贸易双方都存在规模经济,且双方生产的产品具有相互替代性(这是由制成品贸易的性质所决定的),而各自的市场结构又均为垄断竞争型的情况下,贸易双方是如何通过相互开放市场来增加市场需求量的?

为了回答这个问题,我们首先需要作出某些前提假设:

(1) 两个国家的要素禀赋与密集度完全相似;

(2) 两国在进行贸易之前均同时生产 M_1 与 M_2 两种制成品,厂商在决定生产多少 M_1 与 M_2 时,不存在转换成本,即两种产品的生产是可替代的,并且 M_1 与 M_2 这两个产业都存在规模经济,而其市场结构又都是垄断竞争型的;

(3) 两国消费者的偏好完全相似,在消费者预算给定的情况下,他们将平分其消费支出,一半用来购买 M_1,另一半则用来购买 M_2,且对产品的供给厂商无特殊的偏好。

根据以上假设,可以发现,当这两个国家通过贸易而进行专业化分工,其中的一国专业化生产 M_1,另一国专业化生产 M_2,那么这两个国家的垄断竞争市场中的厂商均可将它们的均衡点从封闭经济下的 E 点移到 E' 点,而使各自的规模经济得以实现。这是因为在两国实行专业化分工的情况下,每一个国家事实上都把其中一个产业的市场需求让渡给了对方,从而不仅使对方,同时也使自己的垄断竞争市场的需求量扩大到了能够实现规模经济的程度。

在整个过程中,这两种产品的世界总产量没有发生变化,市场的结构也没有发生变化,但两国通过贸易以后的国民福利得到提高。假如整个过程结束后,这两种产品的价格均保持不变,那么两国的厂商因实现了规模经济而使它们的利润得以增加;假如整个过程结束以后,这两种产品的价格均有较大程度的下降(如图 3-4-3 中的 E' 点所示),那么这时不仅有厂商总利润的增加,而且也将有消费者剩余的增加。因此,不管最后出现的是何种情况,其结果对于贸易双方与整个世界来说都将是有利的。

3.5 产品的生命周期与贸易

国际贸易理论中的产品生命周期理论是对熊彼特创新周期理论的一种运用。与其他的周期理论不同,熊彼特周期主要是由企业家的产品创新行为所造成的。为了实现产品创新,企业家当然也需要不断地进行技术、工艺,以及企业组织与管理的创新,但最终的目的还是为了创造出新的产品,以满足社会不断产生的新的需求,或推动社会需求向着新的结构转变。因此,与其他周期理论相比,熊彼特周期不仅具有宏观的性质,而且也同时具有微观的性质。熊彼特周期的这种双重性质表明,它不仅可以用来解释长期的宏观经济周期,同时也可以用来作微观层次上的企业产品生命的周期分析。

利用熊彼特周期理论来研究贸易问题的集大成者是雷蒙德·弗农(Raymond Vernon),他的以产品生命周期理论为基础的贸易理论的基本思想可以表述如下:

熊彼特意义上的新产品最初总是出现在最发达的经济中。这是因为,在发达国家往往存在一支数量众多的企业家队伍;同时,其社会要素的积累与居民较高的收入水平,足以从供给与需求两个方面为新产品的产生提供技术与经济上的支持。

然后,随着对新产品的需求逐步由经济发达的中心国家向经济不发达或欠发达的国家扩散,发达国家在向本国居民提供这种新产品的同时,还将向逐渐对其生产的新产品产生需求的外围国家出口这种新的产品。

当国外需求不断增加,以致不仅可以使得发达国家实现新产品生产的规模经济,并可使新产品的生产程序日益标准化时,这种新产品的要素密集性会发生变化,即会从 $R\&D$ 与熟练劳动要素密集型的逐步转变为资本与非熟练劳动要素密集型的,到了那时,将该产品的生产过程转移到需求正在迅速增长,而生产成本相对较低的外围国家去生产这种成熟化的新产品就会变得越来越具有吸引力了。随着生产过程的向外转移,贸易的方向会颠倒过来,即原来出口该新产品的发达国家,将成为该产品的进口国,但这时的新产品已经不是原来意义上的新产品了,它已随着产品生命周期的演变而转化成了成熟产品。

关于产品生命周期与贸易的这种相互关系,可以用表3-5-1归纳如下。

表3-5-1 产品生命周期与贸易流向

	新产品开发阶段	成熟阶段	大批量生产阶段	衰退阶段
需 求	发达国家的人均收入高	需求扩散	欠发达国家需求增加	发达国家的需求为零
供 给	发达国家的技术先进	规模经济	资本与非熟练劳动	生产过程全部在国外
贸 易	无	向外出口	从外进口	无

从表 3-5-1 中看,产品的生命周期变化不仅会影响贸易的流向,而且也会影响产品生产地的选择,而产品生产地的选择通常是与对外直接投资联系在一起的,对此将在以后的章节中加以讨论。

本 章 小 结

1. 规模经济的存在将导致一国生产可能性曲线凸向原点的情况发生。在两国都存在规模经济时,尽管它们的要素禀赋与需求偏好完全一致,贸易仍会发生,但这时的贸易将不再是新古典贸易理论所描述的产业间的贸易,而是以规模经济为基础的产业内的贸易。

2. 在产业间贸易的场合,一国得自贸易的收益主要取决于其要素的密集程度;然而在产业内贸易的场合,一国的贸易收益与要素密集程度无关,一国贸易所得的多少主要取决于它所从事的专业化生产的产品的需求状况,以及由此而决定的该产品的国际市场价格。这一事实表明,在产业内贸易的情况下,一国以生产什么样的制成品进入国际分工与贸易体系是一个极其重要的问题。

3. 规模经济从供给角度回答了产业内贸易发生的原因,而对差别产品的需求则从需求角度回答了产业内贸易得以发生的原因。各国居民对差别产品的需求源于国内国民收入分配的阶层差异与国际贸易双方人均收入水平的差异。以存在规模经济为前提,放松两国需求相似的假设,在两国人均收入存在明显差别的情况下,以差别产品为特征的产业内贸易就会发生。

4. 垄断竞争的贸易理论则从市场结构角度对产业内贸易的原因进行了分析。垄断竞争市场结构的形成与某些制成品产业中存在大量的与产量无直接联系的固定成本有关。在这种市场结构下,贸易双方若能通过产业内的分工与贸易使数量巨大的固定成本也能产生收益,那么贸易双方都将因此而获益。

5. 产品生命周期理论从动态的角度回答了产业内贸易产生的原因。制成品的生命周期特征要比非制成品来得明显,这是因为制成品的替代性(从需求角度观察的结果)与技术进步的可能性(从供给角度观察的结果)都要比非制成品来得大。制成品的生命周期主要来源于企业家的创新。在一个完整的产品生命周期中,一般要经历:新产品开发与上市、产品趋于成熟、大批量生产,以及市场衰退等几个周期阶段。在产品生命周期变化的这几个阶段中,通常总会发生需求范围与生产地点的变更,从而导致贸易的发生与贸易流向的变化。

6. 以上所有各种有关制成品贸易的理论都不是对新古典贸易理论的否定,而是对新古典贸易理论的补充。以上这些贸易理论与新古典贸易理论的相互关系可以简述如下:当两个国家存在要素密集度的差异时,就会有新古典贸易理论所说的产业间的贸易发生;当两个国家的要素密集度相同,但却存在制成品生产的规模经济,或因人均收入水平差异而导致对差别产品的需求,或因需要投入大量固定成本而造成垄断竞争的市场结构,以及因企业家创新而引起产品的生命周期变化时,新古典理论中所说的产业间的贸易就会被前提假设经过修正或放松的产业内贸易所替代。

本章关键词

制成品　规模经济　凸向的生产可能性曲线　世界生产可能性曲线　差别产品　垄断竞争　自然垄断　技术专利　无形资产　固定成本　沉淀资本　熊彼特周期　产品生命周期　企业家创新

本章思考题

1. 新古典贸易理论与制成品贸易理论的主要区别在哪里?

2. 什么是规模经济?它的存在会对一国经济产生怎样的影响?

3. 以规模经济为基础的贸易方式在什么样的情况下会导致贸易利益的均等分配?在什么样的情况下将不能产生这样的结果?

4. 对差别产品的需求是由什么样的原因引起的?为什么在新古典贸易条件不能满足的情况下,只要存在差别产品贸易也能发生?

5. 垄断竞争市场结构形成的原因有哪些?哪些种类的产业垄断与制成品贸易有关?为什么?

6. 在封闭经济条件下的垄断竞争市场均衡与开放经济条件下的垄断竞争市场均衡有什么区别?

7. 开放经济下垄断市场的均衡指的是厂商的均衡还是整个经济的均衡？这种均衡不会影响产量与厂商的数量指的又是什么意思？

8. 产品生命周期的发生机制是怎样的？为什么产品的生命周期也会引起制成品的贸易？它与其他类型的制成品贸易相比较有什么新的特点？

9. 为什么说制成品贸易理论与新古典贸易理论不是相互矛盾的,而是相互补充的？

第四章
产品内贸易

4.1 导　言

在以上各章中,不管是古典贸易理论、新古典贸易理论,还是基于竞争不完全的产业内贸易理论,都有一个共同的特点,那就是这些贸易理论所设定的生产函数都是标准的新古典生产函数,即在生产任何一种产品时,要素间都是可替代的。

本章将放松要素可以相互替代的假设,导入里昂惕夫生产函数来讨论最近发生的一种新的贸易现象,那就是产品内贸易或中间品贸易。中间品生产通常会受到特定要素的制约,当一个国家因为某种特定生产要素的短缺而造成中间品供给不足时,其他的生产要素就将不能得到充分的使用。因此,为了让所有的要素都能够充分就业,就必须将中间品从产品生产的价值链中分离出来,并将其变成可贸易的商品,这对于突破一国因为特定生产要素有限而造成的瓶颈具有十分重要的意义。

中间品能否成为贸易品,主要取决于以下两个条件:第一,是产品的标准化,以便保证其能够成为一个独立的产品;第二,很低的交易成本,保证其可以在国际自由贸易。由信息技术发展带来的模块化生产方式和日趋下降的交易成本使得中间品贸易成为可能,于是中间品贸易便得到了迅速的发展。因为有了中间品贸易,便有了目前国际经济中极为盛行的产品内分工与贸易。

从产品内贸易产生的原因来看,产品内贸易可以定义为中间品生产的外部化。因为有了中间品生产的外部化,所以才会有产品内的分工与贸易。根

据生产主体的不同,产品内贸易分为两大类:

第一,发生在不同国家的企业之间的中间品贸易,可以是国际采购,也可以是国际外包,采取这样的方法可使参与此种贸易的双方突破特定生产要素短缺的瓶颈;

第二,发生在跨国公司内部的中间品贸易(即通常所说的垂直一体化),其方法是通过建立海外分公司、子公司,通过利用当地某种特定的生产要素而获取最大利润。

4.2 产品内贸易模型

4.2.1 里昂惕夫生产函数与禀赋差异贸易模式

假设一个封闭的国家,使用资本 K 和劳动 L 两种要素,生产 X 和 M 两种零部件。假设零部件的生产遵循里昂惕夫生产函数,即每种零部件使用两种要素并以一定的比例进行生产。其生产函数如图 4-2-1 所示。

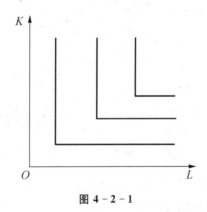

图 4-2-1

因为在一个封闭国家内,资本要素 K 和劳动要素 L 的总量是固定的,使用埃奇沃思方框图可以得到,该国最佳的生产点在两条生产线的交点(如图 4-2-2 所示),即 E 点,在 E 点该国生产达到帕累托最优。

由埃奇沃思方框图可以得到该国的生产可能性边界(如图 4-2-3 所示),该曲线为一条折线。

如果该国专业化生产 X 零部件,则可以达到最大产量为 Max X,如果该

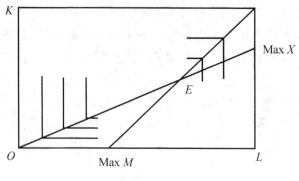

图 4-2-2

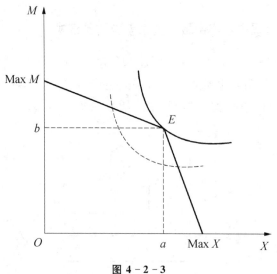

图 4-2-3

国专业化生产 M 零部件,则可以达到最大化产量 Max M。该国的生产均衡点将处于点 E,其产量为 (a,b)。

如果该国专业化生产 X(劳动要素密集)零部件,则会有资本要素的浪费;如果该国专业化生产 M(资本要素密集)零部件,则会有劳动要素的浪费。

假如该国想要有更多的生产选择,就必须从国外获得更多的要素,使得两种要素达到一定比例,且该比例符合生产函数的要求。

如图 4-2-4 所示,该国如果能够使得劳动总量从 L 增长到 L′,使得 X 零部件的生产线正好为埃奇沃思方框图的对角线,从而可以获得边界扩大的埃奇沃思方框图。在该方框中，X零部件和M零部件的生产线相交于F点，即该方框的右上顶点。在该点该国可以通过专业化生产X零部件，达到资源的充分利用，此时F点是该国生产的帕累托最优点，也就是说该国将专业化生产X零部件。其生产可能性曲线变为图4-2-5。

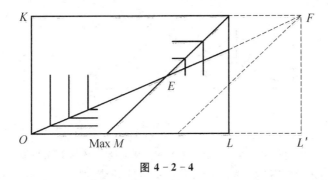

图 4-2-4

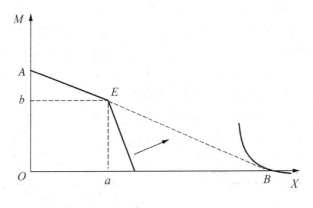

图 4-2-5

图4-2-5显示了该国获得LL'劳动后所具有的生产可能性曲线AB，原来的最佳生产E点移动到了B点，此时，该国将在B点专业化生产X零部件，以达到两种要素的充分利用。很显然在B点生产要明显优于在E点生产，因为这一变化会让该国获得专业化生产带来的规模经济与过剩生产要素的出清。

但是，B点均衡的出现依赖于以下假设，即国际间的要素流动是自由的、没有成本的。然而实际情况并非如此，为此，我们需要对上面给定的埃奇沃思方框图加以改动，把坐标的向量由要素的数量改为使用该要素的成本，即

将横坐标上的 L 改为 L^*P_L，把纵坐标上的 K 改为 K^*P_K，于是就可得到以下这个新的埃奇沃思方框图（如图 4-2-6 所示）。

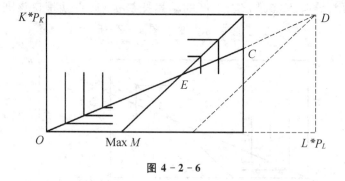

图 4-2-6

如图所示，假如该国可以从外国获得和本国一样价格的要素，这表现在上图中即为 OC 与 CD 共线，则该国可以通过要素进口或者在国外生产来实现专业化生产，并借此提高本国福利。但是，在现实世界中，由于存在交易费用，比如运输费用、进口关税、诚信水平不一致、制度不健全、很高的谈判成本等等，导致一国很难从国际社会获得比国内价格更低的要素。

利用模型来分析，可以得到：由于交易费用的存在，一国在进口要素时（或在国外进行某一环节的生产时），其生产线将以 C 点为顶点向下折，即其所获得的要素价格高于国内要素价格，这样就获得如图 4-2-7 中的 OCD' 折线。很显然，D' 点的单位生产成本高于 D 点，因为 $L^*P_L'>L^*P_L$。

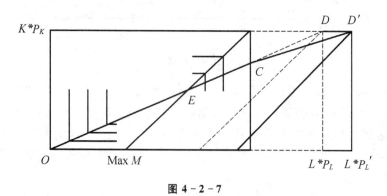

图 4-2-7

这样该国将面临两种选择：可以选择没有贸易情况下的 E 点，但是其结果显然要比有贸易情况下的 D 点要差；也可以选择有贸易情况下的 D' 点，但

是其结果也要比 D 点差。那么该国究竟应该选择 E 点同时生产两种产品呢？还是应当通过要素进口（或在国外设立生产环节）来实现专业化生产呢（即在 D' 点生产）？这里的决定性因素是要素贸易中的交易费用的高低。假如要素国际流动与贸易的交易成本越高，从而 CD' 线越是趋向于水平状，那么该国就越有可能选择在 E 点生产。反之，则相反。

4.2.2 交易成本的下降与里昂惕夫生产函数优化

如前所述，信息技术的发展与经济全球化的日益深化，使得全球要素流动与贸易的交易成本不断下降，于是世界各国选择在 D' 点生产的概率大大增加，从而推动了全球产品内分工与贸易的发展。

从模型来看，交易成本的下降，表现为 CD 线以 C 点为顶点，向左折至 CD''（如图 4-2-8 所示）。根据要素充分利用与市场出清的原则，该国最优生产的均衡点将出现在点 D''，其结果是该国会选择在 D'' 点进行专业化生产。由于 K 的数量和价格均没有变化，且按照该模型假设，生产模式为要素比例不变的生产，即里昂惕夫生产函数，因此可以认为，无论在 D 点还是在 D'' 点，资本都得到了充分利用，但是与交易成本下降前不同的是，在 D'' 点生产时，由于进口要素的价格（是指要素本身的价格加上交易成本）比较便宜，所以生产相同数量产品的总成本相对较低，在图 4-2-8 中显示为 $L^* P_L'' < L^* P_L$，即 D'' 在 D 点左侧。

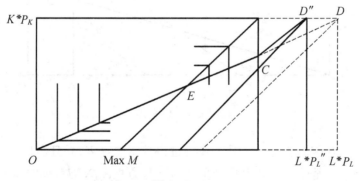

图 4-2-8

在前文中，我们已经指出 D 点的均衡解要优于 E 点的均衡解。现在因为有了交易成本的下降而导致 D'' 点的均衡解又优于 D 点的均衡解，因此在 D''

点的专业化生产将明显优于在 E 点进行的非专业化生产。由此可以得到的结论是：随着交易成本的下降和进口要素总价格的下降，一国放弃多元化的生产模式而转向专业化的生产模式，将是有利可图的。

4.2.3 产品内贸易的均衡解

现在我们考虑两个完全相同的国家：A 国和 B 国。在没有要素贸易的时候，两个国家的埃奇沃思方框图相同，且两个国家均在 E 点进行生产，假设该点的产量为：X 零部件产量 a，M 零部件产量 b，则总产量为 $2a$ 的 X 零部件和 $2b$ 的 M 零部件。

现在假设 A 国与 B 国进行要素贸易，A 国出口资本要素给 B 国，同时从 B 国进口劳动力要素，直至 X 零部件的生产线正好为新的 A 国埃奇沃思方框图的对角线（如图 4-2-9 所示），其结果是封闭经济时的埃奇沃思方框图 $ABCD$，会伴随着 L 的流入与 K 的流出而变成为新的、可用 $FGHC$ 来描述的埃奇沃思方框图，从而使得其对角线正好为 X 零部件的生产线，其最优的均衡解将出现 G 点，即 A 国专业化生产 X 零部件的帕累托最优生产点。

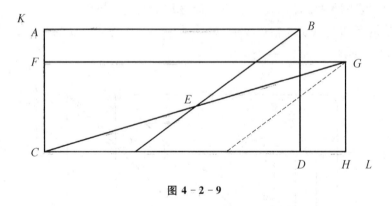

图 4-2-9

再来看 B 国的变化。B 国从 A 国进口资本要素 K，并且出口劳动力要素 L 给 A 国。于是就可得到 B 国新的埃奇沃思方框图 $NBJI$（如图 4-2-10 所示），由图 4-2-10 可见，B 国 M 零部件的生产线恰好为方框的对角线 BI，那么 X 零部件的生产线和 M 零部件的生产线的交点为 I 点，因此，B 国将专业化生产 M 零部件，在 I 点 B 国达到了帕累托最优。

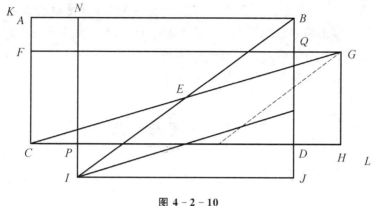

图 4-2-10

综合图 4-2-10 和图 4-2-5 的分析，我们就可得到 A、B 两国专业化生产后的生产可能性曲线（见图 4-2-11）。

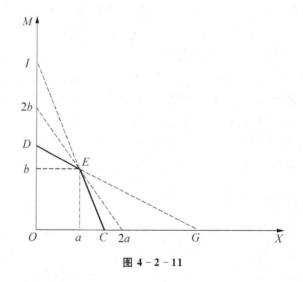

图 4-2-11

在没有要素贸易和专业化生产之前，两个国家均选择 E 点进行多元化生产，其总产量为 $2a$ 的 X 零部件和 $2b$ 的 M 零部件。在进行要素贸易之后，A 国的生产可能性边界变为了 DG 线，并在 G 点专业化生产 X 零部件，B 国的生产可能性边界变为了 CI 线，并在 I 点专业化生产 M 零部件。于是，这两种零部件的总产量分别为 G 和 I。

由于 IE 线是 CE 线的延长线，而 EG 线是 DE 线的延长线，因此 I 点必定处在 2a 点之外，G 点则必定会处在 2b 点之外，即要素贸易后的 X 零部件的总产量和 M 零部件的总产量均大于原来的总产量，整个世界的总产出因此而上升，所以 A、B 两国将会选择要素贸易，来获得 A 国专业化生产 X 零部件、B 国专业化生产 M 零部件的均衡解。

4.3 产品内贸易的效应

4.3.1 贸易流量效应

产品内分工不仅使得产品成本下降，生产总量上升，而且还会导致贸易总量的增加，因为贸易的形式不再拘泥于制成品贸易。

统计数据显示，近年来产品内贸易量大大增加，其增长的速度已经远远超过了制成品贸易，产品内贸易已经占据世界贸易总量的三分之一左右，正在成为世界贸易的主要组成部分。

产品内分工对于贸易流量的促进效应主要体现在两个方面：第一，通过内部产品（中间品）的外部化而导致贸易总量的增加；第二，通过分工深化而导致贸易流量的增加，因为中间品贸易的发生机制是特定生产要素的非对称性分布，而不是由传统的相对成本差异、或者新古典贸易理论所说的禀赋差异、以及新贸易理论所说的规模经济和异质性需求等因素引起的，所以产品内贸易的发展将会创造出一种新的贸易模式而导致贸易总量的增加。

4.3.2 规模报酬效应

产品内贸易在增加国际贸易流量的同时，也因为基于特定生产要素的专业化生产而带来了规模报酬递增效应。

用模型来分析，如图 4-3-1 所示，在封闭经济情况下，一国的生产可能性边界为 AEC，其中 E 点为帕累托最优生产点，该国将在这一点进行多元化生产。借助于产品内贸易，该国进口 X 密集使用的要素后，其生产可能性曲线变为 AB(AEB)，此时，该国将在 B 点专业化生产 X 零部件。如果该产业具有规模经济效应，则专业化生产将使同样的投入带来更大的产出。从图 4-3-1 来看，生产可能性曲线将在 G 点向上翘起，结果其专业化生产的帕雷托最优点将不是 B 点，而是存在报酬递增的 B' 点，同时，该国的生产可能性曲

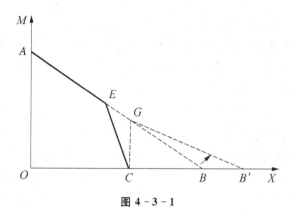

图 4-3-1

线也会因此而变为 AGB'。

毫无疑问，B' 点的产量要大于 B 点的产量，但该国在这两个均衡点上所使用的要素数量和成本必定是相等的。因此规模报酬递增效应的存在，会激励该国选择专业化生产。

4.3.3 价格效应

产品内贸易会导致生产的集中，从而造成在一个市场上仅仅存在少数几家公司进行寡头垄断竞争的市场结构，这样的结构将使那些拥有市场垄断力量的公司获得更加强大的溢价能力。但是，就如在前文中所分析的那样，专业化生产也为这样的公司带来了由规模经济而创造的额外收益。

这样，究竟是由专业化生产所引起的成本下降、进而导致价格下降的作用力大，还是因为市场从完全竞争变成寡头垄断所带来的价格上涨的作用力大，将对产品内贸易的价格效应产生决定性的影响。

这两种作用力的大小取决于生产某种中间的特定要素的多寡。在规模经济既定的情况下，对于那些特定生产要素供给量丰裕的商品来说，由于其垄断程度相对较低，垄断者的溢价能力也就会变得相对较低，结果，由产品内贸易的价格上涨效应会变得较弱。反之，则相反。

4.3.4 技术扩散与外溢效应

产品内分工与贸易的发展将导致跨国公司在各地建立分支机构或者是生产基地，而留在发达国家国内的往往是研发和核心生产部分。这样的空间分布无疑会产生技术扩散或外溢效应。

这种外溢效应大致是通过以下两个渠道来传递的：其一，通过在发展中国家建立分公司、子公司或者生产基地把技术扩散到发展中国家；其二，是通过同业竞争把技术外溢到东道国的本土企业。

第一种扩散效应是不可避免的，跨国公司为了实现产品内分工不得不将生产技术转移到发展中国家，以便获得更高的利润；但是第二种外溢效应则是跨国公司所不愿意看到的，因此跨国公司会制定一定的公司准则来避免技术的外溢。这样，在由产品内贸易所产生的技术转移问题上，技术垄断和技术进步同时并存的局面就产生了，目前技术垄断的主要表现就是技术标准垄断。

4.3.5 收入分配效应

产品内贸易产生的贸易所得在不同国家间的分配并不公平。

从静态效应来看，由于产品内贸易使得各行业只留下几家可以制定技术标准的寡头垄断企业，而这些企业又大多来自发达工业化国家，因此，发达的工业化国家就可以因此而获得垄断利润，从而产品内贸易创造的所得的分配对发达工业化国家有利。

从动态效应来看，产品内贸易所得的分配具有不确定性。对于发展中国家来说，产品内贸易促进了它们的就业与贸易流量，因此对于增加它们的收入是有好处的，由此产生的收入增长效应增加了这些国家的福利水平。但是由于垄断企业在发达工业化国家的集中，而这些垄断企业又可以利用市场权力来推高产品价格，从而造成了发展中国家贸易条件的恶化。因此，产品内分工所产生的收入分配的动态效应并不确定。

本 章 小 结

1. 特定要素的制约所导致的要素的非充分利用创造了新的贸易形式——产品内贸易，这一贸易形式将中间品从产品生产的价值链中分离出来，成为可贸易商品，实现了要素的跨国界充分利用。

2. 产品内贸易的形式主要分为不同国家公司之间的国际采购、国际外包及同一跨国公司内部的垂直一体化发展。

3. 运用里昂惕夫生产函数和埃奇沃思方框图分析可以知道,产品内分工导致一国可以充分利用其具有比较优势的生产要素,专业化生产某中间品;并且随着交易费用的下降而获得更多的利润。

4. 产品内贸易的一般均衡模型显示,通过产品内贸易,两国具有新的生产可能性边界,并且通过在新的帕累托最优点的生产,使得全球产量上升。

5. 除了产量提升之外,产品内贸易还具有贸易流量效应、规模报酬效应、价格效应、技术扩散与外溢效应以及收入分配效应等。

本章关键词

产品内贸易　　特定要素制约　　国际采购　　垂直一体化　　里昂惕夫生产函数　　交易费用　　贸易流量效应　　规模报酬效应　　价格效应　　技术扩散与外溢效应　　收入分配效应

本章思考题

1. 产品内贸易发生的原因是什么?它与传统商品贸易的区别是什么?
2. 产品内贸易具有哪些形式?请分别以案例说明。
3. 请用里昂惕夫生产函数和埃奇沃思方框图分析产品内贸易的一般均衡模型。
4. 阐述交易成本对产品内贸易所产生的作用。
5. 产品内贸易的其他效应具有哪些?请分别阐述其具体含义和发生机制。

第五章
经济地理与国际贸易

5.1 导　言

经济地理讨论的问题主要是生产的空间区位选择。简单地讲,就是生产在地理空间上的集聚问题。而是否能够产生生产的集聚,以及已经形成的集聚能否长期维持,无非就是看使经济活动集中的向心力与使经济活动扩散的离心力之间的角力。

经济地理和传统国际经济学在基本假设上有本质的不同。在传统国际经济学中,讨论问题的出发点常常是一个要素完全不能流动、但商品可以无成本地进行交易的世界。但作为经济地理理论的鼻祖,杜能(von Thünen)在他的模型(*The Isolated State*, 1824)里讲述了一个相反的故事,他假设在一个地区内,劳动力要素可以自由流动,而商品的交易则需要支付一定的运输成本。

在杜能之后,多位经济学家[如俄林(Ohlin)、艾萨德(Isard)等]试图将经济地理问题融入一般贸易理论。然而,因为经济活动在空间上的区位问题必然要与规模报酬递增、不完全竞争相联系起来,但当时的一般均衡理论是建立在完全竞争基础上的,一般区位理论并没有能够顺利地建立起来。

时过境迁,20世纪70年代产业组织理论获得了突飞猛进的发展,这为经济学家们提供了一系列不完全竞争的模型。克鲁格曼(Krugman, 1991a)的中心—外围模型(core-periphery model)就是这一领域的开山之作。该模型给出了一个基本的框架,用以分析厂商的报酬递增、运输成本和要素流动性怎样引起生产的空间结构的产生与变化。

本章的内容就从这个模型出发。第二节我们讲述的是在一个封闭经济中,由于存在商品运输成本以及厂商的规模报酬递增,使得初始的两个地区逐渐演进为一个工业中心和一个农业外围。第三节和第四节讨论开放经济,在原先的假设基础上,再放松原先劳动力可以流动的假设：第三节使用修正的中心—外围模型,介绍世界如何演绎为发达与发展中国家间的专业化分工;第四节使用贸易的引力模型分析距离与规模对开放条件下一般均衡的影响。

5.2 封闭经济：中心—外围模型

经济地理和传统国际经济学在基本假设上有本质的不同。在传统国际经济学中,学者们讨论的出发点常常是一个要素完全不能流动、但商品可以无成本地进行交易的世界,然后通过放松假设可以将劳动力设置成可流动,或者引入非贸易品和运输成本等等。但是经济地理的研究直接以生产要素可以充分地流动,而运输商品需要一定的成本为起点。

5.2.1 前提假设

（1）假定一个封闭经济体,不存在任何形式的国际往来。

（2）该经济体可以划分为两个地区：东部和西部。

（3）该经济体只生产两种产品：农产品和制造品。农产品生产是规模报酬不变,且与不可移动的土地绑定在一起,并在两地进行生产;制造品的生产具有垄断竞争的特点,从而是规模报酬递增的,且可在任意地区生产,这意味着制造品既可以在其中的一个地区生产,也可以在两个地区同时生产。

（4）全国人口标准化为1,所有国民都是劳动力,分为农民和工人,农民只生产农产品,而工人只生产制造品,这两个部门的劳动力都完全就业。工人在总人口中的比例为 π,则农民为 $(1-\pi)$。农民在两个地区间平均分布,即 $(1-\pi)/2$。农民在地区间不可流动,工人可以完全流动,从而可以在两地区任意选择就业。

（5）制造品为差异产品（有很多的种类）。每个地区工人的数量与该地区制造品的总产量成比例。且每个地区对每种制造品的需求与该地区的人口严格成比例。不失一般性地假设每个厂商的产量都为 q。

（6）假设制成品生产需要投入固定成本 F,农产品的运输成本为零,一单位的制造品从一个地区运到另一个地区的运输成本为 t。

5.2.2 模型及均衡

假设东部工人在所有工人中占的比重为 r_{em},则东部人口 r_e 为

$$r_e = \frac{1-\pi}{2} + r_{em}\pi \tag{1}$$

对于已经开设在西部的厂商来说,到东部再开一个厂的固定成本为 F,而将产品运输到东部供当地消费的运输成本为 $r_e qt$,只要 $F > r_e qt$,西部的厂商将生产的制造品运输到东部提供给当地市场就比到东部开厂更便宜;而当 $F > (1-r_e)qt$,东部的厂商将生产的制造品运输到西部提供给当地市场就比到西部开厂更便宜;如果上面两者都不满足,那么在两个地区各开一厂就较为便宜。

于是,当固定成本相对于运输成本不太高时(如果固定成本太高,那么不管怎样,在一个地区设厂,然后向两个地区的市场提供产品总是比在两个地区都开厂来得便宜),我们可以得到

$$\begin{aligned}&当\ r_e < \frac{F}{qt}\ 时, r_{em} = 0\\ &当\ \frac{F}{qt} < r_e < 1 - \frac{F}{qt}\ 时, r_{em} = r_e\\ &当\ r_e > 1 - \frac{F}{qt}\ 时, r_{em} = 1\end{aligned} \tag{2}$$

将以上分析纳入图 5-2-1,横轴表示东部工人在所有工人中所占的比

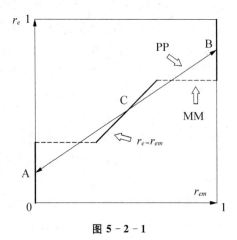

图 5-2-1

重,纵轴表示东部人口在总人口中的比重,它们都在 0 到 1 之间取值。

PP 线就是方程(1),它代表制造业分布对人口分布的影响。由方程(1)可知,PP 线是一条斜率为正,且比 45 度线平坦的曲线。

MM 线就是方程(2),它表示人口分布对制造业分布的影响。

由此我们可以得到模型的均衡解,如图 5-2-1,一共有三个稳态均衡:制造业在西部集聚,A 点;制造业在东部集聚,B 点;以及制造业在两个地区之间平均划分,C 点。

5.2.3 中心和外围产生的必要条件

尽管按照上文的分析,制造业在两个地区的布局可能产生集聚或者分散这样两种不同的结果,但这并不是必然的。如图 5-2-2 所示,制造业最终的均衡结果只有在两个地区平均分布,即 C 点。这说明模型中的一些因素的大小变化能够影响到制造业均衡的结果是集聚还是分散,为此,我们来求出使得制造业能够在一个地区集中的必要条件。

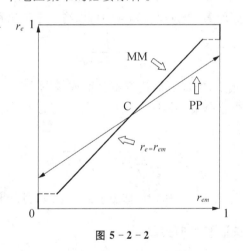

图 5-2-2

假设制造业全部集中在东部,那么西部只有农业人口,即 $(1-\pi)/2$,所以一个典型的厂商在东部生产并向西部市场提供商品的运输成本是 $qt(1-\pi)/2$,而在西部开设工厂的固定成本是 F。所以,只要使得

$$F > \frac{1-\pi}{2}qt \tag{3}$$

制造业在东部集聚的均衡就能一直维持下去。如果这个条件无法满足,那

么东部的厂商会选择到西部开厂,制造业就会像农业一样在两地分散分布。

这也就是说:当 F 较大、t 较小时,以及当 π 较大时,方程(3)较易满足,制造业的集聚较易实现。

由此我们可以得到以下信息:

(1) F 较大意味着规模经济较大;

(2) t 较小意味着制造品的运输成本较低;

(3) π 较大意味着工人占总人口的比例较高,按照前文的假设,这同样表明消费中制造品的支出占总支出的比重较高。

所以,当一国还处于农业社会,制造业仍依靠手工作坊,几乎没有规模经济,运输主要靠畜力、成本很高时,制造业只会在各个靠近市场的地方分散布局,而不会产生产业的集聚。随着时间的推移和社会生产力的发展,以及由于现代交通工具的发明,运输成本大幅度地下降,制造业开始在地理空间上集中与集聚,产生了工业化的中心和农业化的外围。

如果仅考虑运输成本这一个因素,当 t 较大时,就会出现像图5-2-2那样的情况:只存在对称均衡,由方程(1)和(2)可以得到出现这种情况的临界值为:

$$t > \frac{2F}{(1-\pi)q}$$

随着 t 的逐渐减小,两地区的情况就会变成像图5-2-1那样,既存在对称均衡,也存在制造业在某一地区集聚的均衡。随着 t 的进一步减小,当方程(2)中的约束条件满足:

$$\frac{F}{qt} \geqslant 1 - \frac{F}{qt}, \text{即 } t \leqslant 2\frac{F}{q} \text{ 时,}$$

制造业在两地区分散分布的对称均衡会消失,只剩下集聚均衡。

5.2.4 前向关联和后向关联

我们可以将中心和外围的产生看作是这样一个循环的结果:即需求的区位决定了生产的区位,而生产的区位反过来又决定了需求的区位。我们将这种现象的出现归结为两个原因:前向关联和后向关联。在这里,前向关联是指作为消费者的工人会向生产制造品的厂商靠近,这里的消费品价格指数较低,从而消费者可以获得更好的消费机会。后向关联是指厂商会向较大的消费市场靠近,以占领更大的市场。

前向关联和后向关联这两股力量交织在一起,循环作用,使得市场区域越来越大,厂商也越来越集中,最终形成工业化的中心和农业化的外围。

5.2.5 产业地方化

前面我们都是以整个工业部门作为一个整体来分析它为什么会在一个地区集聚,下面我们把视线聚焦在单个产业上。

在经济活动中,我们发现许多产业的制造活动非常地方化,为什么会出现这样的现象呢?

马歇尔(Alfred Marshall,1920)将产业地方化的原因归结为三点:

(1) 劳动市场共享。当一个产业内一定数量的厂商集中在一个地方时,就会形成一个稳定的专业技术工人共享的劳动市场。

由于该地区有厂商的规模集聚,于是拥有该产业专门技能的劳动力就会到这个地区来寻求就业。同样地,正是由于这一地区已经有了一定数量的厂商和技术工人,从而也就会吸引更多的该产业的厂商到这里来雇佣劳动力。这是因为,一个孤立的厂商即使能够轻易地雇佣大量的一般工人,但是却很难找到具有该产业所需的特殊技能的工人。而这样的技术工人如果在一个厂商较少的地区就业,一旦失业,将很难找到新的工作机会。

(2) 中间投入品。一个产业中心可以为该地区的厂商提供广泛的配套服务以及该产业专用的种类丰富、成本低廉的投入品。

产业中心的形成有利于该产业的附属行业在附近成长起来,如那些专门提供该产业特需中间投入品的行业,以及交通、电力、通信等部门的公共设施,乃至物流、金融等的服务业。其原因在于,随着该产业的厂商在此集聚,产生的规模经济和范围经济的效应不断地被放大,使得上面所说的这些部门和行业的单位成本不断地被摊薄而导致区域上的集中。

(3) 技术外溢。技术外溢最典型的例子就是声名远扬的加州硅谷和波士顿128号公路。由于信息在当地流动比远距离流动更容易,这使得相邻厂商间的技术外部性变得非常显著。这样的外部性不仅包含已经成型的技术和技巧,同样也包括那些还只是处在技术创新萌芽阶段的思想。当一个工程师有一个好的思想,会被别人(也许是其他厂商的,甚至是其他行业)采纳,然后与他们自己的想法结合起来而形成新的思想。这样的循环,或者说思想之间擦出的火花,使得技术创新的成果要比单个厂商独立研发时既快又多。

由上可知,产业的地方化是可以自我加强的和自我实现的,当一个地区的一个产业已经达到一定规模后,该产业的地方化将势不可挡。

5.3 开放经济:国际专业化

当我们将视野从封闭转向开放经济时,必须放松中心—外围模型中的一个关键假设,那就是工人可以完全流动。在当今的世界,劳动力在国与国之间的流动是相当困难的,很难想象世界还会出现像两百多年前英国居民向美国、加拿大、澳大利亚和新西兰自由移民那样的现象。我们甚至可以认为,劳动力在国际间完全不可流动。所以,在建立开放经济下的模型时,我们必须寻找一种代替劳动力在国际间流动的要素。克鲁格曼和维纳布尔斯(Krugman and Venables,1995)使用中间品作为可在国际间流动的要素,建立了开放条件下的中心—外围模型。

5.3.1 前提假设

(1) 两个国家:国家1和国家2。

(2) 两种产品:农产品和制造品。农产品的生产规模报酬不变;制造品的生产具有垄断竞争的特点,且规模报酬递增。

(3) 每个国家的劳动力都标准化为1。劳动力在农业部门和制造业部门可以无成本地相互转化,但是不能跨国流动。假设 r 国制造业部门的就业占该国总劳动力的比例为 $\lambda_r(r=1,2)$。r 国制造业的工资为 $w_r(r=1,2)$。

(4) 农产品的生产函数为 $A(1-\lambda_r)(r=1,2)$。

(5) 制造品为差异产品(有很多的种类)。制造业的产品一部分作为消费者的最终消费,另一部分作为制造业的中间投入品。这样的假设意味着一个产业既作为生产最终消费品的下游,也作为生产其他产业所需的中间品的上游。假设制造品的生产要素由两部分组成:一是中间品,占总投入的份额为 α;二是劳动力,占总投入的份额为 $(1-\alpha)$。

(6) 中间品的价格指数为 G_r,使用不变替代弹性函数,替代弹性为 $1/\sigma$。

(7) 两国之间的运输成本为 T,表示一单位国家1的产品,运输到国家2后的售价为 T。

(8) 假设一国的消费支出中制造品的份额为 μ。

(9) 假设 r 国的收入为 $Y_r(r=1,2)$,制造品支出为 $E_r(r=1,2)$。

5.3.2 模型

由假设中的各个参数之间的相互关系可以得到一组方程:

$$F_s(G_1, G_2, w_1, w_2, \lambda_1, \lambda_2, E_1, E_2, Y_1, Y_2, \alpha, \sigma, T)=0,$$

其中 s 为方程组中方程的个数。

农业工资等于农业生产的边际产出,由于农业的边际报酬不变,所以 $A'(1-\lambda_r)=1$。因为劳动力可以在农业和制造业两部门之间自由流动,所以,只要一个部门的工资高于另一个部门,那么,劳动力就会一直从低工资部门向高工资部门转移,直到两部门工资均等或者所有的劳动力都集中到高工资部门为止。因此长期均衡时,两个国家都将满足:

$$w_r = 1, \text{当} \lambda_r \in (0, 1)$$
$$w_r \geqslant 1, \text{当} \lambda_r = 1$$
$$w_r \leqslant 1, \text{当} \lambda_r = 0$$

也就是说,对两国中任何一个国家而言,如果经济中农业和制造业两个部门都存在,那么工资就会趋于均等化;如果只剩下一个部门,那么:当农业部门萎缩为零,则制造业部门的工资就会大于或等于农业部门的边际产出;当制造业部门萎缩为零,则农业部门的工资必然大于或等于制造业部门的工资。

5.3.3 均衡结构

现在我们来分析当 $\mu<1/2$ 时的均衡结构。之所以设置这个假设,是因为在这个条件下,制造品的需求不会特别大,从而一个国家可以容纳所有的制造业,而使另一个国家沦为单纯的农业国。这个假设对于刚开始工业化的国家而言是合理的。并且,即使当所有的制造业都集中在一个国家,该国国内还是会存在农业部门,由于农业是规模报酬不变的,所以这使得两个国家国内的均衡工资都为 1。

设定几个关键参数如下: $\sigma=5$, $\alpha=0.5$, $\mu=0.4$。然后分别对高、中、低三种运输成本($T=3$、$T=2.15$、$T=1.5$)进行计算机模拟,结果见图 5-3-1~图 5-3-3。

图中的横轴和纵轴分别代表两个国家制造业的劳动力占该国总劳动力

的份额 λ_1 和 λ_2。图中曲线上的点表示的是 λ_1 和 λ_2 的组合。以曲线 $w_1=1$ 为例：在曲线上，国家 1 的制造业工资等于农业工资（同为 1）；在曲线的左边，制造业的工资大于 1，这是因为，相对于同样的 λ_2，λ_1 较均衡状态时为小，制造业就业不足，工资水平较高，所以能够吸引更多的劳动力从农业向制造业转移，缩小工资差距，最终在曲线的 E 点达到工资均等，显示在图中就是沿着水平箭头向右调整；在曲线的右边，制造业的工资小于 1。所以，对国家 1 而言，λ_1 的发展方式是沿着水平箭头调整。对国家 2 的曲线 $w_2=1$ 而言，通过类似的分析可以知道 λ_2 是沿着垂直箭头变化。

由图 5-3-1 可知。当运输成本较高时（$T=3$），曲线 $w_1=1$ 较陡峭，$w_2=1$ 较平坦。且运输成本越高，$w_1=1$ 越是陡峭，$w_2=1$ 越是平坦。当运输成本高到两个国家都恢复到自给自足的封闭经济时，$w_1=1$ 是垂直的（在曲线上 λ_2 的任何变动都对 λ_1 的大小不起作用），$w_2=1$ 是水平的。在图 5-3-1 的情况下，按照各个箭头的指向我们可以知道只存在唯一的稳态均衡，那就是对称均衡——制造业均匀地分布在两个国家，$\lambda_1=\lambda_2=\mu$。

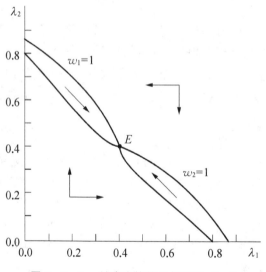

图 5-3-1 制造业的就业与工资，$T=3$

再来看图 5-3-2。当运输成本较低时（$T=1.5$），曲线 $w_1=1$ 变得较平坦，而 $w_2=1$ 则变得较陡峭。根据各箭头指向，我们得到了三个均衡，其中对称均衡不再稳定，而另外两个是稳态均衡：制造业集中在国家 1 或者国家 2，

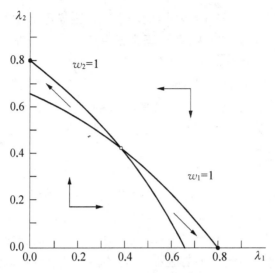

图 5-3-2　制造业的就业与工资，$T=1.5$

$\lambda_1 = 2\mu$ 或者 $\lambda_2 = 2\mu$。

最后看图 5-3-3。当运输成本居中时($T=2.15$)，曲线 $w_1=1$ 和 $w_2=1$ 共有三个交点，加上角点解后一共有五个均衡，其中三个是稳态均衡：包括一个对称均衡($\lambda_1=\lambda_2=\mu$)和两个制造业集中在一国的均衡($\lambda_1=2\mu$ 或 $\lambda_2=2\mu$)。

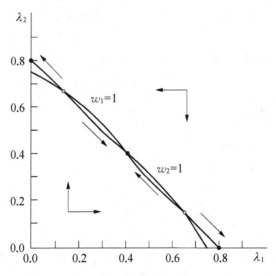

图 5-3-3　制造业的就业与工资，$T=2.15$

以上的分析结果和封闭经济中的中心—外围模型非常相似。当运输成本较高时,由于贸易成本巨大,两个国家都需要发展制造业来满足本国的需求,因此只存在唯一稳定的对称均衡;当运输成本降低时,制造业便会出现从分散分布到地理集中的可能性,此时一共存在三个稳态均衡,制造业既可能在两国平均分布,也可能在某一国集聚;然后随着运输成本的进一步降低,分散分布将再也不可维持,地理集中就成为不可避免的唯一选择,结果必然是一国成为制造业中心,另一国沦为农业外围。

在这个模型中,前向关联和后向关联仍然是促使制造业集中的核心力量,只不过主体都变为制造业厂商:作为中间产品的消费者,厂商靠近大量的中间产品供应商(同为制造业厂商)的聚集地可以降低价格指数,从而降低它的生产成本,这创造了一种前向关联;而作为中间产品的供应者,厂商靠近大量的中间产品需求方(也同为制造业厂商)的聚集地可以扩大自己的市场,这创造了一种后向关联。

5.3.4 动态调整

前面我们假设 $\mu<1/2$ 来保证两个国家的均衡工资都为 1,在这个假定下,制造业部门较小,完全可以集中在一个国家内。但随着工业化的进程,制造业部门逐渐扩大,一个国家的容量变得无法容纳整个制造业,上面模型中的那个纯农业国将得到发展工业的机会。为此,我们需要改变前文中的假设。

现在假设 $\mu>1/2$,并假设 $\lambda_1=1,\lambda_2<1$,这意味着国家 1 是工业中心,国家 2 是农业外围,但是由于 $\mu>1/2$,在国家 2 存在着较小的制造业部门。由于国家 1 专业化生产制造品,而且只是因为国内的劳动力不足才使得国家 1 无法容纳整个制造业部门,所以国家 1 的均衡工资将超过 1。由于 $\lambda_2<1$,所以国家 2 制造业的工资等于农业边际产出(同为 1)。

设定几个关键参数如下:$\sigma=5,\alpha=0.4,\mu=0.55$。求解使对称均衡演变为一国成为制造业中心的均衡的突破点 $T(B)$,和让一国维持其制造业中心地位的支撑点 $T(S)$,得到图 5-3-4。图中实线表示稳态均衡,虚线表示不稳定均衡。当运输成本 T 较大时,存在唯一稳定的对称均衡;当 T 降到 $T(S)$ 以下时,可以演变出国家 1 专业化生产制造品,国家 2 部分生产农产品,部分生产制造品(可以从图上 $\lambda_2>0$ 看出)的稳态均衡;当 T 降到 $T(B)$ 以下时,对称均衡瓦解,变得不再稳定。

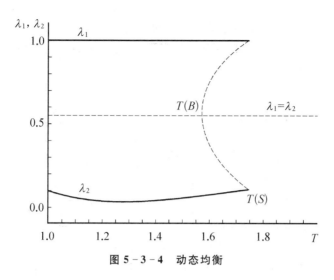

图 5-3-4 动态均衡

对应图 5-3-4，我们求得稳态均衡下两国的实际工资 ω_1 和 ω_2，显示在图 5-3-5 中。从图中我们发现，制造业从在两国均匀分布向在国家 1 集聚的转变致使该国的实际工资向上不连续地跳跃，而国家 2 的实际工资则向下不连续地跳跃。发生这种状况的原因有两点：一是由于制造业是规模报酬递增而农业是规模报酬不变的，这提高了用农产品来衡量的国家 1 的实际工资；二是因为国家 1 不需要支付进口制造品的运输费用，因而消费指数较低。这两者效应的综合作用提高了国家 1 的实际工资，同时降低了国家 2 的实际

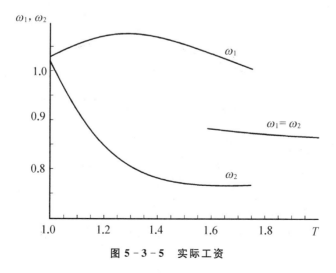

图 5-3-5 实际工资

工资。随着运输成本的进一步降低,两国间的实际工资差距可能会继续拉大;但过了某个临界点后,先进国家的实际工资会开始下降,而后进国家的实际工资会加速上升,两国的收入差距逐渐缩小;当运输成本趋向于零时($T \Rightarrow 1$),两国的实际工资将趋于均等化。

改变一个参数的取值,令 $\mu = 0.7$,我们会发现一个更有趣的现象(如图5-3-6)。此时 μ 更大,意味着世界对制造品的消费需求更大了。一开始发生的情况与前面一样,当对称均衡被突破后,两个国家的实际工资会发生一个向上和向下的不连续跳跃;但是当运输成本降低后,两国的实际工资只会经历一段既短、幅度又小的收入差距扩大,然后随着运输成本进一步降低,两国的实际工资都上升,最后当运输成本趋向于零时,两国的实际工资在一个更高的水平上达到均等。在整个过程中,国家1,也就是先一步工业化的国家并未经历实际工资下降的过程。这是因为,由于整个制造业部门比较大,于是国家2的制造业部门也较大,随着运输成本的降低,国家1从国家2进口制造品的费用降低,使得国家1从中获益,实际工资不降反升。

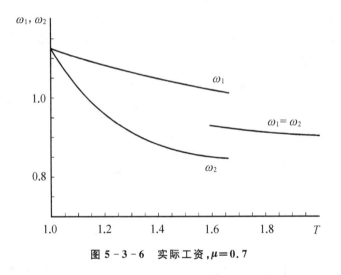

图 5-3-6　实际工资,$\mu = 0.7$

这里借用克鲁格曼和维纳布尔斯(Krugman and Venables,1995)讲的一个故事,这个故事在他们的文章中被称为"世界历史的第一篇章"。我们不妨称国家1为北方国家,国家2为南方国家,并且以运输成本在长期不断下降作为故事的时间轴。最初,两个国家的情况完全相同。接着在北方国家出现了工业革命,出现了现代化的工业和运输业,而南方国家由于各种原因未能赶上工业革命,于是世界不可避免的演变成了中心—外围结构:工业化的北方和农业化的南方。但是随着工业部门的壮大,北方国家从事某些制造业不再有利可图,必须剥离部分劳动要素密集型的产业,同时再加上运输成本的进一步下降,南方国家也参与到了工业化的进程中,世界进入全球化时代。随着运输成本的再次降低,北方国家和南方国家的工资差距逐渐缩小,最终在运输成本趋于零时达到均等。在全球化阶段,北方国家的相对收入降低,而实际收入有可能降低(图5-3-5),也有可能上升(图5-3-6)。

5.4 开放经济:贸易的引力模型

前面两节我们分别从封闭经济和开放经济的角度探讨了运输成本等因素对农产品和制造品这两类异质产品的生产分工模式的影响,这一节我们将在开放经济条件下讨论一些影响同质产品国际贸易规模的因素。

5.4.1 不存在运输成本的引力模型

安德森(Anderson,1979)不考虑运输成本和关税等因素,仅从支出系统角度出发,推导出了一个非常简化的引力模型。此后,蒂尔多夫(Deardorff,1995)基于H-O模型也推导出了一个当运输成本为零时的引力模型,并且这个结果与安德森的模型如出一辙。在这一小节,我们将用另一种方法,在新贸易理论的基础上(这意味着规模报酬递增)推导这一模型,我们发现得到的结果与前两位学者的模型完全一致。

5.4.1.1 前提假设

(1) 假设世界有无数个国家,取其中两个代表性国家:国家1和国家2。

(2) 一种产品:制造品。

(3) 制造业是垄断竞争的,生产差异产品。所以一旦一个产品由一国生产了,那么其他国家就不会再生产该产品。此假设的结果是两个国家进行产业内贸易。

(4) 两个国家的GDP分别为Y_1和Y_2。国家i产品k的产出为y_i^k,假设所有制造品的价格都标准化为1,所以$Y_i = \sum_k y_i^k (i=1,2)$。世界的总产出为$Y_w$。

(5) 假设 $s_i(i=1,2)$ 分别是两国的支出占世界总支出的份额,且两国的贸易都平衡。则 $s_i = Y_i/Y_w, i=1,2$。

(6) 假设两国对制造品的需求具有同位相似偏好。

(7) 假设制造品在两国之间无成本地运输。

5.4.1.2 模型

因为两国对制造品的需求具有同位相似偏好,再加上两国专业化分工生产差异产品,所以在产品 k 上,国家 1 对国家 2 出口为

$$X_{1,2}^k = s_2 y_1^k$$

加总所有产品的出口,可以得到国家 1 对国家 2 总的出口流量为

$$X_{1,2} = \sum_k X_{1,2}^k = s_2 \sum_k y_1^k = s_2 Y_1 = \frac{Y_1 Y_2}{Y_w} = s_2 s_1 Y_w = s_1 Y_2 = X_{2,1}$$

于是我们可以得到两个国家的双边贸易流量为

$$X_{1,2} + X_{2,1} = \left(\frac{2}{Y_w}\right) Y_1 Y_2$$

这个简单的等式就是不存在运输成本时的贸易引力方程。它表明两个国家间的双边贸易流量与它们的产出之间存在着一定的比例关系。

当两个国家的 GDP 较大时,双边贸易流量也较大;且当两国的 GDP 规模相近时,相较 GDP 规模不对称时(比如一个国家的 GDP 较大,而另一国较小),双边贸易流量更大,这是因为产出规模较一致时 $Y_1 Y_2$ 更大。

但是,这个简化的模型没有考虑距离等"阻抗因子"。很显然,随着两国之间距离的拉大,运输成本会越来越显著,这必然会影响两国的双边贸易。因此,从这个角度来看,不考虑运输成本的引力模型对双边贸易流量的解释能力还不够。

5.4.2 存在运输成本的引力模型

放松运输成本为零的假设,以两个国家之间的距离 $D_{1,2}$(一般取两国经济中心或者主要港口之间的距离)来衡量贸易成本,下面给出简化的引力方程:

$$X_{1,2} = \alpha \frac{Y_1 Y_2}{D_{1,2}}$$

其中,α 为正的常数。这个方程表明国家间的贸易与两国的经济规模成

正比,而与距离成反比。

贸易的引力模型常常被用来对双边贸易规模进行实证研究,它常常以这样的形式出现:

$$\ln X_{1,2} = a + b\ln Y_1 + c\ln Y_2 + d\ln D_{1,2} + \mu_{1,2}$$

其中 a 是固定影响;b、c 和 d 分别表示两国的产出和距离的变化率对贸易变化率的影响大小,b 和 c 的符号为正,而 d 为负;$\mu_{1,2}$ 为错误遗漏项。在这些主要影响贸易流量的因素基础上,很多经验研究还加入了衡量国家1和国家2这一对国家间某些特殊关系的解释变量,比如这两个国家是否拥有共同国界,它们的语言是否相同,是否都曾被同一个国家殖民,它们是大陆国家还是岛国、抑或一个是大陆国家而另一个是岛国,等等。

总的来说,贸易的引力模型对现实贸易的解释能力非常强,在国际贸易领域被广泛地用于经验研究。

5.4.3 国际贸易中的距离守恒定理

引力模型强调了距离对国际贸易流量的影响。最近的文献认为,随着交易成本的降低,距离对贸易已经不再重要,于是便有了"距离已经死亡"的说法。国际贸易中的广义交易成本的下降主要体现在以下两个方面:第一,是关税壁垒的消除;第二,是运输、物流与通讯等信息成本的大幅下降。

但是实证研究表明,距离对于40%的产业来说变得更为重要了,只有少数行业对距离的敏感程度出现了下降的趋势。导致这种情况发生的主要原因就在于产品的替代性。假如产品没有替代性,那么相互贸易的产品就属于差别商品,甚至有可能是互补商品,从而对由于贸易的交易成本下降而导致的距离变化就不敏感。但是,假如相互贸易的商品是具有竞争性的替代品,那么,随着贸易的交易成本下降、全球市场的一体化发展,这类产品对于距离的敏感性就会迅速上升,从而使得距离成为决定性的要素而对贸易的流向与流量产生重大的影响。

据此,我们大致可以得到以下定理:

(1) 高替代性产品的距离弹性是趋于增加的,如果同时还是高贸易成本的产品,那么其对距离的敏感性会显著增加。

(2) 低的平均关税既能提高也能降低距离弹性,如果所有国家面临同样的关税,那么较低的平均关税水平将增加运输成本的相对重要性,而这取决于距离,于是对距离弹性就增加;但是,假如偏好倾向于邻近国家,那么低关税可能减小距离的重要性。

(3) 总的来说,贸易增长偏向于短距离,区内贸易不断增加的原因可能就在于此。

本 章 小 结

1. 经济地理主要讨论生产在空间区位上的选择问题,即生产在地理空间上的集聚问题。在某个空间上能否产生生产的集聚、已经形成的空间集聚能否持续,关键在于驱使经济活动走向集中与分散的向心力与离心力之间的角力。

2. 为了将经济地理引入到国际贸易的研究框架中,传统的国际经济学模型必须放松两个基本的前提假设:第一,地区间的劳动力要素可以有条件地流动;第二,地区间商品的流动(贸易)需要支付一定的成本。

3. 克鲁格曼建立的中心—外围模型给出了一个研究地理区位与生产、贸易之间关系的基本框架,用以分析不完全竞争条件下,厂商的报酬递增程度、运输成本和要素流动性是如何引起生产和贸易在空间结构上的布局与变化的。

4. 封闭经济条件下的中心—外围模型可以得到两类稳态均衡:第一,制造业在其中一个地区集聚;第二,制造业在两地之间平均分布。只有当第一类均衡发生时,在经济发展中才会出现中心(当地既有制造业也有农业生产)和外围(当地只有农业生产)的产业空间分布结构。一般来说,当制造业的规模经济较大、运输成本较低、劳动力配置在制造业中的比例较高时,这种结构较易出现。所以,当一国还处于农业社会,制造业几乎没有规模经济,运输成本很高时,制造业只会在各个靠近市场的地方分散布局,而不会产生产业的集聚;随着时间的推移和社会生产力的发展,以及由于现代交通工具的发明,运输成本大幅度地下降,制造业开始在地理空间上集中与集聚时,才有可能产生工业化的中心和农业化的外围这样的空间结构。

5. 马歇尔将产业地方化的原因归结为三点:第一,劳动市场共享,当一个产业内一定数量的厂商集中在同一个地方时,就会形成一个稳定的专业技术工人共享的劳动市场;第二,中间投入品,一个产业中心可以为该地区的厂商提供广泛的配套服务以及该产业专用的种类丰富、成本低廉的投入品;第三,技术外溢,由于信息在当地流动比远距离流动更容易,这使得相邻厂商间的技术外部性变得非常显著。

6. 在开放经济条件下的中心—外围模型中同样可以得到两类稳态均衡:制造业的集聚和平均分布。当运输成本较高时,由于贸易成本巨大,两个国家都需要发展制造业来满足本国的需求,因此只存在唯一稳定的对称均衡;当运输成本降低时,制造业便会出现从分散分布到地理集中的可能性,此时一共存在三个稳态均衡。制造业既可能在两国平均分布,也可能在某一国集聚;然后随着运输成本的进一步降低,分散分布将不可维持,地理集中就成了唯一选择,结果必然是一国成为制造业中心,另一国沦为农业外围。

7. 开放经济条件下,中心—外围的国际分工格局存在着动态演进的可能。两个国家的初始情况完全相同,北方国家率先开始工业化进程,世界逐渐演变成中心—外围结构:工业化的北方和农业化的南方;随着工业部门的壮大,北方国家从事某些制造业不再有利可图,必须剥离部分劳动要素密集型的产业,同时再加上运输成本的下降,南方国家也参与到了工业化的进程中,世界进入全球化时代;随着运输成本的再次降低,北方国家和南方国家的工资差距逐渐缩小,最终在运输成本趋于零时达到均等。

8. 中心—外围模型研究的是运输成本等因素对异质产品的生产分工模式的影响,而引力模型解释了一些影响同质产品的贸易规模的因素。在引入了地理因素后,引力模型表明国家间的贸易与两国的经济规模成正比,而与距离成反比。总的来说,贸易的引力模型对现实贸易的解释能力非常强,在国际贸易领域被广泛地用于经验研究。

9. 随着科技的进步,国际贸易的交易成本不断降低,但是距离对贸易流量的影响并没有显著减弱,其原因在于假如相互贸易的商品是具有竞争性的替代品,那么,随着交易成本下降,全球市场的一体化发展,这类产品对于距离的敏感性反而会迅速上升,从而使得距离成为决定性的要素而对贸易的流向与流量产生重大的影响。

本 章 关 键 词

经济地理　　中心—外围　　运输成本　　要素流动　　稳态均衡

前向关联　　后向关联　　产业地方化　　技术外溢　　差异产品
收入均等化　　引力模型　　距离守恒定理

本 章 思 考 题

1. 经济地理与新古典理论在前提假设上有哪些区别？

2. 在封闭经济条件下，中心和外围的经济结构是如何发生的？哪些因素将导致经济中更易出现工业中心和农业外围的分工结构？

3. 产业地方化的原因主要有哪些？

4. 在开放经济条件下，中心和外围的国际分工格局是如何产生的？这种格局是如何动态演进的？哪些因素将在这一动态过程中起到主要作用？这种动态演进对发展中国家的经济发展有何现实意义？

5. 在贸易引力模型的研究中，究竟是哪些因素对贸易流量产生了重大的影响？它们的影响主要表现在哪些方面？

6. 有些文献认为，随着交易成本的降低，距离对贸易已经不再重要，于是便有了"距离已经死亡"的说法，这种观点正确吗？为什么？

第六章
贸易保护理论

6.1 导　　言

前几章的每一个定理或模型都说明了各国怎样通过参加贸易来获得利益。亚当·斯密的贸易原理表明,各国拥有绝对利益时便能通过贸易而获利。李嘉图则进一步证明,只要有比较利益的存在,各国就可以通过贸易而增加国民财富,而比较利益的可得性远远要大于绝对利益的可得性。

新古典贸易理论则揭示了比较利益的源泉,即比较利益主要来自要素禀赋的差异,各国利用这种要素禀赋的差异,出口其要素密集的产品便可以实现其利益的增进。

制成品贸易理论则告诉我们,在贸易双方的要素禀赋完全相同时,只要有规模经济与差别产品需求,甚至市场为垄断竞争的情况下,也就是说产业是垄断的情况下,仍然能够通过分工与自由的贸易而使双方获利。

产品内贸易理论和经济地理贸易论更是强调了自由贸易的重要性,因为只有更为自由的贸易政策才能导致贸易的交易成本的下降,从而导致市场的扩大与分工的细化与引力的增加。

所有以上这些理论不管它们有着多么大的差别,有一点却是共同的,那就是贸易必须是自由的。如果不满足自由贸易这个最为紧要的条件,那么所有这些理论所预期的结果都不会发生。这似乎在告诉人们,只有自由贸易才是最好的。

然而,在现实的经济生活中,贸易保护主义却并没有随着重商主义的远去而销声匿迹。这样就产生一个问题:是自由贸易的主张有其局限性呢?还是主张贸易保护主义的人过于无知了呢？而这就是本章所要回答的问题。

6.2 贸易保护的形式

6.2.1 贸易保护的概念

贸易保护的狭义概念是：一国政府通过制定某种保护性的贸易措施，而使本国的生产者在其国内市场上获得足以同来自外国的进口商品进行竞争的优势。

从更广的意义上来说，贸易保护这个概念可能还应包括出口促进。

6.2.2 贸易保护的形式

从贸易保护的这个定义出发，其主要的形式大致可以概括如下。

(1) 进口关税。进口关税是各种保护措施中最为基本与典型的一种。其做法是在外国商品进入本国时，对它们征税。这种税收可以采取从价税的形式，也可以采取从量税的形式。

(2) 进口限额。进口限额通常是通过签发进口许可证来实施的。签发许可证的总额就等于是进口总量的限制。

(3) 国家垄断贸易。其做法是由国家授予国营(或国有)企业垄断某些商品进口的权利来达到限制进口商品数量的目的。

(4) 外汇管制。如果一国政府对涉及进口的外汇支付实施管制，那么这就意味着只有那些获准从中央银行购买外汇以支付进口的单位才有能力进口商品，这样，即使没有其他别的什么保护措施，也能起到限制进口的目的。

(5) 禁止进口。这是最严厉，也是最有力的限制进口的措施，一般只是针对对本国利益或经济发展会产生重大不利影响的商品，如低收入国家对奢侈品进口的禁止等。

(6) 本地购买法。当一种进口商品在本国也能生产时，为了保护本国企业的发展，政府可以颁布法令，要求进口商优先购买本国企业生产的商品，这种情况经常发生在进口资本品的场合。

(7) 非关税壁垒。如繁琐的报关手续、卫生检疫以及其他各种可能导致进口之交易费用增加的进口障碍。

考虑到关税是最为典型，也是最基本的一种保护贸易措施，所以本章的重点将放在关税的分析上。当然,这并不意味着其他的保护贸易措施不重要。

6.3 关 税 理 论

6.3.1 局部均衡

假如一国的 M 商品的国内市场是竞争性的,同时还面临着激烈的国际竞争,这意味着 M 商品的进口是连续性的。这时,该国政府为保护本国产业的发展,决定对 M 商品的进口征收税率为 t 的关税,这一结果无疑将导致进口商品的国内价格高于其由世界市场竞争而形成的国际价格。如用公式来表示就有

$$P_m = (1+t)P_m^*$$

式中,P_m 为 M 商品的国内价格,P_m^* 为 M 商品的国际价格,t 为关税税率。从上式看,在征收关税以前,即 $t=0$ 时,$P_m=P_m^*$;在征收关税以后,即当 t 大于 0 时,P_m 就会大于 P_m^*。

那么这一变化会对该国的经济与福利产生什么样的影响呢?对于这个问题的回答需要从局部均衡与一般均衡两个层次上来进行。在这里,我们首先借助于图 6-3-1 作局部均衡的分析。然后,再以局部均衡分析为基础进行一般均衡的分析。

图 6-3-1 的纵轴为 M 商品的价格向量,横轴为 M 商品的数量;SS 线为国内厂商的供给线,DD 线为国内的需求线;P_m^* 为 M 商品的国际竞争价格,

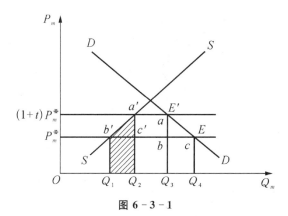

图 6-3-1

在自由贸易时国际竞争价格等于国内价格,在保护贸易的情况下 P_m 将大于 P_m^*,即 $P_m = (1+t)P_m^*$。

我们先来看没有关税时的局部均衡。如果没有关税保护,均衡点是在 E 点,这时,均衡价格为 P_m^*,均衡产量由两个部分组成:一部分来自国内厂商的供给,其供给的数量为 Q_1;另一部分来自进口,其数量为 (Q_4-Q_1)。这两部分数量加总后形成的总供给为 Q_4,正好满足价格为 P_m^* 时的总需求。

当政府征收关税以后,M 商品的国内价格将上升为 $P_m = (1+t)P_m^*$,这一变化首先会导致国内需求的下降,于是国内的总需求将从 Q_4 减少到 Q_3。与此同时,价格上涨又会对本国厂商增加其供给数量产生强烈的刺激,从而使该商品的国内供给量增加到 Q_2。然而,进口则将从 (Q_4-Q_1) 减少到 (Q_3-Q_2)。进口减少是由两个方面的原因所造成的:一是总需求的减少;二是本国厂商对外国厂商的进口替代。

6.3.2 一般均衡

一般均衡分析自然需要借助于新古典的生产可能性曲线。关于新古典的生产可能性曲线的性质,前面的章节中已经作过详细的分析,因此没有必要再作具体的介绍,只要把它作为现成的工具来使用就是了。

图 6-3-2 中的 P_A 与 C_A 是封闭经济中的生产与消费的均衡点(这两点

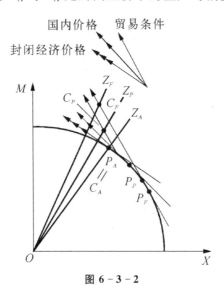

图 6-3-2

在封闭经济中正好落在同一个点上,其理由在以前的章节中已有说明,这里就不再作分析了)。这一点是在贸易条件为 P_x/P_m 时的生产可能性曲线与社会无差异曲线相切之点,它意味着这时该国的边际转换率与边际替代率恰好相等,整个经济处在封闭经济条件下的最优状态。穿过这一点的消费偏好线 Z_A 表明了这个国家的居民可消费的 X 商品与 M 商品的数量的总和。

图 6-3-2 中的 P_F 与 C_F 是自由贸易条件下生产与消费的均衡点,这时 C_F 与 P_F 分离,且位于该国的生产可能性曲线之外,表明该国通过贸易获得了比较利益。这可从该国的贸易条件由封闭经济下的 P_x/P_m 转变为自由贸易条件下的 P_x^*/P_m^*,而从后者的斜率又大于前者的斜率这一变化中清楚地看到。与此相对应的消费偏好线也向上旋转为 Z_F,这意味着在 X 商品的消费量保持不变的前提下,M 商品的消费量有了大幅度的增加。

现在,让我们来讨论征收关税时的一般均衡。征收关税以后的贸易条件可以用下式来表示:

$$P_m/P_x = (1+t)(P_m^*/P_x^*) = (1+t)[1/(P_x^*/P_m^*)]$$

式中 P_x^*/P_m^* 为贸易条件。从这一等式来看,即使 P_x^* 保持不变(事实上,当一国实施关税保护政策时,另一个国家必然会采取报复性的措施而使 P_x^* 出现一定程度的下降),这个国家的两种商品的国内比价关系也会发生变化,即 P_m 会上升,从而 P_x 则相对下降,这等于该国贸易条件的恶化。于是,其贸易比价线的斜率也将随之变小(相对于自由贸易状态而言)。但是,与封闭经济相比,由于 P_x^* 未变,且仍然大于 P_x,故仍有比较利益存在,所以,其斜率又要大于封闭经济下的两种商品的比价线的斜率。结果,在征收关税时,生产的均衡点将为 P_P 点,而消费的均衡点则会出现在 C_P 点。最后,与此相对应的消费偏好线也将从 Z_F 向右下方旋转为 Z_P。

6.3.3 关税的效应

(1) 关税的生产效应。从以上对关税的局部均衡分析中,我们不难看到,在一国对进口商品征收关税的情况下,本国受到关税保护的商品的产量会增加,而未受到保护的商品的产量则会下降。之所以会出现这种情况,是因为关税造成了价格扭曲,并由此导致资源在 M 商品生产与 X 商品生产之间的重新配置。

关税的这种生产效应会导致这个国家的经济福利下降。对此,只要比较一下自由贸易与保护贸易的消费的均衡点,就可以发现在生产可能性曲线保持不变的条件下,关税保护下的消费水平要低于自由贸易下的消费水平。

由关税之生产效应所造成的福利损失(WL)可以用公式表示如下

$$WL = 1/2 \cdot t \cdot P_m^* (Q_2 - Q_1)$$

式中的 Q_1 与 Q_2 分别为征收关税前后的由国内厂商所生产的 M 商品的数量。

这一福利损失反映在图 6-3-1 中,就是由 abc 三点所围成的一个"福利三角"。若用经济学的语言来表述,这个三角形面积的福利损失,其实就是在关税保护下以本国生产来替代进口而产生的额外的机会成本。

既然关税保护会造成一国的福利损失,那么这个国家为何还要推行这种不仅对他人不利,而且也对自己不利的保护政策呢?答案可能有这样几个:

① 保护本国的幼稚工业。在大多数发展中国家,在面对来自发达工业化国家制成品出口的猛烈冲击下,为保护本国新生的制成品产业的生存与发展,对制成品进口征收关税也许是必要的。这是因为,由关税保护所造成的可能只是一种短期的损失,假如本国的新生产业能够因此而在不太长的时间里得到迅速的发展,那么以这种短期损失来换取长期的利益还是值得的。即便如此,发展中国家在推行这一政策时,仍然要时刻注意这样两个问题:第一,所保护的是不是真正的幼稚工业,它们的成长性又究竟如何?第二,有没有比关税更好的,也就是说成本更低的保护方法?如给其以税收补贴,或通过与跨国公司合作等方式来促进本国幼稚工业的发展。有关诸如此类的问题,将在以后的章节中加以讨论。

② 保护本国的战略产业。不仅是发展中国家,就连许多发达工业化国家也常常以此为理由来推行关税保护政策。对战略产业进行保护之所以必要,是因为它们涉及国家安全。国家安全也是一种国民福利,因此,只要由国家安全要求所产生的国民福利超过由关税保护所造成的福利损失,那么这种保护就应当被认为是合理的。涉及国家安全的首先是军事工业,其次还有农业等产业。但是,为大多数经济学家所担心的问题是,有许多低效率的产业,往往被贴上战略产业的标签而要求国家保护,而这将导致巨大的效率损失。

③ 实现本国制成品生产的规模经济。如前所述,制成品生产大多存在规模经济,当一国的制成品产业尚未达到实现规模经济所需的产量以前,对与

其相似或可替代的产品的进口征收关税,以助其实现规模经济同样也是必要的。这一点对于保护幼稚工业论者来说也是一种支持,因为有许多幼稚工业之所以被称为幼稚工业,就是因为它们尚未达到大批量生产的成熟阶段,就是因为它们不能实现规模经济,以致不能与发达国家已进入大批量生产阶段且具有规模经济的同类产品进行强有力的竞争。从关税保护的这一理由中,我们也可以推出相反的结论,那就是:对于没有规模经济或已获得规模经济的产业加以保护可能是有损于国民福利的。

(2) 关税的消费效应。与关税的生产效应刚好相反,关税保护的结果将使受到保护的那种商品的消费趋于减少。这是因为关税使得受到保护的商品的国内价格上涨,在消费者的预算保持不变的情况下,该商品价格的上涨会同时产生两种效应而使其需求趋于减少。这两种效应分别是:由 M 商品价格上涨而产生的收入效应,以及由 M 商品与 X 商品的相对价格变化所产生的替代效应。其中,收入效应导致对 M 商品需求量的绝对减少,而替代效应则引起 M 商品需求的相对减少。

上述收入效应的大小取决于关税税率的大小,而替代效应的大小则取决于 X 商品对 M 商品的替代弹性。更重要的一点是,当 X 商品是 M 商品的互补品时,关税不仅会导致 M 商品的需求下降,而且还会同时引起 X 商品消费量的减少,这一结果将加重由关税的消费效应所造成的福利损失。

那么,由关税的消费效应所造成的福利损失究竟有多大呢?对此可用消费者的机会成本来加以分析。为了方便起见,我们仍将以关税的局部均衡与一般均衡模型作为分析的工具。但是,与前面的模型所不同的是,这里对所要使用的一般均衡模型作了一些改造,即纵轴与横轴不是相交于原点,这样做的目的是为了放大图形中的关键部分,以便使得均衡点的变动能够得到清晰的显示。

先用一般均衡图形来分析由关税的消费效应所造成的福利损失。在经过改造以后的一般均衡图形中〔见图 6-3-3(b)〕,Z_F 与 Z_P 成为两条接近于平行的直线,征收关税以后的贸易比价线的斜率仍然要大于封闭经济中的比价线的斜率。假定征收关税后的生产均衡点是在 P_P 点,那么沿着征收关税以后的贸易比价线,消费的均衡点显然是在该贸易比价线与 Z_P 线相交的 C_P 点。但是,这只在消费者所面临的国内价格为 Z_P 时才是正确的。倘若没有关税,从而国内价格等于国际价格时,消费的均衡点则应出现在贸易比价线与 Z_F 线相交的 C_F 点(当然,在将均衡点作这样的变动时,贸易比价线其实也在发生相应的变化,但是可以肯定,贸易比价线的斜率只会变大而不会变小。这意味着新的均衡点只会出现在 C_F 的上方,而不会出现在它的下方。因此,在这里是不是需要改变贸易比价线,对于问题的分析并没有实质性的影响)。比较 C_P 与 C_F 两点,可以清楚地看到,在 C_F 点相切的无差异曲线的位置肯定要高于在 C_P 点相切的无差异曲线所在的位置。因此,当消费者因关税保护而将其消费的均衡点被迫移动到 C_P 点时,他们实际上支付了很高的机会成本。

若将消费者的这一福利损失显示在局部均衡的图形中(见图 6-3-3(a)),那么就可以看到,消费者因政府征收关税而蒙受的福利损失为($A+B+C+D$)。其中的 A 为本国厂商增加的利润部分,可以把它理解为厂商对消费者剩余的再分配;B 是由消费者承担的,由本国厂商进口替代所产生的额外的机会成本;C 同样是由消费者所承担的,但却为政府所得的关税收入;D 是由政府征收关税而引起的净福利损失,它最后也是由消费者来承担的。

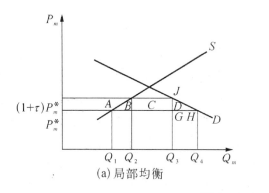
(a) 局部均衡

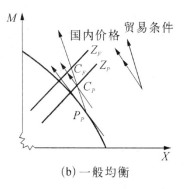
(b) 一般均衡

图 6-3-3

既然由关税保护所造成的消费损失是如此巨大,那么一个国家为什么还要推行这一于己非常不利的贸易政策呢?唯一可能的解释是,政府就是不喜欢人们去过多消费某种商品,这或许是因为过多消费这种进口商品会产生很高的社会成本,如进口的香烟等。但是,经济学家们认为,即使像香烟这类社会成本大于个人成本的消费品,也不应采取关税政策来加以限制;相反,通过国内的消费征税而不是关税保护来加以限制,其效果可能更好。对此,可以用图 6-3-4 分析如下:

第六章 贸易保护理论

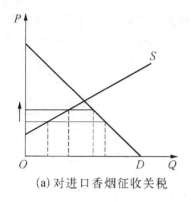
(a) 对进口香烟征收关税

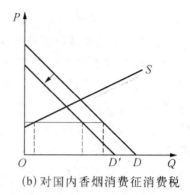
(b) 对国内香烟消费征消费税

图 6-3-4

若对香烟进口征关税,那么从图 6-3-4(a)中看,虽然消费者的需求因价格上涨而减少了,但香烟的国内产量却反而增加了,这意味着消费与生产的双重福利损失,并且,在其中的消费福利损失中,显然还包含着净福利损失。

现在若放弃征收关税的做法,改而推行对香烟消费者征消费税的政策,那么从图 6-3-4(b)中看,由该消费税所引起的预算线的内移将带动香烟市场的需求线的内移。这样,伴随着总需求减少而来的必定是香烟进口数量的减少。与此同时,因香烟的价格没有发生变化,国内厂商也无法进行进口替代。从这一均衡结果来看,它既没有关税的生产效应所造成的福利损失,也没有关税的消费效应所引起的福利损失,且没有征收关税情况下对他国可能产生的外部性。从这个例子看,征收消费税显然要优于征收关税。

(3) 关税的税收效应。在关税的局部均衡分析中(见图 6-3-1)可以清楚地看到关税的税收效应的存在,那就是,关税在增加政府的收入的同时减少了居民的实际可支配的收入。但是,在关税的一般均衡中却看不到这一效应的存在(见图 6-3-2)。究其原因,是因为在前面对关税所作的一般均衡的分析中,事实上暗含着一种前提假定,即关税是中性的,因而居民的所失就是政府的所得,其数量刚好为 $[t \cdot P_M^* (Q_3 - Q_2)]$。

然而,关税与其他税收一样,也不可能是绝对中性的,换句话说,关税也是有成本的。这意味着居民的关税所失要大于政府的关税所得。如果把关税非中性的事实导入到关税的一般均衡分析中去,那么其结果就会与图 6-3-2所展示的情况大不相同。如该图所示,无关税的税收效应是,其生产的

均衡点在 P_P 点,消费的均衡点在 C_P 点。然而在考虑关税的税收效应的情况下,尽管生产的均衡点暂时没有发生变化,但消费的均衡点却会发生变化,它可能出现在贸易比价线上位于 C_P 点与 P_P 点之间的某一个点上,而这将意味着该国福利水平,尤其是消费者的福利水平的再次下降。

从关税的税收效应来看,关税只有在一个国家处于经济发展的初期才是可取的。这是因为:第一,关税最容易管理,相对于其他税收来说成本也最低;第二,一国在经济发展的初期,由于缺乏现代的税收制度与人才,不太容易从其他方面获得税收来源;第三,关税收入具有高度集中的特征,因而有利于增加中央财政的收入,推动经济发展。自然,当一个国家进入较为高级的经济发展阶段以后,若想继续以关税来替代其他税收,那就不可取了。

(4) 关税的收入分配效应。就像 S—S 定理已经指出的那样,关税的收入分配效应在很大的程度上取决于要素的流动状况与密集度,所以,在这里,将首先分析要素可流动情况下的收入分配效应,然后分析要素不可流动情况下的收入分配效应,最后再来分析两国要素密集度相同情况下的收入分配效应。

① 要素可流动情况下的收入分配效应。根据 S—S 定理,在要素可流动的情况下,关税所产生的收入分配效应是使这个国家稀缺要素的收入增加,而使该国丰裕要素的收入趋于减少。其直观的理由是:本来,由自由贸易所导致的外部需求的扩大,将使丰裕要素逐步变为稀缺的,从而使其要素收入得以提高,而稀缺要素的收入则会因进口而使其稀缺度得以减轻,进而导致其要素收入的下降;现在,由于关税的阻碍,将使这两种影响的方向完全相反,即:关税使得稀缺的要素变得更加稀缺,使丰裕的要素变得更加丰裕,结果便产生了与自由贸易情况下完全相反的收入分配效应。

② 要素不可流动情况下的收入分配效应。在要素不可流动时,关税将使受到保护的那个产业的所有要素的收入得到提高,而其他未受到保护的产业中的所有要素的收入则会减少。

③ 在贸易双方的要素禀赋或密集度相同的情况下,根据第三章的分析,发生在两国间的贸易只能是制成品贸易,由于制成品的生产与消费都具有很高的替代性,因而关税对要素收入的分配没有显著的影响,但却会对各国规模经济的实现构成障碍,并使消费者对于差别产品的需求受到限制。因此,在这里虽然没有收入的分配效应,但却有很大的福利损失。

综合以上三个方面的分析,可以看到,虽然关税具有明显的再分配作用,但用关税作为收入再分配的工具则是不妥当的,这是因为关税会导致各种扭曲,减少国民福利,并产生为正的外部性。因此,一国若想改变现行的收入分配状况,其相对较优的干预方法应是累进所得税与政府的转移支付。

最后,在一国必须实施关税保护的情况下,就应设法对关税的收入效应进行必要的预测,以便尽可能减少其必然要产生的收入再分配效应,减少其对经济的扭曲程度。对关税的收入分配效应的预测至少应考虑以下三个因素:要素密集性、要素禀赋,以及要素的流动性。

(5) 关税的竞争效应。除农产品与金融市场之外,在大多数国家里,其工业产品与劳动力市场都具有寡头市场或垄断竞争市场的特征。因此,在这些市场中,当政府采取关税保护政策而使国外产品无法进入参加竞争时,该国的市场竞争程度就会明显地下降。这种反竞争效应在小国经济中尤为显著,这是因为小国的市场规模通常都比较小,一般只能容纳一家或两家具有规模经济的大企业。毫无疑问,这一效应对于该国的生产者是有利的,但对该国的消费者来说却是不利的,因为在寡头垄断或垄断竞争的情况下,生产者往往缺乏降低成本、提高效率的刺激。

(6) 关税的就业效应与国际收支效应。关税保护可以使受到保护的那个产业的收入与产出增加,进而也可以导致就业的增加,但其前提条件是该国的出口不会因此而受到影响,这意味着由关税所导致的为正的就业效应,必须以他国单方面蒙受关税损失为前提。然而这种可能性可以说是相当小的。

从关税的国际收支效应来看,一国征收关税以后,进口会减少,在出口不受影响的情况下,国际收支的经常项目会得到改善。假如该国国际收支的资本项目是平衡的,那么采取这一政策之后,原来具有逆差的国际收支就会趋于平衡。但这里的前提条件仍然是他国不采取关税报复措施,否则,减少的进口将被减少的出口抵消,从而关税对该国国际收支的平衡毫无影响。

以上两种关税效应虽然为保护关税政策提供了新的支持,但它的致命弱点是完全忽略了他国反应函数的存在。更何况,在解决失业与国际收支失衡这类问题上,货币、财政与汇率等这些宏观经济政策的效果可能远比关税保护政策要好得多。

6.3.4 关税的大国经济效应

(1) 一般均衡。如前所述,大国经济与小国经济的一个重要区别是,贸易条件对于小国来说是外生的,而对大国来说则是内生的。由于在大国经济条件下,贸易条件由外生的变为内生的,因而关税可以改善大国的贸易条件,这可以用图6-3-5来分析。

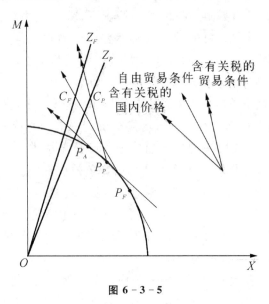

图 6-3-5

从图6-3-5中看,在自由贸易条件下,生产的均衡点是在P_F,消费的均衡点是在C_F。征收关税以后,M商品的国内价格必然上升,从而使得生产的均衡点移动到P_P点。但考虑到现在实施关税保护政策的是大国,因而当它借助于关税大幅减少M商品的进口时,也就意味着整个世界需求量的下降,这一结果又必然会导致M商品国际价格的下降,从而出现了国内价格与国际价格的反向运动。当M商品的国际价格下降时,P_x^*/P_m^*就会上升,结果该国所面临的贸易条件反而优于自由贸易时的贸易条件,这可从图6-3-5中从P_P点出发的贸易比价线的斜率大于自由贸易比价线的斜率这一事实中清楚地看到。

(2)最优关税。最优关税通常总是与大国经济相关,而与小国经济无关。这是因为,在小国经济模型中,进口品的国际价格是一个外生变量,小国在对进口品征收关税之后,虽然也会引起该进口品的需求量的下降,但由于其在该商品世界总需求中所占的比重极小,故不会引起该商品的国际价格的变化。因此,对于小国来说,不管其所征收的关税有多高,最终所带来的总是净福利损失,以致只能说,小国的最优关税就是零关税。假如小国所能选择的最优关税只能是零关税,那么这也就意味着小国无最优关税。当然,对于那些在少数几个进口商品市场中拥有市场势力,即拥有市场垄断力量的小国,以及一批小国联合起来采取共同行动的情况则另当别论。

依据以上分析,就可以置小国于不顾来集中讨论大国的最优关税问题。

① 有关需求与供给的若干假定。假定本国是进口国,其对某一商品的需求既可以通过本国生产来满足,也可通过进口来满足,该商品的国内需求曲线与国内供给曲线都是线性的,那么这两条曲线的形状就可以用公式分别表示如下:

$$D = a - bP \tag{1}$$

D 为本国的国内需求,a 为需求的一个常数,b 为增量需求,P 为该商品的国内价格。

$$Q = e + fP \tag{2}$$

Q 为本国的国内供给,e 为国内供给的一个常数,f 为供给的一个变数,同样,P 为(1)式中所定义的国内价格。

用(1)式减去(2)式,就可以得到本国对该商品的进口需求,即

$$D - Q = (a - e) - (b + f)P \tag{3}$$

由于本国的进口必然要涉及另一个国家的出口供给(在这里暂且假定只有两个国家,且出口国所代表的是除本国以外的整个世界),因此,还必须给出出口国的供给曲线。假定该出口国的供给曲线也是线性的,这样就有下式

$$Q^* - D^* = g + hP^* \tag{4}$$

式中 Q^* 是出口国的国内供给,D^* 是出口国的国内需求,g 也是一个常数,h 是一个变数,P^* 所代表的则是某种商品的世界价格。

假如世界是均衡的,那么(3)式与(4)式应当是相等的,即

$$D - Q = Q^* - D^* \tag{5}$$

② 征收关税的价格效应。在本国对进口商品征收关税后,受大国关税效应的影响,该商品的国内价格是上升的,而该商品的国际价格却是下降的,这可以用公式推导如下:

在两国实行自由贸易的情况下,该商品的国内价格与国际价格显然是相等的,即 $P=P^*$,然而在本国对进口商品征收关税以后,上式将变为

$$P = P^* + t \tag{6}$$

与此相对应,代表国际均衡状态的(5)式也就相应地改变为

$$(a-e) - (b+f) \times (P^* + t) = g + hP^* \tag{7}$$

假定自由贸易时该商品的均衡价格为 P_F,那么征收关税以后的本国国内价格将上升为

$$P = P_F + t \cdot h/(b+f+h) \tag{8}$$

从(8)式看,在自由贸易($t=0$)时,$P=P_F$,在征收关税以后,由于 t 大于零,所以不管 t 对 h 产生什么样的影响,(8)式右边的第二项总是大于零的,因此,关税使本国国内的价格趋于上升应当说是确定无疑的。

与此相反,本国征收关税对国际价格的影响却是完全反方向的,这可从(9)式中清楚地看到

$$P^* = P_F - t(b+f)/(b+f+h) \tag{9}$$

由于在(9)式中 t 与 P^* 为负相关,所以只要 t 不为零,P^* 总是小于 P_F。

关税的这种价格效应亦可以用一个直角坐标系加以直观的显示(见图6-3-6)。

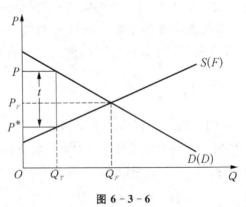

图 6-3-6

图6-3-6中的需求线为本国对外国产品的需求,供给线为外国厂商的供给。图的纵轴给出了三种价格,它们分别是 P、P^* 与 P_F,无关税时,该商品的世界均衡价格为 P_F,均衡产量(供给=需求)为 Q_F(这时的三种价格都是

相等的)。征收关税以后,随着均衡产量减少为 Q_T,由需求曲线给出的本国国内价格将上升为 P(P 大于 P_F),而由供给曲线给出的国际价格则将下降为 P^*(P^* 小于 P_F)。

③ 征收关税的福利效应。有了(8)式与(9)式以后,就可以利用图 6-3-7 来进一步分析关税对本国福利的影响了。

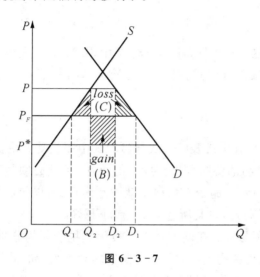

图 6-3-7

图 6-3-7 与图 6-3-6 的一个主要区别是,需求曲线与供给曲线全部内部化了,即,需求指的是国内的需求,供给指的也是国内的供给,所以其斜率相对都要陡些。

在无关税时,国内的需求为 D_1,供给为 Q_1,价格为 P_F。在征收关税以后,国内价格上升为 P,国际价格下降为 P^*,国内需求减少为 D_2,国内供给增加为 Q_2,其中,

$$D_2 = D_1 - t \cdot b \cdot h/(b+f+h) \tag{10}$$

$$Q_2 = Q_1 + t \cdot f \cdot h/(b+f+h) \tag{11}$$

D_2 必小于 D_1,这是因为 t 的出现一方面会引起价格的上涨,另一方面又会导致 h 的下降;而 Q_2 则必大于 Q_1,这又是因为 t 的出现产生了进口替代的生产效应。

那么由关税所引起的需求与供给的数量变化会对本国的福利产生什么样的影响呢?如果把由关税所造成的所得用 B 来表示,其所失用 C 来表示,

这样就可以得到

$$B = (D_2 - Q_2) \times t(b+f)/(b+f+h) \tag{12}$$

本国关税的这一收益就是图6-3-7中用虚线表示的方框图部分;

$$C = (1/2) \times (Q_2 - Q_1) \times (P - P_F)$$
$$+ (1/2) \times (D_1 - D_2) \times (P - P_F) \tag{13}$$

本国关税的这一损失则是图6-3-7中用虚线表示的两个福利三角。

若用(12)式减去(13)式,所得到的就是本国从征收关税中获得的净福利,即

$$B - C = t \times U - (t)^2 \times V \tag{14}$$

式中的 U 与 V 分别代表(12)式与(13)式中那些受关税影响的变量,在计算 C 时,因有生产与消费两种机会成本的存在,所以必须加以平方。从(14)式可知,只要 t 足够小,那么 $(B-C)$ 就一定为正,所以该国的最优关税将在 $0 < t < 1$ 之间进行选择,且所选的 t 值越小越好。

(3) 关税与贸易战。在以上对大国最优关税所作的分析中,有一点是非常清楚的,即:最优关税是严格从一个国家的观点来看的最优。然而,在相互依赖的世界中,一个国家的贸易条件的改善必然意味着其贸易伙伴国的贸易条件的恶化。而且,当一个国家通过关税而改善其贸易条件时,还会引起生产损失与消费扭曲。因此,只要该大国通过所谓的最优关税而使其净福利增加,那么贸易伙伴国的所失一定大于贸易保护国的所得。在这种情况下很难设想那些受到"剥削"的国家不会对此作出强烈的反应,即对贸易保护国实施关税报复,而这正是20世纪30年代通向商业战的道路。

下面,就让我们利用图6-3-8来分析贸易战发生的机理与后果。

图6-3-8中的纵轴为 Y 产品,横轴为 X 产品,图中有两条互惠曲线(offer curve),它们分别是本国的互惠曲线2与贸易伙伴国的互惠曲线1。这两条曲线的凸向正好相反,这意味着一方之所得必为另一方之所失。在没有关税时,这两条曲线会在 E 点与45°线相交,这时两国间的贸易量达到最大,且贸易利益的分配均等,因为这时 X 与 Y 两种商品的国际比价恰好等于1,贸易条件对于双方来说是一样的。

现在假定本国单方面征收关税,那么本国的互惠曲线将由2变为2*,从

第六章 贸易保护理论

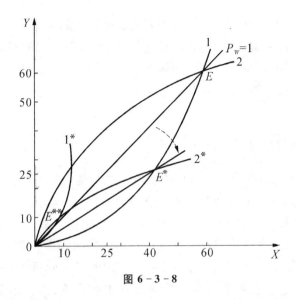

图 6-3-8

而与贸易伙伴国的互惠曲线 1 相交与 E^* 点。从国际贸易均衡点的这一变化中我们可以看到什么呢？第一，是两国贸易量的明显减少；第二，是贸易条件变得对本国有利，而对贸易伙伴国不利。以图 6-3-8 为例，过去在 E 点均衡时，两种商品的价格均为 60，在均衡点移动到 E^* 点之后，本国出口的 X 商品的价格虽然下降到了 40，但是贸易伙伴国出口的 M 商品的价格却下降得更为厉害，仅为 25；第三，由此产生的必然结果是贸易利益的再分配，即本国的贸易所得相对增加，而贸易伙伴国的贸易所得从任何意义上来说都减少了。这可从 45°线向右下方发生旋转的事实中清楚地看到。

面对这样的结果，本国的贸易伙伴国当然是不会接受的，它必定要采取与本国相同的贸易保护政策，于是，贸易战就开始了。贸易伙伴国一旦采取报复性的关税政策，那么它的互惠曲线 1 就会变化为 1^*，并与已经变化了的 2^* 相交于 E^{**} 点。贸易伙伴国的这一行为对于改变其不利的贸易条件与不利的利益分配是非常奏效的，但它却使世界总的贸易量减少到了极点。不仅如此，E^{**} 点就像 E^* 点一样，仍然不是一个稳定的均衡点，因为在 E^{**} 点，本国的贸易条件与收入比之 E^* 点产生了极大的落差，甚至连无关税时的 E 点都不如。如果这时本国不能与其贸易伙伴国一道理性地结束这场与己与他人均不利的贸易战，反而采取更为激烈的保护措施，那么可想而知，这场贸易战的终点一定是在图 6-3-8 中的原点，即双方均退回到封闭经济状态，从而使贸易战的双方以及整个世界经济的福利均蒙受巨大的损失。

至此,我们可以说,小国固然不存在最优关税,但大国的最优关税也是一个需要谨慎对待的问题。根据上面所作的分析,大国的最优关税的选择只有在不引发贸易战的情况下才有其现实可行性,因而其实际可选择的范围事实上是非常小的。

6.3.5 有效的关税保护

(1) 有效保护的概念。有效保护的概念最初是由澳大利亚经济学家马克斯·科登(Max Corden)和加拿大经济学家哈里·约翰逊(Harry Johnson)提出来的。他们将有效保护定义为包括本国工业的投入品进口与最终品进口两者在内的整个工业结构的保护程度。假如这一结构性保护的结果为正,那么这时的关税保护是有效的。反之,则是无效的。由此可见,一个国家的关税政策是否有效,不仅要看其最终产品受保护的程度,而且还要看受保护的那个产业的进口中间产品是否也受到了应有的保护,从而使得该产业的实际保护为正。

(2) 名义关税与实际关税。要准确估算一国关税的有效保护的程度,将名义关税与实际关税加以区别是非常重要的。

假设本国鞋类征收20%的进口关税,而对服装进口只征收10%的进口关税,初看起来鞋类生产者似乎要比服装制造商受到了更为有力的保护。其实,这并不一定是正确的,因为这仅仅是名义关税保护,这两个产业的实际关税保护程度还要看国家对它们所需的进口中间品征收多少比率的关税。

现在让我们进一步假设这两个工业中各有50%的中间投入品是进口的,本国对这些中间投入品所征收的关税分别是:皮革(制鞋业的中间投入品)为40%;纺织品(服装业的中间投入品)为零。这时,制鞋业的生产者就会发现,它在鞋类上所受到的20%的关税保护实际上被完全抵消了,其实际关税事实上是零。相反,服装业由于不必支付中间品进口的关税,因而它倒是实实在在地享受到了表面上看来不高的10%的实际关税保护。

从上述这个例子中可以清楚地看到,有效的关税保护取决于各个产业所面对的实际关税,而实际关税则是由中间产品与最终品的关税共同来决定的。

(3) 有效保护率的计量。根据以上的初步分析,有效保护率的计量方法

大致可以用公式表示如下

$$T_e = (t_1 - w \cdot t_2)/(1-w)$$

上式中的 t_1 为最终产出品的关税率;t_2 为中间投入品的关税率;w 为进口的中间品投入在总价格中所占的比例;$(1-w)$ 则为本国中间品投入在总价格中所占的比例。

这个公式看起来似乎很简单,但在实际衡量有效的关税保护率时仍存在很多问题。

第一,当本国对中间投入品征收关税时,很有可能出现中间投入品的进口替代,这时的 w 该怎样计算显然是一个问题。毫无疑问,中间投入品的进口替代之所以会发生,就是因为有 t_2 的存在,有 t_2 存在就必有 w 存在。所以,尽管中间品的进口替代从表面上使得 w 变小了,甚至有可能完全消失(当该中间投入品的进口替代率为 100% 时),但因为国内进口替代生产商的生产成本显然高于无关税时的进口价格,故 w 事实上并未消失。如果把国内进口替代生产的那部分中间投入品记为 w^*,并以其去替代上式中的 w,那么上式将仍然有效。

第二,除了关税之外,事实上还有进口限额、出口补贴与出口税收等因素也在影响一国的有效保护程度。进口限额、出口补贴与出口税收这些保护措施通常都具有较大的隐蔽性,往往很难直接计量,所以,即便用实际关税来确定一个产业的实际保护程度有多大仍是不够准确的。而对于进口限额、出口补贴与出口税收的分析则是在下一节所要做的事情。

尽管如此,通过以上对有效保护所作的分析,仍然可以得到三个非常重要的一般性的结论:

① 名义保护率与实际保护率的差别很大,因此用前者作为给予某个工业保护的衡量标准将是极其错误的;

② 有效保护率一般是很不均衡的,有效保护对资源配置的影响主要是由各个产业的相对有效保护率来决定的;

③ 工业发达国家一般趋向于对最终产品或在最终生产阶段实施较多的保护,这不仅是因为最终生产阶段趋于利用较多与较先进的技术,而且还有利于维持其与发展中国家既定的国际分工格局。这一因素将使新兴工业化国家的出口难以从劳动要素密集的产品过渡到资本与技术密集的产品上来,并最终摆脱其所处的不利的国际分工地位。

6.4 出口补贴、出口税收与进口限额

6.4.1 出口补贴

(1) 出口补贴的局部均衡与一般均衡。

① 出口补贴的理由。出口补贴是对本国出口商的一种鼓励措施,它一般采取给予本国出口商以公共支付的形式。政府给予本国出口商以出口补贴的理由是为了提高本国产品在国际市场的竞争力,或者是为了增加本国的外汇收入,以实现国际收支的平衡。

② 出口补贴的局部均衡。出口补贴的局部均衡模型可用图 6-4-1 来表示。

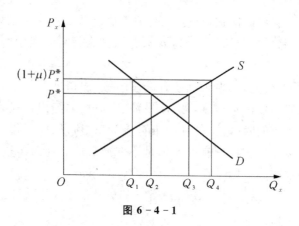

图 6-4-1

图 6-4-1 中的 P^* 是某种商品的国际均衡价格,由这个价格所决定的国内需求是 Q_2,国内供给是 Q_3,Q_3 减去 Q_2 以后的剩余就是本国的出口。

现在本国政府对于这样一个出口量感到不满意,决定对本国的出口商加以补贴,其补贴的幅度为 μ,由于政府的补贴来源于公众的税收,所以出口商的所得也就是国内消费者的所失。若将消费者的这一福利损失用价格上涨的形式来表示,那么这一结果在局部均衡模型中将表现为该商品的国内价格由 $P=P^*$ 上涨为 $P=(1+\mu)P^*$。享受出口补贴商品价格的这一变化,在供给与需求曲线均保持不变的情况下,一方面会使本国国内的需求从 Q_2 下降为 Q_1,另一方面又会使本国国内的供给从 Q_3 增加到 Q_4。结果,本国的出口

将会相应地从(Q_3-Q_2)增加到(Q_4-Q_1)。这一结局表明政府的出口补贴政策是奏效的。

③ 出口补贴的一般均衡。图6-4-2给出了有出口补贴的一般均衡状况。

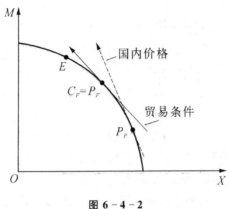

图6-4-2

从图6-4-2中看,当政府给予本国出口商以出口补贴时,生产的均衡点会从P_F点移动到P_P点,这是因为,政府补贴已将P_x^*/P_m^*改变成了$(1+\mu)P_x^*/P_m^*$。但是,若以实际上并未发生变化的P_x^*/P_m^*来衡量,那么P_P点实际上不是一个帕累托有效的均衡点,因为该点并没有与P^*/P_m^*线(本国实际的贸易条件)相切,而仅仅不过是相交罢了。因此,补贴的一般均衡分析告诉我们,与关税一样补贴也是有福利损失的。

既然补贴是有福利损失的,那么政府为什么还要给予本国出口商以出口补贴呢?原因大致有三:

第一,为了实现国际收支的平衡;

第二,为了抢占国际市场,扩大本国的生产规模,以便最终取消补贴;

第三,为了实现充分就业。假如在图6-4-2中的P_F点与C_F点由于资本短缺而不能实现充分就业时,通过出口补贴(对劳动要素密集的X商品的出口进行补贴),而使生产的均衡点移动到P_P点,这对增加就业反而是有利的。

(2) 出口补贴的效应。

① 生产效应。出口补贴的生产效应与进口关税的生产效应是对称的。从出口补贴的局部均衡看,它使受到补贴的产品的产量由Q_3增加到了Q_4。

从一般均衡看,它使本国的生产均衡点由自由贸易的 P_F 点移到了 P_P 点。然而就像关税的生产效应会造成扭曲一样,出口补贴也会造成资源配置的扭曲,即本国的资源配置将不能达到帕累托有效点。

② 消费效应。出口补贴的消费效应与关税的消费效应也是对称的。从局部均衡看,国内消费将从 Q_2 减少到 Q_1。在一般均衡中,受到补贴的 X 商品的消费量的减少虽然没有明确地表现出来,但在收入效应与替代效应的双重作用下,本国消费者所消费的 X 商品的数量趋于下降可以说是必定无疑的。如同关税效应一样,出口补贴对于 M 商品的消费量的影响也是不确定的,这要看政府对 X 商品的出口进行补贴之后,对 M 商品所产生的影响究竟是收入效应大还是替代效应大。

③ 收入分配效应。出口补贴的收入效应与关税所产生的收入分配效应也是对称的。这就是说,在要素完全流动时,丰裕要素的收入将会提高,而原先稀缺要素的收入则将下降。在要素不可流动时,受到补贴的那个产业的所有要素的收入都会提高,而未受到补贴的产业的全部要素的收入都会下降。

④ 竞争效应。出口补贴的竞争效应与关税的竞争效应刚好相反。关税虽能使本国国内生产者免于来自国外的竞争,但它却也同时导致一系列严重的问题,如产品质量低劣、生产效率低下,以及只能进行小规模生产等。与此不同,出口补贴则不仅可使本国的生产者在国际市场上获得某种竞争优势,而且还可通过扩大生产规模来实现规模经济。

⑤ 宏观经济效应。出口补贴对宏观经济的影响与关税是相同的,在其他条件不变的情况下,出口补贴将直接通过增加出口来增加外汇收入,改善国际收支状况。

(3) 出口补贴与关税的区别。关税能给政府带来收入,而出口补贴却要增加政府的支出,这无疑是出口补贴这类贸易政策不太受欢迎的原因所在。此外,从时间角度来看,除了专制国家之外,每一届政府所面临的任期都是有限的,因此他们总是更乐意选择可以增加即期政府收益的关税政策,而把只能在将来才会有收益的出口补贴政策置于其政策篮子的最底层。

6.4.2 出口税收

出口税收与出口补贴刚好相反,它会使作为被征对象的那个产品的国内价格下降。假定政府对出口商品所征收的出口税的税率为 τ,那么在该商品

的国际竞争价格为 P^* 时,其国内价格将从 $P=P^*$ 下降为 $P=(1-\tau)P^*$。

这一结果反映在局部均衡模型中,将表现为本国的价格线下移至国际价格线的下方,其移动的间距则取决于 τ 值的大小。很明显,随着本国价格线的下移,本国的需求会增加,而该商品的出口则会减少。

如果所有的出口商品都被均等地征收出口税,那么在一般均衡的情形中,出口税的均衡状态的变化将与对全部 M 商品征收进口关税时的变化一样,即征收出口税后的贸易比价线的斜率会小于自由贸易时的贸易比价线的斜率,从而其生产的均衡点将处于封闭经济与自由开放经济之间的某一个点上。这正像"勒纳对称定理"所指出的那样,统一的进口税与统一的出口税的结果是一样的。但要注意的是,这一对称定理事实上只具有微观的性质,即它所涉及的只是两个均衡点的比较,而不能揭示这两种税收对于本国国际收支所产生的截然相反的宏观经济影响。如前所述,关税可以相对增加一国的国际收支,从而使本国的国际收支状况得到改善。但是,就出口税来说,它对国际收支的改善不仅没有帮助,在进口不变的情况下,随着出口征税而来的出口数量的下降,反而会使本国的国际收支进一步恶化。

既然出口税对本国的国际收支会带来如此不利的影响,那么一个国家为什么还要实施这样的贸易政策呢?其理由大致如下:

第一,本国的国际收支过分顺差,在贸易伙伴国的压力之下,只能通过出口税来限制出口,以实现整个世界经济的均衡;

第二,本国不仅有国际贸易的顺差与国际收支的顺差,同时又存在较为严重的通货膨胀时(因外汇储备增加而引起,其理由将在以后的分析中予以说明),对出口加以限制是有助于增加国内供给,降低通货膨胀水平的;

第三,按照勒纳的对称性定理,发展中国家对其传统的出口产品征税就好比对进口商品征税,因此,用它来保护本国幼稚工业的发展可能是比征收进口关税更好的一种做法,因为它不会招致其他国家的关税报复。

6.4.3 进口限额

(1) 进口限额的定义。进口限额就是政府用行政命令的方法来决定本国可进口的产品的数量。一般采取由政府有关部门发放进口许可证的做法。它是各种非关税保护政策中最为重要的一种。

(2) 进口限额的效应。进口限额的效应可用图 6-4-3 来分析。图中的

L 为进口的限额;P^* 为自由贸易的价格;P 为有进口限额的价格;P' 为既有进口限额又有本国国内需求增加的价格。

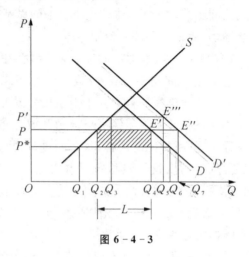

图 6-4-3

在自由贸易状态时,本国的进口为 $(Q_6 - Q_1)$,该商品的国内价格等于国际价格 P^*。当本国政府决定推行进口限额保护,其准许的进口量只能是 L 数量时,将产生以下效应:

① 该限额商品的进口将从 $(Q_6 - Q_1)$ 减少为 $(Q_4 - Q_2)$;
② 该限额商品的价格将从 P^* 上升为 P;
③ 该限额商品的国内供给将从 $(Q_1 - O)$ 增加到 $(Q_2 - O)$;
④ 该限额商品的国内需求将从 $(Q_6 - O)$ 减少到 $(Q_4 - O)$。

(3) 进口限额效应与关税效应的区别。初看起来,进口限额效应似乎与关税效应是完全相同的,但实际上这两种保护贸易政策有着很大的区别,对此,可以从以下三个方面来加以分析:

第一个主要的区别是进口品国内价格上升所产生的收入(它来源于对消费者剩余的再分配这是毫无疑问的)归谁所有的问题。在关税场合,这部分收入将形成政府的税收收入而归政府所有;然而在进口限额的情况下,这部分收入将归进口商所有,除非本国政府采取进口许可证有偿拍卖的做法。

第二个主要的区别是关税与进口限额两者相比谁对经济造成的扭曲程度更大。一般说来,在进口许可证实行拍卖制度的情况下,可以认为这两种保护政策对经济的扭曲性影响是基本相似的。但是在进口许可证采取政府

批文无偿分配的做法时,进口限额所造成的经济扭曲就将大于由关税所造成的经济扭曲。其中的原因在于:

① 进口许可证的无偿分配会引起众多的寻租行为,从而产生额外的社会成本;

② 由于进口许可证的获得是无需支付成本的(至多也不过是支付一点寻租成本而已),因而那些获得许可证的进口商很有可能减少其实际的进口数量,以便借此来谋取垄断利润。

综合以上两个方面的影响,就很容易理解进口限额的扭曲程度必然要大于关税的扭曲程度了。

第三个主要的区别在于两者对需求变化的反应也是截然不同的。假定本国的需求曲线因国民收入的增加而外移为 D',在关税场合,这一变化将使以上局部均衡模型中的均衡点由 E' 点移动到 E'' 点。均衡点的这种移动结果是进口的增加,但价格仍在 $P=(1+t)P^*$ 的水平,这意味着关税的扭曲效应不会随着需求的增加而增加。但在进口限额的场合,情况就完全不同了。由于进口总量在一开始就已确定,因而需求曲线的外移将使本国效率更低的厂商也可进入这一商品的生产行列,其结果必定是该商品国内价格的进一步上扬。进口限额政策的这两种效应(一为低生产率效应,二为价格上涨效应)再也清楚不过地表明,在由需求变动所引起的比较静态均衡中,由它所造成的经济扭曲程度显然要大于由关税所引起的扭曲程度,这可从均衡点由 E' 到 E'' 的变化中清楚地看到。

从进口限额效应与关税效应的以上区别中可以得出的结论是:出口补贴是否优于关税尚未得到明确的答案,但是关税肯定优于进口限额则是没有疑问的。在明白了这一点之后,若一个国家仍然坚持要使用进口限额政策,那么为了减少这一保护政策的经济扭曲程度,就应当坚定不移地实施进口许可证的拍卖制度。

6.5 关税同盟与自由贸易区

6.5.1 基本概念

关税同盟是指一批彼此之间进行自由贸易的国家对世界其他地区的国

家实行共同的关税壁垒。

自由贸易区具有成员国内部自由贸易的特征,但它不包括成员国统一的对外关税政策。

历史上最突出的关税同盟的例子有:形成于1834年的且导致德国统一的关税同盟,以及今天的欧洲经济共同体(EEC)。

世界上最著名自由贸易区有:欧洲自由贸易区(EFTA),安第斯集团,以及今天的美加墨共同市场(NAFTA)。

就产品范围和关税削减的程度而言,自由贸易区有一种趋势,即它们是局部的关税同盟,而不是全面的关税同盟。

关税同盟与自由贸易区的理论几乎是一致的,而在现实经济中,像欧洲经济共同体这样的关税同盟又远比各种所谓的自由贸易区要运转得更为有效,因此,在下文中主要通过对关税同盟的分析来说明关税同盟与自由贸易区的一般原理。

6.5.2 关税同盟的理论模式

(1) 模型的前提假设。对关税同盟进行分析至少需要有三个国家,其中的两个国家组成关税同盟,另一个则被排斥在关税同盟之外而无法享受自由贸易的好处。

没有前两个国家就没有关税同盟,而没有第三个国家,就将重新回到前面已经研究过的两个国家间的自由贸易状态。

据此,可以假设一个由三个国家组成的世界,这三个国家分别是作为 U 国的本国,与本国一起结成关税同盟的 V 国,以及被排斥在外的世界其他国家 W 国。

(2) 贸易创造。贸易创造是指 U 国与 V 国结成同盟以后,开始以低于本国生产的成本从 V 国进口原先由本国生产的商品。由贸易创造所带来的经济效应可以用图 6-5-1 来分析。

图 6-5-1 中的纵轴为价格的关税向量,横轴为产出向量,P^* 为该商品的国际价格,P 为该商品的 U 国国内价格,$P=(1+t)P^*$,t 为初始关税,S_u 为 U 国国内的供给曲线,D_u 为 U 国国内的需求曲线,S_{u+v} 为 U 国与 V 国结成同盟以后的供给曲线,S_w 为世界其他国家的供给曲线。

U 国初始关税 t 使其某一商品的国内价格由 P^* 上升为 $P=(1+t)P^*$,这

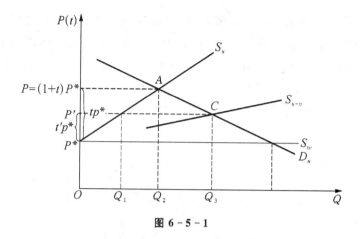

图 6-5-1

一价格有效地排除了一切来自国外的，包括 V 国与 W 国在内的竞争者。由这一价格决定的均衡点是在图 6-5-1 中的 A 点，与 A 点对应的均衡产量是 Q_2，这意味着国内的需求全部是由国内的供给来满足的。

现在 U 国与 V 国结成关税同盟，这两国相互之间实行自由贸易，并制定共同的对外关税为 $t'(t'<t)$。U 国与 V 国结成关税同盟以后，对外关税之所以能从 t 下降为 t'，是因为 V 国生产该商品的国际竞争力要大于 U 国，因此，只需制定 t' 水平的对外关税就足以把未加入同盟的 W 国排除在外。在对外关税下降到 t' 后，U 国该商品的国内价格也就相应地从 P 下降为 $P'[P'=(1+t')P^*]$。随着价格的下降，该商品的国内需求将增加到 Q_3，而其国内的供给则会从 Q_2 减少到 Q_1，由此而产生的差额将通过从 V 国的进口来予以平衡。结果，U 国通过与 V 国结成关税同盟后的均衡点将出现在 C 点。若将 C 点与 A 点进行比较，不难发现，U 国在 C 点均衡时显然有净福利的增加。正是关税同盟的这一贸易创造效应，对类似于关税同盟这样的贸易政策提供了强有力的支持。

(3) 贸易转移。但是，在很多情况下，关税同盟产生的可能是对己并不一定有利的贸易转向效应，而不是以上所说的对己有利的贸易创造效应。

假如把在分析贸易创造效应时所作的假设稍作改变，假定本国从来不生产某种商品，本国国内对该商品的需求一直是依赖进口的，其潜在的国外供给者不外是 V 国与 W 国（这里，关于世界是由三个国家组成的假设并没有改变），并且，在 V 国与 W 国这两个相互竞争的供给者中，W 国的供给价格远比 V 国的低。

在本国与 V 国结成关税同盟以前,本国对 W 国与 V 国征收相同的关税 t,从而该进口商品在本国的国内价格为 $P=(1+t)P^*$,在国内对该商品的需求保持不变的条件下,其均衡点将出现在 G 点(见图 6-5-2)。这时,唯一能向本国提供该商品的只有 W 国,因为在从原点到 Q_1 点之间的任何一个点上,W 国的供给价格都要低于 V 国的供给价格。

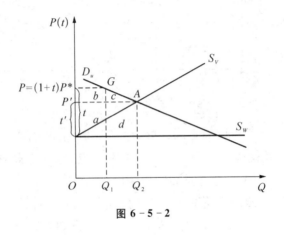

图 6-5-2

现在,假定本国决定与 V 国结成关税同盟,那么由 V 国的供给曲线与本国的需求曲线所决定的均衡点将出现在 A 点。在 A 点,本国的进口将从 Q_1 增加到 Q_2 并全部来自 V 国,这是因为 V 国已经成了本国的同盟国,尽管 V 国的供给成本并未下降,但由于结盟后的 V 国已能与本国进行自由贸易,所以它的竞争能力现在要相对高于 W 国。对于 W 国来说,虽然其产品进入本国的关税已有所下降(这就像我们在前面分析贸易创造效应时一样,本国若与 V 国结成关税同盟,本国的关税就会从原先的 t 下降为 t'),而且其供给成本也要比 V 国低得多,但是只要把 P^* 与 $(1+t)$ 相乘,W 国生产的产品在本国市场上就根本无法与 V 国生产的产品进行竞争。结果,与本国同 V 国结成关税同盟以前的情况刚好相反,现在是 V 国成了该商品的本国的唯一供给者。我们把本国在与 V 国结成关税同盟前后的这一贸易对象国的变化称为贸易转向。

在分析贸易创造效应时,所看到的是本国福利的增加,那么现在所发生的贸易转向又会产生什么样的效应呢?从图 6-5-2 可知,在本国与 V 国结成关税同盟以前,本国从 W 国进口 Q_1 数量的产品,可得图 6-5-2 中 $(a+b)$ 面积的关税收入。两者相减,本国的净福利是下降的。这一结果表明,贸易创造的效应要优于贸易转移的效应。贸易创造的效应之所以会优于贸易转移的效应,说到底,是因为在贸易创造的场合,本国是以低成本的供给取代了原先的高成本供给;而在贸易转移的场合,本国却是以高成本的供给取代了原先低成本的供给。

6.5.3 贸易一体化的利弊得失

(1) 发达国家的贸易一体化与发展中国家的贸易一体化。一般说来,由于发达国家的贸易一体化会使贸易创造占压倒的优势,因此这类国家通过相互结盟而实行贸易一体化就很可能导致各国福利的增加。

但是,对于发展中国家来说,由于它们实行贸易一体化的结果主要是贸易转向,而不是贸易创造,因此,发展中国家的贸易一体化不仅不能导致参与一体化合作国家的福利增加,反而有可能产生净福利损失。

1990年代美加墨共同市场的建立,开创了发达国家与发展中国家贸易一体化的先例。其结果是促进了地区内产业间贸易的发展,但由此产生的究竟是贸易创造效应还是贸易转向效应,尚未得到明确的答案。

(2) 发达国家贸易一体化的利弊得失。部分经济学家认为,发达国家实行贸易一体化的意义并不是很大。这是因为:第一,发达国家相互之间的产业间贸易的分量并不是很大;第二,由贸易一体化所削减的关税不会超过10%。因此,为建立贸易一体化的共同体而必须支付的谈判与合约费用很可能会大于贸易一体化所带来的福利。

持相反观点的经济学家则认为,发达国家贸易一体化的好处,不仅在于它可以增加贸易的数量,更重要的是在于它能够发展差别产品的贸易,进而促进各种差别产品生产的规模经济,从而使各国获利。

(3) 发展中国家贸易一体化的利弊得失。发展中国家的贸易一体化有助于促进其进口替代的工业化。但是,由于发展中国家贸易一体化所产生的主要是贸易转向效应,因此,新兴工业在该共同体内部的区位配置就将成为一个争论不休的问题。

对于新兴工业的所在国来说,贸易转向将使成员国对其新兴工业的产出需求趋于增加,从而可使其无法与发达国家进行竞争的幼稚工业得到有效的保护与迅速的发展。基于这样的原因,这个国家总是会千方百计地阻止该新兴工业向其他成员国扩散。

与此相反,对于该新兴工业的非所在国来说,由于贸易转向,它将从前者进口价格相对较高的产品,这意味着贸易一体化带给它的只是福利净损失。为了改变这种对其极其不利的结果,后者就会在共同体中拼命争夺这一新兴工业的发展权。

由于新兴工业的发展权直接关系到各成员国的经济发展,因而这种争论通常很难加以协调,所以,迄今为止,发展中国家贸易一体化成功的案例几乎没有。

本 章 小 结

1. 贸易保护可以分为关税与非关税保护两大种类。其中,非关税保护又可以进一步分为进口限额、出口补贴、出口税收、国家垄断贸易、外汇管制、禁止进口,以及本地购买法等。在所有这些贸易保护类型中,关税保护是最常见与最基本的保护形式。

2. 关税保护会导致本国的福利损失,并造成各种各样的经济扭曲。赞成关税保护的理由主要是:保护本国的幼稚工业、调节国际收支、调节部门之间或要素之间的收入分配,以及在大国经济情况下用来改善本国的贸易条件。反对关税保护的理由则认为:一国要实现以上各种政策目标完全可以采取比关税保护更好的经济调节政策。更为重要的反对理由是:关税保护有可能引起贸易战,从而导致整个世界福利的下降。

3. 最优关税不过只是一种理论假设而已。这是因为:第一,小国经济原本就不存在最优关税问题;第二,即使在大国经济情况下,最优关税也是以本国的贸易伙伴国不采取报复性关税措施为其前提条件的,但这一假设是不符合现实情况的。因此,迄今为止,最优关税只能是在教科书中说说而已。

4. 与最优关税相比,在各国政府推行关税保护政策时,值得引起注意的倒是如何实现有效保护的问题。有效保护概念告诉我们,判断一个国家的关税保护是否有效,不仅要看最终产品的保护率,而且还要看进口中间投入品的保护率。此外,还要注意存在进口替代情况下的有效保护问题。只要有关税存在,即使该产品的进口已被完全替代,仍要考虑其有效保护的程度。

5. 出口补贴可以达到与进口关税一样的保护目的,但却没有进口关税那么多的负效应。但是,考虑到进口关税可以增加政府收入,而出口补贴却要增加政府的支出这一不同的财政效应,任期有限的各国政府一般都偏好于关税保护政策,而不是从长远来看对该国发展更为有利的出口补贴政策。

6. 进口限额几乎可以说是政府保护贸易政策篮子中最为拙劣的一种保护手段。这样说的根据主要在于:第一,由直接数量控制所造成的经济扭曲程度可能要大于间接价格控制所引起的经济扭曲程度;第二,当进口许可证实行无偿分配制度时,进口限额政策会引起进口商大量的寻租活动,从而导致巨大的社会成本。

7. 关税同盟是将关税保护政策扩张到两个以上的国家。关税同盟与自由贸易区没有本质上的区别,而仅仅是程度上的差别。无论是关税同盟还是自由贸易区,一经形成就会产生某种特定的贸易效应,或是贸易创造效应,或是贸易转向效应。贸易创造效应可以提高成员国的福利水平,而贸易转向效应的结果则刚好相反。

8. 关税同盟或自由贸易区的种类大致有以下三种:一是全部由发达国家组成的经济共同体;二是全部由发展中国家组成的经济共同体;三是由部分发达国家与部分发展中国家组成的经济共同体。一般而言,全部由发达国家组成的经济共同体的贸易效应主要是贸易创造,因而其成功的概率较大。与此相反,全部由发展中国家组成的经济共同体,由于其产生的贸易效应主要为贸易转向,因而其失败的概率居大。从这样的事实出发,发展中国家应放弃传统偏见,尽可能谋求与毗邻的发达国家结成贸易同盟,以便借此来获得贸易创造效应。

本 章 关 键 词

贸易保护　关税保护　幼稚工业　战略工业　经济扭曲　最优关税　有效保护　实际关税　出口补贴　出口税收　进口限额　自由贸易区　关税同盟　贸易创造　贸易转向

本 章 思 考 题

1. 贸易保护的形式主要有哪些?
2. 关税的福利损失是怎样产生的?它会对一国的经济产生什么样的影响?

3．赞成与反对关税保护的理由各有哪些？你对此有何看法？

4．有效保护的含义及其计算？

5．大国的关税效应为什么会不同于小国的关税效应？

6．最优关税的含义及其实现的条件？

7．出口补贴与关税的相同点和不同点各是什么？为什么在很多国家里关税要比出口补贴更加受到政策制定者的欢迎？

8．为什么说进口限额是一种较为拙劣的贸易保护政策？它是如何造成私人成本与社会成本的悬殊差别的？

9．判断一种贸易一体化的组织究竟是成功还是失败的主要依据是什么？

10．为什么发展中国家的贸易一体化常常以失败而告终？其出路又何在？

第七章
战略贸易理论

7.1 导　　言

贸易自由化发展使得贸易保护主义成为不受欢迎的政策。但这并不意味着贸易政策已经完全没有作用的空间。传统的贸易保护政策之所以不受欢迎,是因为其造成了市场扭曲和国民福利的巨大损失。然而,当市场本身出现失灵时,政府对贸易进行干预反而有可能会导致福利的增进。本章所要讨论的问题就是在市场不完全(失灵)情况下的贸易政策选择问题。

7.1.1 不完全竞争

导致贸易政策性质改变的一个重要推动因素,就是经济学领域中的新思想在国际经济学中的应用,尤其是产业经济学领域中的一些重大的理论发现,提供了分析仅有少数几家厂商相互竞争的新方法,即通常所说的寡头垄断竞争。

传统的经济分析是建立在市场不会偏离"完全竞争"的假设之上的。在完全竞争的市场上,有许多生产者,每一个生产者对市场的影响力都非常小,从而没有能力去影响价格或其竞争对手的行为。然而,随着社会技术进步和与之相对应的生产组织结构的变化,不仅导致国家内部市场竞争结构的变化,而且也引起了国际贸易模式的变化,这种变化突出地表现为国际性市场中竞争日益走向寡头垄断式的竞争。

由此造成的后果是传统贸易理论的解释能力和对贸易实践的指导意义趋于下降,从而对贸易理论产生了进一步创新的需要,于是便有了战略贸易理论的兴起。由此可见,战略贸易理论是在国际市场发生不完全竞争的条件下产生的。

7.1.2 战略贸易理论

在一个寡头垄断的市场里必定会产生超额垄断利润或者就像马歇尔所说的租金。假如市场存在因为寡头垄断而形成的租金,那么一国政府便可采取适当的贸易干预政策来支持本国企业参与国际市场的竞争,并通过抽取和转移国外垄断企业的利润来提高自身的国民福利。这种类型的政策干预就被定义为战略干预,并成为战略贸易理论所要研究的基本内容。

战略贸易理论支持政府对一些不完全竞争和具有规模经济效应的行业加以一定程度的保护和扶植,通过关税和补贴等手段来提高本国福利,但并不赞成一般意义上的贸易保护政策。该理论所支持的政府干预仅仅是针对市场竞争不完全的贸易领域和相关的产业活动。如果不加区分地对本国产业实施过度的保护,只能造成对国民福利不利的影响。

战略贸易理论中所定义的战略贸易政策可以分为狭义的和广义的:

狭义的战略贸易政策产生于"利润转移"理论。其基本思想是:由于在寡占行业中存在着超额垄断利润或租金,一国政府可以通过贸易干预来影响本国企业及其国外竞争对手的行动,以改变竞争格局,从而达到从国外寡头企业抽取租金,或向本国转移利润,以使国民福利提高的目的。狭义的战略贸易政策在结构上可以由以下三种政策组成:战略出口政策、战略进口政策和以进口保护促进出口的政策。

广义的战略贸易政策把贸易政策与产业政策有机地结合起来,构成这一政策思想基础的理论,除了上述的"利润转移"理论之外,还包括"外部经济"理论。在现实经济中人们经常可以看到这样的现象,某些产业或企业产生了积极的、正的外部经济效应,即该产业或企业经济活动所产生的收益不仅局限于其自身,还可惠及其他经济单位,但这些产业或企业并未从这种额外的利益中获得相应的报酬。面对这样的情况,政府就可以从国家的整体利益出发,通过积极的政策干预来保护和促进这类行业的发展。

7.1.3 政府干预

与传统贸易理论不同,战略贸易政策的基本特征是引入了政府干预。

布兰德(Brander)把战略贸易政策解释为能够决定或改变企业间战略关系的贸易政策。这也就是说,战略贸易政策是政府率先采取行动,然后导致企业做出与无政策干预时不同的战略选择,从而使竞争向着有利于本国的方向发展,并使国民福利提高,只要由国民福利提高带来的好处足以抵消政策本身的效率损失,那么政府的政策干预就是必要的和有效的。

赫尔普曼(Helpman)和克鲁格曼(Krugman)把"战略行为"定义为:本身并不可取,但却是一种可以通过改变对手行为以使采取行动者获益的行为。对此可以用"波音—空中客车"双寡头垄断竞争的经典例子来加以说明:

世界航空制造业是一个典型的双寡头垄断竞争行业,美国波音和欧洲空中客车两个寡头企业都想制造一种新型飞机,但是鉴于飞机制造业的巨大规模经济效应,在两个飞机制造商中只能有一个获得成功,如果双方都进入市场就会因为规模不经济而产生两败俱伤的后果。面对这样的情况,两个企业都会设法阻止对方进入,以便通过市场独占来攫取该行业的全部利润。但是面对一个几乎与自己是势均力敌的竞争对手,单纯依靠企业自身的力量显然是难以做到这一点的,因为不管参与竞争的企业发出什么样的信号(进入或者退出市场的信号)都是不可信的。这时,假如有政府的政策干预,那么就会使得情况发生变化。让我们假设欧洲各国政府许诺向空中客车公司提供补贴,并且补贴的数量足够大,即使在对手进入的情况下也会使空中客车进行生产,那么波音公司就会发现继续生产商用大飞机将无利可图,于是理性的选择应当是退出。由此产生的结果是:空中客车公司因为获得了政府的补贴而获得了独占市场的全部利润,并且,只要因此而增加的利润大于欧洲各国政府所给予的补贴,那么对于提高欧洲国家整体的经济福利也是有益的。

7.2 基本模型

7.2.1 战略出口政策

战略出口政策的创始人是布兰德和斯潘塞(Brander & Spencer)。他们提出在不完全竞争的市场结构下,政府总有运用研究开发补贴或出口补贴等干预方法帮助本国企业在国际市场上竞争的动机。对此我们可以按照布兰德和斯潘塞的逻辑分析如下:

(1) 存在一个寡占行业,在该行业中有两个生产同质产品的厂商,分别位于两个不同的国家。它们的产品均在第三国市场上销售,从而企业的所有利润都来自第三国市场。企业在第三国市场上的利润增加等同于国民福利水平的上升,因此,政府有动力采取战略性的贸易政策使本国企业从双寡头垄断的共同出口市场上抽取更多的利润。

(2) 进一步的分析是,假定参与国际竞争的双寡头垄断企业均以产量作为其战略变量,并采取古诺式的竞争,即每个寡占企业都在假定其对手产量为固定的前提下决定自己对共同出口市场的销售量。在政府不干预的情况下,企业间会达成一个古诺—纳什均衡(Cournot — Nash equilibrium)。但是,实际上,企业总有偏离这一均衡的动机,这是因为如果一个企业能够使对手相信他能比古诺均衡产量生产和出口得更多,它就能获得更高的利润。特别是,如果一个企业能够在行业中居于支配地位,也即占据一种斯塔克伯格(Stackelberg)领导者的位置,先行对产量进行决策后,再由对手(即斯塔克伯格追随者)根据其产量做出反应,它就可以达到最高的利润水平。

(3) 在没有政府干预的情况下,企业扩大产量的行为是不可信的,因为此时两个企业处于相等的位置上,它们都知道,如果一方扩张产量后另一方并不削减产量,那么产量的提高就不会带来利润的增加。然而,当政府介入企业的竞争、进行战略性干预时,局面就大不相同了。如果一国政府在企业做出产量决策前宣布给予本国企业一定的出口补贴,那么本国企业扩大产量的行为就是可信的,并且也会是可行的。其中的道理就在于,政府的出口补贴可以降低本国企业的边际成本,从而使得本国企业在提高产量、而国外竞争企业并不减少产量的情况下仍可增加利润。

(4) 由于第三国市场的总量规模不变,本国企业在政府补贴下增加产量的行为必定会导致国外企业利润的减少,直至彻底退出。结果一个小额出口补贴带来的本国企业利润的提高或许可以超过补贴本身的数值,从而使得本国的总国民福利上升。因此,只需要计算一个适当的补贴,即本国政府所提供的补贴恰好是本国企业的产量和减去补贴后的利润达到斯塔克伯格领导者时的数值,便可获得最大的国民福利。

(5) 上述原理可以用模型表达如下:

假定 n 个企业生产一种同质产品,考虑代表性企业 A,它的利润用 π 表示,产量用 x 表示,另外 $n-1$ 个企业总产量用 X^* 来表示,则企业 A 的利润可以写成下式：
$$\pi(x;\ X^*) = xp(x+X^*) - C(x) \tag{1}$$

其中 p 表示价格，C 为成本函数。

假如各个企业同时对产量水平做出选择，并且每个企业都以利润最大化为其经营目标，则企业 A 的一阶最大化条件为：
$$\pi_x = xp' + p - C_x = 0 \tag{2}$$

相关的二阶条件有：
$$\pi_{xx} = 2p' + xp'' - C_{xx} < 0 \tag{3}$$

由一阶条件可解出给定其他企业产量选择之后企业 A 利润最大化的产出水平，由此解出的产出水平便是企业 A 的最优反应函数，而该反应函数与 n 家企业反应曲线的共同交点即为古诺均衡点。

此外，对于古诺均衡解非常重要的另一个条件是：
$$\pi_{xX^*} = p' + xp'' < 0 \tag{4}$$

这个条件对于所有非凸的需求函数（包括线性函数）都是成立的。由于等式(4)小于零，所以每个企业的边际收益将随任何其他企业产量的上升而下降，这也就是说，企业 A 的最佳反应曲线是向下倾斜的。

现在，我们把以上的讨论转向本节所关注的第三国市场上古诺双头垄断竞争的情况。假定两国均有单一的生产要素——劳动，它可以用于寡头垄断部门，也可用来生产价格为 1 的计价物商品。本国与国外的消费者只消费计价物商品，这种商品是在规模收益不变、市场充分竞争条件下生产出来的。劳动在各国的计价物商品部门有相同的生产率，假定劳动报酬按其边际产品支付，工资为 1。本国寡头垄断部门的固定和可变成本分别为 F 与 c，用星号表示的是外国竞争者的相应变量，则外国企业的固定成本和可变成本分别为 F^* 与 c^*。本国与外国各有一个企业，本国企业产量为 x，外国企业产量为 x^*。假定在企业做出产量决策之前本国政府对本国企业给予 s 的出口补贴，则两国企业相应的利润水平 π 和 π^* 可分别写成：

$$\pi(x, x^*;\ s) = xp(x+x^*) - cx + sx - F \tag{5}$$

$$\pi^*(x, x^*;\ s) = x^* p(x+x^*) - c^* x^* - F^* \tag{6}$$

相关的一阶条件为：

$$\pi_x = xp' + p - c + s = 0 \tag{7}$$

$$\pi_{x^*}^* = x^* p' + p - c^* = 0 \tag{8}$$

假定补贴水平 s 已经确定，则对一阶条件求解。为了求出 dx/ds 和 dx^*/ds，可以对上述两式分别求关于 x、x^* 和 s 的全微分：

$$\pi_{xx} dx + \pi_{xx^*} \cdot dx^* + \pi_{xs} ds = 0 \tag{9}$$

$$\pi_{x^*x}^* dx + \pi_{x^*x^*}^* \cdot dx^* + \pi_{x^*s}^* ds = 0 \tag{10}$$

对上式两边同除以 ds，并以矩阵形式表示，便有以下形式：

$$\begin{bmatrix} \pi_{xx} & \pi_{xx^*} \\ \pi_{x^*x}^* & \pi_{x^*x^*}^* \end{bmatrix} \begin{bmatrix} dx/ds \\ dx^*/ds \end{bmatrix} = \begin{bmatrix} -\pi_{xs} \\ -\pi_{x^*s}^* \end{bmatrix} \tag{11}$$

由公式(7)和(8)我们知道 $\pi_{xs}=1$，$\pi_{x^*s}^*=0$。

使用克莱姆法则解上面的矩阵方程，便有：

$$dx/ds = -\pi_{x^*x^*}^*/D \tag{12}$$

$$dx^*/ds = \pi_{x^*x}^*/D \tag{13}$$

其中 $D = \pi_{xx} \pi_{x^*x^*}^* - \pi_{xx^*} \cdot \pi_{x^*x}^*$。

因为 $\pi_{xx^*} = p' + xp'' < 0$，

可推知 $\pi_{xx} = 2p' + xp'' < 0$，并且 $|\pi_{xx}| > |\pi_{xx^*}|$

同理，我们知道

$$\pi_{x^*x^*}^* < 0 \qquad \pi_{x^*x}^* < 0，并且 |\pi_{x^*x^*}^*| > |\pi_{xx^*}|$$

将上面的几个式子带入 D 的表达式，我们就可以看到 $D>0$ 是成立的，因此，就可以推知 $dx/ds > 0$，$dx^*/ds < 0$。

其经济含义是：本国政府对本国企业给予出口补贴可以使本国企业的产量上升，外国企业的产量下降。这一结果反映在图形上，就是本国企业的反应曲线向外移动，与国外企业的反应曲线相交于新的古诺均衡点，在这一点，本国企业的出口增加了，外国企业的出口则降低了。对此，可以具体分析(见图 7-2-1)所示。

在图 7-2-1 中，x 和 x^* 分别表示本国企业与外国企业，ρ 和 ρ^* 分别表示古诺方式下本国企业与外国企业的反应曲线，π_1、π_2 和 π_3 为本国企业的等利润线，越低的等利润线代表越高的利润水平。当政府不采取干预政策时，均

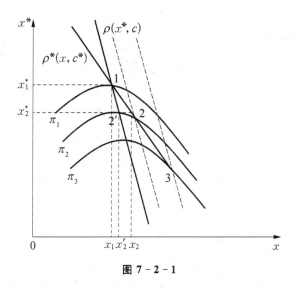

图 7-2-1

衡点为图中的点1,即古诺—纳什均衡点,此时本国企业与外国企业的销售量分别为 x_1 和 x_1^*。本国企业可能试图通过增加出口来提高利润,但其单方面宣布扩张产量是不可信的。例如,本国企业宣布其要将出口量增加到 x_2,此时国外企业的最佳反应是出口 x_2^*,但当外国企业知道当它选择销售 x_2^* 时,本国企业不会生产 x_2,而是要生产 x_2',因此本国企业宣称其要生产 x_2 是不可信的,只有点1才是均衡点。

但是,当政府进行干预时情况就不同了。政府在企业决策前率先采取行动,对本国企业的出口给予补贴,这会导致本国企业边际成本下降,使其反应曲线右移(见图7-2-1中靠左边的那条虚线)。移动后本国企业的反应曲线将与外国企业的反应曲线形成一个新的交点,即一个新的古诺—纳什均衡点,如点2。此时本国企业的销售量上升,外国企业的销售量下降,本国企业的利润达到一个更高的水平。

最后,一个精心操纵的补贴可以使本国企业的产量和减去补贴后的企业利润达到点3(在此点上反应曲线与等利润线相切)的水平,即斯塔克伯格领导者的水平,这是本国所能获得的最好结果。

据此可以得到的结论是:政府采取适当的出口促进政策对于促进本国的国民福利是有益的,因为政府的行为确实能对企业间的博弈产生重大影响,从而使得竞争格局发生有利于本国的变化。

7.2.2 战略进口政策

战略进口政策的创始人仍是布兰德和斯潘塞,他们提出了在不完全竞争条件下,一国政府利用关税向国外垄断厂商抽取租金或向本国厂商转移利润的可能性。与战略出口政策不同,战略进口政策考虑的是垄断厂商在本国市场上争夺市场份额,以及政府应当采取怎样的战略性措施来加以干预的情况。

这一理论之关键的前提假定是:本国市场与国外市场是分割的,即垄断企业分别就本国与国外市场进行生产决策,这意味着本国与国外市场上的价格就像在价格歧视的情况下一样,属于相互独立的变量,从而就不存在完全竞争市场条件下的一物一价定律。

基于这样的假设,就可以把本国市场理解为一个不完全竞争市场,而不完全市场的基本特征就是商品的价格可以超过其生产的边际成本。在这种情况下,假如没有政府干预,那么作为进口国的本国居民就要向国外出口企业支付垄断租金。为了避免这样的福利损失,进口国政府就可以运用进口关税政策向国外垄断出口商抽取租金。进口国政府抽取租金的程度将取决于外国出口商在本国市场上的垄断程度。在一个产品市场出现本国完全不生产、从而完全由一个国外垄断厂商提供的极端情况下,国外垄断厂商的边际收益曲线必定要比本国居民的需求曲线更为陡峭,这时,由本国政府提高关税所带来的、由于进口价格上升而造成的消费者剩余的损失就会小于由于关税上升所造成的本国税收收入的增加,两者相减之后的净收益将为正,因此,本国政府通过提高关税而实施的抽租行为将有助于国民福利的提高,从而有利可图。

如果再进一步从动态的角度来加以考察,当本国企业存在潜在进入的可能性时,那么本国政府利用关税来抽取垄断租金的政策将会变得更加有利。特别是当本国与外国都存在可以开展垄断竞争的生产商时,本国政府通过提高进口关税来提高国民福利的可能性就会变得更大。因为在这种情况下,从外国垄断厂商抽取租金的动机会进一步被从国外企业向国内企业转移利润的动机所加强。

最后,有必要指出的是,尽管战略进口政策模型与传统的最优关税理论有很大的相似之处,但在以下关键的一点上是截然不同的:最佳关税理论要求征收关税的国家必须是能影响世界市场价格和贸易条件的大国,而战略进口政策的实施却没有这一要求,即使是一个小国也可以利用进口关税来改善本国的国民福利。

7.2.3 以进口保护来促进出口的政策

克鲁格曼关于"以进口保护促进出口"的理论是对传统的幼稚产业保护理论的发展。传统的幼稚产业保护理论并不考虑两国间的政策博弈以及外国企业对这种政策可能做出的反应。而"以进口保护促进出口"的贸易政策则是一种从战略对立的角度来解释政府干预贸易的必要性的。

在传统的幼稚产业保护理论中,政府进行干预的原因来自本国市场的规模过小、资本市场的缺陷以及由于国内扭曲而造成的各种外部经济问题。纠正这些扭曲的最佳政策是政府向所谓的幼稚产业提供市场保护和贷款担保,对这类产业的培训计划提供支持,以及从研究开发等方面对它们提供补贴。政府进行干预的目的是促使本国的幼稚产业沿着其学习曲线逐渐向着本国既定的生产可能性边界靠拢,以便使得本国的实际产出可以达到其潜在产出的水平。

为了达到这样的干预目标,就需要满足以下这些假设条件:第一,外国企业或外国政府的作用是不存在的,从而干预是内源的、没有外部性的;第二,采取干预政策的国家被假定为一个小国,从而价格是外生给定的;第三,当政府选择干预政策时,既不会发生国家间的利润转移,也不用考虑外国企业或政府的反应;第四,世界市场是完全竞争的,其中存在着许多外国企业,它们已经完成了学习的过程,而本国产业尚处在发展初期,所以需要临时性的保护与支持以赶上外国企业的发展阶段。

但是,实际经验表明,以上这些条件是不可能同时得到满足的,因为世界经济中的实际情况与此大不相同。正因为此,所以基于保护国内幼稚产业的政府干预行动是一种成本十分昂贵的、效果很差的干预方法,所以在国际社会中这方面的成功案例十分鲜见,因此,算不上是最佳的政策选择。

由克鲁格曼提出的"以进口保护促进出口"的理论放松了幼稚产业保护理论中的许多不切实际的前提假定,而是根据对实际市场环境的观察,提出了更加符合实际情况的前提假定:第一,市场为寡头垄断竞争型的;第二,市场是可以被分割的;第三,参与市场竞争的企业具有报酬递增的规模经济。

根据以上这些假定,我们可以设想这样一种情况:一个寡占行业存在两个企业;其中一个是本国企业,另一个是外国企业;它们生产近似的替代产品;每个企业都在包括本国市场在内的多个市场上销售产品;这些市场是相互分割的,从而不存在一物一价定律;存在规模经济效应,规模经济可以采取以下三种不同的形式:静态的规模经济、学习曲线形式的动态规模经济,以及通过研究开发活动带来的成本下降。

毫无疑问,在这样的情况下,就会存在国际市场占有份额的竞争和利润的国际转移。于是,对本国市场加以保护,在保证本国企业获得国内市场上的稳固地位的基础上,使其获得一种相对于外国企业的规模优势,便可达到促使本国企业在出口市场上提高其占有份额、增加其利润所得之政策目标。

7.3 若干拓展

7.3.1 企业竞争行为的变化

(1) 从战略替代变为战略互补。在战略出口政策与战略进口政策的基本模型中均假定企业只进行产量竞争,每个企业的边际收益随其他企业产量的上升而下降,作为战略变量的两国企业的产量具有战略替代的关系,两国企业的最佳反应曲线是向下倾斜的。如果相反,变两国战略替代的关系为战略互补的关系,两国企业的最佳反应曲线向上倾斜,这样上述基本模型中的结论就会发生相反的变化。

(2) 从古诺竞争到伯川德竞争。在战略出口的情况下,寡占企业相互之间若是采用古诺方式竞争,那么一个出口补贴就可以用来向本国企业转移利润,但若用伯川德竞争来代替古诺竞争,即变产量竞争为价格竞争,那么最佳贸易干预就应当由进口关税变为出口税。

同样,在战略进口政策模型中,如果变古诺竞争为伯川德竞争,那么进口关税也未必会使本国获益,此时本国企业的反应甚至有可能导致外国企业利润的增加,以致本国的关税对外国企业来说可能成为一种收益而不是成本。

7.3.2 企业数目的变化

在布兰德和斯潘塞的模型中假定国内外各存在一个寡头垄断企业,如果本国企业数目大于1,在确定干预政策时就会出现相互矛盾的倾向。只有本国的企业数目不太大时,出口补贴才是合理的。

7.3.3 两国政府同时干预

利用适当的贸易政策从外国企业转移利润的动机不会只存在于一国政府。假如两个相关国家的政府同时采取出口补贴的干预政策,那么就可以得到一个类似于"囚徒困境"的结果,即两国政府同时对出口进行补贴的做法只能造成双方国民福利的恶化。为了避免陷入"囚徒困境",就应当选择共同征收出口税的做法。这就类似于一场军备竞赛,从单方面来看是做的越多越好,但从博弈双方来看则是做的越少越好,为此,就需要一个合作解来走出"囚徒困境"。但是这样的合作解很难达成和维持,相反,稳定的均衡将是一种非合作解,即两个国家的政府同时对本国企业给予补贴,其结果将是这两个当事国家的福利同时受损。造成这种非合作解的根源就在于,当一个国家采取干预政策时,另一个国家无论是做出反应还是不做出反应的结果几乎是一样的。同样的情况在战略出口政策的模型中也会发生,两国政府单边干预的动机如果导致关税战的爆发,那么就会给这两个当事国家都带来不利的后果。

7.3.4 政府与企业决策的时序

战略性贸易政策能否取得成效,除了与以上各种因素有关之外,还与企业和政府决策的时间顺序高度相关。在上述的基本模型中,总是假定政府在企业决策前率先采取行动。但是,假如现在出现了与此相反的情形,那么这又会产生怎样的结果呢?假定本国和外国寡头厂商在第三国市场上出售差异产品,企业间进行伯川德(价格)竞争,并且在政府决定补贴或税率之前制定价格,这时如果给定外国企业制定的价格,那么对本国而言只有一个价格能使企业利润和国民福利最大化。但是,假如本国企业制定的价格高于该价格,那么政府就一定会给予企业以补贴。在这里,补贴本身并没有多大意义,而政府之所以会采取补贴是因为企业预期到政府会这样做,所以在博弈的第一阶段总是会把价格确定在最佳水平之上。结果,与政府比企业先采取行动的情况不同,在伯川德竞争方式下的最佳政策将由出口税变为出口补贴。

7.3.5 信息不对称

战略贸易政策的实施需要政府掌握有关行业成本、需求和企业行为等方面的大量信息,而实际上政府对这些情况可能比企业了解的更少。企业为了获得更多的出口补贴,总是试图使政府相信它具有一个比实际成本更高的成本。当然,政府对于企业的这种动机也会有预期,在制定政策时会将其考虑在内。在这种情况下均衡是怎样实现的呢?假定本国企业可以分为高成本与低成本两类,所有企业都知道自己属于哪类,但本国政府和外国企业并不知道,而外国企业的成本是共知的。或者,我们也可以换成另外一种情况,假定外国企业对本国企业的成本很了解,只有本国政府对外国企业的成本一无所知。以上两种不同的假定导致了两种不同的均衡解:在前一种情况下,如果本国企业认为向外国企业显示自己的真实成本是有利可图的,补贴就可以对本国企业的这种动机提供一种可信的实行方式;在后一种情况下,由于外国企业清楚地掌握本国企业的成本状况,所以通过补贴向外国企业解释本国企业成本状况的作用就不存在,从而政府在不完全信息下使用补贴的动机就会减弱,而且最佳补贴的数值项对于完全信息下的情况也要更低一些。最后,还可以假设这样一种情况,只有外国企业不知道本国企业成本,而本国企业和本国政府都知道本国企业的实际成本。很显然,在这样的情况下,可以确定本国政府将会非常乐于对本国企业的出口施加补贴,因为出口补贴可以向外国企业表明本国企业将会因为得到政府的补贴而变成一个低成本企业,从而起到抑制外国企业竞争、向本国企业转移利润的作用。由此可见,信息不对称下的市场与完全信息市场是截然不同的,从而将会对政府的战略性贸易政策产生很不相同的影响。

本 章 小 结

1. 由不完全竞争假设条件导致的寡头垄断竞争引发了贸易理论的创新——战略贸易理论。通过引进政府政策干预这一因素,改变了原来企业之间贸易博弈的结果。

2. 由布兰德和斯潘塞提出的战略出口政策,通过引进政府补贴这个因素,充分说明了政府采取适当的出口促进政策对于促进本国的国民福利的有益性。由于政府的行为能够对企业间的博弈产生重大影响,从而使得竞争格局向着有利于自己的方向发展。

3. 同样由布兰德和斯潘塞提出的战略进口政策,考虑到本国市场与国外市场分割的实际情况,国际市场并不存在一物一价定律,这样政府便可通过提高关税实施对外国出口商的抽租行为,这一举措将有利于提高国民福利,尤其是在本国企业存在潜在进入的情况下,抽租行为就将更加可取。

4. 克鲁格曼提出的以进口保护来促进出口的理论是对传统幼稚产业保护理论的发展。通过放松幼稚产业保护理论假设条件,该理论说明了以进口保护来促进出口的政策能提高本国企业占有国际市场的占有份额,增加利润。

5. 战略贸易理论的拓展方向是:企业竞争行为的变化、企业数目的变化、两国政府同时干预、政府与企业决策的时序,以及信息不对称等。

本章关键词

战略贸易　　战略出口政策　　战略进口政策　　以进口保护促进出口的政策　　政府干预　　古诺—纳什均衡　　斯塔克伯格领导者　　斯塔克伯格追随者　　幼稚产业保护理论　　古诺竞争　　伯川德竞争　　信息不对称

本章思考题

1. 战略贸易理论的发展原因是什么?为什么各国明明知道贸易自由化最为有利,却仍然要实施战略贸易政策?

2. 战略贸易政策具体包括哪些政策措施?简要阐述这些政策措施的基本内容。

3. 如何用数学方法推导战略出口政策的实际效果?

4. 以进口保护促进出口的贸易理论与传统的幼稚产业保护理论有什么区别?

5. 战略贸易理论未来的发展方向有哪些?

第八章
国际投资

8.1 导 言

到目前为止,我们的分析主要是以各国间的贸易始终是平衡的,并且各国的经济资源都能得到充分利用作为前提假设的。

然而,以上两章的分析为基础,若把各种各样的贸易保护政策导入到一个自由贸易的体系中去(这一做法的合理性在于现实的国际贸易体系确实不是一个自由的贸易体系),那么,以上两个与自由贸易紧密相连的前提假设就不再是合理的了。贸易保护可能导致一些国家出现贸易顺差,而另一些国家则处于逆差状态。一般而言,顺差国国内的经济资源仍可以实现充分就业,而逆差国则可能出现部分经济资源失业的现象。在自由贸易体系中导入贸易保护政策之后可能产生的这些后果,意味着在分析自由贸易理论时所作的有关各国贸易始终均衡与各国经济资源均充分就业的前提假设必须予以放松。

在本章,将首先放松上述第一个前提假设,至于第二个与自由贸易紧密相连的假设,由于其涉及诸多的宏观经济问题,所以将在以后分析宏观国际经济问题时再进一步予以放松。

一旦放松各国间贸易始终是均衡的这一前提假设,就会产生以下问题:贸易逆差国将如何来恢复其贸易的平衡或国际收支经常项目的平衡?贸易顺差国又将如何处置其多余的国际收入?为解决诸如此类的问题,需要借助于国际投资这种特殊的贸易行为。

国际投资可以区分为直接投资与间接投资两种形式。对外直接投资是指一国通过资本的国际转移,将其某种特定商品的生产过程由本国转移到世界的其他国家;对外间接投资是指一国借助于国际资本市场,通过资本的贷放行为来谋求资本保值与增值的一种盈利性金融活动。

由以上两种国际投资活动引起的国际资本流动为各国恢复贸易与经常项目的平衡提供了非常有用的手段。首先,一国借助于对外直接投资,就可以通过资本输出对商品输出的替代来避开关税与非关税的壁垒,进而实现贸易的平衡。其次,当一国出现经常项目逆差时,也可以通过国际金融市场上的短期融资来实现其短期国际收支的均衡,而顺差国则可以通过国际金融市场的资金融通来改变其国内的吸收时程。当然,不能排除一个未来经济增长前景看好的国家亦可以通过国际金融市场上的融资来改变其吸收的时程,只不过它的融资行为是借入,而不像贸易顺差国那样是贷出。

从国际资本流动的这些作用来看,在分析微观的国际经济活动时,将其定义为一种特殊的贸易行为未尝不可。这是因为:对外直接投资实际上是以资本这一生产要素的贸易替代了自由贸易条件下的商品贸易;而对外间接投资则是以两个不同时点上的同一商品(资本)的贸易替代了同一时点上的两种不同商品之间的贸易。

8.2 资本的国际转移过程

8.2.1 贸易逆差与资本国际转移

贸易逆差可用图 8-2-1 分析。

图 8-2-1 中的各条曲线之含义与以往同类图形无任何区别。在贸易均衡时,国内生产的均衡点在 P 点,消费的均衡点在 A_1 点,出口为 (X_0-X_1),进口为 (M_1-M_0)。

现在,生产的均衡点仍在 P 点,但消费的均衡点却移动到了 A_2 点。这意味着出口必须从 (X_0-X_1) 减少到 (X_0-X_2),进口则应从 (M_1-M_0) 增加到 (M_2-M_0)。如果该国原来的进出口是平衡的,那么进出口的这一反方向变化将使该国出现对外贸易的逆差,这可从过 A_2 点的贸易比价线已位于该国的生产可能性曲线之外这一事实中清楚地看到。

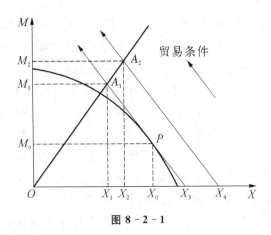

图 8-2-1

假如这个国家可以通过国际资本市场的融资来平衡其由贸易逆差而引起的国际收支的逆差,那么就会有(A_2-A_1)数量的资本流入,随着国际资本的流入,该国便可实现经常项目逆差条件下的国际收支的平衡。

从这个例子中可以看到,资本之所以会在国际间移动,首先是因为它被贸易逆差国用于经常项目上的抵消性调整。

8.2.2 萨尔特的依附经济模型

然而,用上述模型来分析国际资本移动的原因仍有不足之处,其主要的问题是:在 X 与 M 均为贸易品的情况下,一国完全可以通过调节进出口比例来实现其国际收支的平衡,而不必借助于国际借款来实现其国际收支的平衡。

但是,如果改而采用依附模型,那么就将发现,一国由贸易逆差所引起的国际收支逆差除了利用国际融资来加以调整之外,别无他途。从这个意义上说,依附模型给出了资本国际移动的充分条件。

依附模型最初是由澳大利亚经济学家 W·E·G·萨尔特(Salter)提出来的。该模型假定,一国不仅出口 X 商品、进口 M 商品,而且还生产不能用于贸易的 N 商品。若用 M 来表示包括 M 与 X 在内的贸易品,用 N 来表示萨尔特所说的非贸易品,那么就可以得到一个在形式上与图 8-2-1 几乎完全相似的图形(见图 8-2-2),但要注意的是,其纵轴上的 M 已经发生了变化,即它现在所代表的是包括进出口商品在内的综合贸易商品。

图 8-2-2 中的(a)图所表示的是一国贸易处于均衡时的状态,在这种状

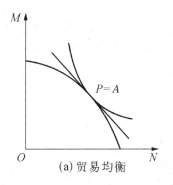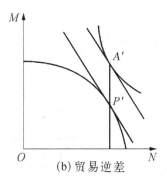

(a) 贸易均衡 　　　　　(b) 贸易逆差

图 8-2-2

态下,既定的贸易比价线表示该国的进出口是平衡的,与此同时,生产与消费也是均衡的,即 $P=A$。现在假定该国居民突然增加了对于非贸易品 N 的需求,这首先会引起贸易品与非贸易品比价关系的变化,即非贸易品的价格会上升,而贸易品的价格则会相对下降,图(b)中斜率较陡的比价线体现了这一变化。

随着这一变化而来的是:该国的生产均衡点将从原来的 P 点移动到 P' 点,这意味着资源正在从出口部门向非贸易品生产部门转移,其结果自然是出口品产量及其出口数量的下降;另一方面,由于贸易品的价格现在变得相对便宜,因而该国对进口品 M 的需求也会相应增加,而这必将导致该国的进出口出现逆差。这反映在图(b)中,就是 A 点将在国内居民对 N 商品与进口品 M 需求先后增加的双重压力之下移动到位于 P' 点之上的 A' 点。A' 点远在该国的生产可能性曲线之外,因而,该国经济的对外贸易逆差已经十分清楚地展示在我们的面前。

在这里特别要强调指出的是,由于该国现在的贸易逆差是由非贸易品的需求增加所引起的,因而无法通过调整进出口比例来使本国的国际收支重归平衡,这时唯一可以采取的办法就是通过国际融资,借入外国资本来实现本国国际收支的即期均衡。至于国际收支的长期均衡则仍需通过经常项目本身的调整才能实现,关于这一点将在以后的章节中加以详细地分析。

8.2.3　为增加收入的借款

国际资本移动一旦发生,它的功能就会进一步衍生,即各国不仅可以利用国际资本移动来平衡其短期的国际收支,亦可利用国际资本移动来增加其长期的收入。

先来分析通过国际借款来增加一国收入的情况(如图8-2-3所示)。

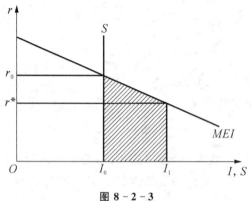

图 8-2-3

当一国选择了利率为 r_0,从而投资为 I_0 的货币政策以后,它会发现自己可在世界资本市场上按照现行的世界利率(r^*)进行无限制的借款。当然,这种无限制的借款行为必须满足以下两个前提条件:第一,本国的债务信用不成问题,即当本国的债务增加时,债权人不会为债务人的信用担忧;第二,本国为世界上的一个小国,本国在世界资本市场上的任何数量的借款都不会改变 r^*。

然而,本国在国际资本市场上的借款事实上并不是不受限制的,这一限制不是来自上述两个方面,而是来自本国资本的边际生产率,即图8-2-3中的 MEI 线。如果把本国的资本边际生产率与既定的世界利率(r^*)综合起来考虑,那么本国可从国际资本市场所借的资本数量为($I_1 - I_0$)。这么多数量的资本流入,对于本国显然是有利的,因为它可以增加本国的收入,其增加总额为图8-2-3中的阴影部分,其中位于 r^* 线以下的矩形部分必须作为利息支付给外国贷款人,而位于 r^* 线以上的三角形部分则构成本国通过国际借款而得到的净收入。

当本国在借入外国资本时,本国的贸易可以是逆差,也可以不是逆差。但当到了本国需要偿还债务时,本国的贸易则必须为顺差。这是因为国际债务是必须用外汇支付的。这样,就可以用图8-2-4来观察本国的贸易与债务,以及收入增长三者的相互关系。

图8-2-4中的纵坐标代表两个向量,其中 A 为本国的吸收,Y 为本国的国民收入;横坐标 T 为时间向量。在本国不对外借款时,本国的国民收入为

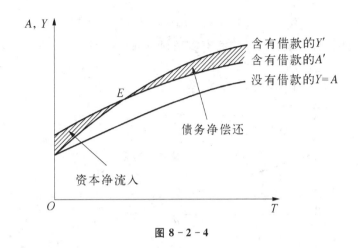

图 8-2-4

Y,本国的吸收(也就是消费)所能达到的最高水平是 $A=Y$。现在,本国按照以上分析中所给出的条件,开始对外借款,这一举措将使本国的 Y 线改变为 Y' 线,与此同时,本国的吸收线也会相应地上升为 A' 线。由于流入本国的资本在短期内是无法形成产出能力的,因而此时较高的吸收水平显然是通过进口来实现的,这意味着本国的贸易将处在逆差状态,这可从图 8-2-4 中 E 点左边的吸收线 A' 要高于 Y' 线这一现象中清楚地看到。随着时间的推移,流入资本的产出能力已经形成,同时借入资本的偿还期也已到来,因而本国的对外贸易必须调整到顺差状态。这一结果反映在图 8-2-4 中便是:在 E 点的右边,Y' 线将位于 A' 线之上,即本国的吸收将小于本国的产出,剩余的部分通过出口而转化为贸易顺差,由此而获得的外汇收入则用来偿还先期借入的国际债务。

从以上的分析中所能得出的结论是:第一,通过国际借款,一国的 Y 增长得要比无国际借款时快;第二,国际借款不仅可以导致长期的 Y 增长得更快,而且也可以使短期的吸收高于由本国的生产可能性边界线所决定的产出能力;第三,借入资本可以用来增加当前进口,以达到提高本国当期吸收的目的,但是,更为重要的一点是,借入资本主要应当用于增加长期产出和出口的生产性投资,否则就会因到期无法偿还国际债务而导致债务危机。

8.2.4 为增加收入的贷款

与以上所分析的借款国刚好相反,当一个国家具有较高的产出水平,且能通过出口而处于贸易顺差状态时,该国便具备了对外贷款的能力。假如该国国内的利率水平低于世界的利率水平,那么该国通过对外贷款虽然会减少该国的当前消费(吸收),但却可使其未来的收入趋于增加。

对此,可以借助于图 8-2-5 来加以分析。

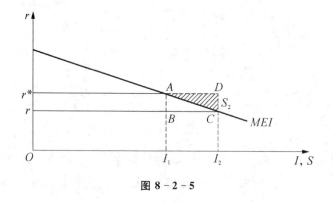

图 8-2-5

该国最初的国内储蓄与投资额分别为 S_2 与 I_2,其资本的边际生产率为 MEI,由此而形成的国内的均衡利率为 r。当世界的均衡利率为 r^* 时,由于 r^* 要高于 r,所以该国就会有 (I_2-I_1) 数量的资本向国外流出,通过国际资本市场的运作而贷放给资本借入国。

随着该国资本的流出,其国内的利率会提高到与世界利率相等的水平,从而引起国民收入在资本与劳动之间的再分配,正是这种再分配导致该国当前消费的下降,但它却是有利于该国的资本积累的。然而,更重要的一点是,该国贷出的资本在贷出期限终了时,不仅有本金的返回,而且还将带回由 r^* 所决定的利息,并且其总量要大于国内消费者因利率提高而减少的那部分消费者剩余,这反映在图 8-2-5 中便是由 $ABCD$ 四点围起来的面积。用它减去由 ABC 三点围起来的消费者的福利损失,所得到的便是该国通过资本贷出而得到的净收益。这部分净收益当然也是资本所得,由于它的流入,该国的资本积累会进一步增加,于是,该国未来的国民收入也将会有更大程度的提高。

最后,如果我们把该国资本的这一贷出与回流的过程综合起来看,那么整个过程与资本借入国刚好相反。最初,随着该国资本的贷出,该国的吸收将低于其国内的产出,即 A 线必位于 Y 线之下;以后,随着资本金的返回与利息的流入,该国的吸收可以提高到高于本国产出的水平,这也就是说,A 线最后将位于该国的 Y 线之上。

8.2.5 为了改变吸收时程的借款与贷款

(1) 推迟吸收。假定投资不变,推迟吸收与推迟消费可以认为是一回事。

推迟吸收的做法在石油输出国最为典型。这些国家通过石油出口,正在享受高水平的国内总收入。但考虑到石油是一种不可无限再生产的产品,因而这些国家的居民预期他们的未来国内总收入迟早是要下降的。在这样一种预期支配之下,为了不把当前较高的收入全部用于当前消费,以保证他们的下一代也能享受较高的消费水平,就必须在短期内保持其经常项目的顺差,并将部分收入转化为对外投资,以便为本国创造未来收入的来源,这样,即便将来本国国内的收入因石油减产而下降,但来自国际投资的收入仍能维持本国国内不变的或继续增长的消费水平。

石油出口国家的这种推迟吸收的做法可以用图 8-2-6(a)来表示。

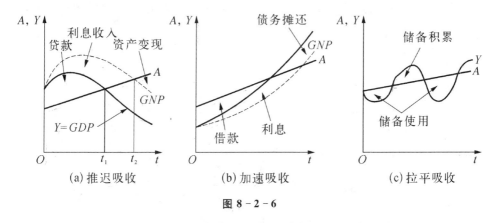

图 8-2-6

图 8-2-6 的坐标系与图 8-2-4 没有什么本质区别,只是把 Y 区分为 GNP 与 GDP。如图所示,在 O—t_1 时间内,当前收入大于吸收,并有资本投资到国外去,因而 A 线位于 GDP 之下,GNP 位于 GDP 之上,表示有来自国外投资的利息收入;在 t_1—t_2 时间内,吸收大于收入,这时 A 线会位于 GDP 之上,但仍低于 GNP;到了 t_2 时间之后,随着对外投资的变现,A 线不仅会位于 GDP 之上,而且也将位于 GNP 之上,这意味着该国已进入到净吸收阶段。

(2) 加速吸收。加速吸收的情况与推迟吸收的做法刚好相反。如果说推迟吸收是以牺牲当前消费来增加未来消费,那么加速吸收则是以牺牲未来消费为代价来提高当前的消费水平。这种做法经常被人们指责为不负责任的行为,因为这种行为的当事人竟然以他们的后代作抵押来提高当代人的吸收水平。然而,这又确实是在实际生活中经常发生的事情。既然如此,那么采取这种做法的当事人一定是有其充分的理由的。比如说,当一个国家具有稳步增长的经济前景时,用加速吸收的办法来平衡两代人的吸收水平就未尝不可。

加速吸收的做法反映在图形中[见图 8-2-6(b)中],就是 GDP 与 GNP 曲线会从推迟吸收时的凹状转变为凸状。这两条曲线的形状改变意味着在 $O—t_1$ 时该国的吸收(A)可以高于由 GDP 与 GNP 给出的水平,且不影响将来产出的继续增长与吸收水平的进一步提高。这可从 A 线在两个不同的时期中始终保持不变的上升斜率,以及过 t_1 时点之后 GDP 与 GNP 将先后上升到 A 线之上的变化中清楚地看到。

然而,一国采取加速吸收的做法并不是无条件的,就加速吸收意味着国际借款而言,加速吸收这种做法只有在国内储蓄具有利率弹性时才能奏效。对此,可借助于图 8-2-7 来分析。

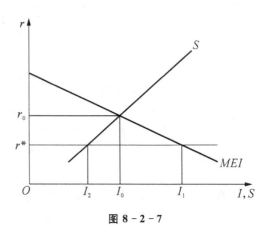

图 8-2-7

图 8-2-7 的纵轴为利率向量,横轴为投资与储蓄向量,MEI 线为资本的边际生产率(它等于投资需求),S 线为储蓄供给线。在本国无国际借款时,其均衡利率为 r_0,其国内投资为 I_0。由于 $r_0 > r^*$,r^* 为世界均衡利率,故对于本国来说借入资本是有利可图的。随着资本流入,r_0 逐渐会与 r^* 趋于相

等,这意味着本国利率的下降。在本国储蓄对利率有弹性时,国内的储蓄就会减少,从而本国来自国内的资本供给也会相应地减少为 I_2。用 I_0 减去 I_2 所得到的就是国内储蓄被国外资本流入而挤出的部分。这部分被挤出的储蓄将被当代人用于增加他们的即期消费,但这并不会影响以后各代人的消费水平。这是因为,本国通过国际的资本借款而流入的资本量为 $(I_1 - I_2)$,它要大于 $(I_0 - I_2)$,这意味着本国有净资本流入。只要本国能把它们投入到实际的生产性部门中去,并且能够有效地加以使用,那么本国未来的经济增长就不会有问题,从而本国以后各代人的收入与消费的增长也就不会有问题。

(3)拉平吸收。即在遇到收入变化时,利用国际资本市场来拉平吸收。其做法是在收入高于消费时,进行储备积累;在收入低于消费时,使用先期积累的储备。

具体说来,就是在经常项目逆差时,通过借款或减少储备来取得融通资金,以保证原有的消费水平[见图 8-2-6(c)]。

例如,1973 年与 1979 年的石油涨价,就曾引起石油进口国的贸易条件的重大逆向变动,而不得不采取以上做法。

8.3 资本国际流动与经济增长

8.3.1 封闭经济中的新古典模型

在这一节里,所要分析的是国际资本流动对一国经济增长的影响。我们所使用的分析工具自然是由罗伯特·索洛(Robert Solow)提出的新古典增长模型。

在这个模型的最简单的形式中,假定一国的产出总是处在由柯布—道格拉斯生产函数所决定的充分就业的水平上,即

$$Y = \beta K^\alpha L^{1-\alpha} \quad \text{或} \quad y = \beta k^\alpha \tag{1}$$

此处,$y=Y/L$,$k=K/L$ 分别为人均收入与人均资本存量。

再假设储蓄与收入成比例,即 $S=sY$,劳动力以不变比率(λ)增长,那么就可以求得资本的边际变动对该国收入的影响,即

$$\dot{k}/k = \dot{K}/K - \dot{L}/L \qquad (2)$$

将此式代入上式的对数时间导数,可以得到

$$\dot{y}/y = \alpha k = \alpha(sy/k - \lambda) \qquad (3)$$

若对模型作出一些扩展,就可包括像外生技术进步与直线折旧这些影响经济增长的因素。但就现在的研究目的来说,以上形式就足够了。

根据(1)式与(3)式,可以得到图 8-3-1。

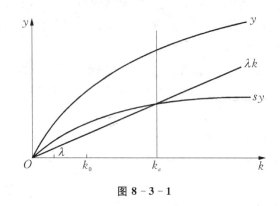

图 8-3-1

图 8-3-1 中的纵轴表示的是人均产出,人均资本则由横轴来表示。人均形式的生产函数由曲线 y 表示,该函数显示始终有正的但倾向于递减的边际收益。人均储蓄(sy)如图所示是人均产出的一个固定比例。图中标以 λk 的第三条曲线是一条从原点出发的射线,其斜率(λ)表示用现有人工使用的资本设备额(k)装备每个新劳动力所需的(人均)投资。

由图 8-3-1 可见,在 k_e 的左边,储蓄超过维持现有人均资本水平所需的投资,从而人均资本(k)是增加的。在 k_e 的右边,人均储蓄水平下降,人均资本亦下降。因此,k_e 是封闭经济中稳定的长期均衡点,在这一点上,人均资本等于人均收入。

8.3.2 开放经济中的新古典增长模型

假如一个国家的资本存量为 k_0,从而小于 k_e,而 k_e 处的资本边际产出又等于 r^*,这时该国若将本国的资本市场与国际资本市场一体化,那么就会有大量国际资本涌入,这样该国的投资就会迅速增加,而这又会导致资本货物的流入,于是该国的经济发展便开始了。

该国通过开放本国资本市场,利用国际借入资本而开始的这一经济发展过程可以用图 8-3-2 来描述。

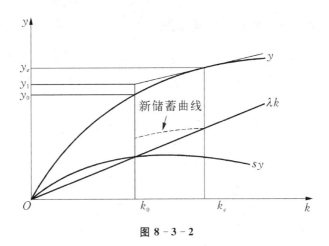

图 8-3-2

随着国际资本的涌入,该国的 sy 线将在 k_0 点出现一个方向向上的跳跃式的移动,这意味着该国国内资本供给与投资的增加,其人均收入也将会相应地从 y_0 增加到 y_e。但是,由于从 y_0 到 y_e 的新增 y 是在该国进行国际借款后产生的,所以这部分新增收入必须在该国与外国贷款人之间进行分配。现在让我们在对应于 k_e 点的 y 线上作一条切线,其斜率相当于国际贷款的利率,这条切线与从 k_0 点处出发的垂线相交之点便为这部分新增收入分配的均衡点。从这一点看,该国通过国际借款而增加的收入为 (y_1-y_0),而国际贷款人的贷款收益则为 (y_e-y_1)。这一过程一直要延续到新的 sy 与 λk 相交的点到达 k_e 处才宣告终止。

进一步的分析表明,由于在短期内不存在还本付息问题,因此该国实际增加的收入应为 (y_e-y_0)。然而,从长期来看,由于借入资本需要还本付息,因此,随后的国内收入增长率会低于无国外借款时的增长率。但是,在有国际借款时的收入最初的上升速度足以超过随后任何速度放慢的增长,从而可以使得该国长期的均衡收入虽不像产出增长那样迅速,但仍要比没有国际借款时快。

最后,随着该国国内累积的储蓄接近于该国的均衡资本存量,该国国内的利率水平将逐步降低到与国际利率相等的水平,这时再利用国际借款来增加该国收入水平的机会也就随之消失了,以致这个国家最终会回到资本自给自足的状态,即:既不借债,也不贷款。这可从有国际借款与无国际借款的 sy 线与 λk 线相交于 k_e 垂线这一现象中清楚地看到。

8.3.3 利用国际资本流动来加快经济增长的充分条件

根据前面的分析,我们已经知道了利用国际资本来加快一国经济增长的必要条件,那就是本国的资本存量以及由该资本存量所决定的均衡利率高于国际均衡的利率水平。

然而,仅仅有这一条件是不足以产生上述经济增长效应的。没有人会认为,像卢旺达这样的国家在其决定允许外国资本自由进入时,能够导致其经济的迅速增长,并可在较短的时间内发展成为一个工业化国家。这是因为这类国家一般都缺少将借入资本转化为实际的生产性投资的人力资本与其他有关的经济条件,如工业的配套能力、良好的投资环境与稳定的政局等。

因此,除了资本稀缺与国内的利率高于国际利率这个必要条件之外,利用国际资本来实现一国经济的加速增长还需要追加若干充分条件,其中最为重要的当然是一国的人力资本条件。环顾整个世界,各国间人均资本的拥有量之所以会出现如此之大的悬殊差别,在很大的程度上就是由各国数量不等的人力资本所决定的。换句话说,那些仍然处于发展中的国家若能不断增加国内的人力资本投资,那么其吸收国际资本的潜力将是很大的。

8.4 跨国公司与直接投资

8.4.1 跨国公司的定义与特征

国际资本流动一般可采取证券资产投资与直接投资两种形式。尽管在当今的世界上,国际资本流动大部分采取的是证券资产投资的形式,但直接投资的重要性却远远超过其在国际资本流动总额所占的份额,这是因为它有促使实际资源转移的效应。

直接投资的行为主体是跨国公司,因此,要对直接投资进行分析,首先就必须对跨国公司加以定义。跨国公司一般是指在一个以上国家拥有全部或部分控制与管理权,并且能产生收益的资产的企业。在这个定义之下,跨国公司的内部可以有不同的管理模式,也可以在不同的产业领域内活动。

跨国公司也时常进行证券投资,但跨国公司很少会把它的长期计划建立在这种投资的基础之上。这是因为,与直接投资相比,证券投资作为间接投资至少有以下两个弱点:第一,证券投资很难充分发挥跨国公司的技术与产品的优势;第二,证券投资仅涉及对所有权的控制,但却很少涉及管理问题,这会妨碍投资者把它所持有的国外资产结合起来以达到有效使用的目的。

跨国公司与一国之内的多工厂企业也是不同的。虽然两者都涉及空间上的一体化,从而需要提高远距离控制的技能与管理能力,并且一体化都可以包括水平的与垂直的两种形式,然而它们的根本区别则在于是否跨越国界。

有了以上这些区别之后,就能非常容易地把握跨国公司的主要特征了:

(1) 规模巨大。如果规模过小,那么在多国分散投资的结果,势必造成市场力量的相对弱小,以致难以在国际市场竞争中取胜。

(2) 增长迅速。不仅是单个跨国公司的产值增长迅速,而且全球跨国公司的数量增长也极其迅速。特别值得一提的是,越来越多的新兴工业化国家与发展中国家也有了自己的跨国公司。

(3) 地区扩散。跨国公司最初的东道国几乎均为发达工业化国家,这意味着跨国公司的直接投资最初主要发生在发达工业国。目前,跨国公司的直接投资正以惊人的速度向新兴工业化国家和积极对外开放经济的发展中国家扩散。并且,那些投资环境良好、劳动成本低廉的发展中国家正在成为全球跨国公司最具吸引力的东道国。

(4) 行业分布。跨国公司的行业分布越来越广泛。早期的跨国公司其国际直接投资的领域主要是采掘业和公共工程行业,现在则越来越多地投资于制造业与金融服务业。

(5) 多样化战略。跨国公司通常采取多样化的经营战略,主要包括横向多样化与垂直多样化两种形式。其中,跨国公司实施横向多样化战略是为了达到扩大规模,利用技术、商标与专利等无形资产的优势;推行垂直多样化战略则是为了达到降低生产成本、减少市场交易费用等目的。

8.4.2 决定跨国公司对外直接投资的因素

(1) 市场不完全。国际市场的不完全性一般要比国内市场的不完全性更为严重。除了商品市场的企业垄断之外,国际间的商品与要素流动还要受到各国的贸易保护政策(如关税与非关税壁垒等)、政治与经济制度,以及文化等因素的限制。在这种情况下,采用直接投资的方法,通过本地化生产与经营,就有可能克服国际市场的这些不完全性而使公司获得发展。

(2) 企业优势论。不完全的国际市场一方面会给跨国公司的国际活动带来商品与要素不能自由流动的困难;另一方面却也给跨国公司带来了充分利用其企业优势的机会。这是因为,跨国公司的很多优势恰恰是与不完全的市场相联系的。这些优势主要包括:跨国公司的无形资产优势、跨国公司的技术优势、跨国公司的企业组织优势、跨国公司的企业管理与创新优势,以及跨国公司的资金与货币优势。跨国公司的所有这些优势都是经济相对落后的东道国急切想要得到的东西,因此,对于这些东道国来说,它们可能会对进口商品加以限制,但对来自跨国公司的直接投资大多会采取欢迎的态度。

(3) 内部化论。内部化论是科斯的交易费用理论在跨国公司对外直接投资战略中的一种应用。在封闭经济条件下,一个企业可以通过用组织取代市场的内部化行为来降低其市场的交易费用;同样,在开放经济条件下,一个跨国公司亦可以通过对外直接投资这种国际性的内部化行为来降低其国际市场的交易费用。20世纪70年代以来,随着跨国公司的直接投资越来越多地进入发展中国家,经济学家又发现,跨国公司若能与发展中国家的本地企业合资或合作开展其跨国经营活动,不仅可以降低其市场交易费用,而且还可以实现租金的内部化。这些内部化的租金主要包括:东道国合资或合作企业所提供的市场信息、销售网络、人力资本、与东道国其他企业的联系、与东道国政府的关系,以及有关东道国的法律、社会、文化等方面的知识。所有这些,在跨国公司独资经营时都需支付高昂的成本才能得到,现在由于与东道国的企业合资或合作而被内部化了。

(4) 区位因素论。从理论上讲,当世界各国都奉行自由贸易政策时,由于要素与商品的自由流动,要素价格与商品价格的均等化是可能的。但是,在现实世界中几乎没有一个国家的贸易政策是全盘自由化的,再加上市场不完全与运输费用这些来自制度与技术上的限制,要素与商品的流动远不是自由与充分的,因此,无论是要素的价格还是商品的价格,事实上是存在区位差异的。然而,正是要素与商品价格的这种区位差异给予跨国公司的对外直接投资以强有力的刺激。跨国公司可以通过将融资、生产(以及不同的生产过程)、仓储与销售等活动分布于世界的不同国家与地区来降低成本,增加利润。

(5) 产品生命周期论。在制成品贸易理论一章中,已经从国家的角度分析了产品的生命周期对一国贸易流向的影响,并且提到了贸易流向的变化事实上是以生产地点的变更为前提的。至于生产地点的变更是由谁来执行的这一问题,在分析制成品贸易的那一章里并未加以深究。现在则是到了对这一问题作出回答的时候了。产品的生命周期理论告诉我们,在一个产品从诞生到消亡的生命周期里,它的市场范围与生产成本不是一成不变的,为适应产品市场范围与生产成本的变化,企业就必须不断地调整该产品的生产地点。当市场范围超出本国的国界或在国外生产该产品的成本比在国内生产更低时,生产该产品的企业就会倾向于对外投资来延长产品的生命周期,以便借此来获取更多的投资收益。因此,实际导致产品生产地点变更,从而改变一国贸易流向的是跨国公司的对外直接投资。至此,产品生命周期对一国经济的影响大致可以从这样两个角度来加以理解:第一,从宏观上看,产品生命周期是制成品贸易之所以会发生的一个非常重要的原因,它对一国经济所产生的影响主要是贸易流向的变化,以及随之而来的国际收支经常项目的变化;第二,从微观上看,产品生命周期是企业进行跨国投资的重要原因,企业按照产品的生命周期变化进行对外直接投资,不仅可以延长产品的生命周期,而且也可以使企业成长得更快、更大。

(6) 企业管理论。企业管理论试图从企业经营者的行为角度来解释企业跨国投资的原因。

管理论认为,现代大企业一般都具有规模巨大、股权分散、所有权与经营权分离,以及管理控制等特征。由于存在管理控制现象,因此,了解管理者的效用函数是重要的。现代大企业管理者的效用函数可用公式表示如下

$$U = f(S, M, Id)$$

式中的 S 代表雇员开支,M 代表管理酬金,Id 代表管理阶层可支配的投资。

假如经理人员的行为是理性的,那么他们的行为目标必定是其效用函数 U 的极大化。考虑到经理阶层使用的是股东的资本,因此,这一函数的约束条件是股东可接受的利润 πM。

根据以上给出的函数关系与约束条件,可借助于图 8-4-1 来描述经理阶层效用函数极大化的解。

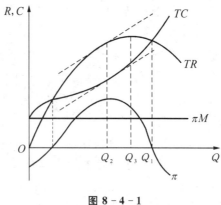

图 8-4-1

图 8-4-1 中的纵轴表示利润向量和成本向量,横轴代表产量向量。TC 为总成本曲线,TR 为总收益曲线,πM 为股东可接受的利润线,π 为利润线。

由图 8-4-1 可见,利润最大化的产出之点是在 Q_2 点,这时该企业的利润处在最大值。但是由于处在该点的企业产量不够大,换句话说,也就是该企业的规模不够大,因而 U 并未达到最大值。Q_1 是该企业销售收益最大化的产出点,这时的 U 值处在极大化位置,但此时的利润却低于股东可接受的利润 πM,因而这也不是一个稳定的均衡解。一个既能使股东满意又能使经理阶层满意的稳定均衡解只能出现在边际利润 π 等于股东可接受利润 πM 的 Q_3 点。当然,这还必须以市场规模不受限制为前提条件。

现在假定该企业的经理阶层和股东对于这样一个均衡点已经没有歧义,但是该企业的所在国的国内市场却不够大,以致该企业的产出无法达到能使股东与经理阶层双方均满意的 Q_3 点。一旦出现这种情况,经理阶层就会通过对外直接投资来解决这一难题,以便借助于外部市场来实现其效用函数的极大化。

现在再把问题从静态分析转向动态分析,即股东的目标不是静态的利润 πM,而是企业的长期成长。这意味着股东不仅需要短期的投资回报,而且还要求其所持的股票的市场定值长期保持不变,当然能够增值是再好不过的事情了。对此,可用马里斯模型分析如下(见图 8-4-2)。

图 8-4-2 中的纵轴为该企业的股票定值比率(V),横轴为该企业的增长率(G)。V 与 G 的关系曲线就像是一个倒 U 字。图中的 V_s 表示的是股东与经理阶层都愿意接受的该企业长期的股票定值水平。由此可见,该企业的

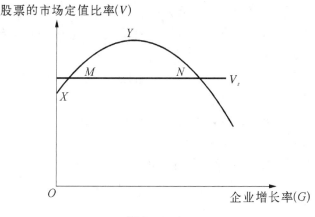

图 8-4-2

长期(动态)均衡点将出现在 M—N 区间。假定该企业现在所遇到的情况与静态分析时一样,即它所在国家的国内市场只允许其增长率达到小于 M 的水平,那么,为了提高企业股票的市场定值(这是来自企业所有者的约束),增大企业经理阶层的效用函数,该企业经理阶层唯一可采取的策略仍然是进行对外直接投资,利用外部市场来补充国内相对较小的市场。

在以上静态与动态两种情况的分析中,事实上暗含着一个重要的前提假定,即该企业的所有者、经营者与劳动者三者间存在激励的相容性。假如放松这一前提假定又会出现什么问题呢?那必定是作为所有者的股东不愿放弃利润极大化的要求,作为劳动者的雇员不愿放弃工资极大化的要求。这时,对于实际控制企业的经理阶层来说便遇到了所谓的"组织呆滞"问题。组织呆滞将会限制企业的成长,这不仅不能使利润增加、工资提高,而且将导致 U 值的下降,在问题变得严重的时候,还有可能导致企业的死亡。为了避免出现这样的后果,其有效的解决方法仍然是对外直接投资。这是因为,对外直接投资可以增加企业的外国股东与雇员,从而可以从组织上分化股东与雇员的利益要求,强化经理阶层的经营目标。

8.4.3 跨国公司与国际贸易

从贸易角度来讲,跨国公司的产生把国际贸易从产业间与产业内的贸易进一步发展成为公司内的贸易。

(1) 公司内贸易的概念与特征。跨国公司内部的贸易既是跨国公司的一种活动方式，又是一种贸易行为，因为它也包含着商品的跨国流动。

跨国公司的贸易作为公司内的贸易，通常是通过公司内的转移定价来完成的，因此，其贸易过程一般是不受国际市场竞争价格的影响的。这意味着跨国公司内的贸易无论在贸易、市场、产品，还是在价格上都将不同于一般意义上的国际贸易。

跨国公司内部贸易过程中的转移定价可从存在外部竞争市场与不存在外部竞争市场两种情况来加以分析。

① 存在外部竞争市场时的转移定价。假定一个跨国公司有两个分布在两个国家的部门，其中一个是生产中间品的 I 部门，另一个是生产最终品的 O 部门，I 部门的产出存在外部市场的竞争，因此，该跨国公司的 O 部门既可从本公司的 I 部门购入中间品，也可从外部市场购买中间投入品。

根据以上给出的假定条件，便可以利用图 8-4-3 来分析该跨国公司的贸易均衡是如何实现的。

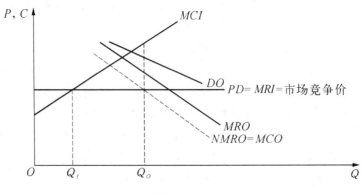

图 8-4-3

图 8-4-3 中的纵轴代表价格与成本向量，横轴代表产出向量。MCI 是该跨国公司 I 部门的边际成本线，DO 是该跨国公司对中间投入品的总需求，PD 线是存在外部竞争市场时的中间品的总供给线，MRO 是该跨国公司生产最终品部门的边际收益线，$NMRO$ 是该部门的净收益线，$NMRO=MCO$，MCO 是该部门的边际成本。

利润最大化的跨国企业要求其所属的两个部门 I 和 O 的经营都能达到 $MR=MC$ 的水平，按照这一要求，便会有以下结果：该跨国公司的 I 部门向本公司的 O 部门提供 Q_1 数量的中间品，这一产出量是由 $MCI=MRI=PD$

所决定的；O 部门的产出量为 Q_0，这一产出量是由 $NMRO = MCO = PD$ 所决定的；$(Q_0 - Q_1)$ 的短缺部分(中间投入品)则从竞争性的外部市场购入。

该跨国公司若不是采取这样的市场策略，而是由本公司的 I 部门增加 $(Q_0 - Q_1)$ 的中间品生产，那么，随着 MCI 的急剧上升，I 部门将增加额外的成本支出，并最终导致该跨国公司利润最大化条件的彻底破坏。

② 不存在外部竞争市场时的转移定价。如前所述，在很多情况下，跨国公司的对外直接投资依靠的是其所处市场的不完全性。这种市场的不完全性根源于其所生产的产品具有不可替代的特征。一旦出现这种情况，那么该跨国公司的最终品，进而它的中间产品的外部竞争就将不复存在。这时，该跨国公司的贸易也就全部表现为公司内的贸易。

完全的公司内贸易的转移定价与存在外部竞争市场时的转移定价的一个重要区别是：跨国公司不同部门之间的产品的转让价格将不再受外生变量的影响而完全内生化了。对此，可用图 8-4-4 来分析。

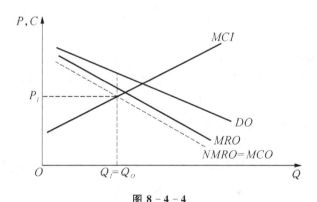

图 8-4-4

图 8-4-4 中纵轴与横轴的含义与图 8-4-3 相同，几条曲线的性质与意义也没有什么变化，整个图形的唯一变化是少了代表外生变量的 PD 线，这是由竞争性的外部市场不复存在所造成的。随着 PD 线的消失，即贸易的完全内部化，该跨国公司两部门间的转移定价变得容易得多了。从图中看，只需找到 I 部门的 MCI 等于 O 部门的 $NMRO$ 这一点，就可决定公司内贸易的数量与价格了。

从跨国公司转移定价的以上两种情况来看，其转移定价的自由程度取决于其贸易的内部化程度，而其贸易的内部化程度则又取决于其产品与外部竞争者的差别程度。一个跨国公司的产品与外部竞争者的差别程度越大,从而其贸易的内部化程度越高,那么其部门间贸易产品的转移定价的自由度,也就是转移定价的内生性就越高。反之,则相反。

(2) 公司内贸易的方式与利益。跨国公司的公司内贸易一般是通过垂直一体化来实现的。

当邻近的两个或两个以上的生产过程(通常是用上游产业与下游产业来定义的)被置于一个共同的所有权控制之下时,就会出现垂直的一体化。当这种一体化仅仅发生在一个国家范围之内时,不过是市场的内部化。只有当被一体化的产业分布在不同国家时,才会发生公司内的贸易。

借助于公司内贸易,跨国公司至少可以获得以下好处:

① 以垂直一体化为基础的公司内贸易可以产生两个重要的结果:第一是部门的外部化,即部门间分工的细化与深化;第二是市场的内部化,即市场交易费用的下降。部门外部化与市场内部化这种奇妙的组合只有通过跨国公司的内部贸易才能实现。其好处自然是公司全要素生产率的提高与市场占有份额的扩大。

② 当跨国公司的某一个生产部门由于技术上的原因而面对极高的生产成本时(这种情况在新技术或新产品开发部门最常见),跨国公司借助于垂直一体化的组织体系与内生的转移定价方法,便可轻而易举地将该部门的高成本分摊到其他与之具有贸易关系的部门而顺利地进入正常的生产状态。

③ 除了上述的成本转移之外,跨国公司当然也可以利用转移定价方法来转移利润,以达到逃避税收的目的,或推行其资本倾销策略。例如,当跨国公司在 A 国投资的 X 部门由于利用了当地的廉价资源而产生了极高的利润,但又面对当地政府很高的利润税时,跨国公司便可借助于转移定价方法,而把 X 部门所产生的高额利润转移到本公司在税率较低的 B 国投资的 Y 部门,以增加公司的总利润。再如,当跨国公司决定进入一个很有市场潜力,但充满竞争对手的国家进行投资时,它同样可以通过转移定价的方法,把位于世界其他地区的部门的部分利润转让给进入新市场进行竞争的部门,以补贴该部门进入初期因实施资本倾销策略而产生的亏损。

(3) 公司内贸易的计量。假定一家跨国公司生产两种最终产品,这两个最终产品都需要两种中间投入品,因而该跨国公司便有四个生产部门,且分布在四个不同的国家或地区。

设 i 为中间品生产部门，$i=1,2$。j 为最终品生产部门，$j=1,2$。那么公司内贸易的总额将为

$$X = \sum_{i=1}^{2}\sum_{j=1}^{2} X_{ij}$$

i 部门的出口总额为

$$\sum_{i=1}^{2} X_i$$

j 部门的进口总额为

$$\sum_{j=1}^{2} X_j$$

由上式我们还可以进一步推导出公司内贸易比率、公司内出口比率与公司内进口比率

公司内贸易比率
$$T = \frac{2X}{\sum_{i=1}^{2} X_i + \sum_{j=1}^{2} X_j}$$

公司内出口比率
$$T_x = \frac{X}{\sum_{i=1}^{2} X_i}$$

公司内进口比率
$$T_m = \frac{X}{\sum_{j=1}^{2} X_j}$$

由以上三式可知，当 $T=1$ 时，该跨国公司的贸易全部为公司内贸易；当 $T_x=1$ 时，公司内出口比率等于公司内贸易比率；当 $T_m=1$ 时，公司内的进口比率等于公司内贸易比率。

8.5 跨国公司的经济效应

8.5.1 跨国公司与东道国的经济发展

(1) 东道国引进外国跨国公司的成本与收益。一个国家允许外国跨国公司进入本国市场，这对于本国的经济发展究竟是否有利，首先需要进行成本

与收益的分析。

为了使这样的分析变得相对容易,我们必须作出某些假定,这些假定主要包括:本国经济处于长期的充分就业状态;本国的国际收支也处在均衡状态;本国的贸易条件保持不变;规模报酬也保持不变;没有外部经济;没有税收。以上这些假定条件是非常苛刻的,并且也是很不现实的,但又是建立一个抽象模型所必需的。

有了以上这些假定条件,就可以借助于图8-5-1来分析东道国引进外国跨国公司的成本与收益。

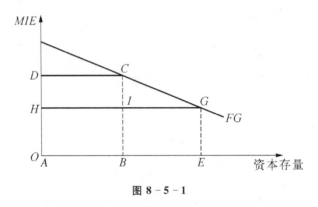

图 8-5-1

图8-5-1中的纵轴为资本的边际产出向量,横轴为资本存量。FG为资本边际产出与资本存量的关系曲线。AB为东道国引进外国资本前的资本存量,由此所产生的利润为ABCD。

现在,东道国政府决定引进外国资本,即允许外国跨国公司进入本国投资,这一举动将使本国的资本存量增加到AE。随着东道国资本存量的增加,资本将相对丰裕,故资本的利润收益会下降。从图8-5-1中看,边际利润将下降到AH的水平,这时的总利润为AEGH,其中ABIH为本国资本的利润收入,BEGI则为外国跨国公司的利润收入。

另一方面,在利润下降的同时,本国的劳动收入(工资)却在增加。工资增加的总额为DCGH,用DCGH减去本国资本收入减少的部分(DCIH),东道国的净收益为CGI。由此可见,东道国通过引进外国跨国公司的资本不仅可以加快本国经济的发展,而且还可以带来净国民福利的增加,因而这一举措对东道国本国是非常有利的。

如果我们再进一步放松以上的某些假定条件,那么东道国的净福利增加值会更大。比如,放松没有税收的假定,那么东道国还可通过对外国跨国公司的利润征税而增加其国民收入。此外,跨国公司进入东道国以后必定会产生各种各样的外在经济,即带来一系列的溢出效应,如新的技术、新的经营方式、新的观念等,所有这些都将对本国的全要素生产率产生积极的影响。在前面的分析中我们已经看到,跨国公司大多具有规模经济,且有大量的公司内贸易,而这又将改变一开始所作的关于规模报酬不变与贸易条件不变的假定,从而有利于东道国进一步增加其国民净收入的来源。

(2) 跨国公司的资源转移效应。资源转移效应主要包括:东道国资本供给增加的效应,国外先进技术输入的效应,以及跨国公司先进的管理方式的输入效应。这些效应可能为正,也可能为负,最后所产生的净效应究竟是为正还是为负,主要取决于东道国的引进策略与管理跨国公司的能力。例如,在引进外国跨国公司的初期,东道国的资本供给可能是增加的,但是当跨国公司利用所得利润进行再投资时,跨国公司的资本供给效应就为零了,如果跨国公司将其利润所得投资于其他国家,那么这一效应还将为负。同样,当跨国公司输入的技术对于东道国来说是一种不适用的技术时,或者跨国公司进入东道国以后采取的是封闭式管理而不是本地化的经营,那么这时的资源转移效应都可能为负。

(3) 跨国公司的贸易与国际收支效应。贸易与国际收支是两个既独立又相互联系的问题,这是因为,贸易构成国际收支的经常项目。一个缺少外汇的国家就像一个缺少储蓄的国家一样,也会对本国的经济增长起阻碍作用,"两缺口理论"(储蓄与外汇短缺)已对此作过详细的分析。

下面先来看跨国公司进入的国际收支效应。跨国公司进入的初期,东道国可以从资本项目中一次性得到大量的国际收入,但随之而来的将是东道国国际收支方面一系列的麻烦,那就是由进入本国的跨国公司向其远在他国的母公司支付红利、利息、特许费以及管理费等引起的不间断的外汇的流出。

跨国公司进入后的贸易效应则取决于该跨国公司的贸易结构是怎样的。假如该跨国公司是出口导向的,那么它将增加东道国的贸易量与国际收支的经常项目收入;假如该跨国公司是进口替代型的,那么东道国的贸易量可能减少,但由于东道国进口量的减少,其国际收支可望得到改善;假如该跨国公司是具有强烈的进口倾向的,那么尽管东道国的贸易量会大大增加,但其国际收支必定会恶化。

从以上两个方面的分析来看,东道国如何在引进跨国公司的同时保持本国国际收支的均衡与整个宏观经济的稳定是一个很重要的课题。就引进跨国公司以后,东道国国际收支的资本项目短期内可能顺差,而在长期内必定逆差这一事实而言,东道国应积极引进那些具有出口导向性的跨国公司,以便通过经常项目的长期顺差来弥补资本项目的长期逆差,进而达到本国国际收支平衡、宏观经济稳定的目的。

(4) 跨国公司的竞争与反竞争效应。跨国公司进入东道国以后,对东道国经济产生的是竞争效应还是反竞争效应,这主要取决于以下三个因素:第一,进入国家的类型;第二,跨国公司进入的方式;第三,东道国政府反托拉斯法的严厉程度。

假如跨国公司所进入的国家是发达工业化国家,那么就有可能产生竞争效应。反之,则相反。

假如跨国公司是以新建企业的方式进入东道国的,那么由此产生的将是竞争效应。假如跨国公司是通过收购或兼并的方式进入东道国的,那么由此产生的将是反竞争效应。

假如东道国政府的反托拉斯法是非常严厉的,那么跨国公司进入后产生的主要是竞争效应。反之,则相反。

(5) 跨国公司的主权与自主效应。主权与自主效应是东道国的一种净成本支出。导致这种净成本支出的主要原因在于:

第一,跨国公司通常都享有无法被剥夺的并且是非常充分的自主权,这是因为它的决策中心在其母国。当跨国公司拥有充分的自主权时,反过来便意味着东道国自主权的削弱。

第二,尽管跨国公司也是一个微观经济主体,但它所拥有的权力却往往可以与东道国政府相提并论,因为在它的背后也是一个主权国家。

第三,跨国公司进入发达工业化国家后可以不执行东道国政府的宏观经济政策,因为它是外来客;跨国公司进入发展中国家后则总是处在有利的谈判地位,这是因为跨国公司拥有发展中国家东道国所没有的资本、外汇、技术与其他各种无形资产。

受以上这些因素的影响,东道国引进的外国跨国公司越多,其经济决策的对外依赖度也就越大,从而其自主运作的能力也就越差。考虑到主权与自主效应的重要性,任何国家在引进外国跨国公司时都应有一个度。

8.5.2 跨国公司与母国的利益关系

(1)凯恩斯的观点。假如国内投资与国外投资的条件与风险完全相同,这时,对于私人投资者来说,选择何种投资是无关紧要的。但是,对于作为整体的国家来说,这两种投资的结果就完全不同了。当企业投资成功,从而产生盈利时,国内投资所产生利润将被留在国内使用,从而有利于本国的经济增长;而国外投资所产生的利润则会被留在国外,其中的一部分将成为外国政府的税收收入,其余部分作为国外的再投资被用来发展外国的经济。当企业投资失败时,在国内投资的场合,实物资产仍在国内;而在国外投资的场合,实物资产则被留在了外国,从而构成本国财富的绝对损失。凯恩斯的以上观点提出了一个如何评价国外投资的成本与收益的问题,尤其是国外投资的社会成本与收益问题,并且告诉人们,在国外投资问题上,私人投资者的利益与作为整体的国家或社会的利益显然是矛盾的。

(2)对外投资国的收益与成本。跨国公司的对外直接投资对母国的经济影响可利用与图8-5-1一样的图形来加以分析,区别仅仅在于:在跨国公司东道国所发生的是资本存量的增加,而在跨国公司的母国则是资本减少。为此,我们只需对图8-5-1稍作改变便可得到图8-5-2。

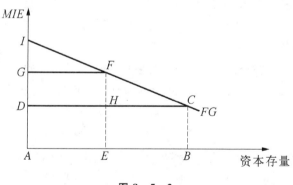

图8-5-2

跨国公司的对外直接投资将使母国的资本存量从原先的AB减少到AE,这将导致母国资本收益的提高与工资的下降,与此同时,投资于外国的资本的收益也将高于其留在国内时的水平。假如投资于国外的资本收益能够返回母国,并足以补偿因资本流出而造成的国内收入的损失,那么跨国公司的这一投资行为对于作为整体的母国来说,其影响是中性的。但有必要指出的是,跨国公司的这一行为对于劳动来说显然是不利的,因为由跨国公司对外投资所造成的资本收益的提高事实上是通过对工资的再分配才得以实现的。

但是,在实际经济中,跨国公司对外直接投资的利润收入是不可能完全返回的。一旦出现这种情况,那么实际得利的仅仅是私人投资者,而作为整体的母国必定要遭受巨大的福利损失。从图 8-5-2 中看,假如跨国公司对外投资的利润不能返回,那么母国的存量资本为 AE,留在国内的资本的利润总收入是 $AEFG$,工资总量是 FGI,与原先的工资总量 CDI 相比,扣除被资本再分配掉的 $DHFG$ 部分之外,还有 CFH 部分作为整个社会的净福利损失而不复存在了。

由此可见,跨国公司的对外直接投资的结果对于其母国来说,一般是不利的。这是因为,跨国公司的对外直接投资不仅会导致资本利润对劳动工资的再分配,而且还会造成母国的国民福利被东道国再分配的严重后果。

(3) 跨国公司对外直接投资所产生的其他社会成本。

① 假如跨国公司的母国在跨国公司大举对外直接投资时,其产业结构保持不变,从而其人均的资本装备率亦保持不变,那么,随着本国跨国公司对外直接投资的增加,其国内的失业率就可能趋于提高。

② 跨国公司的对外直接投资意味着生产过程的国际转移,因此,跨国公司大量的对外直接投资势必会造成母国经济的产业空心化。这时,母国若没有其他经济活动的发展与补充,不仅会使短期的就业问题变得更加严重,而且还会使长期的增长成为问题。

③ 跨国公司的对外直接投资势必会引起母国技术与产业的扩散,由此产生的结果是:母国的国际竞争优势会逐渐下降,而东道国的国际竞争力则会趋于提高。历史上国际经济中心的周期性转移与先进国不断被后进国替代的事件一再发生,都与这一原因相关。

既然跨国公司的对外直接投资会对母国经济造成如此巨大的伤害,那么跨国公司为什么还要一意孤行拼命地对外经济扩张呢?这里的关键问题显然在于跨国公司的私人成本与母国作为整体的社会成本的差异。对此人们或许要问,面对这种情况,跨国公司母国的政府为什么不对这种有害于整个社会的行为加以管制呢?我们的回答是:作为整个社会代理人的母国政府也往往是短视的(由政治选举周期所致),有时甚至也是利己的(这是因为政府官员也有其自己独特的效用函数,他们也会像常人一样追求个人私利),因而不可能对跨国公司的对外直接投资所产生的社会成本进行认真的分析,并采取必要的措施加以控制。

8.5.3 跨国公司的全球经济效应

(1) 促进要素的国际流动和要素价格的国际均等化。跨国公司的主观动机是利用各种生产要素的国际差价,通过对外直接投资进行套利活动,然而跨国公司的套利活动所产生的客观效果却是各种要素国际流动的加速与要素价格日益朝着国际均等化的方向演变。

(2) 扩大世界市场圈的范围,缩小圈内国家在经济发展上的差距。跨国公司对外直接投资的动机显然是利己的,那就是追求公司利润的最大化。但由其对外直接投资所造成的生产过程与技术的扩散却是有利于其他国家发展的。特别是经济相对落后的发展中国家,由于其国内资本稀缺,资本的收益率很高,因而往往成为跨国公司对外直接投资的首选对象。随着跨国公司资本的进入,这些国家的经济几乎都呈现出快速发展的态势,而这对于缩小这些国家与跨国公司母国在经济发展上的差距来说将起到非常重要的作用。当然,要达到这一目标,引进跨国公司资本的发展中国家必须学会对外国跨国公司进行有效管理的本领。

(3) 促进世界经济的一体化发展,要求世界性的政府管理。跨国公司在世界范围内从事生产、销售与融资活动,这不仅造成了世界范围内生产活动一体化,而且也促进了世界商品市场、资本市场与其他各种要素市场的一体化发展。一个主权国家的政府通常只能在其领土范围内行使它的国家主权,然而跨国公司所拥有的经济权力显然已经超出了一个主权国家的疆界而凌驾于各个主权国家之上。面对这种情况,为了防止跨国公司滥用其经济权力,就有必要对跨国公司的跨国活动进行国际性的管理。建立一个世界政府对其进行管理,当然是一种永远无法实现的奢望,然而通过一系列的国际合作,对其进行世界性的政府管理则是可能的。

8.6 大国经济

就像在分析贸易问题时所看到的大国现象一样,在资本国际流动的场合,大国的借入或贷出行为均会对世界利率(r^*)产生影响。这也就是说,若大国借款多,那么 r^* 就会上升。反之,则相反。

既然大国在国际资本市场上的借贷行为会对国际利率(r^*)产生重大影响,那么大国也就因此而获得了通过影响 r^* 来为自己谋取利益的权力。

如果一个大国是债权国,那么它就可以采取限制资本输出的措施来防止国际利率水平的下降,以达到使其利息收入保持不变甚至增加的目的。反过来,当一个大国为债务国时,那么它就可以采取与债权国相反的措施来减轻其利息负担。

本 章 小 结

1. 资本的国际转移最初是由贸易逆差所引起的。贸易逆差是资本国际转移的必要条件,但不是充分条件。因为在一个国家的所有产品均为贸易品时,逆差完全可以通过调整进出口的比率来平衡,而不必借助于国际间的资本转移。

2. 资本国际转移的充分条件是非贸易品的存在。当一国对非贸易品的需求增加,从而导致出口下降,并产生贸易逆差时,该国国际收支的平衡就只能借助于国际的资本借贷来实现了。

3. 资本的国际转移不仅可以被用来平衡一国的国际收支,事实上人们还可以借助于资本的国际流动来增加本国的国民收入,或改变本国的吸收时程。

4. 根据新古典增长模型给出的条件,一个实行开放经济的国家,通过借入资本而实现的经济增长要比无资本流入时快得多。

5. 资本的国际流动通常采取证券投资(间接投资)和直接投资两种形式。跨国的证券投资与汇率和国际收支的关系十分密切,因而必须放在国际经济学的宏观部分加以讨论。直接投资的主体是微观的跨国企业,且与国际贸易关系密切,从而成为本章的主要研究对象。

6. 作为对外直接投资承担者的跨国公司是一种在两个以上国家拥有所有权控制的巨型企业。在全球范围内建立生产基地,并在全球范围内销售其产品,通过垂直一体化的组织形式,利用转移定价方法来谋取高额的利润,构成了跨国公司的基本特征。

7. 跨国公司对外直接投资的原因各种各样,其中主要的有:市场的不完全;企业拥有某种市场优势;市场与租金的内部化;区位因素;产品的生命周期;来自管理者的推动等。对于不同的跨国公司来说,可能是其中的某个因素导致其对外直接投资,也可能是一组因素共同作用的结果。

8. 跨国公司的经济效应是非对称的。即跨国公司在东道国产生的经济效应要优于在其母国所产生的经济效应。造成这一现象的主要原因在于跨国公司的个别成本和收益与母国作为整体的社会成本和收益的非一致性。跨国公司对整个世界经济的影响既有积极的一面,也有消极的一面。尽管建立世界政府来对跨国公司进行管理是不可能的事,但通过国际协调对其加以国际性的政府管理则是可能的。

9. 在讨论贸易的大国经济问题时,我们看到了贸易条件从外生变为内生的现象。同样,在讨论资本国际流动的大国经济问题时,可以看到国际利率(r^*)由外生变为内生的事实。随着国际利率的内生化,大国便获得了决定国际利率水平的权力,并可利用这种权力来增加本国的资本利得,或减轻本国的利息负担。

本 章 关 键 词

贸易逆差　　依附经济　　非贸易品　　吸收时程　　直接投资
跨国公司　　转移定价　　垂直一体化　　无形资产　　租金内部化
区位因素　　组织呆滞　　公司内贸易　　适用技术　　"干中学"　　私人成本　　社会成本　　产业空心化

本 章 思 考 题

1. 一国的贸易逆差在什么样的情况下必须借助于国际资本的流动来平衡?这种平衡是短期的还是长期的?为什么?

2. 在哪些情况下一个国家必须改变其吸收的时程?各种改变吸收时程的做法需要满足什么样的条件?为什么当一国的经济增长前景看好时,当代人有权利通过提前吸收来分享未来的增长果实?

3. 通过借入国际资本来增加收入与实现较快的经济增长是等价的吗?

如果不是,那么两者之间有什么区别呢?

4. 跨国公司与一般企业有什么区别?跨国公司的直接投资与证券投资这类间接投资又有什么不同?

5. 在国际证券市场上,那些没有无形资产的企业一旦宣布对外投资,其股票的市场定值就会下降;而那些拥有较多无形资产的企业一旦宣布对外投资,其股票的市场定值就会有较大幅度的上升,这是为什么?

6. 从理论上讲,跨国公司与东道国的企业合资或合作可以实现租金的内部化,然而在实际中很多跨国公司在决定对外投资时并未这样做,这是为什么?

7. 跨国公司内贸易与一般意义上的贸易有什么不同?这种公司内的贸易是如何来估算的?

8. 跨国公司的对外直接投资是对其母国有利还是对接受它的东道国有利?为什么?跨国公司的对外直接投资行为是世界主义的还是资本主义的?为什么?

9. 在大国经济条件下,资本国际流动的效应是怎样的?这一效应对谁有利?为什么?

第九章
技术转移

9.1 导　　言

外溢(Spillover)乃是古典微观经济学中"经济外部性"的经典内容。1998年,Blomstrom和Kokko两人在前人研究成果的基础上,于《跨国公司和外溢》一文中系统阐述了技术外溢效应的概念和发生途径。其对跨国公司FDI技术外溢效应的定义为:跨国公司在东道国实施FDI引起当地技术或生产力的进步,而跨国公司无法获取其中的全部收益的一种外部效应。

FDI的外部性包括两个方面:生产力外溢,指的是通过东道国企业对新产品的模仿、与跨国公司的产业联系以及人力资本流动所带来的国内产业生产力的提高;市场进入外溢,指的是跨国公司可能拥有更完善的国际市场营销渠道,在开拓国际市场方面有更丰富的经验和较强的竞争优势,为东道国企业进入国际市场提供了必要的市场信息和营销渠道,甚至与国外市场的贸易壁垒的降低也同样有助于东道国企业更顺利地进入国际市场。

本章主要分析FDI外部性的第一个效应,即生产力外溢效应,并主要集中在技术转移的领域解释决定这一效应大小的主要因素。

9.2　跨国公司与技术转移

9.2.1　技术转移的外溢效应

我们采用一个标准的柯布—道格拉斯生产函数:

$$Y = AL^{\alpha}K^{\beta} \qquad 0 < \alpha, \beta < 1 \qquad (1)$$

按照内生经济增长理论,技术进步表现为生产函数中技术因子数值的增加。

$$A = A(\sum \text{FDI}) = A(K_f) \qquad dA/dK_f = A_f > 0 \qquad (2)$$

式中相关变量中的下标代表跨国公司直接投资。

将(2)式代入(1)式,可得

$$Y = AL^{\alpha}K^{\beta} = A(K_f)L^{\alpha}(K_f + K_d)^{\beta} \qquad (3)$$

对(3)式求全微分,适当变形后可得以下回归方程:

$$\frac{dY}{Y} = \varepsilon \frac{I_f}{Y} + \alpha \frac{dL}{L} + MPK \frac{I}{Y} \qquad (4)$$

由此可得技术转移外溢的条件:

$$MPK_f = dY/dK_f > MPK = dY/dK$$

即:

$$\varepsilon = A_f(K_f)L^{\alpha}(K_f + K_d)^{\beta} > 0$$

如果再考虑随机扰动因素,那么(4)式又可以进一步改写为

$$\frac{dY}{Y} = \varepsilon \frac{I_f}{Y} + \alpha \frac{dL}{L} + MPK \frac{I}{Y} + u \qquad (5)$$

等式左边为国内生产总值的增长率。

FDI的技术外溢效应就体现在右边第一项上。如果其系数>0,则FDI对产出增长存在正向的外溢效应。

等式右边的另外两项分别衡量劳动和资本的投入对产出的贡献。其中:dL/L为就业增长率,dL/L的系数α表示劳动的边际生产弹性;I/Y表示总投资占国内生产总值的比重,MPK为总体资本的边际产出。

9.2.2 技术转移的方式

技术转移可以分成三种类型:由出口造成的技术转移(简称出口);在海外建立分公司造成的技术转移(简称FDI);以及由许可证贸易带来的技术转移(简称许可证)。

对于接受技术转移的东道国来说,三种不同的技术转移方式所能带来的

技术外溢是不同的：出口由于将知识同时控制在公司内部和母国内部，所以可能发生的知识外溢较少；FDI虽然将知识控制在公司内部，但是由于在国外生产，技术转移的外溢效应就会大大提高；许可证贸易是一种具有授权性质的技术转移，所以它的外溢效应是最小的。据此，我们可以对技术转移之外溢效应的大小做出以下的排序：在国家与国家的双边交易模式中，FDI带来的技术转移效应最大，出口其次，许可证最小。

根据这样的排序，人们不难发现：当跨国公司拥有可以垄断的技术、而其贸易伙伴国市场规模较大时，其在国际经营中的最优选择必定是发放许可证。当跨国公司拥有先进的、但并不能长期垄断的技术，而贸易伙伴国家又恰好处在知识产权保护程度较低的状态时，跨国公司在国际经营过程中的最优选择是出口商品。只有当满足以下条件时，跨国公司才有可能在其国际经营中选择 FDI 的方式——一是跨国公司具有持续的技术创新能力；二是东道国具有比较完善的知识产权保护体系；三是东道国的投资环境比较优越。

9.2.3 技术外溢的途径

跨国公司对外直接投资过程中技术转移的外溢效应大致上是通过以下四种途径实现的（见表 2.2.2.1）。

表 9-2-1 跨国公司技术转移外溢效应的四种实现途径

实现途径	作用机理
模仿	学习并采用更先进的生产方法和管理技能 通过逆向工程来研发新产品
竞争	X 非效率的降低 提高研发和采用新技术的速度
联系	跨国公司对产业上下游合作伙伴提供帮助 更高的技术标准促使当地合作企业提高技术水平
人力资本流动	人力资本质量的提高 技能知识随着人力资本的流动而转移

第一，模仿。其基本的做法就是通过逆向的程序来研发新产品，这样就可以以最低的成本来学习和获取先进的技术、生产方法和管理技能。

第二，竞争。竞争首先可以有效地克服企业内部的 X 非效率。此外还可以加快研发和采用新技术的速度。

第三,联系。通过加入跨国公司的生产链来获得更高的技术标准和技术水平。

第四,人力资本流动。尽可能吸引来自跨国公司的技术人才,借以达到提高人力资本质量和知识技能的目标。

9.3 跨国公司对外直接投资的策略选择

9.3.1 提升还是转移

跨国公司在全球市场竞争中经常会面临这样两个选择:要么在R&D上继续投资,进行产品质量升级(我们把这定义为"提升策略");要么把生产转移到发展中国家使成本降低(我们把这定义为"转移策略")。跨国公司将根据什么理由在这两种不同的策略之间进行选择呢?

这取决于两个方面。第一,跨国公司所在行业的研发生产力;第二,作为跨国公司对外直接投资的东道国的生产成本。在研发生产力相对高的产业,创新带来实质性的质量改进,于是提升策略就将成为跨国公司的首要选择;在研发生产力中等或微弱的产业,通过对外直接投资获得的成本优势显著,所以跨国公司就会采用转移策略来增加它们的国际竞争力。

由此,就可以得到跨国公司的三种选择策略解:

第一,在高研发生产力的行业中采取混合策略,即分离均衡。其方法是:在发达国家进行研发,在发展中国家进行实际制造、加工生产。由此产生的结果是双赢的:跨国公司可以实现最大化的利润;而作为发展中国家的东道国则可以获得持续的技术外溢效应。

第二,在中等研发生产力的行业中,先采取转移投资的方式,即到发展中国家投资以发掘更低的生产成本。通过这样的战略部署,采取该战略行动的跨国公司便可以将其母国所在行业中的领导者逐出市场,使自己成为母国的主要出口商。毫无疑问,这样的转移行为会激励发达国家中被替代的行业领导者进行新的研发,以便提升它们的质量领导能力来对付发展中的竞争者,进而夺回已经失去的市场。结果在这些行业里,生产是阶段性地在南北国家之间轮换,贸易则显示出典型的弗农式产品周期模式。

第三,在研发生产力较弱的行业中,投资转移使得发展中国家成为主要的出口商,被取代的北方企业企图通过寻求创新来夺回市场份额,但它们会在发达国家的资本市场上被其他具有更高研发生产力的部门挤出。由此造成的后果是,这些经过转移而重新配置的低技术企业最后只能在发展中国家中走向衰退。

经验表明:航空器制造、制药等高技术产业显示出极少的转移倾向和产品周期贸易的现象,并且倾向于更高的研发集中度和向较低的到发展中国家的直接投资;制鞋、家具等低技术行业倾向于更高的对外直接投资以及较少的研发投入,从而也较少产生产品周期贸易的现象;而中等技术行业中则存在着显著的产品周期贸易现象,因此这些行业中提升与转移的力量是大致平衡的。

由此可以得到的基本结论是:跨国公司选择什么样水平的技术主要取决于国际竞争激烈程度。跨国公司所面临的国际竞争越是激烈,就越是需要增加研发投入以便在国际竞争中获得技术优势。跨国公司高研发投入的技术通常不会被应用于海外生产,这可从两个方面来加以分析:第一,高研发投入需要较高的收益来予以补偿,将高研发投入的技术用于海外投资会因为较大的技术外溢而降低该项技术创新的收益;第二,除了外溢效应,高研发投入产品在海外生产的技术转移费用也会很高,特别是当跨国公司把高研发投入的产品配置到经济发展相对落后国家生产时,会因为知识产权和人力资本匮乏而产生很高的转移成本。由此可以得到的推理是,跨国公司的研发和技术创新活动与跨国公司的直接投资负相关。

9.3.2 独资还是合资

假定有一个以利润最大化为目标的企业,其简化的利润函数可以表达如下:

$$\pi = pq - d - vq \tag{1}$$

其中,π 为企业的利润;p 为产品的价格;q 为售出产品的数量;d 为固定成本;v 为可变成本。为使利润最大化,只需将 π 对 q 求导,可得

$$\frac{\partial \pi}{\partial q} = p - v = 0 \tag{2}$$

(2)式就是一般情况下企业的最优化决策条件。

当此公司拥有技术优势而决定对外投资并采取合资方式进行对外投资时，我们便可以用一个新的函数来刻画跨国公司的利润情况：

$$\pi = \alpha(pq - d - vq + B) - L \tag{3}$$

其中，α 为跨国公司在合资公司中的股份；B 为合资公司通过东道国的优惠政策而得到的福利（注意此福利只有采取合资形式才可获得）；L 为合资公司由于技术外溢而造成的损失。由于在此合资公司中，东道国企业没有技术贡献，所以我们认为所有的损失都将由跨国公司承担。然后按照上述同样的做法，将利润 π 对数量 q 求导，可得

$$\frac{\partial \pi}{\partial q} = \alpha(p - v) + \alpha \frac{\partial B}{\partial q} - \frac{\partial L}{\partial q} = 0 \tag{4}$$

整理后得到

$$\frac{\partial L}{\partial q} = \alpha \left(p - v + \frac{\partial B}{\partial q} \right) \tag{5}$$

由(5)式可知，在存在技术外溢的情况下，厂商的决策会更加复杂。如果其损失 L 很大，就必须由较大的福利 B 来补偿。此外，从(5)式也可以看到，如果东道国可以给跨国公司提供较大的 B 时，跨国公司将有能力承担较大的 L，从而会选择合资的形式在东道国经营，并根据其所承担的损失及所获得的收益之间的关系来决定其合资的比例。简单地讲，如果 L 很大而 B 相对较小时，那么跨国公司就会要求一个较大的 α，这意味着跨国公司会要求一个较大股份的投资合约。当跨国公司面临巨大技术损失（即 L 持续增大）和较少政策优惠（B 较小）时，跨国公司便会倾向于独资的对外直接投资策略。

9.3.3 绿地投资还是并购

根据定义，我们可以把跨国公司对外直接投资的生产函数写成以下的关系式：

$$\pi_h = (P_h - C_h)Q_h - \gamma/2(X_h)^2 - T_h - G_h$$

式中的下标 h 表示的是跨国公司对外投资的属性。其中，π_h 为跨国公司对外投资的利润；P_h 为跨国公司在外国销售的价格；C_h 为跨国公司在外国生产的成本；Q_h 为跨国公司在外国生产的产量；γ 为贴现系数；X_h^2 为跨国公司非线性的研发支出；T_h 为跨国公司的技术转移成本；G_h 为跨国公司在外国生

产的固定投资。

由上式可知,在其他条件不变的情况下,跨国公司的利润与其在外国生产的固定投资负相关:跨国公司在国外的固定投资量越大,其利润就越低;反之则反是。

显然,跨国公司在外国开展生产活动所需的固定投资支出是东道国既定的投资环境的一个函数。在这个函数中,大致上有这样几个决定性的自变量:土地价格、各种投资品的可得性、现有的产业组织结构(东道国现有的企业规模越大、市场占有率越高,跨国公司为了保持其竞争优势所需要的初始投资规模也就越大)以及政府的优惠政策(如土地价格补贴以及从母国进口设备的关税减免等)。

根据这样的函数关系进行分析,便可得到以下的结论:当东道国属于一个发展中国家并且愿意以优惠政策来吸引世界跨国公司的直接投资时,那么由于土地价格低廉和来自母国的进口设备可以减免关税,再加上东道国因为经济落后而没有形成能够与跨国公司东道国市场上或出口领域内进行竞争的本土企业,那么跨国公司就可以以较低的固定投资进入东道国市场。在这种情况下,跨国公司就会偏向于选择以绿地投资的形式(即在东道国新建企业)进入东道国市场。如果再动态地讨论问题,那么对于跨国公司来说,采取绿地投资的方法还可以获得远期的土地增值收益。反之,当东道国是一个发达工业化国家时,那么跨国公司采取并购的方法进入东道国市场是有利可图的。因为当东道国为发达工业化国家时,其土地价格比较昂贵,当地企业业已成熟并具有较大的生产规模和较强的竞争力;而且这类东道国的政府为了保护本土企业的竞争性,通常也不会向新进入的外国企业提供政策优惠。正因为如此,跨国公司在进入这类国家投资时,就需要大规模的固定投资支出,并且还将面临巨大的市场竞争的风险。因此,为了减少固定投资支出和控制风险,跨国公司就会更加愿意选择并购进入的方法。

最近的研究表明,跨国公司选择绿地投资方法进入还是并购方法进入,不仅与以上所分析的诸种因素相关,还与国家规模的大小有关。贸易自由化使得市场规模较小的国家(如加拿大,它相对于美国而言是较小的市场)的并购活动大量增加。这是因为贸易自由化会导致小国企业的竞争力下降,其根源就在于没有本地市场效应,从而就没有规模经济,因此更加容易被大国的跨国公司所并购。

并购会同时产生两种效应:生产力效应和所有权效应。从生产力效应来看,并购不仅可以导致有限的资源从生产效率低的企业转移到生产效率高的企业,而且在宏观上也是有利可图的。这是因为并购提供了一种相对于关闭、减产和内部扩张来说是更为有效的替代方式,它使得自由贸易下的经济结构调整可以使用不那么激烈的方式。这些激烈的方式包括关闭工厂、大量裁员和清偿资产。考虑到非并购的调整所需要支付的成本相当高昂,在自由贸易的冲击下并购可能是一种更加有利可图的选择。再从所有权效应来看,并购当然会导致国内企业所有权的外向转移,但是,由于贸易部门原本就是可竞争的,在贸易自由化条件下,允许并购可能是比竞争失败后的退出更为可取的策略。这是因为并购是一种有偿退出,它只是改变了本国对于企业所有权的价值标的物的占有形态,即从实物资产变为现金形态的资产,而没有放弃这种占有。但是竞争失败后的退出就不同了,那时本国将会因为企业竞争失败和破产,不仅不能继续对企业资产的占有,反而需要承担破产的成本。

9.4 技术转移与东道国

9.4.1 模仿能力和知识产权保护

东道国对跨国公司技术转移的影响首先取决于东道国对外来技术的模仿能力。东道国的模仿能力如同一种资源禀赋,基本上是先天决定的并且不可能在短期内改变的。

假如东道国对外来技术的模仿能力比较强,那么跨国公司总是会选择对外出口的策略。反之,假如东道国对外来技术的模仿能力比较弱,那么跨国公司就会倾向于选择对外直接投资的策略。由此可见,模仿能力强的国家在吸收跨国公司的直接投资时将受到极大的约束。打破这一约束的最直接方法就是东道国政府必须提供有效的知识产权保护,因为知识产权保护可以帮助跨国公司有效地规避技术外溢的风险。对此我们可以提供如下证明:

我们假设强模仿能力的东道国对跨国公司的政策优惠为零,东道国对企业的保护为 P,但是由于当地市场的不完全,跨国公司受到的保护仅为 P/n。

和上文中讨论过的情况一样:π 为跨国公司的利润,p 为产品的价格,q 为售出产品的数量,d 为固定成本,v 为可变成本,L 为跨国公司技术转移的损失，P/n 为跨国公司得到的知识产权保护的程度。据此可以得到该企业的利润函数：

$$\pi = pq - d - vq - L + \frac{P}{n} \tag{1}$$

我们将利润 π 对数量 q 求导，可得

$$\frac{\partial \pi}{\partial q} = p - v - \frac{\partial L}{\partial q} + \frac{1}{n}\frac{\partial P}{\partial q} = 0 \tag{2}$$

即

$$\frac{\partial P}{\partial q} = n\left(\frac{\partial L}{\partial q} + v - p\right) \tag{3}$$

当 n 一定的时候，随着 L 的增加，P 必须相应地增加。从 L 与 P 的关系中我们可以清晰地看到，如果一个国家具有很强的模仿能力，从而使得跨国公司面临的技术转移的损失十分巨大时，那么该国必须提供更加有力的知识产权保护政策来控制这样的风险，这样才能吸引到更多的跨国公司的直接投资。

此外，我们还可以看到 n 在此式中所占据的重要意义。当 L 一定时，P 将随着 n 的增大而增大。其含义是：当跨国公司面临技术转移损失时，东道国知识产权保护的有效性将直接影响着其知识产权保护的效果。如果一个国家颁布了诸多知识产权方面的法律，但没有完善的执行体系（令 n 值趋于增大时），那么其结果就如同没有任何保护法律。反过来，哪怕一国颁布的法律有限，只要所有已经颁布的法律都得到很好的执行，那么其知识产权保护的效果将会非常显著。

现在让我们放宽假设，允许为跨国公司在东道国合资经营，于是可得下式：

$$\pi = \alpha\left(pq - d - vq + \frac{P}{n}\right) - L \tag{4}$$

其中 α 为跨国公司在合资公司中的股份。

按照以上的方法求最优解，可得下式：

$$\frac{\partial P}{\partial q} = \frac{n}{\alpha}\left(\frac{\partial L}{\partial q} + v - p\right) \tag{5}$$

(5)式即为该合资公司利润最大化的条件。在(5)式中，因为 $0<\alpha<1$，所以随着合资的发生，技术损失的影响力在增加。其原因在于：随着合资的发

生,跨国公司不但需要和东道国伙伴分享利益,还需要独自承担因为合资而带来的技术转移的损失。正因为如此,跨国公司就会对技术转移的损失更加敏感。因此,除非跨国公司独自进入东道国的学习与环境适应成本过高,跨国公司是不会轻易选择合资方式进入东道国市场的。这也意味着,在跨国公司采取合资方式进入东道国市场时,知识产权保护的效应是急剧下降的。

9.4.2 面向跨国公司的优惠政策

当东道国的知识产权不足或者无效时,东道国的优惠政策供给就是必不可少的了。为此我们需要把此节中的等式(1)稍加修改,即在等式(1)中再加入一个政府的补贴变量 B,由此便可以得到下式:

$$\pi = pq - d - vq - L + \frac{P}{n} + B \qquad (1')$$

按照同样的方法求跨国公司利润最大化的条件,有:

$$\frac{\partial \pi}{\partial q} = p - v - \frac{\partial L}{\partial q} + \frac{1}{n} \cdot \frac{\partial P}{\partial q} + \frac{\partial B}{\partial q} \qquad (2')$$

即

$$\frac{\partial P}{\partial q} = n\left(\frac{\partial L}{\partial q} + v - p - \frac{\partial B}{\partial q}\right) \qquad (3')$$

由上式可见,在 P 为常数时,也就是东道国政府不能提供有效的知识产权保护时,伴随着跨国公司技术转移损失 L 的上升,东道国政府可以通过增加 B,即采取各种给予外商直接投资优惠待遇的政策,使得跨国公司在技术转移上的损失得到补偿。那么该国仍然有能力吸引来自世界各国的直接投资,达到增加技术外溢和加快经济增长的政策目标。在这种情况下,我们不妨把对于外商直接投资的各种优惠政策看作是实现以上政策目标所必须付出的一项成本。如果再把问题引向动态发展的领域,那么我们很容易发现由技术外溢带来的利益是长期的,而任何优惠政策都是短期的,因此通过短期的优惠政策供给来获取长期的技术进步应当属于动态最优的选择。

9.4.3 人力资本的作用

在分析了东道国知识产权保护和优惠政策可能对跨国公司直接投资带来的影响之后,我们再进一步讨论人力资本对跨国公司的直接投资会产生什么样的作用。

我们沿用上面的式(1),假定不存在优惠政策和知识产权保护。但是,与以上情况不同的是,现在假定东道国可以提供不同素质的劳动力,并将那些具有较高生产效率的劳动力定义为人力资本,计为 H。于是便可得到一个新的跨国公司利润函数为:

$$\pi = pq - d - vq + H - L \tag{1''}$$

同样,对(1″)式求导,可得的一个新的利润最大化条件:

$$\frac{\partial \pi}{\partial q} = p - v + \frac{\partial H}{\partial q} - \frac{\partial L}{\partial q} = 0 \tag{2''}$$

经过整理后可以得到:

$$\frac{\partial L}{\partial q} = p - v + \frac{\partial H}{\partial q} \tag{3''}$$

从这个等式中可以看到,由于高素质劳动力的参与,跨国公司对技术转移损失的承受能力增大。因此跨国公司愿意加快向具有较多人力资本的东道国提供技术转移,并且技术转移的等级也会随之而提高。

本 章 小 结

1. 由技术转移带来的技术外溢可以促进经济增长,技术转移的经济增长效应可以用一个标准的"柯布—道格拉斯"生产函数来表示。

2. 技术转移可以分成三种类型:出口、对外直接投资和许可证。在这三种技术转移类型中,对外直接投资带来的技术转移效应最大,出口其次,许可证最小。

3. 技术外溢的主要途径有:模仿、竞争、联系和人力资本的流动。在这四种途径中,模仿的成本最低;竞争的成本最高;联系所能获得的技术外溢是有限的;而人力资本流动则可以较低成本获得较高的技术外溢。

4. 跨国公司在对外直接投资、技术转移时主要面临以下选择:是提升还是转移;独资还是合资;绿地投资还是并购。

5. 跨国公司选择提升还是转移主要受制于两个因素:一是所处行业的技术创新水平之高低;二是东道国的投资生产成本之高低。由此会形成三种不同的策略组合。可以得到的推理是,跨国公司的研发和技术创新活动与跨国公司的直接投资负相关。

6. 跨国公司选择独资还是合资将取决于其进入东道国之后所面临的技术损失和东道国政府的补贴。当技术转移的损失巨大,而东道国政府政策优惠较少时,跨国公司便会倾向于独资的对外直接投资策略;反之将选择合资。

7. 跨国公司选择绿地投资还是并购主要取决于两个因素:一是在东道国的固定投资成本;二是贸易自由化的程度。在东道国的固定资本投资成本越高,贸易自由化的程度越高,跨国公司就越是会选择绿地投资,否则就相反。

8. 在模仿能力很强、没有知识产权保护的国家,跨国公司的直接投资必定会减少;对于模仿能力弱的国家,知识产权保护和跨国公司直接投资的联系就要弱一点。在转移的技术水平上,没有知识产权保护的国家只能得到较低水平的技术。反之则较高。

9. 对于没有或者缺乏知识产权保护的国家来说,向跨国公司提供某种政策优惠可以成为吸引跨国公司直接投资的一种替代。向跨国公司提供政策优惠具有动态优化的性质。

10. 增加人力资本的投资和供给可以显著改善一个国家的投资环境,从而获得更多的跨国公司直接投资和更高水平的转移技术。

本章关键词

生产力外溢　技术转移的方式　技术外溢的途径　对外直接投资　提升策略　转移策略　跨国公司投资方式影响因素　企业合资利润函数　跨国公司进入外国市场利润函数　生产力效应　所有权效应　模仿能力　知识产权保护　政策优惠的动态优化　人力资本

本章思考题

1. "外溢"属于古典经济学的什么内容？什么是 FDI 的外溢？
2. 请用"柯布—道格拉斯"函数描述技术转移的外溢效应？

3. 技术转移的类型有哪几种？它们带来的技术外溢效应如何？哪些因素会影响跨国公司选择技术转移的类型？

4. 技术外溢实现的途径和相应的机理是什么？

5. 跨国公司对外直接投资时会面临哪些策略选择？其技术决策受到哪些因素的影响并造成怎样的策略组合？在进入东道国后企业需要怎样决定最合适的建立企业的方式？它们各自的利弊如何？

6. 东道国的模仿能力是如何影响跨国公司对该国的投资策略的？为了克服不利因素，东道国可以采取怎样的策略？

7. 人力资本如何影响跨国公司的决策？

下篇　宏观国际经济学

第十章
开放经济下的核算框架

10.1 导 言

在以上5章中,研究了一国在对外开放经济时,国际贸易对其资源配置与收入分配这些微观经济问题的影响。

就像经济学在分析微观经济问题时所采取的做法一样,在分析以上这些微观国际经济问题时,也总是假定:该国的经济总是处于宏观均衡状态,即资源得到充分利用,国际收支始终平衡。

然而,从这一章起,我们又将像经济学研究的一般做法一样,在研究微观经济问题的基础上进一步研究作为微观经济总和的宏观国际经济问题。于是,在前面各章中所讨论的贸易及其对一国经济的影响等问题将被作为既定的事实置于一边,而在研究这些微观国际经济问题时曾被当作前提假定的各种宏观国际经济问题将成为以后各章研究的中心问题。这些宏观国际经济问题包括:开放经济下的就业问题、开放经济下的通货膨胀问题,以及国际收支的顺差与逆差等问题。在研究这些问题时,当然也包括政府的宏观经济政策,尤其是商业政策(贸易政策)对一国宏观经济的影响。

在研究贸易问题的各章中所采用的都是微观的分析工具。现在,研究任务变了,因而研究的工具也应作出相应的变化。宏观经济的分析工具无非是各种由凯恩斯经济理论与货币主义经济理论所提供的宏观经济模型。这些模型的逻辑起点是向我们提供基本概念、定义、分类与数量恒等关系的国民收入核算框架。在研究宏观国际经济问题时,只要导入国际收支账户,一个国家的国民收入核算框架就会很容易地转换成为开放经济下的国际收支核算框架而成为分析与研究宏观国际经济问题的基本工具。

10.2 从微观国际经济到宏观国际经济

10.2.1 微观经济模型中的宏观经济现象(都为贸易品的情况)

图 10-2-1(a)与(b)是两个标准的微观经济模型,其中的(a)图是一国的产品均为贸易品时的微观经济模型,而(b)图则是该国存在非贸易品时的微观经济模型。

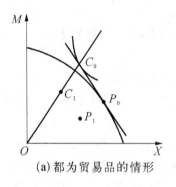
(a) 都为贸易品的情形

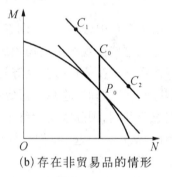
(b) 存在非贸易品的情形

图 10-2-1

从图 10-2-1 中的(a)图来看。虽然这是一个微观经济模型,但它却也能用来显示宏观经济的均衡与非均衡状态。图中的 P_0 点为充分就业的产出水平。这时,若国际收支是均衡的,那么消费的均衡点就必须落在社会无差异曲线与通过 P_0 点的贸易条件相切的 C_0 点上。

现在假定,由于某种原因,支出少于收入,且没有品位相似的偏好。那么消费的均衡点将位于 OC 线上处在生产可能性边界线之内的某一点上,如在 C_1 点上。这时,出口将超过进口,从而这个国家国际收支的经常项目会出现顺差。

反过来,如果这个国家的消费超过了收入,即当它的消费位于 OC 线上 C_0 点以外的某一点上,那么该国国际收支的经常项目则会出现逆差。

再假设该国的生产均衡不是出现在 P_0 点上,而是出现在生产可能性边界线之内的 P_1 点上,那么该国不仅会出现国际收支经常项目的逆差,而且还会伴随有国内的失业。反之,则相反。

10.2.2 微观经济模型中的宏观经济现象(存在非贸易品的情形)

图 10-2-1 中的(b)图也是一个微观经济模型,它与(a)图的区别在于存在非贸易品。根据我们在以上有关章节中所作的分析,图的纵轴 M 代表包括出口品与进口品在内的综合贸易商品,其横轴则代表非贸易品。M 的价格由世界市场决定,它的国内价格等于世界价格乘以本币的汇率。至于 N 的价格,可以考虑两种假设的情况:一是假设 N 的价格在短期内具有伸缩性;二是假设 N 的价格在短期内是粘性的。

毫无疑问,当 N 的价格是可以变动时,生产与消费将始终处在同一条垂直线上,这意味着非贸易品的供给与需求受价格变动的调节作用总是处在均衡状态,但是对于贸易品来说,其均衡则要取决于该国的支出与收入状况。如果收入超过支出,那么 C_0 就会出现在 P_0 之下,从而该国会有国际收支的顺差。反之,当消费的均衡点出现在 P_0 点之上时,那就表示该国的支出大于其收入,从而该国必有国际收支的逆差。然而,不管消费的均衡点 C 如何变化,它肯定不会出现在偏离垂直线的 C_1 或 C_2 点上。这是因为,非贸易品的供求关系是无法通过贸易来加以平衡的。因此,当 C 点出现在 C_1 的位置时,它就意味着 N 商品的供给过剩,从而只有通过其价格的下调才能使它的供求恢复平衡。反过来,当 C 点出现在 C_2 点时,则意味着 N 商品存在需求过剩的情况,这时 N 商品的供求关系就将通过其价格的上扬来恢复均衡。

只有当 N 商品的价格是粘性时,消费的均衡点才有可能出现在 C_1 点或 C_2 点,从而导致 N 商品的需求过剩或供给过剩,并对该国的整个宏观经济产生失业或通货膨胀的压力。因此,假如我们接受的是 N 商品价格粘性的假设,那么在一国的消费偏好或支出水平发生变化时,就仍然可以借用微观经济模型来表示一国宏观经济的均衡与非均衡状态。

10.2.3 微观经济模型的缺陷

从以上两个模型来看,虽然它们同属微观经济模型,但却都能被用来说明宏观经济问题。然而,必须明白的是,这两个微观模型在说明宏观经济问题时,仅仅只是告诉我们发生了什么问题,而不能帮助我们深入地分析这些宏观经济问题,这就是用微观模型来说明宏观经济问题时所必然要产生的局限性。为了摆脱微观经济模型的这种局限,就必须建立起能够有效地对宏观经济问题进行分析的宏观经济模型,而这正是本章的目标所在。

10.3 开放经济下的国际收支账户

10.3.1 国际收支账户的功能

国际收支账户的基本功能,是用来记录一个国家的居民与另一个国家的居民在一定时期内(例如一年内)的全部交易。

国际收支账户所记录的是不同国家居民间的交易量,而不管这些交易是否涉及外汇的买卖,虽然不同国家居民间的交易量需要借助于某种货币来表示。

当然,这并不是说国际收支账户所记录的交易量与外汇是完全没有关系的。相反,这两者之间是经常有联系的。一般说来,一国的进口是要对外支付外汇的,而其出口则会带来外汇的收入。但是,当进口商在进口商品时所使用的恰好是它们过去在外汇银行的存款,那么这时进口商所在国的外汇可能没有发生变化,但这笔进口交易仍然必须被记入国际收支账户。

10.3.2 国际收支账户的结构

国际收支账户可以用双栏的平衡表来表示,也可以用单栏的平衡表来表示。考虑到表示支出的一栏必须与表示收入的一栏相等,故而世界上的很多国家都愿意采用简捷而又明了的单栏平衡表。

一国国际收支账户的计量单位通常是本国的货币单位。但是,当一国出现特别严重的通货膨胀时,就有可能用世界的某种强势货币来充当本国国际收支账户的计量单位。

一个标准的单栏国际收支账户平衡表在结构上主要由以下一些项目组成(见表10-3-1)。

表 10-3-1 国际收支平衡表

行 序 号	经　常　项　目	
	出　　口	1 203
1	进　　口	1 304
2	贸易差额	−101
3	非要素服务差额	−87
4	利息、利润与股息	−203
5	单方面转移	+153
6	经常项目差额	−236
7	资　本　项　目	
8	直接投资	+96
9	中期与长期贷款	+41
10	短期贷款	+11
11	资本项目差额	+221
12	错误与遗漏	−22
13	储备变动	−37

表 10-3-1 中的第 1 项与第 2 项为出口与进口，它们作为有形贸易部分，必须以总额来表示，且以离岸价格、到岸价格计算。因此，贸易差额就等于出口减去进口，顺差为正，逆差为负。

表中的第 4 项和第 5 项表示的是无形贸易。其中，非要素服务是指假日旅游、海洋运输、保险与工程承包等；而利息、利润与股息等项则为要素服务的收入。

第 6 项单方面转移是指跨国界的无偿支付，它主要采取两种形式：一为移民寄回祖国的汇款；二为一国政府对另一国的赠予，即纯粹的援助。

以上 6 个项目构成一国国际收支平衡表中的经常项目。经常项目的一个显著特点是：它不涉及以上各项活动中的参与者获得或放弃对另一国居民的请求权，即作为某种财产的所有者的财产请求权，与这种请求权相关的财富的国际流动应当被列入资本项目。

资本项目中最基本的是证券投资与贷款两类。证券投资的主要项目是公司股票。一个拥有公司股票的人并没有取得对该公司的有效的控制权，所以他们实际上所拥有的不过是一种含有投资者分担公司剩余风险的有效金融请求权(Financial Claims)。与股票投资不同,贷款投资使得投资者拥有优先请求权(Preferred Claims),但这种权力仅限于契约所规定的利率。此外,与股票投资相比,贷款投资还有期限分类。表 10-3-1 中,从第 8~11 项都属于国际收支平衡表中的资本项目。

平衡表的第 12 项代表统计者的失误。建立这一个项目栏有利于估计资本流动中的误差和由非法进出口所引起的统计误差,从而使国际收支表的平衡变得更加容易。

平衡表的最后一栏记录的是中央银行是在买进还是在卖出储备。很显然,这最后一栏应当等于以上各个项目之和,否则就意味着该国的国际收支处在非均衡状态。

10.4 开放经济下的财产账户

10.4.1 对外财产账户的意义

在开放经济条件下,一个国家的对外财产账户很重要,它表示的是一个国家对于世界上其他国家的财产地位。从功能上讲,一国的对外财产账户具有资产负债表的性质,即它反映的是一个国家在特定时期内对其他国家的资产与负债的存量。

10.4.2 对外财产账户的结构

对外财产账户的主要分类仍然是金融请求权与实际请求权。

金融请求权可分为证券、贷款(它又可以分为几个子项目)、贸易信贷和国际储备。

这些请求权的净额构成一国的国际负债余额。

除去以上这些项目之外,就是各国在国外以直接投资的形式所发生的资产与负债。

表 10-4-1 中资产与负债地位的变动最终都将涉及国际收支表中的资本项目的变动状况,所以,最好把对外财产账户理解为上述国际收支平衡表中的资本项目的一个更为详细的注释。

表 10-4-1　对外财产账户

资产		负债	
证券持有额	53	证券	42
贷款		对公共部门贷款	947
其中：银行贷款	130	对私人部门贷款	604
其他机构贷款	36		
国际储备	432	接受的贸易信贷净额	173
国际负债余额			−1 115
直接投资	79	直接投资	864
全部资产	730	全部负债	2 630
净财产地位			−1 900

10.5　国民收入账户

10.5.1　封闭经济下的国民收入账户

第三套账户是构成凯恩斯主义宏观经济分析基础的国民收入账户。这种账户在构造宏观经济模型时具有非常重要的意义。

凯恩斯主义的国民收入账户的一个非常重要的特点是：它所表明的始终是一国在一定时期内的收入(或支出)的流量，而不是某一时点上的存量。

为了方便对一国开放经济条件下的国民收入账户的理解，将首先从封闭经济下的国民收入账户开始分析。

在封闭经济条件下，一国的国民收入账户可用一个简单的平衡表表示(见表 10-5-1)。

表 10-5-1　封闭经济下的国民收入账户

$GNP(Y)$	消费(C)	投资(I)	政府购买(G)
100	65	25	10

表 10-5-1 中的 $GNP(Y)$ 为一国在封闭经济下的收入流量，消费(C)、投资(I)与政府购买(G)为该国在封闭经济下的支出流量。其平衡条件为

$$Y = C + I + G \tag{1}$$

若按凯恩斯的方法对(1)式稍加改变,就有

$$I = Y - C - G = S \tag{2}$$

根据这个式子,就可得到封闭经济下的国民收入的平衡条件,即:$I=S$。按照这个平衡条件,该国若出现$I>S$的情况,那么意味着该国经济存在通货膨胀;反之,当该国出现$S>I$的情况时,则意味着该国存在着失业。

10.5.2 开放经济下的国民收入账户

一个完整的开放经济下的国民收入账户应当包括以下一些项目(见表10-5-2)。

表 10-5-2 开放经济下的国民收入账户

1	私人消费(C)	5 428
2	总投资(I)	1 587
3	政府商品与劳务支出(G)	1 336
4	国内总支出(A)	8 351
5	出口(X)	1 431
6	减:进口(M)	1 627
7	国内生产总值(GDP, Y)	8 155
8	减:国外净要素支付	203
9	国民生产总值(GNP, Y)	7 952

由于凯恩斯主义的国民收入核算体系不考虑资本项目,因此,在考虑外部经济平衡时,我们将略去表10-5-2中的第8项,并且假定经常项目的收支仅仅是产品进口与出口方面的收支。这样的处理就可使得贸易差额等于经常项目差额,国民生产总值等于国内生产总值,并可据此而将开放经济下的国民收入账户表示为人们所熟悉的凯恩斯主义的恒等式

$$Y = C + I + G + X - M = A + TB \tag{3}$$

即一国的收入等于其国内支出或吸收(A)加贸易差额(TB)。

如果我们要利用"储蓄等于投资"这一凯恩斯主义理论的基本条件来表示开放经济下均衡,那么就有以下的关系式

$$(S - I) + (T - G) = (X - M) \tag{4}$$

即:私人部门的净储蓄加政府部门的储蓄等于本国在世界各地的净投资。

或者,还可以把上式颠倒过来

$$(M-X) = (I-S)+(G-T) \tag{5}$$

即:进口盈余等于私人投资超出私人储蓄部分加政府赤字。

在这里需要提醒注意的是,在(4)、(5)两式中的 T 代表的是政府税收,从而不同于作为贸易差额的 TB。

10.6 货币账户

10.6.1 货币账户的意义与特点

货币账户可以看作是国民收入账户与国际收支账户的结合。

它在描述开放经济下的宏观经济均衡时具有十分重要的作用,并将成为以后研究开放经济下的宏观经济问题时的主要分析工具。因为它记录了国际收支对国民收入的影响。

就像对外财产账户一样,货币账户中的各个栏目所表示的也是某一时点上的存量,而不是某一时间内的流量。

10.6.2 货币账户的结构

货币账户的结构在开放经济下是由中央银行的资产负债表与商业银行的资产负债表组合而成的。并且,在央行的资产负债表中必须包括国际储备这个最为重要的栏目。

从表 10-6-1 中看,中央银行的资产有两类:一是国际储备(R);二是政府发行的国库券(D_1),并发行一种负债,即基础货币(B)。

表 10-6-1 一国开放经济下的货币账户

A:中央银行		B:商业银行	
资　　产	负　　债	资　　产	负　　债
储备(R)432	基础货币(B)639	基础货币(B)639	银行存款(H)4 210
国库券(D_1)207		国库券 对私人部 }(D_2)3 571 门的贷款	

与中央银行账户由资产与负债两部分组成一样,商业银行的账户也由资产与负债两个部分组成。商业银行的资产包括:由中央银行发行的基础货币、政府发行的国库券,以及它对私人部门的贷款。商业银行的负债则为私人部门的存款。

10.6.3 货币账户的平衡

(1) 央行资产负债表的平衡。在开放经济条件下,当一国的储备(R)因某种原因而出现增加时,央行可采取两种方法来加以平衡:一是减少政府国库券的持有,即降低其资产栏目中的(D_1),这样做可以使得央行的基础货币发行量保持不变,我们把央行的这种平衡方法称为冲销方法;二是不改变(D_1)的量,以增加基础货币发行量的方法来平衡其资产负债表。

(2) 商业银行资产负债表的平衡。商业银行的资产可以因央行基础货币(B)供给的增加而增加,其负债则因私人存款的增加而增加。央行增加基础货币供给之后,商业银行的私人贷款(D_2)也就随之增加。其资产与负债的平衡是通过私人部门的存款(H)的增加来实现的。由央行增加基础货币供给而引起的商业银行资产与负债的平衡过程实际上是一个商业银行货币再创造的过程。考虑到商业银行货币发行的乘数效应,商业银行在其资产与负债的平衡过程中实际创造的货币增量应为

$$\Delta H = k \Delta B$$

式中的 k 为商业银行向央行所存入的准备金率 ψ 的倒数。这意味着商业银行在央行增加基础货币时所创造的货币量必定是前者的倍数。

(3) 开放经济下一国货币账户的平衡。以一国贸易顺差储备增加为例来分析一国在开放经济下的货币账户的平衡过程。

先来看央行采取冲销政策时的情形。一国贸易顺差,外汇收入增加,从而导致其储备的相应增加。此时央行若采取冲销政策,那么基础货币的供给可以保持不变,但政府支出(D_1),进而还有私人部门的支出(D_2)则必须减少。这意味着国内信贷的收缩。

再来看央行不采取冲销政策时的情形。贸易顺差所引起的储备增加要求基础货币(B)也相应地增加。B 的增加导致 D_2 的增加与 H 的增加,并且 H 是以乘数方式增加的。这意味着该国储备的增加将全部转化为国内货币供给的增加,即国内信贷的增加。

当然,在这两种极端的政策选择之间,央行也可以采取一种折中的做法,即采取有限冲销的做法,那么这时的货币账户的平衡既要增加基础货币的供给,又要适当减少社会总的支出。

至此,我们不难发现,在开放经济条件下,央行的冲销政策对本国的货币账户的平衡将以何种方式进行起着决定性的作用。因此,冲销政策将在以后分析各种宏观经济问题时起着非常重要的作用。

本 章 小 结

1. 从本章开始,将把研究对象由国际经济学的微观部分转向国际经济学的宏观部分。尽管国际经济学的微观模型也能被用来表示一国开放经济下的宏观经济状况,但所有这类模型的共同缺陷是不能提供宏观经济分析的工具。因此,创建国际经济学的宏观经济分析工具就成了本章的主要任务。

2. 与封闭经济下宏观经济分析的方法相似,宏观国际经济分析也是在一个系统的核算框架体系中进行的。但是,作为宏观国际经济分析工具的核算框架与封闭经济下进行宏观经济分析工具的核算框架又有着重大的区别。这种区别主要在于前者的国民收入账户导入了后者所没有的国际收支账户与对外财产账户,并以此为基础形成了不同于后者的国民收入账户与货币账户。

3. 国际收支账户的功能是用来记录一个国家的居民与另一个国家的居民在一定时期内所发生的交易数量的。这一账户的基本特点是:不管是否有外汇的流动,它所记录的是包括进出口在内的全部贸易流量。国际收支账户在结构上可以是双栏的,也可以是单栏的。考虑到统计与分析问题的方便,大多数国家采用的是单栏的国际收支账户。

4. 如果说国际收支账户所记录的主要是与贸易直接相关的经常项目的往来,那么对外财产账户所要记录的便是一个国家对于世界其他国家的财产关系。这一账户因此而具有资产负债表的性质,反映的是一个国家在特定时期内对其他国家的资产与负债的存量。

5. 由于开放经济下的国民收入账户导入了国际收支账户与对外财产账户,从而它不仅包括一国居民在本国范围内所有形成收入的交易活动,而且也包括了该国居民所参与的全部跨国的交易活动。这样,一国国民收入账户的平衡不仅取决于其国内之储蓄与投资的平衡,而且还取决于其对外经济活动的平衡,即出口与进口的平衡。在考虑资本项目的情况下,还要取决于流入资本与流出资本的平衡,但这种平衡关系的建立必须借助于货币账户才能得以完成。

6. 货币账户是对开放经济下的国民收入账户的一个必不可少的补充。由于国民收入账户的主要功能是记录与实际经济活动直接相关的收入与支出,因而它并不能反映一国开放经济下经济活动的全貌。而货币账户则具有同时反映实际经济活动与货币活动的功能,因此,它在描述开放经济的宏观经济状况时具有十分重要的作用。就像对外财产账户一样,货币账户所反映的也是一国在一定时期内的存量。它不仅可以告诉我们是哪些因素(包含在国际收支账户、对外财产账户与国民收入账户中的所有因素)在决定或影响一国的货币供应量,而且还为我们提供了像冲销政策这种非常重要而又有用的分析工具。

本章关键词

国际收支账户　　贸易差额　　国际储备　　对外财产账户　　实际请求权　　金融请求权　　国民收入账户　　货币账户　　基础货币　　货币发行乘数　　准备金率　　冲销政策

本章思考题

1. 为什么微观国际经济模型不能被用来分析宏观国际经济问题?
2. 国际收支账户的功能、特点与结构各是怎样的?
3. 人们在使用国际收支账户时选择单栏平衡表的理由是什么?
4. 对外财产账户的意义、特征与结构各是怎样的?
5. 实际请求权与金融请求权有什么区别? 区分这两种请求权的意义何在?
6. 开放经济下的国民收入账户与封闭经济下的国民收入账户有什么不同? 它们各自的平衡条件又是怎样的?
7. 开放经济下的货币账户具有什么样的作用? 货币账户的平衡机理与

平衡方法又是怎样的?

8. 什么是冲销政策？为什么说这一政策在分析宏观国际经济问题时具有非常重要的作用？

9. 国际收支账户、对外财产账户、国民收入账户与货币账户的关系是怎样的？

第十一章
经 常 项 目

11.1 导 言

本章的分析对象是国际收支中的经常项目。为了使问题简单化,必须把资本项目抽象掉。因此,在本章的开头,必须作出以下假设:没有资本流动;汇率固定不变。这两个前提假设在以后分析资本项目与浮动汇率的两章中都将被放松。

本章的内容是围绕着一系列经过多年发展的不同模型或者方法而组织起来的。这些模型或方法将按照它们出现的历史顺序予以介绍,并简要说明推动它们出现或发展的环境。

在这些模型中,有许多初看起来似乎是错误的或互相矛盾的,但事实上它们都有一定的合理性,并可以通过一般均衡的分析方法而被综合在由凯恩斯所提供的宏观经济的一般均衡模型中,这个模型就是人们非常熟悉的 IS/LM 模型。

11.2 休谟的"价格—铸币"流动机制理论

11.2.1 "价格—铸币"流动机制理论的基本思想

在亚当·斯密对重商主义经济思想提出系统的批判以前,大卫·休谟(Scot David Hume)就已经推翻了重商主义的宏观经济观点。休谟在1752年时就提出,持久的国际收支顺差是不可能的,因此将国际收支顺差作为政策目标是没有任何意义的。

与此同时,一国所出现的贸易逆差是会自行消除的,人们不必因此而担心一个国家会失去它的全部货币供给而导致生产与其他经济活动的中止。

休谟的以上观点是以金本位的货币自动调节机制为其理论基础的。这一理论的主要思想是:在金本位的货币制度下,"价格—铸币"流动机制发挥作用的结果,将使各国的贸易顺差或逆差自动趋于消失。

例如,当一国出现国际收支逆差时,该国的储备将会减少,而这又会引起该国货币供给的减少,随着货币供给的减少,该国的价格水平会随之下降,而这将提高该国产品的出口竞争力,结果该国的出口会增加,进口会下降,于是该国的国际收支随之改善,这个过程将一直延续到该国的逆差全部消失为止。

反过来,当一国出现国际收支的顺差时,就会发生与逆差时刚好相反的过程:顺差导致黄金流入,于是本国的货币供给增加,价格上升,本国的出口竞争力因此而趋于下降,结果出口下降,进口上升,随着时间的推移,本国的国际收支顺差最后将趋于消失。

休谟认为,无论是从国际收支的逆差来看还是从国际收支的顺差来看,只要允许金本位的内在自动调节机制发挥其自动的调节作用,那么国际收支不平衡的现象就会自行趋于消失,所以,重商主义者对国际收支顺差的追求是毫无意义的。

11.2.2 "价格—铸币"流动机制的作用过程

"价格—铸币"流动机制的作用过程可用图 11-2-1 描述(仅以贸易逆差为例)。

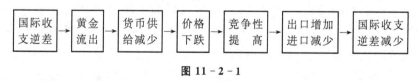

图 11-2-1

然而,我们必须指出的是,"价格—铸币"流动机制的这一作用过程并不是无条件的,事实上,在"价格—铸币"流动机制发生作用的每一个过程,都必须有某种条件给予支持。下面,就来逐一分析以上每一个作用过程所需要的条件。

(1) 在一国出现国际收支逆差的情况下，只有当这个国家的汇率制度是固定汇率制度时，才会产生黄金流出（或储备减少）的调整过程。假如该国所实行的不是固定汇率制度，而是浮动汇率制度，那么国际收支的逆差也可以通过该国的货币贬值来实现。因此，在浮动汇率制度下，休谟的"价格—铸币"流动机制就会失效。

(2) 一国的黄金外流是否一定会导致其货币供给的减少呢？这要看这个国家是否实行冲销政策。在休谟的"价格—铸币"流动机制的作用过程中是没有冲销政策的，即当一国因贸易逆差而发生黄金外流时，该国并不试图通过增加国内信贷来维持一个不变的货币供给量。但实际情况是，即使在19世纪末的金本位鼎盛期，各国的中央银行也都不同程度地运用了所谓的冲销政策，尽管不存在完全冲销的现象。冲销政策实施的结果是：尽管本国的黄金会因贸易逆差而外流，但本国的货币供给却不一定减少。由此可见，要使休谟"价格—铸币"流动机制起作用，其必须具备的第二个条件是不存在冲销政策。

(3) 按照休谟的"价格—铸币"流动机制的作用原理，一国的货币供给减少将引起其国内价格的下降。毫无疑问，这一作用过程是以货币数量说为其理论基础的。货币数量说认为，在"交换方程式" $MV=PT$ 中，V（货币的流通速度）和 T（交易量）基本上可以看作是常数。其中，前者决定于交换的技术，后者则取决于充分就业的程度。M（货币的供给）是自变量，P（商品的价格）是因变量。因此，当自变量 M 因黄金外流而趋于减少时，作为其因变量的 P 也就必然下降。所以，休谟的"价格—铸币"流动机制能否发挥作用的另一个前提条件就是货币数量说的交换方程式是否成立。

(4) 接下来的作用过程是国内价格水平的下降将提高本国的国际竞争力。这里所需要的前提条件是，国内价格水平的下降所提高的必须是"实际汇率"而不仅仅是名义汇率。实际汇率的定义是 eP^*/P（P^* 为国际价格，P 为本国的国内价格，e 为名义汇率）。假定 e 是不变的，那么当 P^* 不变或上升时，P 的下降必定会提高本国的国际竞争力。至于 P^* 究竟是不变还是上升，这将取决于发生贸易逆差的是小国还是大国。一般说来，逆差国为小国时，P^* 是不变的，只有当逆差国是大国时，才会发生 P^* 上升的现象，这是因为大国贸易逆差将引起大量的黄金外流，而这会使其他国家的货币供给迅速增加，进而引起 P^* 的上升。

(5) 现在进入第五个作用过程。从第五个作用过程来看,一国因实际汇率贬值而造成的国际竞争力的提高是否会产生出口增加的后果,这将取决于本国出口产品的需求与供给是否有足够的弹性。很显然,只有当本国的出口产品既有足够大的需求弹性又有足够大的供给弹性时,一国实际汇率的贬值才会带来出口增加的后果。

(6) 最后一个作用过程得以实现的前提条件是,与贸易相联系的经常项目是一国国际收支的唯一组成部分,只有如此,通过本国出口增加而导致的贸易逆差的消除才能使整个国际收支状况得到改善。因此,无资本项目的存在构成了休谟"价格—铸币"流动机制有效性的一个非常重要的条件。

11.2.3 休谟"价格—铸币"流动机制失灵的原因

休谟"价格—铸币"流动机制失灵的原因主要是由以下两个方面的因素所造成的:一是以上各种前提假定或条件的不完全性与不可能性;二是构成其整个作用过程之基础的金本位制度的崩溃。

先来分析第一个方面的原因:

首先,在19世纪末,资本的国际流动已经变得非常频繁与重要,因此,在休谟的"价格—铸币"流动机制中有关贸易项目是一国国际收支唯一组成部分的前提假定是不能成立的。

其次,在有资本国际流动的情况下,一国因贸易逆差而引起的储备的下降(即黄金的外流)将促使央行去提高利率以吸引外国资本的流入。央行的这一做法将使本国的货币供给保持不变,这样,休谟的"价格—铸币"流动机制的第三个作用过程便无从发生,即本国货币供给减少导致本国国内价格下降的过程就会戛然而止。

第三,随着外国资本的流入,一国的国际收支虽然得到了平衡,但其经常项目却并未得到改善。这是因为,在一国央行提高利率,货币供给量不见减少,从而该国的价格水平不见下降的情况下,该国的国际竞争力并没有任何提高。结果,休谟"价格—铸币"流动机制之第四个作用过程便不会发生。

第四,即使没有外国资本的流入与随之而来的央行提高利率的情况发生,一国因黄金流出而引起的货币供给的减少,是否会导致其国内价格的下降仍然是个问题,这是因为上述的货币方程式是否正确,历来是凯恩斯主义者与货币主义者争论的主要问题。既然交换方程式本身是一个问题,那么一国货币供给量的减少,是否一定会导致其国内价格水平的下降当然也就成了一个问题。对此,将在以后的有关章节中作较为详细的分析。

第五,当一国因货币供给减少,国内价格下降,从而其国际竞争力提高之后,该国是否会出现出口增加与进口减少的调整结果也是有疑问的。这是因为,除了价格因素之外,以上结果是否会发生还要取决于该国出口商品与进口商品的需求弹性与供给弹性。第二次世界大战后的贸易实践表明,有许多初级产品的出口需求是缺乏弹性的;另一方面,又有许多制成品的进口需求也是缺乏弹性的。受这两个方面因素的制约,休谟"价格—铸币"流动机制必然要失效。

现在再分析导致休谟"价格—铸币"流动机制失灵的第二个方面的原因。如上所述,休谟"价格—铸币"流动机制得以发挥其调节作用的第一个先决条件是固定汇率制度,而固定汇率制度的存在又是以金本位作为其前提条件的。因此,一旦世界范围内的金本位不复存在,那么休谟的"价格—铸币"流动机制也就将不复存在。事实表明,金本位只有在世界贸易规模较小,且参加贸易的各个国家的通货比较稳定的情况下才能存在。因此,当1929年出现了世界性的金融恐慌时,首先是英国在1931年9月放弃了金本位制度,随后是美国,在1971年因世界贸易总量急剧增加,美元不堪负担而导致其放弃金本位的货币制度。

环顾今天的世界,既不存在金本位的货币制度,也不存在固定汇率制度,在这样的情况下,若再将具有以上严格前提假定的休谟"价格—铸币"流动机制作为分析国际收支及其调整的理论工具显然是没有意义了。相反,摆在我们面前的任务是发展与建立其基本的前提假设能与当代的现实相吻合的理论模型。当然,在发展与建立新的理论模型时,不要忘了休谟"价格—铸币"流动机制理论中那些有用的东西。关于这一点,在以后的分析中将会反复提及。

11.3 开放经济中的乘数分析

11.3.1 乘数分析的方法论

乘数分析的方法来源于凯恩斯。

乘数分析的基本假设是：

(1) 价格(在开放经济中自然还要包括汇率)不变；

(2) 经济在低于充分就业水平的情况下运转，从而产出能够对需求的变动作出反应；

(3) 货币供给被动地对货币的需求变动作出调整。

从以上几个基本假设中可以清楚地看出，乘数分析所要强调的是数量调整而不是价格调整。乘数分析之所以不会涉及价格调整问题，关键在于经济总是处在低于充分就业的状态下运行。

乘数分析的起点是由凯恩斯所创造的收入恒等式，该恒等式的正式表达形式为

$$Y = C + I + G + X - M \tag{1}$$

在这个等式中，I、G 与 X 为外生变量，而 C 与 M 则为内生变量。其中：

$$C = C(Y)$$

其线性形式为

$$C = c_0 + cY \tag{2}$$

这里的 c_0 为初始的消费，cY 则为消费的增量，显然 c 也就成了消费的边际倾向。

$$M = M(Y)$$

其线性形式为

$$M = m_0 + mY \tag{3}$$

与(2)式相同，这里的 m_0 为初始的进口，mY 为进口增量，m 当然也就成了边际进口倾向。

下面利用以上三式来进行开放经济中的乘数分析。

11.3.2 开放经济中的乘数

开放经济中的乘数可以通过以下的方法得到。只要将以上给出的(2)式与(3)式代入(1)式，就可得到开放经济中的乘数表达式，即

$$Y = (c_0 + cY) + I + G + X - (m_0 + mY) \tag{4}$$

或者

$$(1 - c + m)Y = c_0 + I + G + X - m_0 \tag{5}$$

由于$(1-c)=s=$边际储蓄倾向,因此(5)式又可以改写为

$$Y = 1/(s+m) \cdot (c_0 + I + G + X - m_0) \qquad (6)$$

由(6)式可知,$1/(s+m)$就是开放经济中的乘数,而$(c_0+I+G+X-m_0)$则是开放经济中的被乘数。

与封闭经济相比,开放经济中的乘数 $1/(s+m)$ 明显变小了[$1/(s+m) < 1/s$]。开放经济中乘数变小的直观理由是:进口 m 就像储蓄 s 一样也构成收入流量的漏出。开放经济中的乘数值变小表明,在开放经济中,一定的支出流量所能形成的国内收入流量要小于封闭经济中可以形成的收入流量。当然,这并不意味着开放经济中的均衡收入水平就必定要小于封闭经济中的均衡收入水平。这是因为,在开放经济中,当乘数因进口而变小时,被乘数却因出口而变大了。因此,只要一国的出口大于进口,即存在贸易顺差,那么不管乘数中的进口漏出有多大,该国在开放经济下的国民收入的均衡水平总是要高于封闭经济下的均衡水平。只有在该国的出口小于进口,从而出现贸易逆差时,该国在开放经济下的国民收入的均衡水平才会低于封闭经济下的均衡水平,从而意味着国民收入水平的净下降。

11.3.3 开放经济中的乘数定理

为了推导出开放经济中的乘数定理,我们首先需要导入贸易差额 TB 的表达式

$$TB = X - M = X - m_0 - m/(s+m)$$
$$\cdot (c_0 + I + G + X - m_0) \qquad (7)$$

(7)式中右边的第一项是出口,第二项是初始进口,第三项是新增的进口流量,它等于进口边际倾向,m 乘上 Y。因为开放经济中的 $Y = 1/(s+m) \cdot (c_0+I+G+X-m_0)$,所以 m 乘上 Y 就可得到 $m/(s+m) \cdot (c_0+I+G+X-m_0)$ 这一项。

从凯恩斯的宏观经济学知道,封闭经济中的乘数分析是要观察在一国存在失业资源的情况下,政府的一项增加公共支出的政策究竟能对国民收入的增加产生多大的影响。这一点当然也同样适用于开放经济中的乘数分析。既然乘数分析所要观察的是政府支出对国民收入的影响,那么让以上给出的(6)式与(7)式对 G 求偏导就是观察开放经济中乘数效应的合理选择了。若

将以上两式对 G 求偏导,便有

$$dY/dG = 1/(s+m) > 0 \qquad (8)$$

$$d(TB)/dG = -m/(s+m) < 0 \qquad (9)$$

(8)式表明,在开放经济中,一国政府支出的增加也会按乘数效应来增加该国的国民收入,但是开放经济中的乘数效应显然要小于封闭经济中的乘数效应,这是因为在开放经济中有了封闭经济中所没有的进口漏出,而进口漏出效应的存在又表明,一国因政府增加支出而引起的收入增量将被其他国家所分享。

(9)式表明,在开放经济中,随着政府支出的增加,一国的贸易差额 TB 将按开放经济中的乘数减少。这也就是说,当政府的支出增加时,该国的进口就会增加,从而其原先的贸易盈余就会按乘数而减少,这可从(9)式右边项的符号为负这一现象中清楚地看到。

正如在本节一开始就指出的那样,在开放经济的乘数方程式(1)中,除了 G 是外生变量之外,能够对一国的国民收入产生乘数影响的外生变量还有 I 与 X。I 涉及一国货币政策的调整,这种调整势必要影响到国内价格的变动,因而是与乘数分析的关于价格不变的前提假定不相吻合的,故而不适合用来作乘数分析。在封闭经济中只有 G 而无 X,故只需对 G 的乘数效应加以分析就足够了。然而,在开放经济中,能够产生乘数效应的除了 G 之外,还有出口 X。X 与 G 一样,它的变化所影响的是国民收入的数量,而不是一国的价格水平,因而对它进行乘数效应分析不仅是必要的,而且也是符合这一节的前提假设的。

X 的乘数效应与 G 的乘数效应既有相同的地方,也有不同之处。下面先来看 X 的乘数效应与 G 的乘数效应相同的地方。若用(6)式对 X 求偏导,便有

$$dY/dX = 1/(s+m) > 0 \qquad (10)$$

从(10)式看,X 的乘数效应与 G 的乘数效应完全相同。但是,若用(7)式对 X 求导,结果便截然不同了。用(7)式对 X 求偏导将得到以下的结果

$$d(TB)/dX = 1 - [m/(s+m)] = s/(s+m) > 0 \qquad (11)$$

比较(11)式与(9)式,我们可以清楚地看到,G 的增大会使 TB 减小,而 X 的增大则会使 TB 也相应地增大。当然,TB 只能按照开放经济中的乘数增加,

之所以如此,其原因在于:由出口增加所引起的 TB 的增加将部分地被因为收入增加而引起的进口的增加所抵消。

至此,便可以得到开放经济中两个基本的乘数定理:

定理一:在开放经济中,一国政府支出 G 的增加,将按照开放经济中的乘数增加该国的国民收入,并按照开放经济中的乘数减少其贸易差额;

定理二:在开放经济中,一国出口的增加,将按照开放经济中的乘数增加该国的国民收入,并按照开放经济中的乘数增加其贸易差额。

11.3.4 乘数效应与国际收支调节

利用开放经济中的乘数效应来调节国际收支,是分析开放经济中乘数原理的主要目的。为了达到这样的目的,需要借助于经过修改的凯恩斯主义的"储蓄—投资"模型来展开分析。经过修改的凯恩斯主义的"储蓄—投资"模型之构造可以用图 11-3-1 来表示。

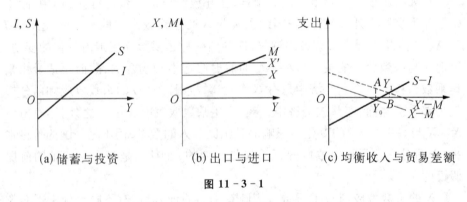

(a) 储蓄与投资　　　(b) 出口与进口　　　(c) 均衡收入与贸易差额

图 11-3-1

图 11-3-1(a)表示的是一国储蓄线与投资线,并假定是一个没有政府的简单模型。如果要对(a)图加以扩展,即引进政府的收入与支出,那么也可以认为该图中的储蓄线包括政府的收入 T,该图中的投资线则包括政府的支出 G。

图 11-3-1(b)表示的是一国的出口线与进口线。

图 11-3-1(c)是从(a)图与(b)图推导出来的,其中的$(S-I)$线来源于(a)图,$(X-M)$线来源于(b)图。推出这两条线,是为了得到决定开放经济中乘数大小的两个数值 s 与 m。

从图 11-3-1(c)看,在出口为 X(这是由(b)图给出的数值)的情况下,根据均衡收入的条件,国内的总储蓄必须等于贸易差额,即 $(S-I)=(X-M)$,

由此所决定的均衡收入为 Y_0，在这一收入水平上，贸易差额恰好为负，因而该国的经济存在贸易逆差。由于在开放经济中政府的支出 G 与 TB 负相关，因此，为平衡国际收支，该国所能采取的调整措施只能是增加该国的出口。

现在假定该国的出口增加为 X'，由此便可在(c)图中得到 $(X'-M)$ 线，随之而来的一系列变化将使该国均衡收入水平出现在 Y_1，与此同时，该国的贸易差额也将随之增加，结果原先的逆差将转而变为顺差。但是，必须注意的是，受开放经济中乘数效应的影响，该国贸易差额的增加值要小于出口的增加值。从(c)图中看，出口由 Y_0 增加到了 A，收入亦由 Y_0 增加到了 $B(B=Y_1)$，但是贸易差额则只增加了有限的 $(B-Y_1)$。

11.3.5 开放经济中乘数分析的意义

对开放经济中的乘数加以分析，其意义主要在于：

第一，借助于开放经济中的乘数分析，可以发现它与封闭经济中的乘数效应的区别所在。

第二，根据开放经济中的乘数定理，一国可以在贸易顺差，且又存在失业资源的情况下，通过扩张性的财政政策，即增加政府支出 G 的办法来增加本国的收入流量；或者，一国也可以在贸易逆差，并且又存在失业资源的情况下，通过采取鼓励出口的经济政策来平衡本国的国际收支，并同时达到增加本国收入流量的目的。

第三，也可以利用开放经济中乘数分析来解释经济周期是世界性的，而不是一国的现象。这是因为，经济周期受开放经济中乘数效应的影响，事实上具有国际传递性。简单地说，出口对本国来说是外生的，但对贸易伙伴国来说却是内生的。因此，当贸易伙伴国的经济繁荣时，它们的进口增加将导致本国出口的增加，进而推动本国经济亦走向繁荣。反之，则相反。结果，世界上一些主要贸易国家的经济周期也就自然而然地会演变成为世界性的经济周期，以致所有加入世界贸易体系的国家将无一幸免。

11.4 弹 性 方 法

11.4.1 弹性方法的前提假定

开放经济中的乘数效应或对外贸易的乘数效应说明的是价格不变的情

况下,一国政府的支出变动或在政府鼓励下的出口增加所引起的国民收入的变动。并且,特别重要的一点是,对外贸易的乘数理论根本就不考虑出口的需求弹性问题,以致给人一种错觉:一国在有贸易逆差的情况下,只要设法增加出口便可使逆差迅速得以消除。

弹性方法通过放松贸易乘数理论中关于价格不变这一前提假定,导入了出口的需求弹性这一非常重要的概念,从而发现了利用出口扩张方法来消除贸易逆差的条件。弹性方法之所以要放松价格不变这个为贸易乘数理论进行分析所必不可少的前提假定,是因为,一国政府促进本国出口的最简便与最有效的方法是本币贬值,而本币贬值则意味着价格必须是可变的。

为了简单起见,我们仍然遵循凯恩斯主义乘数分析的基本方法,假定参加贸易的两国的国内价格不变,可以变化的仅仅是这两个国家进出口商品的相对价格,并假定两国进出口商品相对价格的变化仅仅是名义汇率(e)变动的结果,而与其他因素无关。这样,就可以置国内的价格于不顾,集中研究由本国的名义汇率变动所引起的进出口商品的相对价格变动对于一国国际收支的影响,以及由出口的需求弹性所决定的这种影响力的大小。

11.4.2 汇率是怎样决定的

一国汇率的决定过程就像一国其他商品价格的决定过程一样,它也是市场供求力量相互作用的结果。我们以一个汇率与美元挂钩的国家为例,借助于图 11-4-1 来描述该国汇率的决定过程。

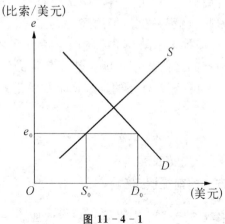

图 11-4-1

图 11-4-1 中的纵轴所表示的是本币的汇率,即外币(美元)的本币买价;横轴表示的是外国货币(美元)的数量。所以,图 11-4-1 给出的是与其他一般商品完全相似的价格和数量的关系。由图 11-4-1 可知,假如该国的美元供给量减少,那么在该国对美元的需求不变的情况下,其汇率就将上升,即美元的本币价格会趋于提高。反之,则相反。假如该国对美元的需求量增加而美元的供给保持不变,那么该国的汇率也将趋于上升。反之,亦相反。不管一国的外币供给发生什么样的变化,也不管该国对外币的需求发生了什么样的变化,其最终的均衡汇率总是出现在它的供给曲线与需求曲线相交的那一点上。

11.4.3 进口与外汇需求

有了以上关于汇率决定的基本认识之后,接着要研究的问题是:一国的外汇需求为什么会增加?一国的外汇供给又是怎样增加的?这里,先来讨论一国的外汇需求是怎样增加的问题。

一国外汇的需求量主要取决于它进口商品的数量,而进口商品数量的多少又与汇率的高低负相关。进口商品数量与汇率间的这种关系可用图 11-4-2 说明如下。

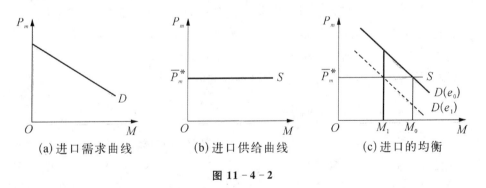

(a) 进口需求曲线　　(b) 进口供给曲线　　(c) 进口的均衡

图 11-4-2

图 11-4-2(a)中的进口需求线表明,进口数量将随着以本币表示的外国商品的价格 P_m ($P_m = e \cdot P_m^*$) 的下降而增加。

图 11-4-2(b)中的进口供给线表明,当进口国为小国时,它可以按照由世界市场竞争决定的且以美元来表示的不变价格 $\overline{P_m^*}$ 随意购买它所需要的进口商品。

然而,一国持续不断的进口会改变其国内美元的需求状况,因此需要将图 11-4-2(a)与图 11-4-2(b)加以综合,于是便可以得到(c)图。从(c)图看,唯一发生变化的是(a)图中的 D 线现在变成了 $D(e)$ 线。这一变化意味着(a)图中以本币表示的进口价格(P_m)现在变成了以美元表示的进口价格(P_m^*)。由于在这一变化过程中需要借助于汇率将本币计价转换为美元计价,因而 D 线也就相应地转变成了 $D(e)$ 线。这样,在(c)图中就多了一个在(a)图与(b)图中所没有的变量 e。

在小国假设不变的情况下,图 11-4-2(c)中的进口供给线与(b)图中的进口供给线是完全相同的,并且也是保持不变的。但是,(c)图中的 $D(e)$ 线与(a)图中的 D 线就不同了,因为它现在已经成了汇率(e)的函数。因此,当我们所分析的这个国家持续不断地进口时,就会因对外汇需求的增加而导致 e 上升(即本币对美元贬值),这意味着本币进口购买力的下降,因而紧接着要发生的事情必定是(c)图中 $D(e)$ 线的内移,即进口的减少,这在(c)图中表现为进口会逐渐地从 M_0 左移到 M_1。

现在,可以把以上所作的分析简要地概括如下:一国的外汇需求取决于它的进口的数量;然而,一国持续不断地增加进口又会导致其汇率的上升,即本币的贬值;随着本币的贬值,该国的进口价格提高,因而其进口的数量必减少。结果,进口自动得到调整。在整个调整过程中,进口的数量可能保持不变,但是进口商品的国内价格却因汇率上升而提高了。这里必定要发生变化的是价格,包括汇率与因汇率变化而发生相应变化的进口品的国内价格。因此,弹性方法的基本假设,即关于价格可变的假设是符合实际的。

11.4.4　出口与外汇的供给

现在,再进一步来研究一国的外汇供给量又是怎样决定的。研究一国外汇供给量决定的程序与研究一国外汇需求量决定的程序非常相似,只要将图 11-4-2 稍加改变,就可得到一个可以方便地进行出口与外汇供给分析的模型(见图 11-4-3)。

出口的需求线由图 11-4-3(a)表示。假定出口国是一个小国,它的有限的出口量(对于整个世界而言)不足以改变该出口产品的世界均衡价格,因而它所面临的需求线就是一条以该产品的国际价格($\overline{P_x^*}$)表示的、具有无限弹性的需求线。

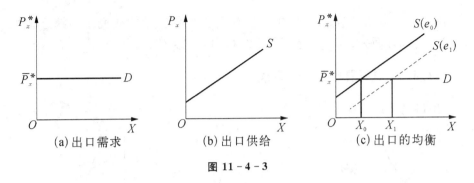

图 11－4－3

出口的供给线由图 11－4－3(b)表示。这里有一条向上倾斜的作为出口国货币价格(汇率)函数的出口供给线。这条线的斜率为正表明出口的供给将随 X 商品国内价格(P_x)的上升而增加。

图 11－4－3(c)是(a)图与(b)图的综合。由于(c)图的纵轴已从 P_x 变为 P_x^*,因而(b)图中的出口供给线也就从 S 变成了 $S(e)$。并且,由于出口供给与汇率(e)正相关,因而出口国本币的贬值,即汇率的上升将导致出口的增加。这在(c)图中表现为出口国的汇率由 e_0 上升到 e_1 时,它的出口也就会相应地从 X_0 增加到 X_1。出口的增加无疑会增加出口国的外汇收入,进而导致该出口国外汇供给的增加。因此,当一国出现外汇供不应求的情况时,货币当局采取贬值政策是可以恢复外汇市场上的均衡的。特别是当我们把进口与出口联系起来考虑问题时,即把一国对外汇的需求与供给综合起来考虑时,这一结论应当说是相当可靠的。简单说来,一国的本币贬值,汇率上升,一方面会导致该国外汇需求的下降(这已在进口与外汇需求的分析中加以说明);另一方面,就像在这里所分析的那样,它又会推动出口与外汇供给的增加,其结果将是该国外汇供求的平衡与均衡汇率的形成。

但是,有必要指出的是,当一国试图用本币贬值的方法来增加出口,改善贸易逆差时,它将严格地依赖于以下的假定,即:该国能够以现行的国际价格(P_x^*)随意地出口它的商品。这个假定条件可以说是非常强的,这是因为,对于许多小国来说,尽管它们在国际贸易中所占的比重并不大,然而它们可供出口的一种或两种主要的商品却往往占据了该商品世界市场份额的极大部分,以致常常面临着出口需求缺乏弹性的问题。这一现象的存在意味着小国的出口需求并不总是富有弹性的,从而当小国出现贸易逆差、外汇供给不能满足外汇需求时,货币当局采取贬值政策并不一定总是可以达到其消除逆差、恢复外汇市场均衡之目的的。这样,便需要将问题的研究推向缺乏弹性的出口需求方面去,以便来修正以上分析中所得到的结论。

11.4.5 缺乏弹性的出口需求

出口需求缺乏弹性的情况可用图 11-4-4 来分析。

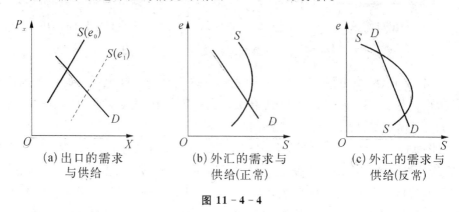

(a) 出口的需求与供给　　(b) 外汇的需求与供给(正常)　　(c) 外汇的需求与供给(反常)

图 11-4-4

图 11-4-4 中的(a)图是图 11-4-3 中的(c)图经过某种修正以后的再现。这里所作的修正是改变了图 11-4-3 之(c)图中那条具有无限弹性的需求曲线,将它由原先的水平线变成了一条向下倾斜的曲线,这一改变意味着出口需求的弹性是有限的了。在出口的需求弹性为有限的情况下,由贬值而引起的出口增加,会对外汇的供给与贸易差额的改善起到什么样的作用呢?

先来看图 11-4-4 中(b)图的情况。从(b)图看,出口的需求弹性虽然不再是无限的了,但它仍然是富有弹性的。因此,当一国的货币当局实施贬值政策以后,该国的出口会增加,从而其外汇的供给也会随之增加。并且,由于因贬值而造成的外汇供给的增加总是要大于外汇需求的增加(这可从均衡汇率水平以上的任何一种汇率值出现时,外汇的供给曲线 S 总是位于外汇的需求曲线 D 的右边这一现象中清楚地看到)。所以,货币当局的贬值政策是可以改善该国的贸易差额的。我们暂且把这样的情况称为正常的情况。

与(b)图不同,(c)图显然属于一种反常的情况。这种情况的出现就是因为该国的出口需求是缺乏弹性的。由于出口需求缺乏弹性,因此,当货币当局采取贬值措施以后,该国的出口并不会因为价格(汇率 e)的下降而趋于增加。并且,随着价格的下降,在出口数量不能随之增加的情况下,一定是出口收入,即外汇供给的减少,这种现象反映在(c)图中,便会出现一条向左后方倾斜的外汇供给曲线 S。而且,更为严重的问题是,当该国的进口需求也缺乏弹性时,那么由于进口量不随本币贬值而减少,而进口价格又因本币贬值而上升,结果,贬值的后果将不是本国外汇需求的减少,而是本国外汇需求的增加。这样,综合以上两个方面的分析,就可以很容易地得出以下结论:在一国的出口需求缺乏弹性的情况下,该国货币当局的贬值政策将使其原有的贸易差额更加趋于恶化,而不是得到改善。

11.4.6 "马歇尔—勒纳"条件

从以上的分析中我们已经区分了正常与不正常这两种不同的情况。其中,在正常的情况下,货币当局的贬值政策是可以增加出口与外汇的供给,从而使得其贸易逆差得以改善的;而在反常的情况下,则不能达到这样的目的,并且还有可能进一步恶化本国的贸易差额。但是,紧接着而来的问题是,以上所说的正常情况与反常情况的区分有没有数量上的界限呢?所谓的"马歇尔—勒纳"条件就是被用来解决这个问题的。

顾名思义,"马歇尔—勒纳"条件当然首先是由马歇尔与勒纳这两位经济学家推导出来的。这个条件所要说明的是贬值能够带来贸易差额改善的出口需求的弹性条件。这个条件的数学表达式为

$$\varepsilon_x(\eta_x-1)/(\varepsilon_x+\eta_x)+\eta_m(1+\varepsilon_m)/(\varepsilon_m+\eta_m)>0 \tag{1}$$

上式中的各种符号的含义分别如下:

$\varepsilon_x = \hat{X}/\hat{P}_x =$ 出口的供给弹性(符号"∧"表示是变化率,下同);

$\eta_x = -\hat{X}/\hat{P}_x^* =$ 出口的需求弹性;

$\varepsilon_m = \hat{M}/\hat{P}_m^* =$ 进口的供给弹性;

$\eta_m = -\hat{M}/\hat{P}_m =$ 进口的需求弹性。

如果令 η_x 趋向于零,即出口的需求无弹性,那么(1)式就将变为

$$\lim_{\eta_x \to 0}[\varepsilon_x(\eta_x-1)/(\varepsilon_x+\eta_x)+\eta_m(1+\varepsilon_m)/(\varepsilon_m+\eta_m)]$$
$$=(-1)+\eta_m(1+\varepsilon_m)/(\varepsilon_m+\eta_m)<0 \tag{2}$$

由于一个小数加上它与另一个小数的乘积总是小于这两个小数之和,因

此(2)式中的 $\eta_m(1+\varepsilon_m)/(\varepsilon_m+\eta_m)$ 必定小于1，所以对(2)式求极限的结果将为负。这表明由(1)式给出的"马歇尔—勒纳"条件没有能够得到满足，因而一国货币当局若在这种情况下采取贬值政策，那么就只能产生使本国贸易逆差进一步恶化的结果。

下面进一步运用"马歇尔—勒纳"条件来分析一下两种在国际经济生活中常见的情况，验证以上得出的结论是否准确。

第一种情况是小国出口的需求弹性与进口的供给弹性均无穷大，即 $\eta_x=\varepsilon_m=\infty$。在这种情况下，若对(1)式求 η_x 与 ε_m 趋向无穷大的极限，便会有以下结果

$$\lim_{\eta_x,\varepsilon_m\to\infty}[\varepsilon_x(\eta_x-1)/(\varepsilon_x+\eta_x)+\eta_m(1+\varepsilon_m)/(\varepsilon_m+\eta_m)]$$
$$=\varepsilon_x+\eta_m>0 \tag{3}$$

就(3)式的结果来看，真正意义上的小国，即能够满足 $\eta_x=\varepsilon_m=\infty$ 这个条件的小国，当它的国际收支因贸易逆差而出现赤字时，货币当局运用贬值政策是可以改善本国的国际收支状况的。

第二种情况是出口主要为制成品，而制成品产量的大部分又与被投放在国内市场的工业国家有关。在这种情况下，出口需求的增加将导致产量在不变价格(国内的供给价格)基础上的增加(因为制成品通常总是存在规模报酬递增的现象)，这意味着这类国家的出口供给具有无限的弹性。反过来，当这个国家以进口国的身份出现在国际市场上时，它面对的进口供给也将是具有无限弹性的。这是因为，与之发生贸易关系的制成品出口国也会由于制成品生产的规模报酬递增而具有无限的出口供给弹性。毫无疑问，当贸易伙伴国的出口供给弹性趋于无限大时，也就是本国的进口供给具有无限大的弹性。这样，一个同时成为制成品出口国与进口国的工业化国家就将处于 $\varepsilon_x=\varepsilon_m=\infty$ 的情况之下。这时若对它的"马歇尔—勒纳"条件求极限，就会得到以下结果

$$\lim_{\varepsilon_x,\varepsilon_m\to\infty}[\varepsilon_x(\eta_x-1)/(\varepsilon_x+\eta_x)+\eta_m(1+\varepsilon_m)/(\varepsilon_m+\eta_m)]$$
$$=\eta_x+\eta_m-1>0$$

或者

$$\eta_x+\eta_m>1 \tag{4}$$

在(4)式中,对"马歇尔—勒纳"条件求极限之后之所以要减去1,是因为制成品具有很强的替代性。当一国的货币当局采取贬值政策而使本国的制成品出口增加以后,本国的制成品供给量就会相对减少,这时本国的消费者就有可能通过购买外国制成品来满足自己的需求,这样,该国因货币贬值而增加的出口就会被进口的增加所抵消,从而使得货币当局平衡国际收支的努力归于徒劳。因此,要使贬值政策能够得到预期的效果,不仅需要有足够大的出口需求弹性 η_x,而且还需要有足够大的进口需求弹性 η_m,只有如此,本国因货币贬值而增加的出口才不会被相应的进口增加所完全抵消。这样的条件在 η_x 与 η_m 之和等于1或小于1的情况下都是不能得到满足的,唯一能够满足这种条件的情况只能是:$\eta_x + \eta_m - 1 > 0$ 或者 $\eta_x + \eta_m > 1$。以上就是我们为什么在对"马歇尔—勒纳"条件求极限之后还要减去1的原因所在。

在这里还有必要指出的是,以上对"马歇尔—勒纳"条件所做的小小修正并不是对这一条件的否定。这种修正之所以必要,是因为制成品贸易作为产业内贸易与产业间贸易有着一个非常重要的区别,即:产业间贸易具有互补性,而产业内贸易则具有替代性。正是产业内贸易具有替代性这一基本特点决定了它的"马歇尔—勒纳"条件要强于产业间贸易。因此,在讨论产业间贸易的"马歇尔—勒纳"条件时,我们不必加上1;而在讨论产业内贸易的"马歇尔—勒纳"条件时,则必须加上1。

在以上对产业内贸易的"马歇尔—勒纳"条件所做的小小的,但又是非常重要的修正中,事实上还遗漏了另一个非常重要的问题,那就是制成品出口商对货币贬值的反应。现在就进一步来讨论这个贬值中的微观问题,并看看它对"马歇尔—勒纳"条件会产生什么样的影响。

在国际市场上,有许多产品,如汽车、电视机等产品实际上都是属于寡头垄断竞争型的,因而处在这类市场结构中的厂商都有其弹性比较确定的需求曲线。这意味着这些厂商都只能以较为固定的价格来出售它们的产品。因此,当一个国家的货币当局采取货币贬值政策时,本国处于寡头垄断竞争市场结构中的制成品出口商一般只会吸收本国汇率变动的某个比率来降低其制成品的出口价格,以避免外国竞争者作出强烈的反应。如果我们把本国这类厂商所愿意吸收的这种汇率变动比率定义为 θ,那么贬值可以带来本国国际收支得到改善的"马歇尔—勒纳"条件就将变为以下的形式

$$\lim_{\varepsilon_x,\varepsilon_m \to \infty} [\varepsilon_x(\eta_x-1)/(\varepsilon_x+\eta_x) + \eta_m(1+\varepsilon_m)/(\varepsilon_m+\eta_m)]$$
$$= \theta(\eta_x - 1) + \eta_m > 0 \tag{5}$$

从(5)式给出的结果来看,在本国制成品出口厂商所处的国际市场结构为寡头垄断竞争型的时候,本国货币当局采取贬值政策来改善国际收支的做法仍然有效(因为求极限的结果仍大于 0),但其效果却要按照 θ 的比率打折(因为有了 θ 的存在而使出口的需求弹性相对变小了)。这也就是说,货币当局若推出贬值率为 10% 的贬值政策时,其对本国国际收支的改善将小于 10%。产生这一结果的原因就在于,一项宏观的贬值政策在向微观部门传递的过程中,将因市场结构问题的存在而被吸收掉一部分。因此,当存在市场结构问题时,就必须考虑吸收效应 θ 对"马歇尔—勒纳"条件的影响。

对于以上的分析结果也可以倒过来理解,当然,这需要将(5)式稍微作一下变动。首先将(5)式除去括弧,于是就有

$$\theta\eta_x - \theta + \eta_m > 0$$

然后再作移项处理,可得

$$\theta\eta_x + \eta_m > \theta \tag{6}$$

(6)式告诉我们,在微观厂商的汇率变动的吸收系数既定的情况下,一国货币当局要想通过贬值政策来改善本国的国际收支,必须满足以上给出的这个条件,即:本国的出口需求弹性与汇率变动的吸收系数的乘积加上本国的进口需求弹性之和必须大于本国汇率变动的吸收系数。

11.4.7 贬值的时滞效应与"J 型曲线"

除了以上的吸收效应之外,用弹性方法来调整一国的国际收支还会遇到与时间有关的时滞效应。所谓的时滞效应是指,当一国的货币当局采取使本币贬值的调整政策以后,实际部门贸易量的调整需要有一个过程。这样,就会在本国汇率变动的瞬间到实际部门进出口数量的调整与随之而来的国际收支均衡的恢复之间产生一个时间上的差滞。这种时间差滞的存在告诉我们,国际收支的调节过程与汇率的变动在时间上并不是同步的,于是便有了著名的国际收支调整的"J 型曲线"(见图 11-4-5)。

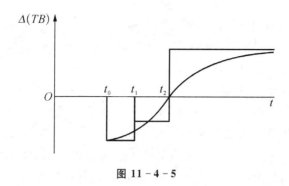

图 11-4-5

如图 11-4-5 所示，假定在某个时期，例如 t_0 时期，本国存在较为严重的经常项目的逆差，即 TB 为负。为了平衡本国的国际收支，货币当局决定实行货币贬值。但是，在本国货币贬值的最初时期，由于大量在贬值前就已签约的贸易合同的存在，因此，在这个时期，本国货币的贬值是不会立即对本国贸易量、从而对本国的国际收支产生影响的。

如果该国所有的贸易合同的期限都是相同的，那么该国的国际收支只有等到 t_1 时间签署新的贸易合同时才能得到改善，也只有在 t_2 时间才能得到平衡，并逐步进入经常项目顺差的领域。

然而，在现实经济生活中，并不是所有的贸易合同同时到期或同时重新签约的，事实上有大量的贸易合同的到期时间与重新签约的时间是不同的。因此，在各个贸易合同的到期与重新签约的时间不尽相同，且在满足"马歇尔—勒纳"条件的情况下，受实际部门贸易量调整时滞效应的影响，一国通过本币贬值而实现国际收支调整的过程将表现为图 11-4-5 中一条穿越三个矩形的"J 型曲线"。

11.4.8 弹性方法的缺陷

弹性方法的缺陷在于它假定本币贬值只改变贸易双方的相对价格，而不改变其国内的价格。然而，这样的假定是有问题的。这是因为，本币贬值必然会提高其国内的价格，从而导致其国内生产成本的提高、实际汇率与出口竞争力的下降。本币贬值导致国内价格提高的原因有很多，其中最主要的是：

第一，由于本币贬值，那些必须依赖于进口的中间品与最终品的价格就会上升，前者会直接增加依靠进口中间品来生产最终出口品的厂商的生产成本，后者则会造成工资上升的压力而使所有厂商的成本趋于提高。

第二，由贬值所促成的出口增加将减少配置于非贸易品生产部门的资源，其结果将是非贸易品供给量的下降与价格的上升，而这又会对社会一般物价水平的上升产生强大的推动力。

在以上两个因素的共同作用下，一个实施货币贬值政策的国家，其国内价格是不可能保持不变的，事实上国内价格不仅肯定要发生变化，而且还极有可能发生程度不同的通货膨胀。这样，弹性方法分析中关于国内价格在本币贬值时保持不变的假定就是一个问题。假如，我们根据实际情况来进行推理，那么，当一国的货币当局采取贬值政策以后，紧接着要发生的事情就是其国内价格的上升，甚至有可能发生较为严重的通货膨胀。这样，其通过货币贬值而造成的名义汇率的贬值将被因国内价格提高而造成的实际汇率的下降所抵消。结果，整个调整过程将只有国内价格的提高，而无国际收支的改善。而这正是迄今为止人们一直对弹性方法存有疑问的原因所在。

11.5 吸收方法

11.5.1 吸收方法的含义

1952 年，当时任职于国际货币基金组织的西德尼·亚历山大（Sidney Alexander）认为：在很多情况下，贬值政策之所以不能达到平衡一国国际收支的目的，既不是因为货币贬值国家的出口需求弹性太小，也不是因为贬值的作用会被通货膨胀所抵消，而是因为使用贬值方法来平衡一国的国际收支这一做法本身就是有问题的。

他以国民收入的恒等式为依据，指出，一国若想通过贬值来改善它的国际收支状况，必须满足以下两个条件：要么贬值可以带来本国的收入增加；要么贬值可以使本国的实际支出，也就是吸收得以消减。否则，贬值就只会造成通货膨胀或其他的经济问题。

因此，对于西德尼·亚历山大的吸收方法来说，重要的不是弹性方法论者所说的出口的需求弹性，而是贬值产生了什么样的效应。如果是收入增加的效应或支出减少的效应，那么贬值就可以改善一国的国际收支；如果不是，那么贬值就不能达到改善一国国际收支的目的。而且，在这两种效应中，西德尼·亚历山大认为支出减少的效应比收入增加的效应更为重要，这是因为贬值的支出减少效应要比贬值的收入增加效应在平衡一国的国际收支时更为有效,两种效应之所以会有这样的差别,关键在于贬值的支出减少效应所需要的条件要比贬值的收入增加效应来得少。由贬值的支出减少效应而造成的结果将是一国支出的减少,支出减少则意味着吸收的减少,西德尼·亚历山大的吸收方法就是由此而得名的。

11.5.2 贬值的收入效应

下面,按照西德尼·亚历山大的吸收方法,先来分析贬值的收入效应。分析贬值的收入效应的基本工具是国民收入的恒等式,这一恒等式可以通过以下方法得到:如果将国际收支的边际变化定义为 $\Delta(TB)$,国民收入的边际变化定义为 ΔY,国民的支出,也就是吸收定义为 ΔA,那么就可以得到下式

$$\Delta(TB) = \Delta Y - \Delta A \tag{1}$$

因为 $\Delta A = c\Delta Y + Ad$,式中的 c 为边际消费倾向,它与 ΔY 的乘积构成消费的增量,Ad 为既定的消费存量,若将 $\Delta A = c\Delta Y + Ad$ 代入(1)式,就可以得到下式

$$\Delta(TB) = \Delta Y - (c\Delta Y + Ad) \tag{2}$$

将(2)式整理后可得

$$\Delta(TB) = (1-c)\Delta Y - Ad \tag{3}$$

由(3)式可知,其等式右边的第一项 $(1-c)\Delta Y$ 就是现在要进行研究的贬值的收入效应,而 Ad 这一项则是我们以下所要进行分析的贬值的吸收效应。从这两种效应与 $\Delta(TB)$ 的关系来看,当贬值的收入效应为正时,贬值就可使一国的国际收支得到改善,而贬值的吸收效应则必须为负才能使一国的国际收支得到改善。

那么贬值在什么情况下才会产生为正的收入效应呢?

第一,从供给方面看,当一国存在闲置的资源时,贬值的收入效应将为正。当一国存在闲置的生产能力时,由贬值所造成的出口需求的增加就有可能被导入生产过程,从而使得(3)式中的 ΔY 项得以增加,由于 ΔY 与 $\Delta(TB)$ 正相关,因而,随着 ΔY 的增加,$\Delta(TB)$ 就会随之得到改善。

第二,从需求方面看,只要满足基本的"马歇尔—勒纳"条件,即只要存在 $\eta_x \eta_m > \varepsilon_x \varepsilon_m$ 这一最为基本的条件,那么贬值就可导致本国实际收入的增加而使国际收支得到改善。

第三，从政府对宏观国民经济管理的角度来看，当一国的贬值政策会引起政府随之而来的放松管制的后果时，贬值的收入效应就会为正。按照弗里茨·麦克勒普(F. Machlup)的看法，贬值一般会导致放松管制或限制。这是因为，当一个国家的政府试图通过贬值政策来改善本国的国际收支状况时，它若不放弃那些保护性的或限制性的贸易政策，那么，贬值政策就将难以发挥其调节进出口的数量来改善国际收支的作用。就如在前面分析保护政策时所提到的那样，管制与限制大多会产生扭曲效应而使资源配置的效率相对较低。因此，贬值政策一旦被付诸于实践，从而扭曲资源配置的各种管制或限制政策一旦被取消，那么资源配置就将随之趋于合理，而这既可使本国的实际收入得以提高，又可使本国的国际收支得到改善。

11.5.3 贬值的吸收效应

贬值的吸收效应主要是通过以下两个渠道来发挥其对国际收支的调节作用的：其一，是所谓的货币渠道；其二，是所谓的分配渠道。

下面先从货币渠道来分析贬值的吸收效应。如果一国政府采取贬值政策，那么根据 $P=eP^*$ 这一关系式，在 P^* 保持不变的情况下，由贬值所导致的 e 的上升必导致 P 的上升，即本国的通货将出现膨胀的现象。这时，本国的货币当局假如能够同时实行紧缩的货币政策，即控制货币供给量不随本币的贬值而增加，那么贬值后的实际货币供给 H/P 将随 P 的上升而下降(这里的 H 为 Holding Money)，并由此而导致国内利率(r)的上升。随着 r 的上升，国内的投资就会趋于减少。与此同时，消费者也会由于实际货币余额的减少而设法恢复他们的流动资产，而这又将引起消费的下降。由此而产生的最终结果便是全社会吸收的减少与国际收支的改善。

分配渠道则涉及两个方面：一个方面是贬值以后政府对私人收入的再分配；另一个方面则是贬值以后企业利润对工人工资的再分配。

由贬值所引起的政府对私人收入的再分配过程可以描述如下：按照上述的原理，贬值在 P^* 不变的情况下将导致本国货币的膨胀。随着本国货币的膨胀，在一个实施累进所得税制度的国家里，纳税人将因通货膨胀与随之而来的名义收入增加而升入较高的纳税等级。这时，若存在财政拖曳(Fiscal drag)现象，即政府的实际支出并不因为其税收收入的增加而增加，从而全体纳税人因通货膨胀而增加的税收支出，不能通过政府增加转移支付而得到等量的补偿,那么全体纳税人的收入将因通货膨胀税而被政府再分配。考虑到政府的短期支出与其短期收入并无太大的关系,因此,由全体纳税人缴纳通货膨胀税而增加的政府收入的边际储蓄倾向将趋向于1,而这又意味着全社会吸收水平的下降,结果本国的国际收支将因此而得到改善。

企业利润对工资再分配的机理大致如下:随着政府贬值政策的实行与通货膨胀的出现,P 会趋于上升。由于工资合同签约在先,且不可能作瞬间的调整(这被叫做工资增长的滞后效应),因而厂商就可在成本基本不变的情况下,利用贬值所造成的 P 上涨的机会来增加企业的利润。然而厂商所增加的利润实际上是来源于对工资的再分配,这是因为,在工资因其增长的滞后效应而不能进行瞬间调整时,工资收入者在其名义工资收入不变情况下所要面对的却是不断趋于上升的国内价格,从而他们的实际工资是下降的。因此,从 P 的上升一方面造成利润增加,另一方面又导致实际工资减少这一现象来看,确实产生了以上所说的再分配,然而正是因为有了这种再分配,才使得国际收支的调整得以实现。其理由与在分析政府对纳税人的收入进行再分配时所描述的十分相似,那就是,利润收入与政府收入一样,也具有比工资收入(或私人收入)更高的边际储蓄倾向,因此,利润对工资再分配的结果必然是全社会吸收水平的下降与国际收支的改善。

在结束吸收方法的分析之前,我们还想提醒注意的是,采用吸收方法来调节一国国际收支最重要的实现条件是:在采取贬值政策的同时,还必须辅之以紧缩需求的货币政策与财政政策。采取这两个辅助性的宏观经济政策之所以必要,是因为没有这两个政策给予贬值政策以配合和支持,就不可能产生足够大的、并且是为负吸收效应来使国际收支的逆差得到真正有效的调节。这是因为,如果没有紧缩的货币政策与财政政策的配合,利率与财政拖曳就不可能为正,从而本国的吸收就不可能为负。在明白了这一要点之后,就会很容易地把握吸收方法的理论要点与政策要点了。

11.6 米德综合:内部平衡与外部平衡

11.6.1 内部平衡与外部平衡的概念

内部平衡与外部平衡的概念首先是由詹姆斯·米德(James Meade)提出

来的。米德提出这样的概念,目的是为了综合以上各种有关国际收支的调节理论与方法。

米德研究的中心问题是,一个国家在进行国际收支的调节时,必须同时兼顾内部经济的平衡与外部经济的平衡。他的主要结论是:一国在进行国际收支调节的过程中,为了能够同时实现其内部经济与外部经济的平衡,就必须同时利用对一国的收入与国际收支具有不同效应的两种政策工具。然而,为了找到这样的政策工具,首先就必须理解什么是内部经济的平衡与外部经济的平衡。

按照米德的定义,所谓的内部经济平衡是指一国的均衡的国民产出处于一种既没有通货膨胀的压力,又具有较高的需求与就业水平的状态。过去,人们时常把内部经济的平衡说成是没有通货膨胀的充分就业。自1985年出现了菲利普斯曲线之后,经济学家们开始认为在失业与通货膨胀之间可以作出连续性的权衡抉择,并非只能非此即彼。这一结果导致将内部平衡的概念进一步解释为菲利普斯曲线上的某一个最优点,在过了这一点之后,社会将发现,失业率进一步下降的边际收益会被随之引起的通货膨胀上升的边际成本所超过。10年之后,又出现了埃德蒙·费尔普斯(Edmund Phelps)与米尔顿·费里德曼的自然失业率假说。这一假说认为,在长期中,仅有一个失业率(即自然失业率)可以维持下去。这是因为,由于人人都签订了保护自己的实际收入免遭预期的通货膨胀损失的经济合同,因此,任何较低的失业率都会引起通货膨胀超出人们最初预期的水平而使菲利普斯曲线向上移动。同样,高于自然失业率的失业水平又将导致通货膨胀的放慢。这样,内部平衡的概念就或多或少地成为与自然失业率意义相同的概念了。米德在总结了以上各种通货膨胀理论之后,找到了它们的共同点,即不管是哪一种通货膨胀理论都承认过高的通货膨胀是有害的,因而是必须对其加以控制的。在此基础上,形成了米德的较之凯恩斯内部平衡概念有所不同的定义,那就是在考虑自然失业率的前提下,把内部经济平衡定义为与谨慎控制的通货膨胀相一致的最高水平的需求或国民产出。

所谓外部平衡的概念是指一国的国际收支处于平衡时的情形,严格地说它应当同时包括经常项目的平衡与资本项目的平衡。但在这里,由于我们尚未引起资本项目的分析,因而可以暂且把资本项目抽象掉,假定经常项目的平衡就是整个国际收支的总平衡。

11.6.2 内部平衡与外部平衡的均衡分析

(1) 基本模型。米德用来分析内外经济同时均衡实现条件的基本工具体现在以下这个模型中(见图 11-6-1)：

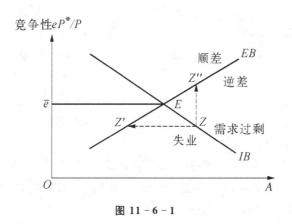

图 11-6-1

此模型是由澳大利亚经济学家 W·E·G·萨尔特(Salter)与雷弗·斯旺(Trever Swan)各自提出，由米德综合而形成的。

图 11-6-1 中的横轴代表国内支出或吸收水平(A)；纵轴表示的是一国商品的国际竞争性，在其他条件不变的情况下，可以认为它与实际汇率(eP^*/P)是相一致的。

图 11-6-1 中的 IB 线为内部经济均衡的轨迹；EB 线则为外部经济均衡的轨迹。这两条线的交点就是米德综合所要追求的内外经济同时均衡的平衡点。

(2) 内部经济平衡线(IB 线)的主要特征。IB 线表示的是实际汇率(eP^*/P)与国内吸收(A)的组合关系，在其右边有过剩的需求，在其左边则有失业。IB 线之所以向右下方倾斜，是因为当经济扩张，并把经济推向需求过剩时，为了抵消这一趋势并保持内部经济的平衡，就必须采取货币升值的做法，以便通过增加进口来吸收掉国内趋于过剩的那部分需求。这反映在图 11-6-1 中，便有 A 增加，e 下降，从而导致(eP^*/P)也下降的调整过程。

(3) 外部经济平衡线(EB 线)的主要特征。我们也可以采用相似的方法来确定外部平衡线的走向。假如国内的吸收(A)因政策变化而增加，那么就有可能因此而引起本国国际收支的逆差。为了保持或恢复外部经济的平衡，就必须改变本国的支出结构,即设法减少本国对于进口商品的需求。要想达到这样的目的,其方法就是让本国货币贬值。随着本国货币的贬值,按照前面弹性方法与吸收方法所分析的那样:一方面,本国的出口将会增加;另一方面,本国的吸收与进口则会减少。受以上两种力量的共同作用,本国的逆差会逐渐消除,外部经济最终将恢复平衡。由于在整个调整过程中吸收(A)与汇率(e)或实际汇率(eP^*/P)正相关,因而 EB 线的斜率必定为正,从而,外部经济的逆差将出现在 EB 线的右侧;而外部经济的顺差则会出现在 EB 线的左侧。

(4) 内部经济与外部经济同时均衡的实现。为了同时实现内部经济与外部经济的均衡,就必须有一项政策用来影响本国的支出水平,并有另外一项政策可以用来影响本国的支出结构。

例如,当一国仅拥有一项可以用来影响吸收(A)的调节政策时,那么该国要想同时实现其内部经济与外部经济的平衡时,只有当它的竞争性刚好为 $\bar{e}$ 时才是可能的(图11-6-1中的 E 点)。

现在,让我们设想一个经济,其最初的均衡点出现在图11-6-1中的 Z 点,即处在内部经济平衡,但却有国际收支逆差的位置上。从图中可以看出,在这种情况下,这个经济只需减少其国内吸收(A),即实施紧缩通货的调整政策,直至 A 减少到能与 EB 线相交为止(这一点就是图中的 Z' 点),便可使该经济的国际收支恢复平衡。但这样做的代价是造成该经济的失业增加(因为新的平衡点已经位于 IB 线的左侧)。之所以会发生这样的事情,归根到底就是因为该经济只有一种可以用来调节国际收支的政策工具,因而在整个调整过程中势必会发生顾此失彼的问题。

为了避免这一代价,可代之以贬值政策,即通过本国货币的贬值迫使人们将对进口商品的需求转向对国内生产商品的需求,借以达到减少国际收支逆差的目的。但是,当一国在实行贬值政策的同时,如不对通货加以紧缩,那么实施贬值政策的结果将是经济的均衡点由原先的 Z 点移向在其上方的 Z'' 点,而不是收敛于 E 点。在 Z'' 点上,由贬值所得到的竞争性的提高会很快地被过剩需求拉起的通货膨胀所抵消,结果,外部经济虽然得到了平衡,但内部经济却失去了平衡,因为在 Z'' 点处存在着巨大的通货膨胀的压力。

米德在分析了以上单一调节政策所产生的两难问题之后,提出了综合性的解决方法,那就是像荷兰经济学家丁伯根(Jan Tinbergen)在其"政策理论"

中早就指出的那样,为了实现两个以上的经济目标,就必须采取两个以上相互独立的政策工具,即:在充分就业的条件下,要想成功地运用贬值政策来消除贸易逆差,就必须在实施贬值政策的同时,导入能够减少国民支出的紧缩通货政策。其中,贬值政策用来改变人们的支出结构,以达到增加出口与减少进口,进而消除逆差、平衡外部经济的目的;通货紧缩政策则被用来减少人们的支出水平,以便保证在本国货币贬值的同时,不至于发生通货膨胀,破坏已有的内部经济的平衡。当这两种政策配合使用,并使外部经济与内部经济同时处于平衡状态时,这个开放经济的一般均衡也就实现了。

11.6.3 存在实际工资阻力的情况

在米德以上所作的综合性的分析中,一国的政策当局采取贬值加紧缩通货的办法,之所以能够使经济最后从非均衡的 Z 点到达一般均衡所在的 E 点,其中存在着一个非常重要的前提假定,即:实际工资是可以调整的,因而紧缩通货政策的推行是没有任何阻力的。但在现实的经济中,实际工资往往是刚性的,即在本币贬值、通货膨胀的情况下,人们会要求增加名义工资,以使他们的实际工资保持不变。为了使得理论分析更加接近于生活实际,在此就必须放松以上所作的米德综合分析中关于实际工资可以调整(非刚性)的前提假定。一旦放松这一前提假定,那么,当政策当局采取贬值与紧缩通货的双重调节政策时,就会遇到所谓的实际工资阻力。

如果把实际工资阻力导入米德综合模型,那么就可以得到一个新的模型(见图11-6-2)。

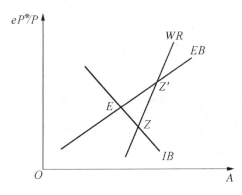

图 11-6-2

与图11-6-1相比,新的模型在基本结构上并没有发生什么大的变化,它只是增加了一条能够反映实际工资阻力存在的 WR 线。现在的问题是, WR 线的斜率为什么为正,也就是说实际工资阻力为什么与 A 和 (eP^*/P) 均为正相关?其斜率的大小又与哪些因素有关呢?

对此,我们可以作以下的推导:在存在实际工资阻力的情况下,IB 线的弹性是较小的(比较图11-6-1与图11-6-2中 IB 线的斜率,可以发现它们是不同的),这是因为,贬值所造成的竞争性提高将被工资的提高所抵消。在 IB 线弹性较小时,贬值将引起储备 R 的外流,这是因为,贬值使得进口变贵了,而出口则因存在实际工资阻力,以及由此而造成的竞争力的低下仍然不能增加。在储备因贬值而外流的情况下,为防止国内货币供给不足而产生经济衰退,货币当局不得不采取冲销政策来扩张国内的信贷,而国内信贷的扩张又会提高人们对于未来通货膨胀的预期,从而产生进一步增加名义工资的要求,而这将会进一步增加整个经济调整过程中的实际工资阻力,所以 WR 线的斜率必定为正。至于这一斜率的大小,从以上的分析中我们已经不难发现,它将取决于人们对于未来通货膨胀的预期。人们对于未来通货膨胀的预期越小,WR 线的斜率就越是倾向于垂直。

现在假定 WR 线的斜率如图11-6-2所示为正。在这种情况下,一国采取贬值政策来调节其国际收支时,其均衡点很可能从原先的 Z 点移向 Z' 点,而不是政策目标所希望达到的 E 点。在 Z' 点,尽管外部经济达到了平衡,但该国的内部经济却存在着很高水平的通货膨胀,因而该国的内部经济是不平衡的。

为了解决这个新出现的问题,就必须采取以下措施来实现外部经济与内部经济的同时均衡:第一,是发展供给;第二,是建立能够使劳动者接受严峻事实的收入政策。这两种政策的目的都在于使 WR 线往左移动,以使经济能够借助于贬值而收敛于 E 点(内外经济同时均衡之点)。如果这两个方面都做不到,那么经济危机就会不断出现。

11.6.4 依附模型中的内部平衡与外部平衡

对米德综合模型的进一步扩展是引进非贸易商品。随着非贸易商品的引进,所要讨论的就是一个依附经济中的内部平衡与外部平衡问题了。

依附经济中的内部平衡与外部平衡的分析可借助于以下的模型来进行(见图11-6-3)。

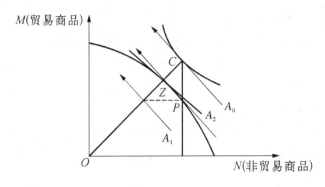

图 11-6-3

依附模型的构造在以前的各个章节中已经多次剖析过,在此运用的依附模型与过去所使用的没有什么区别,因而可以直接从均衡分析开始对这一问题的讨论。

假设一国初始的生产与消费分别出现在 P、C 两个点上,这意味着该国的内部经济是平衡的,而其外部经济则是不平衡的。这时,若仅仅依靠紧缩通货的办法来实现外部经济的平衡,就要求把国内吸收从 A_0 的水平减少到 A_1 的水平。但是,这将引起国内商品供给的过剩,进而导致失业。

为了解决这一个两难问题,就像在前面所分析的那样,该国的政策当局就必须同时实施以下两种政策来实现内部经济与外部经济的同时均衡:其一,是实行货币贬值政策来提高贸易品的相对价格,从而引导消费者以非贸易品的消费来替代贸易品的消费,并使生产者亦能根据已经变化的相对价格来增加贸易品的生产数量;其二,是在实施贬值政策的同时,配合以减少国民支出的通货紧缩政策,以便能够使国内的吸收可以从 A_0 减少到不至于引起经济衰退的 A_2。毫无疑问,通过以上两种调节政策的并用,该国的经济最后将在 Z 点同时实现内部经济与外部经济的平衡。

11.6.5 结论

米德综合模型告诉我们,一国在面临外部经济不平衡的情况下,若是仅仅采取贬值政策,而不辅之以国内紧缩通货的政策,那么贬值的结果将仅仅是名义汇率的贬值,而这对于提高本国的国际竞争力,进而改善国际收支状况,实现内部经济与外部经济的同时均衡是不起任何作用的。只有同时运用贬值与紧缩通货这两种调节政策,才能实现国际收支的平衡与该国在开放经济下的一般均衡。

在一国出现经常项目逆差的情况下,贬值政策主要是用来改变进出口商品的相对价格,进而改变人们的支出结构;而紧缩通货政策主要是用来减少人们的支出总量,并确保实际汇率能够随着名义汇率的贬值而贬值,最终达到提高国际竞争力的目的。

在存在实际工资阻力的情况下,由于国际收支的调节对象又增加了一个,因而需要追加进行调节的政策手段。针对实际工资阻力的调节政策主要是收入控制政策。

最后,米德的综合模型对于依附经济也是适用的,与非依附经济相比,有所区别的只是:贬值所改变的不仅是进口品与出口品的相对价格,而且还包括贸易品与非贸易品的相对价格。

11.7 货币方法

11.7.1 货币方法的由来

在以上各节的分析中,暗含的一个重要假定是,导致国际收支不平衡的货币影响已被冲销了。但在实际上国际收支调节中的货币影响是很大的,越来越多的人已经认识到,由货币贬值所引起的价格水平的上升,将减少实际货币余额,从而减少实际的需求。虽然,在今天的时代,我们已经没有必要像休谟在分析金本位下的国际收支调节时所做的那样,将货币因素置于整个研究的中心,但若是完全忽略掉货币因素对国际收支的影响也是不可取的。

至于国际收支调节的货币方法则是由那些特别强调货币因素的经济学家提出来的。这些经济学家认为,忽视货币在国际收支调节中的重要作用,将会误入歧途。就货币方法本身而言,大致是由以下两个不同的学派建立起来的:一派以国际货币基金组织为基地,其开创者是国际货币基金组织的研究主任,丹麦经济学家 J·J·波拉克(J. J. Polak);另一派是在加拿大人罗伯特·蒙代尔(Robert Mundell)和哈里·约翰逊(H. G. Johnson)的领导下,于60年代在芝加哥大学发展起来的。

其中,第一派经济学家所创建的是适合于进行宏观经济管理的模型;而第二派经济学家则提出了一系列与凯恩斯主义正统观念有着明显冲突的新理论。

11.7.2 货币方法的基本模型

货币方法秉承货币主义的基本立场,认为国际收支是一种货币现象,国际收支逆差实际上是由于国内的名义货币供给超过名义货币需求所造成的。这一结论性的观点可以用公式推导如下

货币恒等式为 $\qquad MS = MD \qquad$ (1)

货币的需求为 $\qquad MD = P \cdot f(Y, r) \qquad$ (2)

式中的 $f(Y, r)$ 为实际的货币需求,实际的货币需求乘上价格(P)即为名义的货币需求。

货币的供给为 $\qquad MS = m(D + R) \qquad$ (3)

式中的 D 为国内的信贷,R 为外汇储备,m 为货币乘数。

现在假定货币的需求不变(这一假定是符合货币主义原意的),并令货币乘数 m 等于1(这样做仅仅是为了分析问题的方便),然后把(3)式代入(1)式,就有以下的等式

$$MD = MS = D + R$$

$$R = MD - D \qquad (4)$$

从(4)式可知,R 下降,即国际收支逆差的出现,就是因为国内信贷(D)的供给量超过了国内的货币需求(MD)所造成的。

根据这样推导出来的结果,货币方法论认为,一国可以利用信贷创造(即使 D 增加)或减少储备(即使 R 变小)的调节方法来实现本国内部经济与外部经济的一般均衡。这种不以贬值为手段的国际收支调节方法,就被称为货币方法。

11.7.3 波拉克模型

波拉克模型是一种以固定汇率为背景的国际收支调节模型。对这个模型的分析可分三个步骤进行。

(1) 模型的前提假设与基本构造。这个模型的一些使问题变得简单化的

前提假设分别为：
① 没有资本流动；
② 固定汇率；
③ 出口为外生变量；
④ 国内信贷扩张作为一个政策变量也是外生的。

这个模型的构造可以描述如下：

在假定货币流通速度不变的情况下（即令货币流通速度标准化为1），由于收入的流量等于货币的流量，因而就有

$$Y_t = H_t \tag{1}$$

再假定进口始终是上期名义收入的一个固定比例 m，这样又可以得到下式

$$M_t = mY_{t-1} \tag{2}$$

根据货币供给与国际收支的恒等式，货币的边际供给量与储备的边际变化将分别为

$$\Delta H_t = \Delta R_t + \Delta D_t \tag{3}$$

$$\Delta R_t = X_t - M_t \tag{4}$$

然后，再把(2)式与(3)式代入(1)式，就有

$$Y_t = H_t = H_{t-1} + \Delta H_t = H_{t-1} + \Delta R_t + \Delta D_t \tag{5}$$

因为 $Y_t = H_t$，从而 $Y_{t-1} = H_{t-1}$，所以(5)式又可以演化为下式

$$Y_t = H_t = Y_{t-1} + \Delta R_t + \Delta D_t \tag{6}$$

（2）稳定调整方案。从(6)式来看，一国持续的贸易逆差，以及由此而引起的储备(R)的外流(即 ΔR_t 为负)，只有在其国内信贷供给量不断增加(即 ΔD_t 为正)的情况下才是可能的。或者反过来说，正是因为一国国内的信贷不断膨胀，才导致了该国持续的贸易逆差与储备的外流。这样，我们在本节一开始就提到的，货币方法论者关于一国国际收支的失衡仅仅是一种货币现象，其原因主要在于：国内的货币供给不是多于实际的货币需求就是少于实际的货币需求这一论点得到了证明。

通过(6)式，还可以看到，当一国面临国际收支顺差或逆差的情况下，为保持一个不变的国民收入(Y_t)，该国的政策当局可以运用其国内的信贷政策

来平衡它的内部经济,这种做法就是著名的波拉克的稳定方案。

但是问题在于,像这样的调整政策的潜力到底有多大?为了回答这样的问题,我们需要对由波拉克提出的这一调整方案作一个动态的分析。

(3) 动态的调整过程。为了便于对动态调整过程进行分析,首先要确定动态调整的三个变量,它们分别是:

① 进口的边际增量 ΔM_t, ($\Delta M_t = m\Delta Y_{t-1}$);

② 当期进口与初始进口的差额 $(M_t - M_0)$;

③ 收入的边际增量 ΔAY_t,[$\Delta Y_t = \Delta D_t + \Delta R_t = \Delta D_t + X_t - M_t$,令 $X_t = X_0 = M_0$,那么,$\Delta Y_t = \Delta D_t + M_0 - M_t = \Delta D_t - (M_t - M_0)$]。

有了以上三个变量,我们就可以将它们列表后进行动态调整的分析(见表 11-7-1)。

表 11-7-1　波拉克动态调整过程

时　期	$\Delta M_t = m\Delta Y_{t-1}$	$M_t - M_0$	$\Delta Y_t = \Delta D_t - (M_t - M_0)$
t_0	0	0	0
t_1	0	0	1
t_2	m	m	$1-m$
t_3	$M(1-m)$	$M[1-(1-m)]$	$1-m(1+1-m)=(1-m)^2$
t_4	$M(1-m)^2$	$m[1+(1-m)+(1-m)^2]$	$(1-m)^3$
∞	0		0

表 11-7-1 的第一栏为时期划分,基期为 0,然后一直趋向于无穷大;第二栏所要计算的是每个时期的边际进口量;第三栏是从第二栏中累积当期进口与最初进口的差额;第四栏所要计算的是收入的边际增加值,并假定从 t_1 时起,外生变量 ΔD_t(即国内信贷的边际增量)以 1 的水平扩大。随后的动态调整过程大致可以分析如下:

一国的货币当局在 t_1 时期注入 1 个单位的增量信贷以后,在 t_2 时期将可以实现等量的进口,但是因为进口构成本国国民收入的漏出流量,故而在 t_2 时期末的收入增量要低于 t_1 时期所增加的信贷量。由于 t_2 时期末的收入增量要按乘数递减,因此,在 t_3 时期开始时的进口增量就要小于 t_2 时期的进口增量。t_3 时期的收入增量因受进口乘数效应的影响而继续递减,以至于 t_4 时期开始的进口增量也进一步递减。如此循环,直至 t_1 时期的信贷增量全部被进口吸收,以至增量收入趋向于零为止。这种现象反映在表11-7-1中,就是t_1时期的增量信贷(它在第四栏t_1时期中为1)最后全部变成了进口的增量累积(第三栏最后一行中的累积进口恰好等于1)。

从以上的分析中我们可以发现,在乘数效应起作用的情况下,一国不仅可以利用扩张国内信贷的货币方法来维持一种具有逆差的平衡,而且还可以借此来增加本国的国民收入,但本国国民收入只能按乘数递增。或者倒过来,一国也可利用收缩国内信贷的货币方法来实现无逆差的平衡。但是,在使用后一种方法时,要注意紧缩国内信贷可能产生收入下降的巨大成本。这一问题显然是被波拉克等人忽略了,而这也正是波拉克模型屡遭他人批评的原因所在。

另外一个被模型创造者以及其他许多经济学家所忽略的问题是,一国货币当局在t_1时期所注入的增量信贷是从哪里来的?在目前这种管理纸币本位的货币制度下,增量信贷的来源要么是来源于足够数量的外汇储备,要么就是来源于本国的产出量的增加。如果是这样,那么增加信贷量的动态调整过程就只能发生在先期具有大量外汇储备或以后具有足够外汇来源的情况之下。这意味着一国在使用货币方法进行国际收支调节时,首先就必须判明本国所处的实际状况,切不可轻易地利用波拉克模型对一个已经陷入严重储备危机的经济实施信贷扩张的动态调整。

11.7.4 多恩布什的套利模型

(1) 套利模型的由来。在正统的凯恩斯理论看来,一国的价格水平主要是由其国内的力量所决定的;而在正统的货币主义看来,各国的价格水平则是由货币数量来决定的。多恩布什(D. Dornbusch)对此有他的独特的看法。他认为,各国在开放经济条件下的价格是由世界市场上的套利所决定的。其主要的根据就是人们熟悉的公式

$$P = eP^* \tag{1}$$

根据这个公式,多恩布什提出了对于贬值的不同看法,那就是,在世界性套利的作用下,贬值所产生的只能是改变支出量的效应,而没有大多数人所认为的那种转换支出的效应。

(2) 套利模型的前提假设与基本构造。套利模型的前提假定是:小国经济、一种商品、两种货币、没有资本流动、没有信贷市场。

其基本构造可以用图 11-7-1 来表示。

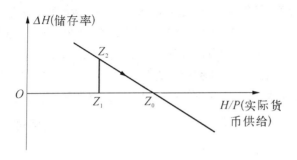

图 11-7-1

图 11-7-1 中的横轴代表实际货币供给；纵轴代表实际货币余额的增量调整。如果当实际货币的供给发生变化以后，公众是以 β 的比例来调整其实际货币余额的，那么就有一条斜率为 β 的关系曲线。

这条曲线的由来可以推导如下：

假定公众有一个以实际值表示的传统的货币需求函数，即 $H_d = aP$，并且只能逐渐地按照比例 β 来调整他们的实际货币持有额与期望货币持有额的差距。那么公众的实际货币余额的储存率 ΔH(The Rate of Hoarding)将为

$$\Delta H = \beta(aP - H) \tag{2}$$

(2)式中的 $(aP-H)$ 为实际的货币持有额与期望的货币持有额之间的差额，β 为实际货币余额的调整系数，实际货币余额的储存率 ΔH 与 H 负相关，与 aP 正相关，故上述的关系曲线的斜率为负。

在没有资本的国际流动与信贷市场的情况下，由于 H 保持不变，能够发生变化的只是 e(由政策当局的贬值措施而引起)和 aP(因为 $P=eP^*$，所以 e 的变化必定会引起 aP 的变化)，考虑到政策当局采取贬值措施的理由无非是因为本国的国际收支出现逆差，因此，图 11-7-1 中的纵轴 ΔH 还可以同时用来表示一国国际收支的逆差或顺差。

(3) 套利模型的调整过程。现在假定，经济的初始点为 Z_0。由于某种原因，该经济出现了贸易逆差。为了保持整个经济的平衡运行，政策当局决定采取贬值措施来调整因贸易逆差而引起的经济失衡现象。根据 $P=eP^*$ 的关系式，货币贬值，即 e 的上升，将使国内价格(P)也随之上升。若名义货币供给(H)保持不变，那么实际货币供给(H/P)就将下降，这在图 11-7-1 中横

轴上表现为均衡点从 Z_0 点移动到了 Z_1 点。

由(2)式可知,P 的上升也就是 aP 的上升,而 aP 又与 ΔH 正相关,因而,随着 aP 的上升,ΔH 也将上升。但是受调整系数 β 的影响,ΔH 上升的幅度要小于 aP 上升的幅度(这也就是图 11-7-1 中调整曲线的斜率为什么小于 1 的原因所在)。ΔH 上升意味着公众将增加他们手中的实际货币余额,为了增加手中的实际货币余额,公众就必须减少他们的消费,即减少吸收(A)。这一调整结果将使该经济的均衡点重新回到斜率为 β 的关系曲线上,即图中的 Z_2 点上。

但是,Z_2 点并不是一个稳定的均衡点。这是因为:在 Z_2 点上,由于吸收(A)的减少,该经济将出现贸易顺差,而贸易顺差又会导致储备(R)的增加,以及随之而来的国内名义货币供给(H)的增加;假如这时先前已经完成调整的 P(从而 aP)保持不变,那么实际的货币供给(H/P)就会重新向右移动;随着实际货币供给的增加,公众又将调整他们手中的实际货币余额,但这次调整的方向与前一次调整的方向刚好相反(这是由 ΔH 与 H 的关系所决定的),公众将减少他们手中的实际货币余额去增加消费或吸收(A);随着吸收(A)的增加,贸易顺差就会趋于消失,经济最终在 Z_0 点恢复均衡。

从以上所分析的整个调整过程来看,稳定的经济均衡的再次出现是通过 e(外部价格)与 P 的上升来完成的。整个调整过程只有这两种价格的变化(这符合本模型一开始所作的只有一种商品与两种货币的假设),而无实际货币供给与公众手持的实际货币余额的变化。最初的逆差之所以会被消除,是因为 e 与 P 的上升减少了人们的实际支出。多恩布什将这样的调整结果称为套利,并由此而坚信贬值所能产生的只能是支出的减少效应,而绝无米德等人所说的支出结构的转换效应。

基于以上的分析,多恩布什认为,贬值所引起的贸易顺差只是暂时的,之所以如此,就是因为贬值作为货币现象只有支出效应,而无支出结构的转换效应。

这当然是一种非常典型的货币主义的观点。但是,有许多批评家对这种货币主义的观点提出了疑问。问题在于,要使以上的这种货币主义的结论能够成立,必须依赖于这样一个很强的假定,即:贸易伙伴国之间的价格必须是趋于均等化的。如果不是这样,那么当一国采取贬值措施以后,由于存在进口商品与国内生产商品的价格差,公众就不会因为 H/P(即 P 的上升)的下降去调整他们手中的实际货币余额,而是会去购买那些相对价格较低的进口品来维持一个不变的实际货币余额的持有比例。这样的调整将产生支出结构的转换效应,而不是多恩布什所得出的那种支出效应。并且,因支出结构转换而导致的进口增加,将使最初的贸易逆差进一步扩大,而不是如同多恩布什所分析的那样,先是贸易逆差的消失,继而是贸易的顺差,最后则是既无顺差也无逆差的套利均衡。

11.8 经常项目的一般均衡模型: IS/LM/BP 模型

11.8.1 一般均衡模型的构造

在开放经济条件下,决定一国国民收入的不仅有各种封闭经济下的宏观经济变量,而且还要包括国际收支这个新的变量。因此,在开放经济下,最简单的一般均衡模型就是加入代表国际收支均衡线 BP 之后的 IS/LM 模型。

这一模型的基本构造可以用图 11-8-1 来表示。

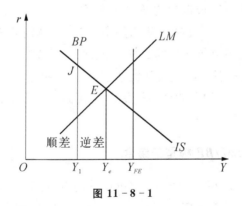

图 11-8-1

图 11-8-1 中的纵轴表示名义利率,在无通货膨胀的情况下也表示实际利率;横轴代表实际收入。

IS 线代表商品市场(流量)均衡点的变化轨迹。IS 线的斜率向下倾斜,是因为较低的利率刺激投资,这就要求有较高的收入水平来引致储蓄的相应增加。因此,IS 线上的每一点均表示在某个特定收入水平下的投资与储蓄的均衡。

LM 线代表资产市场(存量)均衡点的变化轨迹。就只有货币与债券两种资产的模型来说,将资产市场的均衡视为货币市场的均衡还是债券市场的均衡是无关紧要的。LM 线的斜率向上倾斜,是因为收入上升会增加货币的交易需求,从而要求利率(r)上升。按照凯恩斯主义的解释,r 的上升还将引起出于交易动机的货币需求对出于投机动机的货币需求的替代,从而使货币的供给能够更好地满足实际的货币需求。

BP 线是一条垂直于横轴的直线,在 BP 线的左边为国际收支的顺差,右边则为国际收支的逆差。BP 线之所以垂直于横轴,是因为在无资本流动的情况下,r 对国际收支没有直接的影响。r 的上升虽然可以减少支出而使经常项目得到改善,但它的作用首先是直接减少收入,而不是直接改善经常项目,即 r 的上升所引起的变化首先是均衡点沿着 IS 线的向上移动。所以,国际收支均衡曲线只能是一条位于某个收入水平上的垂直于横轴的直线。

除了以上三条基本的线之外,模型中的另一条是代表充分就业的 Y_{FE} 线。Y_{FE} 线给出的是一国处于充分就业状态的国民收入,因而与利率无关,所以也是一条垂直于横轴的直线。

假如一个国家的经济状况如图 11-8-1 所示,那么在短期内(足以使货币乘数发生作用的短期),该国的贸易将在 IS 线和 LM 线相交处达到均衡。毫无疑问,这是一个存在贸易逆差的均衡。为此,就需要采取贬值政策来加以调整。就像以上各节所分析的那样,国际收支调节的方法有许多种,而 IS/LM/BP 模型作为一般均衡模型理应包容以上各种国际收支的调节方法。因此,从短期均衡到长期均衡的调节过程需要我们对以上提出的各种调节方法加以综合。

11.8.2 IS/LM/BP 模型的综合

(1) IS/LM/BP 模型与休谟的"价格—铸币"自动调节机制。如上所述,假如该国的经济在短期均衡中存在经常项目的逆差(如图 11-8-1 中的 Y_e 点所示),并按休谟的假定没有资本流动,那么该国就会有 R(在金本位制下则是黄金)的流出。在该国的贸易出现这种情况时,如果有关当局不采取冲销政策,即不去增加 D,那么该国的货币供给将会减少,从而 LM 线就会向左上方移动。这个过程一直要持续到 IS、LM 与 BP 这三条线相交为止。假如该国经济存在价格向下的刚性,那么就将因此而进入长期均衡状态。从这个调整结果来看,长期均衡的实现是以实际货币的供给减少与收入的下降为代价的,因而它与休谟的调整结果是相同的,从而它们两者间是相容的。

(2) IS/LM/BP 模型与乘数分析。乘数分析方法是以政府的财政扩张为政策杠杆的,并以价格(包括资本的价格——利率)不变为前提条件。经济的初始状况与前相同,即存在国际收支的逆差。为了消除逆差,有关当局决定采取扩张性的财政政策,于是,国内的投资将趋于上升,而这又将推动 IS 线往右上方移动,但因 r 保持不变,所以以上变化对 BP 线,也就是国际收支状况尚未产生什么影响。

然而,要使 r 保持不变,在采取扩张性的财政政策的同时,还必须辅之以扩张性的货币政策,以便使国内的货币供给能够赶上因投资增加而引起的对于货币需求的增加。政策当局的这一做法将导致 LM 线也向右移动,而 LM 线的右移,即国内货币供给量的增加,又为贬值政策的实施提供了前提条件,随着本国货币的贬值,本国的出口将趋于增加,这意味着 IS 线的再次右移。不仅如此,由本国出口增加而引起的 IS 线的再次右移将带动 BP 线的右移,这是因为,出口将使本国的国际收支得到改善。

待到整个调整过程结束时,该均衡点将出现在 Y_e 点的右边,并且,由于受到开放经济下的乘数的制约,国际收支的改善程度要大于收入增加的幅度(这从图 11-8-1 中当长期均衡实现时,即当均衡点出现在 Y_e 点的右边时, BP 线向右移动的距离要大于 Y 向右移动的距离这一现象中清楚地看到)。这是因为,贬值对国际收支的改善产生的是一对一的影响,而由贬值所引起的收入增加将因存在进口的漏出效应而会相对变小。这一结果表明,乘数分析方法与一般均衡模型也是相容的。

(3) IS/LM/BP 模型与弹性方法。仍以图 11-8-1 为分析工具,并以与前相同的短期均衡点作为分析的起点。由于经济存在国际收支的逆差,按照弹性调整方法,此时的做法就是实行实际货币的贬值。实际货币贬值将导致出口增加,从而推动 IS 线向右上方移动。但是,考虑到弹性方法强调的是实际货币的贬值,而不是名义上的货币贬值,因而政策当局在实施贬值的同时,将辅之以紧缩的财政政策或货币政策。这样做的结果将是 LM 线的向上移动,并且将因此而抵消掉因出口增加而增加的那部分收入。这反映在模型中就是,因贬值与出口增加而引起的 IS 线的右移与因实施紧缩的财政政策或货币政策而导致的 LM 线的左移相互抵消,以致国民收入仍然维持在原来的水平上(图 11-8-1 中的 Y_e)。这时,若"马歇尔—勒纳"条件得到满足,那么因出口增加所得到的外汇收入就将被用来改善该国经济的国际收支状况,于是,BP 线就将从 Y_e 的左边移动到 Y_e 上来,而这恰好意味着逆差的消除。从整个调整过程来看,收入之所以没有增加,就是因为它全被用来改善国际收支。从以上的情况看,利用一般均衡模型来作弹性方法的分析也是可以的,因而这里的一般均衡模型是具有综合性的。

(4) $IS/LM/BP$ 模型与吸收方法。在以上几种方法的一般均衡分析中,事实上都是以经济尚未处在充分就业状态为前提条件的。但是,吸收方法的一般均衡分析则必须以充分就业作为其前提条件。这是因为,经济倘若处于非充分就业状态,国际收支的逆差就不一定非要采取减少吸收(A)的调整方法,而可以采用前面所分析过的乘数方法与弹性方法等。假如事情果真如此,那么一般均衡模型中的那条表示充分就业的 Y_{FE} 线,现在就有使用价值了。

现在让我们假定,该国经济的初始状态为:国民收入已处于充分就业的产出水平上,即 $Y_e = Y_{FE}$;但同时又存在一定程度的贸易逆差,即 BP 线位于 Y_{FE} 线的左边。在这种情况下,不仅国内任何需求的增加都不能通过扩大产出来实现,就是国外需求因本国货币贬值的增加也无法通过扩大出口来给予满足。这样,该国经济就只能借助于贬值的吸收效应,通过减少吸收(A)来实现其国际收支的平衡了。

减少吸收的方法无非是这样三种:

第一,是通过再分配措施来减少公众的消费支出。这在模型中表现为 IS 线的左移。其理由是,公众消费支出的减少将会引起社会总需求的下降,而社会总需求的下降则会导致社会总产出的减少,因而 IS 线是向左移动的。假如公众消费支出减少的量足够大,那么最后的均衡点将出现在充分就业曲线左侧 IS、LM 与 BP 三条线相交的一点上。

第二,是采取本国货币贬值加紧缩通货的方法来降低社会的吸收水平。这在模型中表现为 LM 线的向上移动。其最后的均衡点将出现在一个利率水平较高,位于充分就业曲线左侧,并且是 IS、LM 与 BP 三条线相交的某一个点上。

第三,当政策当局在采取以上两种方法之后,如吸收仍不能自动地减少时,就只有选择限制性的"财政—货币"措施了。其做法就是通过带有一定强制性的紧缩财政政策推动 IS 线向左下方移动,同时又采取带有一定强制性的货币紧缩政策来推动 LM 线也向左边移动,最后迫使经济在 IS、LM 与 BP 线相交的,并位于充分就业的收入水平左边的某一个点上取得均衡。

以上各种一般均衡分析的结果与吸收方法的分析结果并没有什么太大的差别,因而可以认为,一般均衡分析与吸收方法也是相互兼容的。

(5) $IS/LM/BP$ 模型与米德综合分析。如前所述,米德综合分析所要揭示的是保证一般均衡分析模型中四条线都在一点相交所需要的政策配合。

如果将米德综合模型中的有关概念转换到现在这个一般均衡的模型中来,那么米德所说的内部平衡就是位于充分就业曲线上的某一个点,而米德所说的外部平衡则是位于 BP 线上的某一个点。为了同时实现内部经济平衡与外部经济平衡,在现在的一般均衡模型中至少要移动 BP 线以及 IS 线与 LM 线中的一条才是可能的。

移动 BP 线所需要的是转换支出的政策,而移动 IS 线或 LM 线则需要采取能够改变支出量的政策。一般而言,能够导致支出结构转换的当然是贬值政策,而紧缩的财政政策或货币政策则可以达到减少支出量的目的。

现在假定,一国的经济所处的状态为:IS 线与 LM 线的交点出现在 BP 线与充分就业曲线之间,这意味着这个经济既有失业(内部不平衡)又有贸易逆差(外部经济不平衡)。为了实现米德均衡,就必须采取贬值加扩张性的财政政策或货币政策的做法。其中,贬值政策是被用来转换公众的支出结构的,而扩张性的财政政策或货币政策是被用来增加整个社会的支出量的。

毫无疑问,贬值的结果是进口的减少与出口的增加,如果不是这样,那就意味着支出结构未被转换。随着进口的减少与出口的增加,BP 线便会得到改善。这一结果反映在一般均衡模型中将是 BP 线的右移与 IS 线的右移。另一方面,扩张性的财政政策或货币政策都将起到刺激投资扩张与增加就业的结果,这反映在一般均衡模型中就是 IS 线或 LM 线的右移。只要以上这些政策运用得当,最后该经济将在充分就业处实现内部经济与外部经济的同时均衡,也就是一般均衡模型中的 BP 线与 IS 线,再加上 LM 线同时相交于充分就业曲线。

倘若经济最初所处的状况是充分就业加贸易逆差,那么在一般均衡分析的模型中,只要采取贬值加紧缩财政政策或货币政策的配合即可。在这里,紧缩财政或货币的宏观经济政策所起的作用是减少公众的支出量,并通过贬值政策把由此而节余的资源用于出口,以便使得本国处于逆差状态的国际收支得到改善。其调整过程反映在一般均衡模型中将是：IS 线与 BP 线因本国货币贬值而同时向右移动，LM 线则因政策当局采取了紧缩性的宏观经济政策而向左移动，经济最后仍会在充分就业的水平上均衡，但与调整前相比，r 却提高了许多，而 r 提高的作用旨在减少人们的需求，以保证有足够的资源用于出口，改善国际收支。这样，米德综合模型与现在的一般均衡分析模型也是可以相互兼容的。

(6) $IS/LM/BP$ 模型与货币方法。如前所述，货币方法强调贬值对货币供给与需求的影响，即对 LM 线的影响，甚至认为这可能是唯一的影响，并试图恢复休谟的货币自动调整机制理论。货币方法还认为，贬值不仅可以取得外部经济的平衡，而且依赖价格的伸缩性也可以保证内部经济的平衡。货币方法的结论是，在有国际收支逆差的情况下，只要让货币自动调节机制起作用，即允许货币贬值，便无需政府的任何帮助，就可使经济回到均衡点。

货币方法的以上观点能否在一般均衡模型中得到证实呢？回答是肯定的。

与以往的做法一样，我们仍假定经济的初始状态为内部经济平衡，但却存在贸易逆差。为对逆差的国际收支加以调节，免不了要采取贬值方法。贬值导致出口增加与 BP 线的右移。然后在内部经济已经处于充分就业的情况下，由贬值所引起的出口增加和随之而来的储备增加必然会引起通货的自动收缩，从而导致 LM 线的左移。结果整个经济将在充分就业的收入水平上同时实现内部经济与外部经济的均衡，即 IS、LM 与 BP 线同时相交于充分就业曲线。

整个调整过程的关键是由贬值后出口增加与储备增加所引起的国内通货的自动收缩这一货币主义的调整机制。这一调整机制就是：当收入(Y)保持不变(因为经济已经处在充分就业状态)，从而人们对货币的需求(MD)亦保持不变时，储备(R)的增加必须通过国内信贷(即货币供给)的减少来加以平衡。这可从以上所提到的货币方法的恒等式 $R=MD-D$ 所揭示的 R 与 D 的相互关系中清楚地看到。假如国内的货币需求(MD)保持不变，贬值在引起 R 增加的同时，必定要求 D 的相应减少才能使上述这个恒等式继续得以成立。

将调整结束后的均衡点与调整前的均衡点作个比较，唯一发生变化的是利率的提高,因为现在的均衡点已经位于原来的均衡点之上。利率的提高表明贬值所影响的仅仅是货币市场的均衡,而这正是货币方法所要得到的结果。

运用一般均衡模型,采用货币方法而得到了与货币方法完全一样的结果,这就表明一般均衡模型与货币方法也是相互兼容的。

(7) 结论。由上可见,$IS/LM/BP$ 模型提供了一个简单的一般均衡分析的框架。这个框架足以说明国际收支调节的不同方法,并表明,这些不同的方法与其说是相互竞争的,还不如说是相互补充的。

在所有各种有关国际收支调节的方法中,有一点是共同的,即都认为在一国的国际收支出现逆差时,必须采取贬值政策来加以调节。

以上各种调节方法的主要分歧在于国内平衡要不要政府的政策干预。在这方面,主流经济学家认为是必须的,而货币主义经济学家则认为是不必要的。

11.8.3 $IS/LM/BP$ 模型的局限

当然,$IS/LM/BP$ 模型也不是尽善尽美的。当人们利用它来进行国际收支的分析时,由于它的若干不符合实际的前提假定,而使某些政策结论显得有些模棱两可。例如在上面所提到的主流经济学的结论与货币主义的结论究竟谁是谁非,就是一个时常叫人感到困惑的问题。

$IS/LM/BP$ 模型的不符合实际的前提假定主要有三:

第一,它假定了一个既定的价格水平,而没有引入通货膨胀的理论;

第二,它假定了静态的预期,即对不变的将来价格的预期,并据此将名义利率等同于实际利率而不加区分;

第三,它假定不同的资产(货币、债券与实物资本)的存量是既定的。

假如放松以上这些假定,又会产生什么样的结果呢?简单地讲,放松以上这些假定,就意味着预期的动态化与资本项目的导入,而这正是在以后两章所要做的事情。在这里,先放松以上所说的第一个假定,即把价格既定改成价格是可变的,这意味着将通货膨胀的因素融入 $IS/LM/BP$ 模型中。由此,将得到一个扩展了的 $IS/LM/BP$ 模型。利用这个扩展了的 $IS/LM/BP$ 模型,就有可能来解决上面所提到的主流经济学的政策结论与货币主义的政策结论到底有什么差别。

如图 11-8-2 所示，经济的初始状态位于图中的 E 点。在这一点上，内部经济处于存在自然失业的产出水平上，而外部经济则存在逆差。

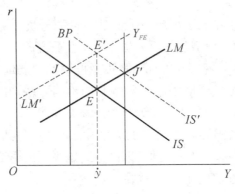

图 11-8-2

不管按照哪一种国际收支的调节方法，在有对外逆差的情况下，只有通过贬值政策才能恢复外部经济的平衡。采取贬值加紧缩通货的做法来对已经处于失衡状态的经济进行调节，在这两个政策的共同作用下，对于 IS 线来说将不会发生什么变化。这是因为，贬值政策将推动它向右移动（因贬值会引起出口增加），而紧缩通货政策又将推动它向左移动（因通货紧缩会导致国内吸收的下降，从而引起产出的下降），这两个作用方向刚好相反的政策动力相互抵消的结果将使 IS 线的位置保持不变。但是，对于 LM 线来说，情况就不同了。这是因为，这两个政策的作用方向对 LM 线来说是一致的。首先由贬值引起的储备（R）的增加，也就是国际收支的改善，要求通过减少国内信贷（D）的供给来冲销，这在模型中就表现为 LM 线的左移。如果不是这样，随着国内信贷的增加与随之而来的吸收的增加，将使出口减少，于是，该经济的国际收支也就将重新趋于恶化。其次，紧缩的通货政策将直接推动 LM 线往左移动。综合以上两个方面的分析，可以看到，该经济的均衡点将会从最初的 E 点移动到图 11-8-2 中的 J 点。

然而，J 点并不是一个长期稳定的均衡点，因为在这一点上存在着失业。假如这时存在工资的刚性，那么调整就将到此结束，于是，J 点就成为一个凯恩斯主义的非充分就业的短期均衡点。假如这时所处的情况是工资非刚性，那么调整就将继续下去。

工资非刚性的调整过程将按照以下的步骤进行下去：在存在失业而工资

又可调整的情况下,首先要发生的事情自然是工资的下调。随着工资的下调,实际汇率($e=P/P^*$)就会随之下降,于是,本国的出口竞争力进一步提高,出口量也将随之进一步增加,而这必将导致 IS 线向右移动。结果,以自然失业为基准的,并且是无逆差的内外部平衡将在模型中的 E' 点实现。将 E' 点与调整前的 E 点作个比较,我们就会发现,就业与收入均无变化,变化的只是利率的上升与逆差的消除。这一结果完全是货币主义的,并且完全是通过货币主义所推崇的自动调节机制来达到的。这时如果没有什么新的力量来改变这一均衡状态,那么它就将长期保持下去。

现在,再进一步来分析调整过头的情况。调整过头有两种可能:一是因经济运行中的信息不完全而导致调整过头;二是因为在 J 点的时候出现了凯恩斯式的政府干预。凯恩斯式的政府干预之所以会发生,一定是由于在 J 点时存在工资刚性,以致不能通过货币主义的那种自动调节的机制来使经济恢复到以自然失业为基准的均衡状态。然而,当政府进行凯恩斯式的干预时,也会遇到信息不完全的问题,因而也会发生调节过头的现象。更何况,有些政府的干预目标本身就已确定为充分就业的实现。这里,暂且以政府干预的目标是充分就业为例,这样,由 J 点开始的调节过程就不会在 E' 点中止,因为在 E' 点就业并未达到凯恩斯主义所追求的充分就业状态,因而经济的均衡点还会进一步移动到 J' 点。这意味着就业将继续增加,以致超过货币主义所设定的自然失业的防线,直向凯恩斯主义的充分就业点逼近。由此产生的后果无论是按照菲利普斯曲线来推理,还是按照货币主义的原理来推导,都会是一样的,即超过自然失业率的就业水平必将引起通货膨胀。这样,J' 点与 J 点一样,也不是一个长期而稳定的均衡点,只不过是凯恩斯主义的一个充分就业与通货膨胀并存的短期均衡点。于是调整就将继续进行下去。

随着通货的不断膨胀与工资的上升,先前由贬值政策而造成的出口竞争力的提高不仅不再继续,而且还会下降。于是,出口又将趋于下降,模型中的 IS 线也将随之向左移动。结果,逆差再次出现,内部经济的平衡则重新回到刚好与自然失业率相一致的产出水平或收入水平上。这种状况就是我们用来作为调整起点的 E 点。当一国的经济不能长期处于逆差均衡时,新一轮的调整就会重新开始。

从以上的分析中可以看到,在放松工资刚性假设,引进通货膨胀的因素以后,在扩展了的国际收支经常项目调节的一般均衡模型中至少会出现四个均衡点,即:E 点与 E' 点;J 点与 J' 点。其中,E 点与 E' 点为长期均衡点;而 J 点与 J' 点则为短期均衡点。由于 E 点与 E' 点具有长期比较静态性质,因而在实质上是属于货币主义的;而 J 点与 J' 点都属于短期调整行为,因而可以说是凯恩斯主义的。这种长期均衡与短期均衡之间的区别再也清楚不过地表明了货币主义与凯恩斯主义的关系,即:货币主义倾向于忽略政策的短期结果,而主张通过市场的自动调节机制来实现经济的长期均衡;而凯恩斯主义则倾向于政策的短期效应,不太相信政策的长期效应(如货币主义关于每年按照一个相对固定的比例来增加货币供给的政策等)与市场的自发力量。因此,货币主义与凯恩斯主义的真正分歧不过是在于对政策形成的有关时间跨度的判断不同而已。由此导致的后果是:注重短期的凯恩斯主义强调政策的重要性,因为在凯恩斯主义看来,类似于货币主义的那种长期性的货币供给政策等于是无政策,所以在他们的心目中,有用的政策大多是短期的;而注重长期的货币主义则强调调节的自发性。这种对于政策的不同看法使得凯恩斯主义常被人们称为干涉主义,而货币主义则常被人们称为自由主义。

11.9 大国经济

11.9.1 "价格—铸币"机制与大国经济

就大国来说,由逆差引起的黄金外流将增加外国的储备,从而会导致外国货币供给的大量增加与价格水平的大幅提高。随着外国价格水平的提高,流出黄金的大国的竞争性将得到加强。与此同时,大国进行国际收支调整的负担也将随着黄金的流出与外国储备的增加而趋于减轻了。这是因为,现在国际收支的调整将变为双方同时进行的事情了,即:既有大国因黄金流出而进行的价格向下的调整,又有外国因黄金流入而进行的价格向上的调整。

11.9.2 乘数方法与大国

大国的乘数效应要大于小国的乘数效应。这是因为大国的乘数效应会引起国外的反响。例如,当大国的政府试图通过扩张性的宏观经济政策来增加其国民收入时,它所增加的进口会以很大的比例影响外国小国的出口,这不仅会导致这些小国的收入增加,并且也将因乘数效应而引起它们的进口趋于增加,结果,大国的出口最后也会增加,收入也会有更大幅度的提高。

11.9.3 弹性方法与大国

大国在面临出口需求无弹性时,采取贬值政策只会使国际收支进一步恶化,此时大国唯一的选择只能是减少吸收方能使其国际收支状况得到改善。

此外,大国在出口需求缺乏弹性时,若想以贬值或倾销的方法来改善它的国际收支状况,那么就极有可能招致他国的报复而使以上的政策措施完全失灵。

最后,大国也经常会面临进口的供给缺乏弹性的问题,但这对于大国的影响却不大。这是因为,当大国出现贸易逆差,国际收支恶化,从而需要利用贬值政策进行调整时,对这类供给缺乏弹性的进口品的需求原本就是会减少的,所以它们的供给状况如何对于大国所要执行的贬值政策来说几乎是没有影响的。

11.9.4 其他

对于以上所分析过的其他方法来说,除了多恩布什的套利模型需要稍做修正之外,其余各种方法均可无条件地适用于大国经济的场合。多恩布什的套利模型要求调整前的价格是不同的,而通过调整(即套利)后的价格必须是均等化的。然而,在大国经济的情况下,恰恰是价格在一开始就是均等化的。所以,除了这一点修正之外,我们关于经常项目下的国际收支调节问题的分析,到这里就可以结束了。

本 章 小 结

1. 本章所分析的是经常项目下的国际收支调节问题。在分析这些问题以前必须要做的两个前提假定是:(1)没有资本流动,这就把资本项目排除在外了;(2)汇率固定不变。从方法论上说,作这样的假定是符合从抽象到具体的逻辑演绎方法的。

2. 休谟的"价格—铸币"机制理论以金本位为其历史背景,分析了一国出现贸易逆差时,是如何通过黄金流出,国内货币供给减少,价格下跌,出口的竞争性提高,出口增加与黄金回流这一自动的调节机制来实现国际收支的平衡的。然而，在以上所说的每一个调整环节中，都要有严格的前提假定。如果没有这些前提假定，那么整个调节机制就将无法自动地运行下去。但是，问题恰恰在于其中的许多假定条件在当时就不是非常完备的，至于到了金本位崩溃以后的时代，这些假定条件就更加不符合实际了。因此，可以这样说，休谟"价格—铸币"机制理论的学说意义要远远大于它的实践意义。

3. 乘数分析方法可以说是现代国际收支调节理论的开端。乘数分析方法运用凯恩斯主义的乘数原理，以价格不变为前提条件，说明了当一国处于贸易逆差但又有失业资源的情况下，通过政府的扩张性财政政策，是可以使得经济调整到一个具有较高收入水平但又没有逆差的均衡状态的。在乘数发挥作用的调整过程中，由于存在进口的漏出，因而政府的扩张性财政政策对收入增加的影响要大于对国际收支改善的影响。

4. 弹性方法放松了乘数分析方法关于价格不变的假定，通过考察进出口的需求与供给弹性，特别是出口的需求弹性，说明了在什么样的条件下，一国的政策当局是可以通过改变两国间的相对价格，即货币贬值，来使国际收支恢复平衡的，这一条件就是著名的"马歇尔—勒纳"条件。考虑到货币贬值与实际经济活动的调整之间会有时间差滞，因而，弹性方法提出了J型的国际收支调整过程。

5. 吸收方法在以上各种国际收支调节方法的基础上进一步区分了贬值的收入效应与支出效应，并强调指出，在一国已经处于充分就业的情况下，只有通过贬值的吸收效应，即减少本国公众的支出与消费水平，才能使国际收支恢复平衡。而吸收的减少主要是通过货币渠道与再分配渠道来实现的。再分配渠道本身又包括两个支渠道：第一，是政府借助于通货膨胀税对居民的收入进行再分配；第二，是厂商利用价格调整与工资调整的时间差滞，在厂商利润与工人工资之间进行再分配。其基本的政策结论是，从最初的充分就业状况出发，一国因国际收支逆差而进行国际收支调节时，必须同时采取贬值加紧缩需求的货币或财政政策。

6. 米德接受了丁伯根的经济政策理论，以他首创的内部经济平衡与外部经济平衡的概念为基础，对吸收方法提出的收入效应与吸收效应进行了综合，主张以贬值政策来转换人们的支出结构，以紧缩性的财政或货币政策来减少人们的支出数量，以达到消除逆差，并使内部经济与外部经济同时实现均衡的政策目标。考虑到以上所说的调节过程可能存在工资调节的刚性，米德进一步构筑了存在实际工资阻力的模型,并根据丁伯根的经济政策理论的基本思想,即在经济活动的调节中存在几个变量就应运用几个政策工具来进行调节的思想,主张以贬值加紧缩通货或财政政策,再加收入控制的政策组合来对存在实际工资阻力与贸易逆差的经济加以调节。除此之外,米德模型的综合性还表现为他的综合调节方法向依附经济模型的推广。

7. 货币方法的基本思想显然是货币主义的,因此货币方法倾向于把国际收支问题仅仅当作一种货币问题来加以处理。从这样的立场出发,货币方法认为一国的国际收支之所以会出现赤字,主要是由该国国内的货币供给超过其需求而造成的。这一看法与以上各种有关国际收支调节的理论可以说是截然不同的,从而形成了主流经济学与货币主义经济学在国际收支调节问题上的重大分歧。货币方法的基本思想是强调国际收支调整的自发性或调整过程的自动性。从这一基本的立场出发,在具体的调整方法上仍可区分为放任的与有适度干预的两种不同的做法。后一种方法就是所谓的稳定货币的方案。该方案主张,在一国出现国际收支赤字的时候,用增加国内信贷供给的方法来保持一个不变的收入水平。而前一种方法则认为,当一国出现国际收支赤字时,一国通过套利机制即可恢复其国际收支的平衡,因此不需要任何类型的政府干预。

8. 本章最后提出的是一个能够综合以上各种国际收支调节理论与方法的一般均衡模型。该模型是在凯恩斯主义封闭经济下的 IS/LM 模型中导入开放经济下的国际收支差额(BP)后建立起来的。该模型之所以被称为一般均衡模型,就是因为它能够包容以上所有各种有关国际收支的调节方法。一般均衡模型的重要性还在于,它很好地说明了凯恩斯主义的国际收支调节方法与货币主义的国际收支调节方法的分歧所在,以及它们两者之间的某种互补关系。简单说来,凯恩斯主义国际收支调节方法所强调的是短期调整效应,而货币主义国际收支调节方法所强调的则是长期的调整效应。这既是它们的分歧所在,同时又表明它们相互之间是可以互补的。即当一个经济出现国际收支问题时,它的政策当局既可以用凯恩斯主义的调整方法来实现短期的均衡,又可采取货币主义的调整方法来达到其长期的调整目标。

9. 大国经济的分析表明:在大国经济情况下,休谟的"价格—铸币"机制若起作用,那么大国在贸易逆差时进行国际收支调节的负担会比在小国经济时要小得多;开放经济的乘数效应在大国经济时也要比小国经济时来得大;

但就大国的出口需求弹性来说通常要小于小国,因此,弹性方法对于大国来说就不一定适用。除此之外的国际收支的各种调节方法,在大国经济情况下与在小国经济情况下基本没有什么差别。

本章关键词

"价格—铸币"流动机制　　金本位　　货币需求方程式　　竞争性名义汇率　　实际汇率　　乘数效应　　开放经济下的乘数　　国民收入恒等式　　出口的需求弹性　　进口的需求弹性　　"马歇尔—勒纳"条件　　国际收支的J型调整曲线　　贬值的收入效应　　贬值的吸收效应　　内部经济平衡　　外部经济平衡　　实际工资阻力　　稳定方案　　套利调整　　IS/LM/BP模型　　凯恩斯主义均衡　　货币主义均衡

本章思考题

1. 休谟"价格—铸币"流动机制的传导过程是怎样的?这些传导过程在什么样的条件下才能发生?其政策含义又是什么?

2. 开放经济下的乘数效应为何会小于封闭经济下的乘数效应?为什么开放经济下的乘数效应对收入增加的影响要大于对贸易差额的影响?

3. 一个国家的外汇供给是从哪里来的?影响一国外汇供给的主要因素是什么?试解"马歇尔—勒纳"条件,并说明它的政策含义。在"马歇尔—勒纳"条件得到满足的情况下,按照弹性方法进行国际收支调整通常会产生什么样的结果?为什么?

4. 根据吸收方法,贬值会产生哪些效应?这些效应各自是在什么样的条件下产生的?当一国经济已经处于充分就业状态时,通过何种贬值效应才能使国际收支恢复平衡?这种效应的作用过程又是怎样的?

5. 米德综合模型的基本结构是怎样的?它的综合性又体现在哪里?米德综合模型是怎样来解决工资刚性问题的?它又是怎样来解决依附经济中的国际收支调节问题的?

6. 国际收支调节的货币方法与其他各种方法的基本区别在哪里?国际货币基金组织的货币稳定方案是一种什么样的国际收支调节方案?其静态

调整过程与动态调整过程有什么不同？国际收支的套利调整方法与上述的稳定方案又有什么不同？套利调整只有在什么条件下才是有效的？

7. 与经常项目有关的国际收支调节的一般均衡模型的基本构造是怎样的？把这一模型称为一般均衡模型的理由是什么？这一模型是如何解释解决凯恩斯主义调节方法与货币主义调节方法间的冲突的？

8. 在大国经济条件下，哪些国际收支的调节方法是完全适用的？哪些是不适用的？又有哪些是需要加以修正的？为什么？

第十二章
资本流动

12.1 导　　言

本章通过导入资本项目进一步扩展国际收支的调节理论。

在当前的国际金融形势下,这个步骤是必不可少的。这是因为,现在的国际交易额的 2/3 以上是与资本项目有关的。

虽然在当前的国际资本流动中不乏投机性的交易,但仍有大量期限较长的正常性的资本流动,而这正是本章所要研究的对象。

本章第一节考察实际资本流动及其对国际收支的影响。接下来的两节考察与证券资本流动有关的流量理论与存量理论。本章的最后一节讨论货币方法,这个方法旨在从整体上,而不是分别地就经常项目或资本项目来解释国际收支的平衡问题,并且还将通过分析表明,货币方法是一种与其他方法相互补充而不是相互竞争的方法。

12.2　资本流动与国际收支的调节

12.2.1　冲销政策下的国际收支调节

首先假设经常项目最初是平衡的。这时假如有一笔稳定的资本流入,那么一国的国际收支将会如何进行调节呢?这就要看该国是否采取冲销政策。

现在假定该国采取冲销政策,那么根据 $\Delta H = \Delta R + \Delta D$ 的恒等式,由国际资本流入所引起的 ΔR 的增加所造成的经济失衡势必需要通过 ΔD 的下降来加以平衡。这意味着那些通过国际融资,能够利用外来资本从事经济活动的经济单位的支出增加,将被另外一些因冲销政策所造成的国内信贷紧缩后不得不削减其支出的经济单位之支出的等量减少所抵消。

毫无疑问,这一调整虽然实现了国际收支与内部经济的平衡,但由于该国是通过冲销资本流入来维持其内部经济之平衡的,因此,未能使资本的流入产生收入效应。这也就是说,冲销政策必定会阻止实际资本的转移而使资本流入国的国民收入保持不变。在这里有必要指出的是,在资本流入并实施冲销政策的场合,虽然不能产生收入效应,但却有可能产生结构效应。即一国可以通过引进资本再加冲销平衡的方法来调整其经济结构(包括企业结构与产业结构),借以达到提高经济效率,增加未来收入之目的。

12.2.2 无冲销政策下的国际收支调节

在外国资本流入的情况下,假如央行不采取冲销政策,那么资本流入就将导致支出的自发增加。这一结果可从以上给出的恒等式中清楚地看到。

假如这时该国的经济处于非充分就业状态,那么最初的资本流入将不会被转移出去,即流入资本将全部被吸收,从而产生收入效应。

然而,随着该国的经济逐渐地达到充分就业的水平,流入的资本又会被渐渐地转移出去。否则经济就将无法保持平衡。随着资本被转移,由资本流入而产生的收入效应也就会完全消失。

12.2.3 保证资本内向转移与内部经济平衡下的国际收支调节

假定一国的金融当局采取不冲销的金融政策,并且试图在保持内部经济平衡的同时又能实现资本的内向转移,那么这时又该采取何种调节措施呢?这可分为两种商品下的调节与三种商品下的调节这两种不同的情况。

先来分析两种商品情况下的调节,以图 12-2-1 为例。

图 12-2-1 中的纵轴为实际汇率,横轴为吸收。IB 与 EB 分别代表内部经济平衡与外部经济平衡的轨迹。经济的初始点为图中的 E 点,在该点存在经常项目的逆差,即内部经济是平衡的,而外部经济则是不平衡的。资本流入将导致储备(R)的增加与 EB 线右移。由于央行采取的不冲销政策,其目的是为了实现资本的内向转移效应,因而 R 的增加势必会引起国内信贷(D)的相应增加。这时,为防止出现通货膨胀,有两种防范措施可供选择:其一是

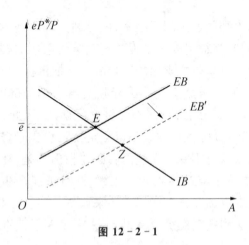

图 12-2-1

采取紧缩政策,但这样做的结果好比是采取了冲销政策,从而与原先预定的目标是相悖的;其二是采取削减关税的政策,这可使进口商品的价格相对变得便宜,从而减少因国内需求增加而引起的国内商品价格的上涨幅度。现在假定有关的政策当局选择的是后一种调节措施,那么,随着资本的流入,图中的 EB 线将会右移到 Z 点的位置上,而 IB 线则因关税降低与进口商品的输入,仍然保持不变。于是,内部经济与外部经济的同时均衡就将在 Z 点出现。若将这一均衡点与调整前的均衡点 E 点相比较,就可以清楚地看到吸收 A 有了明显的增加,而这恰好意味着我们一开始所说的资本输入之内向效应的实现。

现在,再来分析三种商品情况下的国际收支调节问题。三种商品的模型实际上就是在以上有关章节中经常提到的依附经济模型,因而,关于这一模型的基本构造就不必再加以介绍了。对于三种商品的调节方法可用图 12-2-2 来分析。

假定经济的初始点处于内外平衡状态,如图 12-2-2 中的 $P=C$ 点。现有一笔固定的资本流入,并要求其在产生内向的转移效应的同时又能保持内外经济的平衡。这就必须同时采取增加吸收与提高非贸易商品价格的调整政策。这一调整结果将导致贸易品与非贸易品比价关系的变化,进而引起国内生产均衡点由 P 点向 P' 点的移动,以及该国消费均衡点由 C 点向 C' 点的移动。由此所产生的消费均衡点与生产均衡点分离的现象,正好表明该国有资本的净流入。并且,由于消费的均衡点位于该国的生产可能性边界之外,所以该国的净资本流入实际上已全部转化为该国的吸收,因而可以断定流入

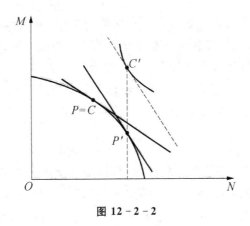

图 12-2-2

该国的资本所产生的是内向的转移效应。进一步的分析表明:由于 P' 点处在生产可能性边界上,因而其内部经济是平衡的;另一方面,从 C' 点来看,高于本国产出能力的消费水平必须通过进口才能得到满足,进口显然意味着储备的流出,因而进口的增加将抵消掉因资本流入而引起的储备增加,结果该国的外部经济也将是平衡的。

事实上,以上的调整过程即使没有政府提高非贸易品价格这一干预行为,在货币机制的自动作用下迟早也是会发生的。这一自动的调整过程可以简述如下:随着一笔固定的资本流入,本国的储备(R)会增加;为保证资本流入能够产生内向的转移效应,金融当局自然不能采取冲销政策,因而,国内的信贷(D)也将随着储备(R)的增加而增加;在经济已经处于充分就业的情况下(这可从生产的均衡点始终位于生产可能性边界线上得到证明),国内信贷(D)的增加必将产生物价上涨的压力;当贸易品的价格是由国际竞争价格所决定时,物价上涨的压力将全部被转移到非贸易品价格上去;因此,货币自动调节机制起作用的结果只能是非贸易品价格的上涨。随后所要发生的事情就与我们以上所分析的一样,在此就不再赘述了。

12.3 流量理论

12.3.1 有资本流动的 IS/LM/BP 模型

以上所分析的基本上还是与商品贸易有关的实际资本的流动。从这一节开始,我们将着手进行与证券投资有关的资本流动分析。我们的分析顺序是:先分析只考虑资本收益而不考虑投资风险的流量问题;然后,再以此为基础,进一步分析不仅考虑资本收益,而且也考虑投资风险的存量问题。

流量理论认为,资本在各国之间流动的决定因素是各国之间的利率差别。因而,流量理论倾向于把资本的国际流动看作是利率的函数,即

$$\dot{F} = f(i^+, i^{*-}) \tag{1}$$

式中的 F 是私人部门的国外净负债存量,因而加上一点后的 F 点($\dot{F}$)是资本的净流入;i^+ 为国内利率,它右上角的"+"号表示它与资本流入正相关;i^{*-} 为国外的利率,它右上角的"−"号表示它与资本流入负相关。由于这个方程式以资本流量与利率的关系为出发点,故被称为流量理论。

当然,还可以在(1)式中加入代表直接投资的自变量与代表债务偿还的自变量。但是,与利息和收入这样的内生变量相比,直接投资与债务偿还均为外生变量,因此,在构筑流量理论的基本模型时,可以暂时不予考虑。

接下来的任务是要把(1)式导入国际收支的恒等式,以便展开有资本流动情况下的国际收支调节问题的研究。把(1)式代入国际收支的恒等式以后,便可得到

$$\dot{R} = TB(Y, eP^*/P) + f(i, i^*) \tag{2}$$

假如把外部经济的平衡理解为储备保持不变,即 $\dot{R} = 0$,并且假定作为外生变

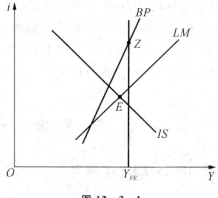

图 12-3-1

量的 i^* 固定不变,那么(2)式就将进一步演变为下式

$$TB(T, eP^*/P) = f(i) \qquad (3)$$

(3)式中的 $f(i)$ 之所以为正,是因为(i^{*-})的右上角的符号为负(见(1)式)。由(3)式可见,TB 与国内利率(i)正相关,这意味着导入资本项目以后的 $IS/LM/BP$ 模型中 BP 线不再是一条垂直于横轴的直线,而是一条斜率为正并随国内利率变化而变化的曲线。据此,便可得到一个新的包含资本国际流动的 $IS/LM/BP$ 模型(见图 12 - 3 - 1)。

12.3.2 有资本流动的国际收支调节

如图 12 - 3 - 1 所示,当经济的初始点位于 E 点时,该经济将出现贸易逆差。在没有资本流动的情况下,要同时实现内部经济与外部经济的平衡,就必须动用米德所说的转换支出的政策工具,以便让 BP 线右移至 IS 线与 LM 线相交的 E 点。其理由是:由于在没有资本流动的模型中 BP 线与充分就业线都是垂直于横轴的,因此,除非 BP 线和充分就业线刚好与 IS 线和 LM 线的交点重合,否则就只能运用贬值政策,通过改变人们的支出结构来实现内部经济与外部经济的同时均衡。

然而,在有资本流动的一般均衡模型中,情况就完全不同了。由于 BP 线现在不再垂直于横轴,所以就会有 BP 线与充分就业线的交点(图 12 - 3 - 1 中的 Z 点),这意味着无需采取使 BP 线右移的贬值政策,只需适当地选择内部化的财政政策或货币政策,或者让 IS 线右移,或者让 LM 线左移,就可使一国内部经济的平衡与外部经济的平衡同时得到实现。

从图 12 - 3 - 1 的情况来看,要实现从 E 点到内部经济与外部经济都平衡的 Z 点之调整,不再需要借助于可能直接对他国产生外部效应的贬值政策,而只需利用扩张性的财政政策与紧缩性的货币政策,就可以在 IS 线右移与 LM 线左移的合力作用下,在 Z 点实现内部经济与外部经济同时平衡的一般均衡。其中,紧缩性的货币政策所要达到的目的是提高国内的利率水平,吸引外国资本的流入;而扩张性的财政政策所要达到的目的是增加产出与出口,以防止国内通货紧缩可能造成的就业下降,并保证将来有足够的外汇供给来偿还因资本流入而产生的国际债务。在没有其他的外部因素的影响下,由此实现的一般均衡应当说是比较长期的。

12.3.3 罗伯特·蒙代尔的指派模型

(1) 罗伯特·蒙代尔模型的基本构造。

罗伯特·蒙代尔模型的基本构造可用图12-3-2分析如下：

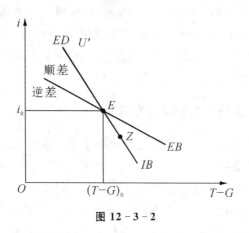

图 12-3-2

图 12-3-2 中的横轴表示的是财政盈余 $(T-G)$，它实际上代表着财政政策向量，$(T-G)$值的大小反映的是财政政策的松紧程度，$(T-G)$值越大，也就是财政盈余越大，那么财政政策就越是偏紧，反之则相反。纵轴表示的是利率，它实际上代表着货币政策向量，利率水平越高，那么货币政策就越是偏紧，反之亦相反。

图中的 IB 线与 EB 线的含义与米德综合模型中的含义完全相同，即：IB 线是内部经济平衡的轨迹；EB 线是外部经济平衡的轨迹。但是，区别在于，这里的 EB 线的斜率与米德综合模型中的斜率刚好相反。对此，我们有加以说明的必要。

假定外部经济的均衡点与内部经济的均衡点一样也是出现在图12-3-2中的 E 点，那么一种紧缩的财政政策将增加经常项目的顺差（因为它减少了吸收）。这时，为了维持外部经济的平衡，就需要一种松的货币政策来配合，即：降低国内的利率水平，增加国内信贷。这种松的货币政策实施的结果不仅会导致进口增加（由吸收增加所致），而且还会导致资本外流（由利率下降所致）。于是，由紧的财政政策所产生的贸易顺差就将趋于消失，整个经济就会趋向于一般均衡。在这个调整过程中，一般均衡的实现必须要有 $(T-G)$ 的

增加与 i 的下降之互动,然而正是这种互动关系决定了 EB 线的斜率必定是向下为负的。

接下来的问题是,EB 线的斜率为什么会小于 IB 线的斜率?对于这个问题的解释是:财政政策的影响力在有资本流动的情况下要小于货币政策影响力。简单地说,财政政策的变化只能对经常项目产生影响,而货币政策的变化不仅会对经常项目产生影响,同时也将对以利率为其自变量的资本流动产生重大的影响。这样,当政策当局采取紧缩的财政政策时,能够同时撬动两个变量的货币政策只需进行少量的微调,就可使经济调整到一般均衡的状态。于是,便产生了我们在模型中所看到的 EB 线的斜率要小于 IB 线斜率的现象。

(2) 国际收支的调整过程。

从以上的分析中我们已经知道,尽管 IB 线的斜率与 EB 线的斜率方向是相同的,但它们的斜率大小却是不同的,从而就会有这两条线的交点存在,而这两条线之交点自然也就是经济的一般均衡点,比如图 12-3-2 中的 E 点就是这样一个一般均衡点。

现在让我们假定,经济最初的均衡状态不是出现在 E 点,而是出现在 Z 点,这意味着该经济的内部经济是平衡的,但其外部经济则存在着逆差。为了恢复经济的一般均衡,就需要利用紧缩的财政政策来减少人们的吸收;与此同时,为防止出现经济衰退或失业增加,又应当利用松的货币政策来加以配合。紧缩财政政策将导致吸收下降与贸易顺差,而松的货币政策则抵消掉了由紧缩财政政策所带来的对国内就业的不利影响。其结果就是,内部经济平衡线 IB 保持不变,而外部经济平衡线则在以上两种力量的共同作用下逐渐地向下移动,最后在 Z 点与 IB 线重新相交,一般经济的均衡便顺利地实现了。

这里有一个问题可能被人疏忽,那就是当政策当局推行松的货币政策时,随着利率的下降,资本就必然会随之流出,而这又会对外部经济的平衡产生什么样的影响呢?在这里,首先要提醒注意的是,在政策当局采取紧缩的财政政策时,由于国内吸收减少,其外部经济已经由原来的逆差变成了顺差,而顺差则意味着外部经济并没有处于平衡状态,因而刚好需要松的货币政策来调低利率水平,以便通过部分资本的外流来平衡贸易顺差状态下的国际收支。因此,这正如在以上分析中已经指出的那样,由于货币政策在有资本流动的开放经济下具有同时撬动两个变量的功能,因而,当紧缩的财政政策造成了国内就业下降与国际贸易顺差的双重后果时,政策当局恰好可以利用松的货币政策来解决这一个两难问题。

(3) 蒙代尔的指派问题。

有必要指出的是,以上这样的调节过程是暗含着某些十分重要的前提条件的,它们主要是:第一,执行调节任务的有关当局必须能够掌握充分的信息;第二,为保证财政政策与货币政策在调节过程中的密切配合,这两套不同的政策体系最好由同一个机构来控制。但是,这样的条件在现实的经济中是无法得到满足的。几乎在所有实行市场经济制度的现代国家里,财政政策与货币政策都是分别由财政当局与央行这两个不同的机构来控制的。至于充分信息也经常是可求而不可得的稀缺资源。

面对这样的现实,人们就想到利用指派方法来解决这一难题。即:指派货币政策去实现内部经济的平衡;指派财政政策去实现外部经济的平衡;或者相反。而不管这两个政策体系究竟是控制在哪个机构的手里。

然而,指派方法并不是完美的,这是因为一旦指派不当,即发生错误的指派,就会产生十分严重的经济后果。对此,我们可以举例来分析(见图 12-3-3)。

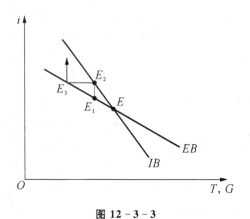

图 12-3-3

假定现在指派财政政策去实现外部经济的平衡,指派货币政策去实现内部经济的平衡。经济的初始点在图 12-3-3 中的 E_1 点,这意味着外部经济是平衡的,而内部经济则存在通货膨胀。这时,如按以上的指派进行调整,那么就应该利用货币政策来平衡处于失衡状态的内部经济。针对内部经济存在通货膨胀这一实际情况,负责执行货币政策的央行就应采取提高利率的紧缩货币政策来降低国内的通货膨胀率。央行一旦采取这一调整措施,经济的均衡点就会从原来的 E_1 移动到 E_2 点,结果,内部经济虽然恢复了平衡,但是外部经济却出现了顺差。

根据以上的指派,保持外部经济平衡是专门负责执行财政政策的财政部的责任,因而,接下来的事情与央行无关。为了消除外部经济的顺差,财政当局就必须采取扩张性的财政政策。然而,财政当局的这一调整措施又将在外部经济恢复平衡的同时重新引起内部经济的通货膨胀,这可从经济的均衡点由 E_2 点移向 E_3 点的变动中清楚地看到。这样,经济调整的任务又将重新落到央行的身上。如此循环往复的结果,将使经济的均衡点趋向于向外扩散,而不是向着其稳定的均衡状态,即 E 点的收敛。

由此引出的教训是,指派是有问题的。因此,最好的做法是不要指派。即使因为某些制度上的问题而非要采取指派方法时,也应尽量采取正确指派的做法。就上述例子来说,正确的指派应是由货币政策去调节外部经济的平衡,而内部经济的平衡则应由财政政策去调节。这样就可以避免出现以上所看到的那种恶性循环的调节结果。

12.3.4　用资本流入的方法来调节经常项目逆差的可行性及其问题

假如某种主要进口商品(如石油)的价格意想不到地涨上去了,并且预期随后不会下跌,那么这就将导致贸易条件的恶化。这种情况反映在蒙代尔模型上,将表现为 EB 线的向上移动与 IB 线的向下移动。

这时,有关的政策当局若能同时采取紧的货币政策与松的财政政策,那么这个经济不仅可以维持其原有的吸收水平,而且还可以通过吸引外国资本的流入来消除由贸易条件恶化而引起的国际收支的赤字。

但是,在这里必须指出的是,这个经济若不通过中长期的努力来调整其经常项目的逆差,而仅仅只是依靠资本流入来平衡其国际收支,那么这就将是一种非常危险的做法。这是因为,在有贸易逆差的情况下,若要维持国内的吸收水平保持不变,就必须对外借款,即所谓的资本流入。随后,为了支付到期利息,它还要再次借款,因为经常项目的逆差已使该经济丧失了外汇供给能力。这种无穷尽的借款行为最终将引起该经济的货币与债务危机,从而是一条通向毁灭的道路。

由此可见,用资本流入来调节经常项目的逆差在短期内并不是不可以,但从长期来看却并不是一种可取的方法。一般来说,由经常项目逆差而引起的国际收支的赤字,最终还是要通过改变人们的支出结构来加以调整,而要调整人们的支出结构还是离不开货币贬值这一基本的调整措施。

12.3.5 资本完全流动的 IS/LM/BP 模型

资本完全流动的条件是,国内债券与国外债券可以完全替代。由于国内债券与国外债券可以完全替代,因而只要国内利率高于国际利率,就会吸引资本大量流入。或者,当国内利率低于国外利率时,本国就有可能发生抛售国内资产的热潮。

资本完全可流动意味着 BP 线是水平状的(见图 12-3-4),这也就是说资本流动对利率具有完全的弹性。那么在资本完全可流动情况下的国际收支调节与不可完全流动情况下的国际收支调节又有什么区别呢?对此,可以举例分析如下(见图 12-3-4)。

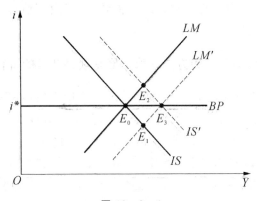

图 12-3-4

如图 12-3-4 所示,假定经济的初始点是在 E_0 点,央行试图通过扩张性的货币政策来增加经济的产出。扩张性的货币政策意味着 LM 线的右移,由于这时的 IS 线并未发生变化,因而新的均衡点将位于有新的较大数量货币供给的 E_1 点。但在 E_1 点,国内利率水平要低于国际的利率水平。于是,在资本完全可流动的场合,国内就会出现投资者竞相出售本国债券,随后又出售本国货币买进外国货币,最后又用外国货币购买外国债券的资本外流现象。这个过程一直要持续到 LM 线返回到原来的位置,即国内利率恢复到与国际利率相同水平时才会停止。由此我们可以引出一个简单的结论:在资本完全流动,以及汇率固定的情况下,货币政策是无力影响一国的收入水平的,但它却是一个令人满意的影响储备水平的工具,因为它可以通过改变国内利率水平的高低来影响资本的流入或流出,进而改变本国储备数量的多少,而不至于产生偏离其他国内目标的代价。

仍以图12-3-4为例,我们再来看看扩张财政政策下的调整过程及其结果。假定一国决定采取扩张性的财政政策来提高本国的国民收入。于是,图12-3-4中的 IS 线就会右移,新的均衡将会出现在 E_2 点。但在 E_2 点,国内的利率水平要比国际利率水平高出许多,因而必然会有外国资本的涌入。这些流入的资本又将引起本国储备的增加,以及随之而来的货币供给的增加(假如央行采取不冲销的调整政策),结果国内利率将随本国货币供给的增加而趋于下降,并逐渐地恢复到原来的水平。由于在以上这个调整过程中先后发生了 IS 线的右移(因扩张性的财政政策所致)和 LM 线的右移(因资本流入,储备增加而引起的货币供给增加所致),因而其最终均衡点将位于图12-3-4中的 E_3 点。若将 E_3 点与原来的均衡点作一比较,我们不难发现,收入增加了,但国内的利率水平却维持不变。由此,可以得到的一个结论是:财政政策在影响一国的收入方面是非常有效的,因为它可以通过吸引资本流入来增加货币供给,避免利率上升。

综合以上两个方面的分析结果,我们可以这样说:在有资本流动的情况下,用货币政策来调节外部经济的平衡,用财政政策来调节内部经济的平衡,将是一种较为合理的政策组合。

12.4 存量理论

12.4.1 资产组合理论的基本观点

存量理论是在流量理论的基础上发展起来的,它与流量理论的主要区别就在于是否考虑风险因素对资本国际流动的影响。由于存量理论导入了流量理论所不予考虑的风险因素,因而它的分析方法也就发生了很大的变化。这种变化主要表现为对于资产组合理论的重视与运用。因此,为了能够较好地理解国际收支调节的存量理论,有必要掌握资产组合理论的基本要点。

在资产组合理论看来,资产所产生的收入很少是确定的,收益最高的资产通常也就是风险最大的资产。因而,一个理性的投资者在决定如何分配他的财富时,需要同时考虑预期的收益与风险,以及在这两者之间权衡的偏好。

资产选择的简单实例可用图 12-4-1 来表示。

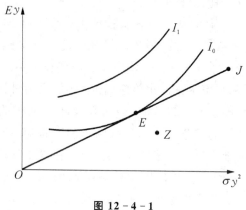

图 12-4-1

图 12-4-1 中的纵轴代表平均的或预期的收益,记作 Ey,其中 E 是预期,y 是预期的收入;横轴代表收入的方差(方差是标准差的平方),记作 σy^2,这是最普通的风险指标;图中的 I 线是资产组合的无差异曲线。

由于风险 σy^2 对于大多数投资者来说是坏事,而较高的预期收益是一件好事,所以一个典型的投资者的无差异曲线是向上倾斜或凸向原点的。在图 12-4-1 中的 O 点,投资者持有一种不支付任何收益,但也没有任何风险的资产,即 Ey 与 σy^2 均等于 O 的资产组合。在 J 点,投资者持有的是一种预期收益与风险都很大的资产组合。在 Z 点,投资者持有的是一种风险很大,但预期收益却相对较低的资产组合。现在假定投资者都是风险厌恶者,根据这一假定,我们就可以把图 12-4-1 中的 Z 点排除掉。然后再连接图中的 OJ 两点,这样就可以得到一条资产组合线。当投资者的组合偏好给定以后,那么只要将反映投资者之组合偏好的无差异曲线与资产组合线相切,就可以找到满足以上所有条件的最佳资产组合均衡点。

根据以上所作的分析,我们大致可以得到以下几点结论性的观点:

第一,虽然投资者不必购买市场上的每一种资产,但为了分散风险,他们通常会将资本分别投资于两种以上的资产上;

第二,投资者对于每一种资产的需求,与该资产的收益有正向的依存关

系,而与投资者所认识到的该资产的风险有反向的依存关系;

第三,随着投资者可供投资的资本数量的增加,在资产组合偏好保持不变的情况下,对所有资产的需求都将上升。

12.4.2 存量理论与 IS/LM/BP 模型

首先分析含有存量的国际资本流动的模型,它的基本形式为

$$Fd = f(i, i^*, \sigma y^2, W) \tag{1}$$

上式中的 Fd 为资本流入国对资本输出国的贷款需求;W 为投资者所拥有的财产数量;其他各项与以前所定义的完全一样。

现在假定可供投资者进行投资与组合的财产数为一个常数,σy^2 与 i 正相关。那么,当 i 上升时,最初会有流量资本从输出国流入输入国。但是,随着输出国所持有的收益为 i 的资产数量的增加,整个存量资本的风险与收益的组合就会发生变化,从而需要对其进行调整。假定投资者原有的组合偏好保持不变,那么在 i 上升、资本流出的同时,他们也会相应地增加收益为 i^* 的本国资产,在 W 不变的情况下,这样的调整最后还是要通过撤回部分或全部对外投资来解决问题。结果,这种受资产组合影响的存量资本的调整,将使由 i 上升所引起的资本流动仅仅表现为一时性的,而这正是存量理论与流量理论的区别所在。在流量理论看来,只要 i 上升,资本流动就会持续不变;而在存量理论看来,只有当财产 W 持续增加时,才可能出现持续不变的资本流动。

以上的分析表明,在有资产组合与存量调整的情况下,就长期而言,资本的国际流动可以说是不受利率(i)影响的,这样,处于 IS/LM/BP 模型中的 BP 线就又变成了一条与利率无关而垂直于横轴的直线。随着 BP 线重新垂直于横轴,它与充分就业曲线的交点也就不复存在,这样,以上所分析的蒙代尔式的政策配合就不足以实现内部经济与外部经济的同时均衡了。

据此,存量理论得出了以下的结论:经常性项目的逆差最终还是要通过经常性项目自身的调整来加以平衡,利用资本项目的净流入来平衡经常项目的逆差不仅是有害的,甚至压根儿就是不可能的。

12.4.3 罗伯特·弗伦克尔模型

(1) 弗伦克尔(Roberto Frenkel)模型的基本构造。

弗伦克尔模型的意义就在于它把存量理论的运用扩大到了信贷市场。

这个模型的基本假设是：银行是一国唯一的贷款来源，并且只有它才能够进入国际市场；政府需要贷款是为了弥补它的财政赤字；私人需要贷款是为了筹措投资资金；这类贷款需求对利率的变动反应敏感。

弗伦克尔模型的基本构造可用图12-4-2来分析。

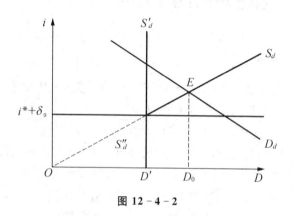

图 12-4-2

图12-4-2的纵轴为信贷市场的利率，横轴为信贷市场的供求数量；贷款的需求由D_d线来表示；贷款的供给由$S_d(S_d=S_d'+S_d'')$线来表示，它可分为两个部分，垂直于横轴的S_d'线为国内供给部分，而那条斜率为正的S_d''线代表的是国外供给部分。

代表国内信贷供给的S_d'线之所以垂直于横轴，主要依赖于以下两个假设：第一，是把国内信贷当作常数来处理，即它在一个既定的时间内是保持不变的；第二，是假定货币乘数不受利率的影响。之所以作出以上两个假设，目的仅仅是为了让问题变得简单化。

代表国外信贷供给的S_d''线的斜率事实上存在三种可能：

第一种可能性是该线的斜率随利率(i)的变化而变化。出现这种可能性的条件是，国外信贷供给者在向本国信贷市场提供信贷时，不仅要求较高的利息收益（即i必须大于i^*），而且还要求由此得到的收益足以抵补该贷款行为所包含的风险。

第二种可能性是该线的斜率等于无穷大，即S_d''线与S_d'线完全重合，这意味着不管本国利率如何变动，国外的信贷供给始终等于0。出现这种情况的条件是：本国的信贷市场具有很大的风险，而外国的投资者又是极端厌恶风险的人，以致当本国国内利率与国际利率出现任何差距时都无人愿意前来投资。

第三种可能性是该线的斜率等于 0,即 S''_d 线与横轴平行。出现这种情况的条件是：外国贷款者在国内利率与国际利率无任何区别时也愿意向本国信贷市场进行投资,这或许是因为外国投资者的绝对财富量增加了,或许是因为国内信贷市场的风险与国际信贷市场的风险出现了变化。

从 S''_d 线的三种可能的斜率来看,其斜率等于 0 与斜率等于无穷大这两种情况可以被看作是两个极端的现象。其中,斜率等于无穷大时,资本完全不流动;而在斜率等于 0 时,则为资本完全可流动。在这两种极端情况之间存在着一个资本有限流动的区域,在这个区域内,S''_d 线斜率的大小将主要取决于以下两个因素：其一,是贷款的风险,即借款国的投资风险,这种投资的风险越大,S''_d 线就将越是陡峭,并越是趋向于同 S'_d 线重合;其二,是借款国的货币乘数的大小,即商业银行的准备金比率的大小,准备金率越小,从而货币乘数越大,那么资本流动性的 S''_d 线的斜率也就将越是平坦,直至接近于水平状态。对于这后一决定因素可以作更进一步的分析：假如一国的准备金率较低,那么货币乘数就较大,因为商业银行可用来进行货币再创造的资本金较大;货币乘数较大,那么国内的信贷供给就会相应增加;国内信贷供给的增加会产生对国外信贷供给的替代效应,故而国外信贷供给者或贷款人就只能以较小的利率差额($i-i^*$)来本国进行投资,而这将使 S''_d 线变得较为平坦。

(2) 资本项目的调整。

有了以上这些基本的概念与知识,就可以进一步来分析弗伦克尔模型的调节过程了。以图 12-4-2 为例,假定经济的初始点是在图中的 E 点,那么国内信贷总额为 $D'+(D_0-D')$,其中,D' 为国内供给的部分,而 (D_0-D') 则为国外供给的部分。现在为增加本国的产出或收入水平,有关货币当局决定采取扩张性的货币政策,即增加国内信贷市场的供给总量。受这一扩张性货币政策的影响,国内的利率水平要下降,同时,国内的信贷供给线 S'_d 将会右移。随着国内信贷供给的增加与利率的下降,国外的信贷供给将会趋于减少。国外信贷供给的减少无非是由这样两个原因所造成的：第一,是由利率下降所产生的收入效应而引起的外国投资的主动撤退;第二,是由本国信贷供给增加所产生的替代效应而引起的国内信贷对于外国信贷的排挤。在国内的信贷需求不变,即图 12-4-2 中的 D_d 线保持不变的情况下,最后的均衡将出现在原来均衡点的左边,且利率水平相对较低的某一个点上。

以上我们所分析的是扩张性货币政策的调整过程,现在再进一步来分析扩张性财政政策的调整过程。假定经济的初始点与前相同,政策当局决定在这样一个时点上实施扩张性的财政政策,其方法是通过在国内信贷市场上的资金融通来增加政府的支出。政府的这一举债行为将引起信贷市场需求的增加(在图12-4-2中将表现为 D_d 线的右移)与利率的上升。随着国内信贷市场利率的上升,国外的信贷供给就会趋于增加。在这种情况下,即使没有扩张性的货币政策,国内信贷的供给总量也会在货币乘数的作用下不断地增长,而这必将使 S_d' 线右移,并由它带动 S_d'' 线一起向右移动。最后,经济的均衡点将出现在原均衡点右边,利率水平可能相对较高,但也可能在与前持平的某一个点上。

比较这两种不同的经济扩张政策的调整过程,我们可以清楚地看到,利率的变动方向刚好是相反的,从而对于外国资本流动方向的影响也是相反的。这一点对于政策当局在决定何时采用什么样的政策对经济进行调节来说是有重大意义的。比如说,当经济处于对外有国际收支的逆差而内部又有失业状态时,采取扩张的财政政策可能就是一种比较理智的做法。反过来,当经济处于对外有国际收支的顺差而内部尚未达到充分就业状态时,采取扩张性的货币政策将是一种比较理智的做法。

(3) 经常项目的调整。

以上所作的分析仅限于资本项目本身,现在进一步引进经常项目,来看看经常项目顺差或逆差情况下的信贷市场的调节过程及其均衡的实现。先分析经常项目顺差的情况。

经常项目顺差首先会带动储备的增加,进而使国内信贷增加,而这反映在弗伦克尔的模型中,就表现为 S_d' 线的右移,其结果就好比本国政府采取了扩张性的货币政策。当然,由此产生的均衡状态与扩张性的货币政策可能会有所不同。这是因为,由贸易顺差而引起的储备增加,可以被央行用于增加国内的信贷供给,也可以被用来进行国外投资,而扩张性的货币政策所能增加的仅仅是国内的信贷。因此,由经常项目顺差而引起的调整过程的力度或对整个经济的影响力往往要小于扩张性的货币政策。

现在再来分析经常项目逆差情况下的调节过程。经常项目逆差自然会引起储备的外流,随着储备的外流,国内的信贷供给也会随之减少。这一现象反映在弗伦克尔模型中,就表现为 S_d' 线的左移。在国内的信贷需求不变的情况下,这势必会引起国内信贷市场利率的上升与外国资本的流入。这时,有关当局若想通过人为创造信贷的方法来维持一个不变的收入与支出水平，那么，首先 S'_d 线会重新向右回归。与此同时，在有关当局人为增加信贷供给、利率下调与通货趋于膨胀的情况下，国内信贷市场的投资风险开始急剧增大，这在模型中将表现为 S''_d 线不断向上旋转，并逐渐地向 S'_d 线靠拢。S''_d 线的这一变化意味着现在要吸引国外的信贷供给者进入本国的信贷市场，就必须向它们支付更高的利息报酬；或在有关当局试图维持一个较低或不变的利率水平时，将会引起大量已经进入本国信贷市场的外国资本的急速流出。由此产生的结果是：一方面是资本外逃与储备的持续下降；另一方面则是国内信贷市场供给总量的持续减少。而这正是 80 年代，拉美国家因实行进口替代政策而引起经常项目持续逆差，并伴随有大量资本外逃现象之所以会发生的原因所在。其最终的后果不仅是引发了一场骇人听闻的国际收支危机（国际债务危机），而且还从根本上损坏了这些国家长期经济增长的基础。

12.5 货币方法

12.5.1 货币主义的国际收支模型

正统的国际收支模型为

$$\dot{R} = TB(Y, eP^*/P) + f(i, i^*) \tag{1}$$

式中的 $TB(\cdots)$ 项代表的是经常项目，而 $f(\cdots)$ 所代表的则是资本项目。

与正统的国际收支模型不同，货币主义的国际收支模型认为：全部国际收支仅仅是货币资产的流入与流出，这也就是说，国际收支只是一种货币现象。基于这样的认识，货币主义提出了不同于正统国际收支模型的国际收支方程式，即

$$Hd = H(P^+, Y^+, i^-) \tag{2}$$

式中的 Hd 为货币的需求，P 为价格，它与货币需求正相关，Y 为国民收入，它也与货币需求正相关，i 为国内利率，它与货币需求负相关。

$$Hs = (1/\phi)(R + D_1) \tag{3}$$

式中的 Hs 为货币的供给，ϕ 为准备金率，货币的供给主要取决于货币乘数($1/\phi$)、储备(R)与央行所创造的信贷(D_1)。

若将(2)式代入(3)式,便有

$$R + D_1 = \phi H(P, Y, i) \tag{4}$$

对(4)式进行全微分,又可以得到以下的等式

$$dR = H d\phi + \phi H_1 dP + \phi H_2 dY + \phi H_3 di - dD_1 \tag{5}$$

由于在(2)式中 i 头顶上的符号为负,所以应按原来的函数关系将(5)式调整如下

$$dR = H d\phi + \phi H_1 dP + \phi H_2 dY - \phi H_3 di - dD_1 \tag{6}$$

由(6)式看,储备(R)的变动是 ϕ、P、Y、i 和 D_1 等因素变动的结果。

若将(6)式与(1)式进行比较,就可以清楚地看到货币主义模型与正统模型的许多重大差别:

第一,在正统模型看来,一国收入的增加会导致进口的相应增加,进而引起储备的外流与国际收支的恶化;与此相反,根据货币主义的模型,dY 与 dR 为正相关,因而一国收入的增加将会使该国的国际收支得到改善。

第二,在正统模型看来,国内价格的上升会削弱本国的国际竞争性,从而导致本国国际收支的恶化;然而在货币主义模型看来,由于 dP 与 dR 为正相关,因而国内价格的上升对于改善一国的国际收支是有利的。

第三,在正统模型看来,一国利率水平的上升会引起外国资本的流入,从而有助于本国国际收支的改善;然而在货币主义模型看来,由于 di 与 dR 负相关,因而国内利率水平的上升会恶化本国的国际收支。

基于以上的区别,人们认为货币主义对正统理论提出了挑战。

12.5.2　世界货币主义的 *IS/LM/BP* 模型

在对以上这个问题作出回答以前,先让我们来看看货币主义是如何将它们的国际收支模型融入一般均衡模型,从而建立起世界货币主义的国际收支调节理论的。

世界货币主义与货币主义在本质上并没有什么区别,它们的差别主要是程度上的。简单地说,世界货币主义不仅像货币主义一样认为货币重要,而且在处理国际收支问题时只强调货币因素而不考虑任何其他的因素。

在世界货币主义者看来,(2)式中的 P、Y、i 都是外生变量。其中:Y 是在充分就业水平上由工资的伸缩性决定的;P 与 i 则被认为是分别由世界市

场上的商品与证券之充分套利决定的。根据这样的看法，便可得到以下式子

$$Y = Y_{FE} \tag{7}$$

$$P = eP^* \tag{8}$$

$$i = i^* \tag{9}$$

从以上三式可见，世界货币主义基本上排除了资本或货币流动对实际经济的影响，即对一般均衡模型中的 IS 线的影响。

现在只要把世界货币主义的上述三个条件，即(7)式、(8)式和(9)式导入正统的一般均衡模型，就可以得到世界货币主义的 IS/LM/BP 模型，其构造如图 12-5-1 所示。

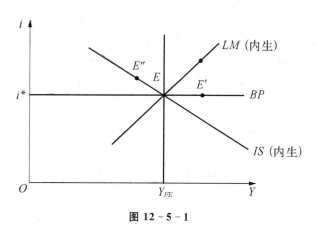

图 12-5-1

图 12-5-1 中的纵轴为利率，横轴为国民收入。由于 $i=i^*$ 意味着资本的完全流动性，因而 BP 线是水平的。又因为 $Y=Y_{FE}$，所以整个经济的均衡是由 BP 线与 Y_{FE} 线的交点来决定的。当然，整个经济均衡的实现也需要 IS 线与 LM 线同时相交于上述两条线的交点上。

现在的问题是，利用这个世界货币主义的模型来进行国际收支的调节又将会得到什么样的结果呢？对于这个问题，我们可以通过改变上述的三个外生变量来逐一加以分析。

第一，是与外生变量 P^* 的变化有关的国际收支的调整。假如汇率固定不变，那么只要 P^* 发生变化，比如 P^* 上升，P 就必然会随之上升。在国内货币供给保持不变的情况下，P 的上升又将引起实际货币供给 (M/P) 的下降，也就是模型中的 LM 线的左移。这一结果意味着国内的货币供给[(3)式中

的 Hs]已经不能满足充分就业的国民收入对货币的实际需求[(2)式中的 Hd]。根据(6)式中 dP 与 dR 之间的正相关关系,这时就只有通过增加储备(R),即让外国资本流入,来对已经处于失衡状态的经济加以调整了,而 dR 增加的可能性已经因国内货币供不应求,LM 线左移与紧随其后的利率上升而具备了条件。随着外国资本的流入与储备的增加,若央行不采取货币冲销政策,那么其后果必定是国内信贷(dD_1)的增加,而这又将推动已经左移的 LM 线恢复到原来的位置,最后经济仍将在原先的 E 点实现一般均衡。从以上整个调整过程来看,发生变化的都是一些货币因素,如 P^*、P、dR,以及 dD_1 等,而实际经济以及与此密切相关的国民收入却始终保持不变。因而,这一调整过程可以说是非常货币主义的。

第二,是与外生变量 Y_{FE} 有关的国际收支的调整。Y 的变化根源于 Y_{FE} 的变化,现在假定经过工资的弹性调整,Y_{FE} 开始向右移动,于是,Y 也就随之上升(向右移动)。根据货币主义的全微分方程式所给出的关系,dY 的增加必须要通过 dR 的增加方能保持平衡,因而 Y 上升,也就是 dY 增加必然会引起 dR 的相应增加。随着 dR 的增加,国内信贷(dD_1)也将趋于增加,而这恰好意味着 LM 线的向右移动。由于在 Y_{FE} 线右移时已经出现了 IS 线的右移,因而新的均衡点 E' 必定位于原均衡点右边。在整个调整过程中,可以清楚地看到,不是因为先有储备(R)与信贷(D)等货币因素的变化,然后再引起实际经济 Y 的变化。相反,而是因为先有了实际经济的变化,才要求有关的货币因素进行调整来维持经济的均衡。此外,模型中 IS 线的右移也不是由货币因素来推动的,而是直接由弹性工资调整后所决定的 Y_{FE} 来带动的。因此,整个调整过程仍然是货币主义的。即,货币因素的变化对实际经济不产生影响。

第三,是与外生变量 i^* 的变化有关的国际收支的调整。由世界货币主义给出的条件可知,i 的变化主要是由 i^* 的变化所引起的,i^* 的上升必将带动 i 同样上升。从货币主义的全微分方程式来看,di 与 dR 为负相关,因而,di 的上升就要求 dR 的下降来加以平衡。随着 dR 的下降,dD_1 也将下降,这在模型中将表现为 LM 线的左移。由于货币因素的这些变化与实际经济无关,因而模型中的 IS 线会保持不变。调整的结果,经济的均衡点 E'' 必定位于原均衡点左边,并且利率水平要高于调整前的某个点。在以上这个调整过程中,货币主义的逻辑依然清晰可见。简单说来是这样的:由 i^* 上升所引起的 i 的上升会使国内的货币需求趋于减少,而这势必会导致国际收支的顺差;为使国际收支保持平衡,就必须有资本的流出,而资本的流出则意味着 dR 的下降。于是,货币主义关于 dR 与 di 负相关的结论得以成立。

尽管世界货币主义的以上三种调整结果与正统的国际收支调节模型所得出的结论有着很大的区别,但是,这三种调整过程却都能被包含在正统的国际收支调节的模型之中。这不仅表明由正统经济学所建立的国际收支调节的一般均衡模型具有普遍的适用性,而且还表明正统的国际收支调节方法与世界货币主义的国际收支调节方法是可以被综合的。

在对以上两种国际收支调节方法进行综合以前,先有必要对世界货币主义国际收支调节方法的若干不切实际的前提假定加以纠正。

首先,就世界货币主义的 $P=eP^*$ 这个等式来看,其暗含的前提假定显然是国际商品市场的完全套利。然而,从国际商品市场的实际情况看,除了一些初级产品可以实现较为充分的商品套利之外,绝大多数制成品的市场套利都是不完全的,因为制成品通常都存在因规模经济与产品差异而引起的市场垄断现象。所以,世界货币主义关于国内价格 P 是由商品市场的套利行为而外生地决定的说法是不可信的。

其次,就世界货币主义的 $i=i^*$ 这个等式来看,其暗含的前提假定肯定是资本可以在世界范围内完全自由流动,即国际资本市场的套利也是完全的。然而,在现实的经济生活中,由于信息的不充分以及信息分布的不对称,再加上政治及其他社会因素的干扰,国际资本市场的套利事实上也是不完全的。因此,世界货币主义关于一国的利率水平是由国际资本市场的套利来决定的这一说法,同样是不可信的。

最后,就世界货币主义的 $Y=Y_{FE}$ 这个等式来看,其暗含的前提假定当然是工资的弹性。然而,正如正统经济学已经反复证明的那样,在很多情况下,工资是缺乏弹性,甚或根本就是没有弹性的。更何况,在理性预期与自愿失业这两个因素的双重作用下,事实上经济经常处于非充分就业的位置上,这意味着 Y 不可能等于 Y_{FE}。所以世界货币主义关于一国的 Y 是由工资非刚性下的充分就业的产出水平来决定的这一结论性的观点也是不可信的。

那么,在否定了世界货币主义国际收支调节理论的这些前提假定的正确性之后,这一国际收支调节理论还有什么意义呢?它的贡献又在哪里呢?我们是否还有必要将它与正统的国际收支调节理论加以综合呢?所有这些问题正是在下一步分析中所要回答的。

12.5.3 凯恩斯主义国际收支调节理论与货币主义国际收支调节理论的综合

由于综合要涉及凯恩斯主义的国际收支调节理论,因而我们也就还世界货币主义的本来面貌,将其简称为众所周知的货币主义。

首先,必须肯定,货币主义的国际收支理论并不是没有意义的。货币主义国际收支理论的意义在于它发现了实现国际收支长期均衡的方法,以及国际收支调整过程中的若干传递机制,特别是那些与货币因素有关的传递机制。

其次,就货币主义的贡献来说,对于一个资本具有高度流动性,并且其货币政策又是基于国内信贷控制的国家而言,由货币主义所创建的上述模型[见方程式(6)]可以被认为是预测其储备之变动的最好方式,而这也正是我们为什么要把货币主义的国际收支理论与凯恩斯主义的国际收支理论加以综合的原因所在。

至于货币主义的国际收支理论与凯恩斯主义的国际收支理论之综合,我们可通过合并凯恩斯主义国际收支调节模型的实际经济部分与货币主义国际收支调节模型的货币经济部分而得以实现。从以前的分析中已经知道,一国的储备水平不仅取决于经常性项目,而且也取决于资本项目,据此,得到这样一个等式

$$dR = d\dot{F} + TB \tag{10}$$

由(10)式可知,资本流入或贸易差额的改善都可使一国的储备增加。反之,则相反。

然而,建立(10)式并不是现在的目的所在,这里的研究对象是资本流动,因此,必须进一步把(10)式改造成为能够对资本的国际流动现象进行分析与预测的工具,为此,需要把(10)式中的 $d\dot{F}$ 与 dR 两项加以移动,以便得到一个以 $d\dot{F}$ 为因变量的,并且能够满足以上所提要求的方程式。经过这样的处理,就有公式

$$d\dot{F} = dR - TB \tag{11}$$

这个新得到的方程式告诉我们,一国净资本的流入或流出,取决于货币供给(dR)与货币需求(TB)之间的差额究竟是为正还是为负。这样的理解当然是货币主义的,因而还说不上货币主义与凯恩斯主义的综合,所以还必须对

(11)式作进一步的改造。(11)式中的 dR 可以把它理解为货币主义所反复强调的货币因素,而等式中的 TB 项作为经常项目的贸易差额,它所反映的其实就是为凯恩斯主义所强调的实际经济部分。这样,就可以通过扩展(11)式而实现货币主义与凯恩斯主义的综合。若将(11)式加以扩展,我们就有下式:

$$d\dot{F} = dR(d\phi, dP, dY, di, dD_1) - TB(Y, eP^*/P) \qquad (12)$$

这样,对于一国的净资本流入或流出,既可以按照货币主义的观点来理解,也可以按照凯恩斯主义的观点来理解。若是按照货币主义的理解,一国若有净资本流入,那么就是因为它的货币供给(dR)超过了它的货币需求(TB);反之,则相反。若是按照凯恩斯主义的观点来理解,一国若有净资本流入,那么就是因为它的经常项目改善了,即 TB 变小了,在 dR 不变的情况下,TB 的下降就意味着 $d\dot{F}$ 的增加。反之,亦相反。

那么在这个实现了货币主义与凯恩斯主义综合的模型里,一直作为我们目前之研究对象的存量理论又起着什么样的作用呢?存量理论告诉我们,$d\dot{F}$ 是一个常数。这样,又可以按照货币主义的观点与凯恩斯主义的观点,将(12)式分别改造成为以下两个等式:

$$dR = TB + d\dot{F} \qquad (13)$$

与

$$TB = dR - d\dot{F} \qquad (14)$$

这两个等式又一次清楚地表明了货币主义与凯恩斯主义的分歧所在,以及它们在综合模型或在国际收支调节过程中的互补性。

我们先来看凯恩斯主义的等式。从凯恩斯主义的等式 $TB = dR - d\dot{F}$ 来看,当 $d\dot{F}$ 不变,TB 为逆差时,只要减少 dR 就可实现均衡。这显然是一种短期调整,因为 TB 属于经常项目,而 dR 则是一种货币现象。就长期调整而言,由经常项目引起的逆差必须通过经常项目的调整才能实现,因而仅有 dR 的调整是不够的,长期均衡最后还是要通过贬值政策来改变人们的支出结构才能实现。

现在再来看货币主义的等式。从货币主义的等式 $dR = TB + d\dot{F}$ 来看,当 $d\dot{F}$ 不变,dR 下降时,要使均衡得到恢复,就必须调整 TB。由于 TB 的调整涉及实际经济部门,因而是一个长期的调整过程。

这样，追求短期调整目标的政府就可用凯恩斯主义的方法来解决问题；而偏好于长期调整目标的政府，则可用货币主义的方法来解决问题。当然，就像这两种方法可以被综合到一个统一的一般均衡的国际收支调节模型中去一样，一个中性的政府也可以通过凯恩斯主义短期调整方法与货币主义长期调整方法的结合，来完成其国际收支的调整过程。

最后，我们来讨论货币主义方法的主要贡献，这个贡献就是货币主义方法所具有的对于国际资本流动的预测功能。从货币主义等式 $d\dot{F}=dR(\cdot)-TB(\cdot)$ 来看，在 TB 保持不变的情况下，人们只要注意观察 dR 一项中 i 的变化，就可以对资本流动的方向进行预测了。反过来，对于一个资本流动性较高的国家来说，人们也可以借助于 i 的变化来预测储备(R)的变动趋势。这是因为，在短期内像 ϕ、P、Y、D_1 等变量都可以被看作是预先已经确定的变量，所以，唯一能够影响资本流入或流出，进而引起 R 变化的因素就仅仅是 i 了。

本 章 小 结

1. 在已经过去的 30 多年里，资本流动已成为国际经济生活中的重要事实之一。因此，研究国际资本流动对于一国国际收支的影响已成为国际经济学的一个非常重要的组成部分。同时，根据本书的逻辑演绎，在研究了经常项目下的国际收支调节之后，继而研究包含资本项目在内的国际收支调节也是顺理成章的。

2. 本章首先讨论了资本流动所产生的收入效应与替代效应，并分析了产生这些效应所必需的条件。由此得出的结论是：在有失业资源存在的情况下，资本流入可产生收入效应或吸收效应；在充分就业的情况下，资本流入所产生的主要是替代效应；运用降低关税的方法可使流入资本产生内向转移的效应。

3. 对于资本国际流动原因的分析，最初的尝试集中于流量理论。这个理论认为，一个既定的利率差别将引致持久的资本流入或流出。

4. 随之而来的存量理论以资产组合理论为依据，在导入风险因素的基础上得出了与流量理论刚好相反的结论。在存量理论看来，由不同国家之间的利率差别所引起的资本流动只是暂时的。从长看，当投资者为规避风险而进行资产组合时,资本的国际流动将不受各国间利率差别的影响,而只受投资者总财富量多少的影响。

5. 弗伦克尔模型是存量理论在信贷市场的一种具体运用。该模型按照存量理论的分析方法,发现了用国际贷款的方式来平衡经常项目的逆差是一种极其危险的做法。

6. 货币主义者在经常项目下的国际收支调节方法的基础上,建立起了包含资本项目在内的存量理论模型。这一模型因只强调货币因素对国际收支的影响而被人们称为世界货币主义模型。这一模型虽然在其前提假定上存在颇多的问题,但它那重在长期调整的思想,以及那种对储备与资本流动的预测能力,不仅是可取的,而且也是对国际收支调节理论的重大贡献。

本章关键词

内向转移效应   流量理论   政策指派   存量理论   资产组合   方差   预期收益   弗伦克尔模型   世界货币主义   净资本流入   净资本流出

本章思考题

1. 资本的国际流动会产生哪些效应?这些效应各自在什么条件下才会产生?在一国已经处于充分就业的情况下,要让流入资本产生内向转移效应应该采取什么政策措施?

2. 流量理论的国际收支调节模型是一种什么模型?它的分析方法与基本结论各是怎样的?

3. 蒙代尔指派模型在结构上有什么特点?这一模型的理论意义与现实意义在哪里?

4. 为什么用资本流入的方法来平衡经常项目逆差在短期内是可以的,但在长期内却是一种非常危险的做法?试用现实经济生活中的例子来加以说明。

5. 国际收支调节的存量理论在方法论与模型结构上各有什么特点?存量理论的基本结论是怎样的?试用现实经济生活中的例子来证明存量理论

的合理性。

6. 弗伦克尔模型的构造是怎样的？它的基本结论是什么？试用这一模型来解释世界上频频发生的货币危机与国际债务危机。

7. 世界货币主义的国际收支调节模型与凯恩斯主义国际收支调节模型有什么不同？这两个模型为什么可以被综合在一起？这两个模型又是通过什么方法被综合在一起的？

8. 世界货币主义的国际收支调节方法有什么缺陷？它对国际收支调节理论的贡献又表现在哪里？

第十三章
伸缩汇率

13.1 导　　言

　　前两章的分析一直是以汇率由中央银行决定,并且汇率为固定的这个前提假设进行的。

　　本章主要分析当汇率不是由政府政策所决定,而是听命于市场力量时,汇率是如何决定的,以及由此而造成的浮动汇率对国际收支调节的影响。这样,曾经作为前两章之前提假定的汇率本身就成了本章所要研究的对象。

　　影响汇率变动的因素有很多,它们主要是:经常项目的变动;经济增长与由此而引起的购买力平价的变化;资本项目的变动;以及货币因素的影响等。其中,导致汇率变动的前两项因素是属于实际经济方面的,而后两项影响汇率变动的因素则是属于非实际经济方面的。除了以上这些内容之外,本章最后还要讨论考虑时间因素的远期汇率问题。

13.2 经常项目差额模型

13.2.1 汇率的决定

　　如果没有资本流动,并且汇率自由浮动,那么外汇市场要达到供求相等的平衡,经常项目就必须处于均衡状态,因为整个经济中不会再有其他项目来消除经常项目的失衡。

　　反过来,当经常项目既定时,外汇市场的出清均衡就只有依靠汇率的调整了。就这一点而言,汇率的决定方法与一般商品价格的决定方法并没有太大的区别。

汇率与其他一般商品价格之真正的区别在于它们的变动时间。一般商品的价格决定通常包含了数年内发生的调整过程,而汇率的调整则是每天,甚至每小时都在进行的,这就导致了汇率的极端的不稳定性。

为了保持浮动汇率的相对稳定性,人们设计了以下两种方法:

第一种方法是引进远期交易。但是,由于外汇市场远不是一个完全的远期市场,因而仅仅依靠远期交易是不够的,所以还必须有其他方法的补充,这样就产生了以下所说的第二种方法。

这第二种方法就是允许短期的投机套汇。但是,短期投机套汇只有在投机者掌握充分信息的情况下才是有效的,否则投机交易对汇率稳定的作用将是非常有限的,弄得不好还可能加剧汇率的波动。

尽管如此,在现实的外汇市场上,人们还是大量使用以上两种方法来努力保持外汇市场的稳定。

13.2.2 经常项目差额模型的第一定理

经常项目差额模型的第一定理可表述如下:利用浮动汇率,可使一国的国内经济免受外国经济的影响。

对此,我们可以分别从国内实际收入(Y)、国内利率(i),以及国内的价格(P)这三个方面来加以说明。

(1) 浮动汇率与实际收入。

在固定汇率下,经由乘数效应的传递作用,外国经济状况的变化将对本国的实际收入产生重大的影响。例如,外国经济的繁荣会引起外国进口的增加,从而导致本国出口的增加,以及随之而来的实际收入的增加。反之,当外国出现经济衰退时,它又会对本国产生完全相反的影响。

但是,在浮动汇率下,上述这种传递机制就再也不起作用了。对此,可以举例分析如下。假定一国的实际收入等于国内吸收加国外的吸收(出口),即:$Y=A(Y, i)+(X-M)$。在上述的固定汇率下,出口(X)的上升将导致实际收入(Y)按乘数增加。然而在浮动汇率下,情况就不同了。当外国的进口需求增加,从而导致本国出口(X)增加时,本国的货币就会升值,其上升幅度足以防止出现贸易顺差,否则本国的外汇市场就将无法出清。结果,随着本国的货币升值,以及随之而来的进口增加与出口下降,上式中的$(X-M)$这一项就会等于0,本国的实际收入(Y)因而是保持不变的。这意味着本国的实际收入只受本国吸收(A)的影响,而与外部因素无关。

比较以上两种不同汇率下的实际收入的变动结果,不难发现,浮动汇率实际上起到了使国内经济与国外经济相互隔离的作用。当然,这一定理是对称的。即当我国借助于浮动汇率来摆脱外国的经济波动对我国经济之影响的同时,世界的其他国家也因此而不再输入我国的经济扩张或衰退。

(2) 浮动汇率与利率。

由于在经常项目差额模型中不存在资本项目,因而无法讨论外国利率(i^*)的变化对于我国利率的直接影响,但却可以研究外国利率(i^*)的变化对于我国经济的间接影响。

在固定汇率下,外国利率(i^*)的上升将导致其国内货币供给的减少,并由此而引起其国内支出的下降。外国国内支出的下降不仅会减少其国内的需求,而且也会减少它的进口需求,这样,我国的出口就会随之下降。随着我国出口的下降,在我国国内吸收(A)保持不变的情况下,我国的经济也就会出现衰退。由此可见,在固定汇率下,外国利率的变动对于我国的实际收入与经济状况的好坏是有重大影响的。

对此,我们仍可利用浮动汇率来排除外国利率变动对我国经济所产生的这种不利影响。在浮动汇率下,假如外国的利率(i^*)上升,从而其国内的货币供给与支出量均随之减少,但在这时,只要我国实行货币贬值的政策,即让我国的货币贬值,e上升,那么外国的进口就会保持不变,进而就是我国的出口以及我国的实际产出就会保持不变。因此,在这里,浮动汇率再一次被证明是一国用来排除外国经济变动对本国可能产生的不利影响的好办法。当然,不要忘了这种方法是具有对称性的,当我国使用这种方法来排除外国经济波动的干扰时,外国也可用同样的方法来排除我国经济波动对它们的不利影响。

(3) 浮动汇率与价格。

最后,浮动汇率也可使我国的价格不受外国价格变化的影响。

在固定汇率下,外国的价格变动趋于通过套利而扩散到国内来。其传递机制为:外国价格(P^*)上升,由于汇率(e)固定不变,根据$eP^*=P$这一关系式,我国的国内价格(P)必将随外国价格(P^*)的上升而上升。结果,一旦外国发生了通货膨胀,我国就必将成为一个通货膨胀的输入国,而这对于我国经济的发展将是非常不利的。

为了避免这样的情况发生,我国仍可通过浮动汇率来排除这种来自外部的干扰。假如现在我国选择了浮动汇率制度,而外国又发生了通货膨胀,那么这又会产生什么样的结果呢?对此,我们可以推导如下:外国的价格因其国内出现了通货膨胀而趋于上升,为防止通货膨胀输入我国,我国可采取货币升值的做法,我国货币升值意味着我国汇率(e)的下降,这样,从等式 $eP^* = P$ 来看,外国价格(P^*)的上升与我国汇率(e)的下降将相互抵消,从而我国的价格(P)可以保持不变。

同理,当我国出现通货膨胀时,我国也可以通过货币贬值的方法来消除我国的价格上升对外国的影响,贬值的幅度可按 $\dot{e} = \dot{P} - \dot{P}^*$ 这一等式来决定。

毫无疑问,以上这种做法仍然具有对称性,即这一方法本国可以使用,外国也可以使用。

13.2.3 经常项目差额模型的第二定理

经常项目差额模型的第二定理是:在浮动汇率下,财政政策或货币政策对实际收入和就业水平的影响要大于它们在固定汇率下的影响,而限制性的商业政策对于实际收入与就业水平却不能产生任何影响。

这一定理的分析工具可用图 13-2-1 来表示。

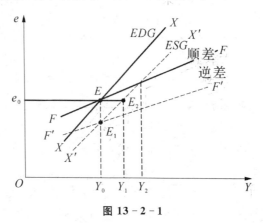

图 13-2-1

图 13-2-1 中的纵轴为汇率,横轴为实际收入。X 线代表的是商品市场的均衡轨迹,F 线代表的是国际收支的均衡轨迹。

X 线的斜率之决定可以推导如下:假如要使本国的实际收入增加,就必须要有本国实际产出的增加。由于边际消费倾向一般要小于1,因而,当本国的实际产出与实际收入增加以后,国内的需求可能会小于国内的供给。在这种情况下,为保持整个经济的平衡,就需要通过贬值来引进外国的需求,以弥补国内需求与产出之间所出现的缺口。在这样的调整过程中,我们所看到的基本现象是,实际收入的上升需要汇率的贬值来配合。它们之间的这种正相关关系决定了 X 线只能是一条斜率为正,从而向上倾斜的线。

F 线的斜率之决定亦可推导如下:当本国实际产出与实际收入增加以后,受开放经济下乘数效应的影响,本国的进口必定会相应增加。在这种情况下,为保持外部经济的平衡,就必须相应地增加本国的出口。在其他条件不变的情况下,唯一能够促使出口增加的政策措施就是本国货币的贬值。因此,在保持国际收支平衡的调节过程中,我们再次看到了实际收入与汇率同时上升的现象,这一现象的出现表明 F 曲线的斜率必定为正,从而也是一条向上倾斜的曲线。

尽管这两条线的斜率方向是一样的,但它们的斜率之大小显然是不一样的。其原因在于:国际收支的调节只涉及进出口项目,因而只需较小幅度的汇率变动就可使国际收支恢复平衡;但是对于商品市场的平衡来说,情况就不同了,由于商品市场的平衡不仅涉及进出口,而且在实际收入增加时,还会有储蓄与税收等支出流量的漏出,所以由此而引起的国内需求的下降幅度可能比较大,因此也就需要有较大幅度的货币贬值来保持其平衡的实现,正因为如此,X 线的斜率就要比 F 线的斜率大得多。

最后,由于 X 线之斜率与 F 线之斜率是不相同的,因而这两条线就有可能相交。只要这两条线存在交点,那么这个模型就会有解。

下面,就利用以上这个分析工具来证实经常项目差额模型的第二定理。

先分析扩张性的财政政策与货币政策对经济增长的刺激作用,在浮动汇率下是否比固定汇率下要大。扩张性的财政政策与货币政策将使图 13-2-1 中的 X 线往右移动。在固定汇率制度下,由于汇率不变,产出将扩大到 Y_1。这时,经济处于国内产出供给过剩的区域内,同时,由于均衡点已经离开了 F 线,因而其外部经济也是不平衡的,即存在贸易的逆差,因此这样的扩张政策事实上是不能维持下去的。

假如,现在汇率是可变的,并且,经常性项目必须保持平衡,那么在有关当局采取了扩张性的宏观经济政策,并引起 X 线右移后,汇率就必须上升(即本国货币必须贬值），结果经济的均衡就应出现在 X' 线与 F 线的交点上。毫无疑问，由这一均衡点所决定的 Y_2 要高于固定汇率下的 Y_1。因此，我们可以这样说，在没有资本流动的情况下，扩张性的财政政策或货币政策在浮动汇率下的调节作用要大于固定汇率下的调节作用。之所以会产生这样的后果，直观地说，就是因为浮动汇率堵住了以经常项目逆差增加所表示的支出流的漏出，从而扩大了扩张性经济政策的乘数。

现在再进一步分析限制性的商业政策，如提高关税的政策，在不同汇率制度下的政策效应之大小。提高关税，同样具有使 X 线右移的作用，因为这一政策减少了进口的漏出。但是，这一政策也将同时导致外部经济出现顺差而使 F 线向下移动。在固定汇率下，该经济的均衡点将出现在汇率不变的 E_2 点上。由于 F 线已经下移，因而这一新的均衡点位于 F' 线之上，表明是存在国际收支顺差的。

同样，假定现在的汇率也从固定的转变成为浮动的，那么由限制性的商业政策所产生的国际收支顺差必然要求本国的货币升值，即汇率必须下降。这样，经济的均衡点将随着汇率的升值而从 E_2 点移动到 E_1 点，结果本国的产出与收入均将恢复到原先的水平。这一结果表明，在浮动汇率下，限制性的商业政策在影响收入方面是完全无能为力的。之所以如此，就是因为在浮动汇率下，由限制性商业政策所引起的国际收支顺差将导致本国货币升值，进而引起本国出口的下降，两者抵消的结果，收入 Y 保持不变。

13.3 购买力平价

13.3.1 购买力平价的基本观点

与浮动汇率相联系的购买力平价理论是在经常项目差额模型的基础上，进一步讨论由各国的生产率的增长率之差异而引起的汇率变化。

这种理论的基本观点是：汇率（e）将被调整到保证一单位外国货币在我们国家能够买到的东西与在它本国买一样多的东西这样的水平。

尽管所有赞同购买力平价的人都接受这样一个基本观点，但在对于购买力平价的形成机制与表现形式上却有不同的看法。概括起来，大致有以下三种不同的看法：

第一种看法认为,购买力平价是由经济的内在力量自发形成的,其基本的表现形式就是:$e=P/P^*$。

第二种看法认为,购买力平价是由商品套利而形成的。按照这种看法,如果 $P>eP^*$,那么我国市场上就会充斥企图赚取高价之利的外国商品,从而在价格均等化条件下形成购买力平价。但是,这个解释至少存在两个问题:第一,它没有解释清楚,为什么在 $P>eP^*$ 时,要进行调整的是 e,而不是 P;第二,商品套利是不完全的,因而它并不足以保证 P 始终接近于 eP^*。

第三种看法认为,购买力平价是经济均衡的一个条件,但是,由于各国生产率的增长率的差异,将使各国处于国际收支均衡状态的购买力平价往往是一个包含有常数 π 在内的弱购买力平价,即:$e=\pi P/P^*$。

在以上三种有关购买力平价的看法中,最具有解释能力,且最符合实际情况的当然是第三种看法,所以,有必要对其作进一步的分析。

13.3.2 生产率的增长率的差异与购买力平价

由现代增长理论可知,生产率的增长在各个部门之间的分布是不平衡的。

一般说来,在制造业和农业(少数实施农业保护政策的国家除外)这类主要生产贸易品的部门中,由于受国际竞争的影响,其生产率的增长极为迅速,而在主要生产非贸易品的服务部门和其他一些部门中,生产率的增长却极为缓慢。

假定一个经济的工资由于这两类部门之间的竞争而趋于相等,那么非贸易品的相对价格就会上升。这种情况在经济越是发达的国家与地区表现得就越是明显。

又因为决定购买力平价的一般价格水平 P 是由贸易品价格与非贸易品价格共同决定的,所以,非贸易品相对价格较高的发达国家的购买力平价也就相对较高。这样,考虑生产率的增长率差异的购买力平价理论就必须导入常数 π,来对通常意义上的购买力平价作出修正,以便使它更加符合实际情况。

至于包含常数 π 的弱购买力平价的表达方式之由来,我们可以推导如下:

已经知道,一般价格水平指数是由非贸易品价格 P_n 与贸易品价格 P_m 共同构成的,据此,可以得到以下的关系式

$$P = P_n^a \cdot P_m^{1-a} = P_n^a \cdot P_m/P_m^a = P_n^a/P_m^a \cdot P_m$$
$$= (n/m)^a \cdot P_m \tag{1}$$
$$P^* = P_n^{*a} \cdot P_m^{*1-a} = P_n^{*a} \cdot P_m^*/P_m^{*a}$$
$$= (n^*/m^*)^a \cdot P_m^* \tag{2}$$

以上两式中的 P 为发达国家的一般物价指数,P^* 则为欠发达国家的一般价格指数。a 为非贸易品价格在一般价格指数中所占的权重,而 $(1-a)$ 则为贸易品价格在一般价格指数中所占的权重。

假定贸易品的价格因商品套利而趋于均等,即:$P_m = eP_m^*$ 或 $e = P_m/P_m^*$。

再假定,发达国家的制造业中有较大的技术进步,从而它的贸易品部门的生产率的增长率不仅快于其国内的非贸易品部门,而且也快于欠发达国家的贸易品部门,这样,就可得到以下结果

$$n/m < n^*/m^* \tag{3}$$

这意味着同样的价格支付,在发达国家可以买到更多的 m 商品。

在不考虑生产率的增长率差异时,$P = eP^*$,即:$P_n^a/P_m^a \cdot P_m = e \cdot P_n^{*a}/P_m^{*a} \cdot P_m^*$。其中,$n/m$ 与 n^*/m^* 是完全相等的。现在若考虑不同国家之间存在生产率的增长率的差异,那么从(3)式来看,由于 n/m 与 n^*/m^* 不再相等,因而作为购买力一般表达形式的 $P_n^a/P_m^a \cdot P_m = e \cdot P_n^{*a}/P_m^{*a} \cdot P_m^*$,其简化形式为 $P = eP^*$,也就不再相等了。这样,就会有以下结果:$P_n^a/P_m^a \cdot P_m < e \cdot P_n^{*a}/P_m^{*a} \cdot P_m^*$ 或 $P < eP^*$。

将 $P < eP^*$ 中的 e 与 P 进行对换后可得 $e > P/P^*$,这显然是不均衡的汇率,为使其恢复到均衡状态,就必须在 $e > P/P^*$ 这个等式的右边加上一个能够反映不同国家之间的生产率的增长率差异的常数 π。于是,便有了一个新的、动态的,并且是可以反映生产率增长率差异的弱购买力平价,即

$$e = \pi P/P^* \tag{4}$$

利用(4)式,就可以解释国际经济中某些看起来是相互矛盾的现象。例如,在 20 世纪 60 年代,人们观察到经济增长最迅速的日本,曾经经历了大大高于其主要的贸易伙伴国美国的通货膨胀。此时,若用其他的分析方法来看问题,那么一定会得出日本经济将会出现较大幅度贸易逆差的预言。但实际情况是,日本经济却出现了巨额的贸易顺差。对于这种初看起来充满矛盾的

现象,若是改用上述的弱购买力平价理论来加以分析,那么问题就可以迎刃而解了。日本国内出现很高水平的通货膨胀,是因为其贸易部门的生产率迅速提高,导致全社会工资水平的普遍上升,这在非贸易品部门的生产率的增长率相对缓慢的情况下,必导致非贸易品价格的上涨,进而引起一般物价水平的迅速上升。而正是贸易品部门的生产率的迅速增长这同一原因,使得日本的出口竞争力不断提高,从而出现了持续增长的经常项目顺差。这个例子再也清楚不过地告诉我们,在进行购买力平价的国际比较时,考虑到生产率增长趋势的差别是何等的重要!

13.3.3 弱购买力平价的意义

(1) 可以准确地进行收入水平的国际比较。

收入水平国际比较的原始方法是,首先选取用本国货币表示的人均国民生产总值,然后再按现行汇率把它换算为用某种国际通货来表示的数字进行比较即可。

然而,这种普通的比较程序经常会导致人为扩大富国与穷国之间实际收入差异的结果。这是因为,在富国的收入中,非贸易品是以大大高于穷国的价格计算的。

正确的比较方法是应该对进行比较的国家的每一类相同的支出,计算出其可以买到的可比商品的实际数量,然后再加以比较,以得到各类支出相对于某种国际通货的购买力平价。为此,就必须考虑各国间生产率的增长率的差异。

(2) 可以对一国的通货膨胀进行预测。

对此,我们需要利用著名的斯堪的那维亚模型来加以说明。

该模型的前提假定是:

第一,价格由套利决定;

第二,固定汇率和被动的货币政策,从而为小国经济;

第三,在小国经济的情况下,其国内贸易品价格的变化将取决于国际价格的变化,即 $\hat{P}_m$ 由 $\hat{P}_m^*$ 决定;

第四,工资按市场刚好出清的水平来确定,即 $\hat{W}=\hat{P}_m^*+p$(式中的 p 为贸易部门的生产率的增长率),这意味着工资将随 p 的增加而增加;

第五,劳动力市场是完全竞争的,从而贸易部门的工资增加也将引起非贸易部门的工资增加,于是便有 $\hat{P}_n=\hat{W}=\hat{P}_m^*+p$。

如果贸易部门与非贸易部门的价格在价格指数中所占的权重分别为 a 与 $(1-a)$，那么该经济的总的价格上涨率(通货膨胀率)便将由下式来决定

$$\hat{P} = a\hat{P}_n + (1-a)\hat{P}_m^* \tag{5}$$

由于 $\hat{P}_n = \hat{W} = \hat{P}_m^* + p$，将其代入(5)式，可以得到

$$\hat{P} = a(\hat{P}_m^* + p) + (1-a)\hat{P}_m^* \tag{6}$$

将(6)式进行整理后可得

$$\hat{P} = \hat{P}_m^* + ap \tag{7}$$

由(7)式可知，本国的价格上涨率是由国际价格的变化率与本国贸易部门的生产率的增长率共同决定的。其中，国际价格的变化对本国价格的影响是一对一的，而本国贸易部门生产率的增长率的变化对本国价格的影响，则要按照非贸易部门的价格在一般价格指数中的权重进行折扣。

最后，从(7)式我们所要得出的是以下两个重要的结论：

第一个结论是，在工资刚性与劳动力市场充分竞争的条件下，一个国家贸易部门的生产率增长得越快，那么它的一般价格水平上升得也就越快，这可从 p 与 $\hat{P}$ 正相关的关系中清楚地看到。

第二，在本国贸易部门的生产率的增长速度快于外国的情况下，也就是 $p > p^*$ 时，本国将成为一个输入通货膨胀的国家。其直观的理由是：本国的 $p > p^*$，本国的出口竞争力提高，从而导致本国的出口增加；在固定汇率下，出口增加会引起储备的增加；在本国的央行不采取冲销政策时，储备的增加必定要引起国内信贷的相应增加，于是国内就会出现一定程度的通货膨胀，而通货膨胀率的高低则取决于 p 与 p^* 之间的差额。

(3) 弱购买力平价与浮动汇率。

在以上所进行的关于弱购买力平价的意义的讨论中，我们总是假定汇率是固定不变的。假如将这一假定予以放松，那么又会产生什么样的结果呢？

放松这一假定的结果将会改变正在讨论的问题的方向。在假定名义汇率不变时，所讨论的问题的方向是购买力平价是如何决定的。放松名义汇率不变的假定，那么所要讨论的问题的方向就将是，在购买力平价起作用情况下的汇率是怎样变动的。

下面，就按这一新的问题方向来进行有关汇率变动或调整的分析，并由此来说明弱购买力平价理论的第三个意义。假定汇率可变，那么在购买力平

价起作用的情况下,贬值的均衡汇率将为

$$\dot{e} = \dot{P} - \dot{P}^* - a(p - p^*) \tag{8}$$

式中,$\dot{P}$ 为本国价格的变化率;$\dot{P}^*$ 为世界价格的变化率;$(p-p^*)$ 为本国与代表世界的另一个国家的生产率的增长率的差异。从上式看,如果本国的贸易品部门的生产率的增长速度高于外国,那么,为维持一个均衡汇率而必须进行的调整就会小于外国。例如,当本国因某种原因而导致国内物价 $\dot{P}$ 上涨时,假如本国的 p 能够同时增加,那么 $\dot{e}$ 只需作很小的调整就可使均衡汇率重新得以确立。

13.4 蒙代尔—弗莱明模型

13.4.1 模型的前提假定

蒙代尔(R. A. Mundell)—弗莱明(J. M. Fleming)模型所要讨论的是在浮动汇率制度下,有资本流动时的汇率决定与国际收支调节问题。其基本构架仍然是 $IS/LM/BP$ 模型。

模型中所包括的前提假定可概括如下:
(1) 价格,至少工资是保持不变的;
(2) 经常项目平衡取决于收入和相对价格 (eP^*/P);
(3) 汇率自由浮动,调整没有任何时滞;
(4) 在储备不变时,经常项目逆差等于资本的流入,或者相反;
(5) 预期是静态的。

从上述五个前提假定出发,蒙代尔—弗莱明模型按照无资本流动、有资本流动,以及资本完全流动的顺序,对浮动汇率制度下的宏观经济政策效应与国际收支调节过程作了比较静态的分析,并得出了一些非常重要的政策结论,从而为国际经济学界所重视。

13.4.2 货币政策的调节过程及其效应分析

货币政策的调节过程及其政策效应可以用图 13-4-1 分析如下。
(1) 没有资本流动情况下的调整。
首先利用图 13-4-1(a)来分析无资本流动的情况下,由扩张性的货币

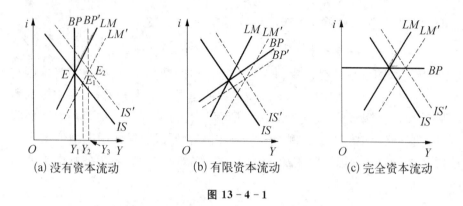

图 13-4-1

政策所引起的调整过程及其政策效应。

由于不存在资本流动问题,因而模型中的 BP 线必定垂直于横轴。假定初始的均衡点为 E 点,那么由此所决定的收入水平就将为 Y_1。

现在政策当局决定采取扩张性的货币政策来增加本国的收入,这将推动 LM 线向右移动。在固定汇率下,至少是在短期内,整个调整过程就将到此停止。其结果是:经济在 E_1 点均衡,与此相对应的收入将提高为 Y_2;内部经济也是均衡的,但外部经济却存在逆差。

然而在浮动汇率制度下情况就大不相同了。当扩张性的货币政策导致经济的均衡点移动到 E_1 点,并引起外部经济的逆差时,在浮动汇率制度的作用下,必定要求本国货币的贬值,即名义汇率(e)的上升,来恢复外部经济的平衡。随着本国货币的贬值,首先是由出口增加而引起的 IS 线的右移,及至而来的将是 BP 线的右移,最后,经济的均衡点将会出现在 E_2 点。在 E_2 点,内部经济与外部经济同时处于均衡状态,但与此相对应的收入水平 Y_3 却要高于固定汇率下的 Y_2。由此可以得出的政策结论是:就没有资本流动的情况来说,在浮动汇率下,货币扩张政策在提高一国的收入方面是比较有效的。

(2) 资本有限流动情况下的调整。

资本有限流动的情况就如图 13-4-1(b)所示。上述静态预期的假定使得资本的流动只受利率变动的影响,于是,BP 线就成了一条斜率为正且向上倾斜的线。接下来的分析与没有资本流动时的情形基本相似,即:扩张性的货币政策将引起 LM 线的右移,这时因支出增加(引起经常项目逆差)与利率下降(引起资本项目逆差)而出现较大幅度的国际收支逆差;随后出现的调整过程也将首先是本国货币的贬值,然后是出口增加,以及由此而引起的 IS

线与 BP 线的相继右移。整个调整结果与政策效应也将与没有资本流动时基本一样。

(3) 资本完全可流动情况下的调整。

图 13-4-1(c)给出了资本完全可流动情况下的调整过程。与以上情况有所不同的是,由于资本流动对利率变动具有完全的弹性,因而在固定汇率制度下,任何扩张性的货币政策都将导致资本的外逃。所以,在这种情况下的货币扩张政策对于收入增加是不产生任何作用的。换句话说,货币政策在固定汇率与资本可完全流动时在影响与改变一国的收入方面是完全无能为力的。然而在浮动汇率制度下,扩张性的货币政策仍可获得与上述两种情况基本相似的政策效应。这是因为由扩张性货币政策所引起的资本外流,以及由此而造成的收入损失会被随之而来的货币贬值所抵消,并且还可能产生净增加值。简单说来,货币贬值将会使得经常项目与资本项目同时得到改善:一方面,贬值刺激出口增加,从而使经常项目得到改善(在模型中表现为 BP 线的复归);另一方面,由贬值引起的出口增加意味着实际经济的扩张(在模型中表现为 IS 线右移),而这又会导致货币需求增加与利率的上升,进而吸引资本回流(这会加强模型中 BP 线复归的倾向),从而使得资本项目也得到相应的改善。

13.4.3 财政政策的调节过程及其效应分析

下面进一步借助于图 13-4-2 来分析财政政策的调节过程以及由此产生的政策效应。

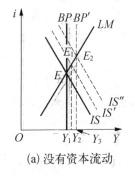
(a) 没有资本流动

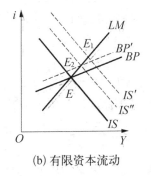
(b) 有限资本流动

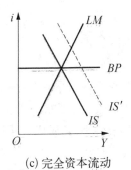
(c) 完全资本流动

图 13-4-2

(1) 没有资本流动情况下的调整。如图 13-4-2(a)所示,在没有资本流动的情况下,一项扩张性的财政政策措施首先将推动 IS 线向右移动。在汇率固定时,短期的均衡点会从 E 点调整到 E_1 点,与该点相对应的收入水平为 Y_2,该收入水平与实施扩张性财政政策以前的 Y_1 点相比有了明显的提高,但外部经济却处在逆差中,因而是不稳定的。如果现在该经济改行浮动汇率制度,那么固定汇率制度下的这一调整过程就将继续进行下去。由于在 E_1 点外部经济存在逆差,所以本国的货币必须贬值才能实现整个经济的均衡。贬值会刺激出口的增加,这样在财政扩张政策推动 IS 线右移的基础上,该曲线将再次向右移动,并同时带动 BP 线也向右移动,其结果将使新的均衡点出现在 E_2 点。与采取扩张性财政政策以前的 E 点与固定汇率下的 E_1 点进行比较,可以清楚地看到,该国的收入将再次增加,达到超过以往任何水平的 Y_3。这一结果意味着浮动汇率可使财政扩张政策的效应较之固定汇率得到进一步的加强。

(2) 资本有限流动情况下的调整。

如图 13-4-2(b)所示,资本有限流动情况的出现将使 BP 线由垂直于横轴而变为一条向右上方倾斜的直线。假定这时 BP 线的斜率小于(BP 线比 LM 线更倾斜)LM 线的斜率,那么在一国采取扩张性的财政政策的情况下,模型中的 IS 线与 BP 线就会同时发生变化:一方面,扩张财政政策通过刺激实际经济的扩张而使 IS 线右移;另一方面,随着实际经济的扩张与利率的提高,它又会引起资本流入而使 BP 线上移。当汇率固定不变时,经济的均衡点将出现在 E_1 点,与这一均衡点相对应的收入为 Y_2,大于调整前的 Y_1,但外部经济却存在顺差,固定汇率的调整也就只能到此为止了。假如现在改行浮动汇率制度,那么接下来的调整就将是本国货币的升值,即名义汇率(e)的下降。本国货币的升值会降低本国的出口竞争力,于是本国的出口就会随之下降,而这将使 IS 线向左移动。最后经济会在低于固定汇率的收入水平,但却高于原先的收入水平的某一点上,比如模型中的 E_2 点实现一般均衡。由此可见,扩张性财政政策的收入效应在同样为浮动汇率但又有资本流动时,比无资本流动时要来得小,其原因在于资本流入的升值效应,将会部分抵消扩张性财政政策对实际经济所产生的扩张性产出效应。

当然,我们也不能排除浮动汇率下可能出现的另外两种调整结果:其一是调整后的实际收入水平刚好等于调整前的收入水平;其二是调整后的实际收入水平低于调整前的水平。前一种调整结果发生的条件是,BP 线的斜率刚好等于 LM 线的斜率,这样,由财政扩张所引起的利率上升的幅度与本国货币因资本流入储备增加而引起的升值幅度刚好相等,两者抵消的结果将使实际收入在实施扩张性财政政策之后的水平上保持不变。

后一种调整结果发生的条件是,BP 线的斜率大于 LM 线的斜率,这意味着资本流动对于利率变动而言是相对缺乏弹性的。因此,当财政政策推动的实际经济扩张引起利率上调时,流入的资本将非常有限,以致不能抵消进口的支出(这是扩张财政政策必然要产生的漏出效应所造成的)而引致国际收支的逆差。于是,与上述两种情况不同,紧接着而来的调整将不是本国货币的升值,而是本国货币的贬值,结果,模型中的 IS 线将出现与上不同的调整过程,即 IS 线将在贬值与出口增加的基础上进一步向右移动,从而导致收入的进一步增加。

根据以上的分析,我们大致可以得出以下的结论:

第一,在 BP 线的斜率小于 LM 线的斜率的情况下,利率上升将导致资本的大量流入,由此引起的货币升值与出口下降将使本国的收入增长小于固定汇率下可达到的幅度,而这将使本国的收入水平位于较之 Y_2 要低的水平上。

第二,在 BP 线的斜率等于 LM 线斜率的情况下,由利率上升所引起的资本流入量与财政扩张政策所造成的支出量的增加额正好相等,因而本国货币既无升值的压力,也没有贬值的必要,所以本国实际收入的增加幅度正好与固定汇率下相等,经济便将在实际收入为 Y_2 的水平上实现均衡。

第三,在 BP 线的斜率大于 LM 线的情况下,由扩张性财政政策引起的利率上升对于资本的流入只会产生很小的影响,这将导致经常项目的逆差大于资本项目顺差的情况发生,由此而引起的调整不再是本国货币的升值,而是本国货币的贬值,本币贬值会刺激本国的出口增加,于是,本国的产出与收入水平将在扩张财政政策的基础上获得进一步的提高,从而,新的均衡点必定会出现在实际收入大于 Y_2 的水平上。

(3) 资本完全流动情况下的调整。

如图 13-4-2(c)所示,当资本可完全流动时,扩张性财政政策对一国收入的影响在固定汇率制度下较大,而在浮动汇率下则为零。这是因为,在固定汇率下,由于名义汇率不可调整,因而当扩张性财政政策导致利率上升、资本流入时,外部经济的均衡是无法实现的,而唯一可以用来实现内部经济均衡的方法也只能是增加货币的供给,以便与扩张财政政策的实施所造成的货币需求的增加互相适应,结果经济的短期均衡点将出现在大于 Y_2 的水平上。

随着固定汇率制度改变为浮动汇率制度,再加上目前分析中所给定的资本完全可流动这一前提假定,可以进行调整的工具将不再是利率,而是汇率。对此,可以分析如下:

首先,当一国采取扩张性的财政政策而引起国内货币需求增加,进而产生利率上升的压力时,立刻就会有外国套利资本的涌入。然而,在央行还未来得及利用由此而增加的储备来增加货币的供给时,汇率就已因为外国资本流入与储备的增加而升值了。而本币升值的结果又将使出口下降,随之而来的结果自然是产出与收入水平的下降,以及接踵而至的货币需求的减少。这样,在整个调整过程中货币供给实际上是固定不变的,这反映在模型中,就表现为 LM 线始终保持不变。

其次,由国际资本套利所造成的国内利率与国际利率的均等化趋势将使本国的利率保持不变。在资本完全流动、BP 线为水平状态的情况下,只要利率保持不变,那么 BP 线也就必然保持不变。这样,在一国采取扩张性的财政政策之后唯一可以进行调节的经济变量就只能是汇率了。

然而,在一国采取扩张性财政政策的情况下,为实现经济的一般均衡,汇率的调整方向又只能是本币的升值。因为现在只有通过本国货币的升值,才能挤出在数量上与扩张性财政政策对出口刺激相等的净进口支出额,来实现内部经济与外部经济的同时均衡。由此可以得出的一个政策性结论是:在浮动汇率与资本可完全流动的情况下,财政政策在影响一国的收入方面是完全无能为力的。

13.4.4　限制性商业政策的调整过程及其效应分析

采用与以上相似的模型,也可以对限制性商业政策的调整过程及其政策效应进行有效的分析(见图 13-4-3)。

(1) 没有资本流动情况下的调整。

在没有资本流动的情况下,一国提高关税的结果是推动 IS 线与 BP 线的同时右移,当然,这必须以外国不采取报复性的关税政策为其前提条件。在固定汇率制度下,这将导致本国的收入增加,也就是对应于新的均衡点的收

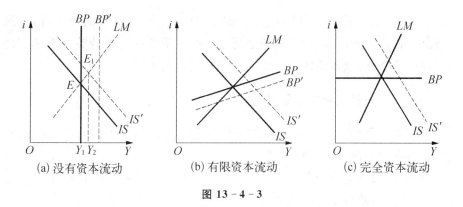

(a) 没有资本流动   (b) 有限资本流动   (c) 完全资本流动

图 13-4-3

入水平 Y_2 将高于政策实施前的收入水平 Y_1。不仅如此,在乘数效应的作用下,BP 线的移动幅度会大于 IS 线移动的幅度。因此,由限制性商业政策所达到的均衡点,事实上还是一个存在国际收支顺差的均衡点。但是,限制性商业政策的这种为正的收入效应在浮动汇率下将不复存在,因为在新的均衡点存在国际收支顺差的情况下,选择浮动汇率的结果必定是本币的升值,由此引起的后果,将是本国出口的下降与实际产出的减少,这样,经济最后只得回复到原来的均衡点而使实际收入不发生任何变化。

(2) 资本有限流动情况下的调整。

在资本有限流动的情况下,限制性商业政策的调整过程和结果与没有资本流动情况下完全相同,即:在固定汇率下,限制性商业政策收入效应为正;在浮动汇率下,限制性商业政策的收入效应为零。这是因为,在浮动汇率制度下,资本流动对汇率的影响与提高关税对汇率的影响在方向上是完全一致的。这样,当一国采取提高关税的措施而导致其国内产出增加与利率上升时,不仅会导致经常项目的顺差,而且还会同时引起资本项目的顺差,从而使该国面临极大的货币升值的压力。本国货币升值的结果自然是出口与产出的下降,它们合力作用的后果,将使该国的经济被迫回到其原先的均衡状态,从而使浮动汇率下的限制性商业政策的收入效应趋向于零。

(3) 资本完全流动情况下的调整。

在资本完全可流动与固定汇率的情况下,一国采取限制性商业政策的调整过程与政策效应与以上两种情况也没有什么区别。在一国采取浮动汇率,且处于资本完全流动状态时,一国若采取限制性的商业政策,其初始的均衡点可能根本就不会发生变化。这是因为,由限制性商业政策所引起的 IS 线的右移,立刻就会引起本国利率上升与随之而来的外国资本的流入,而这又会马上导致本币升值,以致当本国经济还未按照限制性商业政策所要达到的目标进行调整时,该政策的刺激作用就已被完全抵消了。

13.4.5 一些主要的政策结论

从以上对三种宏观经济政策的调整过程与政策效应的分析结果来看,我们大致可以得到以下一些政策结论:

第一,扩张性货币政策的收入效应在浮动汇率下要比固定汇率下大得多,而扩张性财政政策的收入效应则在固定汇率下相对较大。

第二,除了汇率制度这个基本的因素之外,这两种宏观经济政策对收入的影响程度还将取决于资本流动的状况。不同汇率制度与不同资本流动状态的组合将导致大小不同的收入效应。

第三,限制性商业政策只有在固定汇率制度下才能产生为正的收入效应,而在浮动汇率下则对一国收入的增减不产生任何影响。

各种宏观经济政策在不同汇率制度与不同资本流动状态下的政策效应及其比较,我们可以用表 13-4-1 概括如下。

表 13-4-1 蒙代尔—弗莱明模型的短期比较静态效应

	固定汇率			浮动汇率		
资本流动性	0	+	∞	0	+	∞
货币扩张,$\Delta D>0$	Y_2	Y_2	Y_1	$>Y_2$	$>Y_1$	$>Y_2$
财政扩张,$\Delta G>0$	Y_2	Y_2	$>Y_2$	$>Y_2$	$\lesseqgtr Y_2$	Y_1
贸易限制,$\Delta \tau>0$	Y_2	Y_2	Y_2	Y_1^α	Y_1^α	Y_1^α

表中的"0"表示没有资本流动的状况,"+"号表示有限资本流动的状况,"∞"则表示资本完全流动的状况。">","<"与"="这三种符号分别表示对应于固定汇率下之调整政策的收入效应来说,浮动汇率下的收入效应是相对较大、较小还是基本相同。此外,最后一行中的上标 α 所要表示的是与此相对应的调整政策的收入效应有可能为负。这样,只要把表 13-4-1 中行与列对照起来看,我们就将很容易地区分与比较各种宏观经济政策在不同情况下的政策效应与优劣了。

13.5 资产市场方法

13.5.1 资产市场方法的由来与意义

(1) 存量与预期。

资产市场方法最初是由以色列经济学家雅各布·弗伦克尔在1975年提出来的。这个方法认为货币也是一种资产,货币这种资产的相对价格(即名义汇率)取决于人们所愿意持有的这种资产(即货币)的现有存量。假如人们对一种货币资产所愿持有的存量增加了,那么这种货币资产的价格就会上升,而这意味着这种货币的名义汇率将出现上升的趋势。反之,则相反。

这样,就可以从资产市场方法的起源中清楚地看到它的两个最为基本的特征:第一,它的方法论基础显然是货币主义的。在以往的分析中,我们已经多次看到货币主义的这种基本立场,即国际收支仅仅只是一种货币现象。而在当前分析浮动汇率的场合,资产方法又进一步把汇率也看作是一种货币现象。第二,与上一节只考虑资本流量的蒙代尔—弗莱明模型相比,资产市场方法引进了资本流动的存量因素,而这正是资产市场方法的贡献所在。

在引进资本流动的存量因素,从而对蒙代尔—弗莱明模型进行改进的基础上,资产市场方法建立起了自己独特的伸缩汇率调整模型。这个模型认为,人们之所以要对不同的货币资产进行投资,不仅仅是因为它们的名义汇率不同,更重要的是在于资产收益不同。如果货币资产市场的套利是完全的,那么资产市场方法模型的一般形式就可用公式表示如下:

$$i = i^* + E\dot{e} \tag{1}$$

从(1)式来看,人们究竟是倾向于持有本国的货币资产,还是外国的货币资产,首先需要对这两种不同的货币资产的收益进行比较,即究竟是本国货币资产的收益(i)高,还是外国货币资产的收益(i^*)高。但是,在重视并已引进存量因素的资产市场方法看来,除了货币资产的收益这个基本的因素之外,还必须考虑流量理论所不太重视的风险因素。就人们的投资对象是不同国家的货币资产而言,风险当然就来自它们之间的汇率变动,而这正是资产市场方法为何还要在(1)式中加上预期汇率($E\dot{e}$)变动这一项的原因所在。

如果说资产的i或i^*是由客观经济运行的结果来决定的,那么预期汇率

($E\hat{e}$)的决定就多少带有主观判断的性质了。既然 $E\hat{e}$ 具有主观判断的性质，那么它就可能因人而异。这样，要使(1)式有意义，就必须对人们的预期种类及其可信性进行分析。否则，它就不能成为资产市场模型的一般形式。

(2) 预期的种类。

如果把 x 定义为某种经济变量的实际变化值，把 x_{+1} 定义为这一经济变量的未来值，并且假定 x 的变化会影响预期者对于该经济变量未来值 x_{+1} 的有关预期，那么我们就可以区分出四种主要的预期种类：

① 静态预期。静态预期的表达式为：$Ex_{+1}=x$。式中的 E 代表预期者。它表明当事人预期 x 的现值在未来将保持不变。这一种类的预期曾经被当作一种既定的前提假定而存在于蒙代尔—弗莱明的模型之中。因此，它只适合于静态的分析。

② 适应性预期。这种预期的表达式为：$Ex_{+1}=E_{-1}x+\alpha(x-E_{-1}x)=\alpha x+(1-\alpha)E_{-1}x$。由这一等式可知，当事人在现期开始以前，对 x 将要取的值就已有某种预期，它在式中被记作 $E_{-1}x$。当他们在本期观察到 x 实际所取的值以后，便会按照本期实际值与预期值之间的差额的某个比例来修正他们未来的预期。因此，这种预期实际上是对实际值与过去预期值的一种加权平均。从式中看，α 与 $(1-\alpha)$ 实际上就是实际值 x 与过去预期值 $E_{-1}x$ 的权数。这样的预期在通货膨胀的情况下发生的概率最高，从而在通货膨胀的分析中非常有名。其中一个主要的论点就是：高出预期通货膨胀率的通货膨胀将拉起预期通货膨胀率，从而有可能导致持续加速的通货膨胀。

③ 外推预期。外推预期的表达式为 $Ex_{+1}=x+\alpha(x-x_{-1})$。在这种预期中，当事人将他们新近观察到的 x 值的变动 $(x-x_{-1})$ 外推至未来。当然，预期者在做这样的外推时，将会按照某种百分数或倍数，如式中的 α，来把 $(x-x_{-1})$ 的差额加到最新的观察值上去。这样的预期对于描述经济生活中的投机与抢购行为是非常有用的。

④ 回归预期。回归预期的表达式为：$Ex_{+1}=\alpha x+(1-\alpha)\bar{x}=\bar{x}+\alpha(x-\bar{x})$。由回归预期的表达式可知，当事人对 x 的正常值或均衡值 $\bar{x}$ 有某种基本不变的估计，当实际值 x 偏离均衡值 $\bar{x}$ 时，他们预期实际值 x 最后总会回归到均衡值 $\bar{x}$，虽然这种回归不可能在瞬时完成。

(3) 合理预期及其选择。

现在的问题是，在以上给出的四种预期种类中，究竟哪一种预期是合理的,从而可以用来作为资产市场方法的分析工具呢？为了解决这个问题,我们首先需要搞清完美预期的条件。简单地说,完美预期的必要条件主要包括：第一,预期的模型是真实的；第二,当事人充分理解这个模型；第三,当事人充分了解模型中的随机因素,即拥有充分的信息。

然而,在现实的经济生活中,一个当事人通常是不可能掌握与这些条件有关的全部知识的,他们在预期经济事件的变化上不是存在这方面的知识缺陷,就是存在那方面的知识缺陷。这样,在以上给出的四种类型的预期中,究竟哪种预期是合理的,将取决于预期者所掌握的知识与所要达到的目的。

假如,一个预期当事人并不清楚经济运转的现状,但又想对经济变动的趋势进行预期,那么在这样的场合,相对于其他各种预期种类而言,适应性预期就是比较合理的选择。或者,在经济变量的调整具有收敛性质的情况下,当预期当事人缺乏有关预期的其他知识时,选择回归预期作为其预期分析的工具可能是比较合理的。总之,由于预期当事人的预期知识是不完全的,因而追求完美预期是不现实的,而次优预期(即合理预期)的选择则要视经济的结构状况与预期当事人所要实现的目标而定。

13.5.2 多恩布什的资产市场模型

(1) 资产市场的均衡求解。

① 前提假定。

a. 与资产市场均衡相关的第一个前提假定是：资产市场存在完全的套利,这个前提假定的数学表达式其实就是等式(1),即：$i=i^*+E\dot{e}$；

b. 与资产市场均衡相关的第二个前提假定是,包含在第一个假定中的预期为回归预期,即 $E\dot{e}=\theta(\bar{e}-e)$。这个假定条件的由来可以根据上述的回归预期等式推导如下：

我们已经知道回归预期的等式为

$$Ex_{+1}=\alpha x+(1-\alpha)\bar{x}=\bar{x}+\alpha(x-\bar{x})$$

由于现在我们所要讨论的是汇率(e)的预期问题,因而就要把上述回归预期等式中任意选择的预期变量(x)转换为 e。现在令 $Ex_{+1}=E_{+1}e$,那么,上述回归预期方程式就将变为这样一个等式

$$E_{+1}e=\bar{e}+\alpha(e-\bar{e})$$

又因为(1)式中的 $E\dot{e}$ 与 $E_{+1}e$ 的关系为：$E\dot{e}=E_{+1}e-e$。所以,当我们把 $E_{+1}e=\bar{e}+\alpha(e-\bar{e})$ 代入此关系式以后,就可以得到以下等式

$$E\dot{e}=\bar{e}+\alpha(e-\bar{e})-e$$

将此式进行简化整理后就有

$$E\dot{e}=(1-\alpha)\bar{e}-(1-\alpha)e$$

现在只要令 $(1-\alpha)=\theta$,那么我们就可得到作为多恩布什资产市场均衡分析的第二个假定条件

$$E\dot{e}=\theta(\bar{e}-e) \tag{2}$$

c. 与资产市场均衡相关的第三个前提假定条件包含在由多恩布什提出的货币恒等式中,这个恒等式的形式为

$$h=P+\xi Y-\eta i \tag{3}$$

上式中的 h 为货币供给,货币需求取决于国内价格(P)、本国的收入(Y)与本国的利率(i),其中的 ξ 与 η 为两个参数。

包含在上式中的前提假定分别是：Y 为外生变量,它的值固定在充分就业的水平上,而这在很大的程度上又与政府采取什么样的财政政策有关;本国的货币供给(h)取决于货币当局的货币政策,所以它也是一个外生变量;国内价格(P)是黏性的,从而在任何时候都是预先决定的,但是它与作为外生变量的 Y 与 h 又是有区别的,所以被定义为前定变量;国内利率(i)在货币供给(h)不变的情况下取决于人们对货币的需求,因而它是内生的。

现在,若把上述三个前提假定条件综合起来看,那么我们就不难发现,多恩布什的资产市场均衡模型所要解决的问题是,当外生变量(i^*)[见方程式(1)]、e[见方程式(2)]、h[见方程式(3)]、Y[见方程式(3)]与前定变量(p)[见方程式(3)]发生变化时,它们是如何来影响与决定内生变量(i)[见方程式(1)与(3)]、e[见方程式(2)]与 $E\dot{e}$[见方程式(2)]的,并由此分析浮动汇率在资产市场模型中是如何变化与调整的。

② 多恩布什资产市场的均衡解。如果资产市场是均衡的,那么将(3)式稍作变动,就可得到下式

$$\eta i=P+\xi Y-h \tag{4}$$

现在再将(1)式与(2)式分别代入(4)式,就可得到这样一个方程式

$$\eta[i^* + \theta(\bar{e}-e)] = P + \xi Y - h \tag{5}$$

将(5)式作以下的整理

$$[\eta i^* + \eta\theta(\bar{e}-e)] = P + \xi Y - h$$

$$\eta\theta(\bar{e}-e) = P + \xi Y - h - \eta i^*$$

$$\eta\theta(e-\bar{e}) = -[P + \xi Y - h - \eta i^*]$$

然后再将等式的两边分别除以 $\eta\theta$，就可得到以下式子

$$e - \bar{e} = -(1/\eta\theta)[P + \xi Y - h - \eta i^*]$$

或

$$e = \bar{e} - (1/\eta\theta)[P + \xi Y - h - \eta i^*] \tag{6}$$

(6)式就是用资产市场方法得出的均衡汇率解。若将这一均衡解用图形来表示，那么它就将是一条以 P 为纵轴，以本国的 e 为横轴，斜率为负，即向右下方倾斜的曲线(见图 13-5-1)。

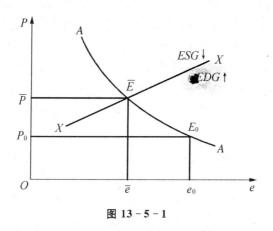

图 13-5-1

图 13-5-1 中的 AA 线是方程式(6)的几何表示法，它形象地描述了均衡汇率(e)的变动轨迹。该曲线的斜率之所以为负，是因为国内价格(P)的系数($-1/\eta\theta$)为负。

③ 多恩布什资产市场的均衡分析。从方程式(6)与图 13-5-1 中，我们都已清楚地看到了国内价格(P)与名义汇率(e)的关系为负相关，这意味着当各种外生变量保持不变时，P 的下降将导致 e 的上升。这样的调整过程从数学与图形上都是不难理解的，但其中包含的经济含义究竟是什么，这显然是

一个问题。因此,仅从数学模型中得出均衡解是远远不够的,还必须通过模型的均衡分析来解释其内在的经济含义。

假定现在由于某种力量的推动而使本国的价格(P)开始下降,其后果将是本国货币需求的减少,在货币供给保持不变的情况下,随之而来的必定是国内利率(i)的下降。这时,为了能够吸收掉因货币需求下降而产生的多余货币,就必须设法让人们用这多余的货币来购买本国的债券。然而,要使这样的货币资产置换过程得以实现,本国的名义汇率(e)必须上升,即本国的货币必须贬值,并且,只有在投资者的汇率预期均为回归预期的情况下才是可能的。这是因为,即期的汇率贬值可以降低本国债券的价格,进而可以阻止人们抛售本国货币、竞相争购外国货币资产的行为发生,而对未来汇率变动的回归预期又给购买本国债券的投资者留下了可观的套利空间。即期汇率贬值与未来汇率变动之回归预期的这种组合,足以激励投资者放弃手持的实际货币余额,而去购买本国廉价的,但在未来有望升值的债券资产。

由此可见,在本国的价格(P)下降,从而相继引起货币需求与利率下降,进而出现本国利率低于外国利率(即$i<i^*$)的情况下,人们之所以仍然愿意持有利率相对较低的本国货币资产,例如本国的债券,就是因为即期的汇率贬值抵消了由利率下降所造成的损失,并且,当人们都对汇率的未来变动持有回归预期时,用手持的货币余额去对本国廉价的债券进行投资还可增加未来的预期收入。这就解释了国际经济生活中的一种非常重要的现象,即:当一种货币出现较大幅度贬值时,人们为什么愿意用另一种升值的货币去兑换它。

(2) 商品市场的均衡求解。

① 商品市场均衡分析的意义。在多恩布什资产市场模型中,之所以要引进商品市场的均衡分析,首先是因为资产市场的均衡不过只是一种局部均衡,而一般均衡的实现不仅依赖于资产市场的均衡,同时也依赖于与实际经济活动相关的商品市场的均衡。其次,在资产市场均衡分析中,有许多变量不仅与货币因素有关,而且也直接与实际经济活动有关,特别是国民收入Y,离开了对实际经济的分析,是无法理解与确定的。

② 商品市场的基本模型。从蒙代尔—弗莱明模型中我们已经知道,一国的总需求是e,P^*,P,Y^*与i的函数,其中带有"*"号的均为国外变量。假如再导入政府行为,那么一国的总需求同时还是政府支出g的函数。若将这一函数用数学形式来表示,便有下式

第十三章 伸缩汇率

$$Y = \alpha(e + P^* - P) + \beta Y^* - \gamma i + g \tag{7}$$

在(7)式中各种经济变量的相关性大致如下：

汇率(e)与Y正相关。假如e上升,即本币贬值,那么出口就会增加,从而产出与收入也将随之增加；

外国价格(P^*)与Y也是正相关。假如P^*上升,这意味着国外需求的增加,于是本国的出口有望随之增加,从而本国的产出与收入也将随之增加；

本国价格(P)与Y负相关。假如P下降,那么本国的实际货币余额就会增加,人们对货币的需求就会随之减少,而这又会引起本国利率的下降,本国利率下降会刺激本国的投资增长,结果Y将随投资的增长而增长；

外国收入(Y^*)与Y亦为正相关的关系。Y^*增加对Y所产生的影响与P^*上升所产生的影响基本相似；

本国利率(i)与Y亦负相关。它的变化对Y的影响与本国价格下降所产生的影响基本相似；

本国政府支出(g)与Y则是一种正相关的关系。g的上升意味着财政扩张,而这会刺激经济产出的增加与随之而来的收入的增长。

式中的α,β与γ是有关经济变量的参数。它们的存在表明,像P^*,Y^*,以及i这样的变量发生变化以后,对Y所产生的影响并不是一对一的,而是按照某个百分数对Y产生影响的。

(7)式给出的Y是实际收入的总量,若将$\overline{Y}$定义为固定产出的收入,或者就像新古典增长理论中所说的潜在的产出,那么只要用Y减去$\overline{Y}$,就可得到收入的边际变动等式

$$\Delta Y = Y - \overline{Y} = [\alpha(e + P^* - P) + \beta Y^* - \gamma i + g] - \overline{Y} \tag{8}$$

当$\overline{Y}$为充分就业的产出时,又可以把(8)式转化成为价格变动率的数学表达式

$$\dot{P} = \delta\{[\alpha(e + P^* - P) + \beta Y^* - \gamma i + g] - \overline{Y}\} \tag{9}$$

其含义是,当总需求$Y > \overline{Y}$时,便有通货膨胀,并按照δ的比率来影响一般价格水平的变动。

我们已经知道货币恒等式$h = P + \xi Y - \eta i$,将这个式子的两边除以η,并作必要的整理以后,就可得到这样一个等式

$$i = 1/\eta(P + \xi Y - h) \tag{10}$$

将(10)式代入(9)式,可以得到

$$\dot{P} = \delta\{[\alpha(e+P^* - P) + \beta Y^* - \gamma/\eta(P + \xi Y - h) + g] - \overline{Y}\} \quad (11)$$

式中的 P^*, βY^*, h, g 与 $\overline{Y}$ 均为外生变量,且不影响由上式给出的商品市场均衡轨迹线的斜率,而只会对该曲线的截距产生影响,并决定它与图 13-5-1 中的 AA 线的交点。能够影响商品市场均衡轨迹线之斜率的只能是与图 13-5-1 之纵轴与横轴相关的变量 e 与 P,因此,我们只要取 e, P 与它们的回归值 $\bar{e}$, $\overline{P}$ 的离差,就可确定商品市场均衡轨迹线的斜率。这样,(11)式就将演变为下式

$$\dot{P} = \delta[\alpha(e - \bar{e}) - \alpha(P - \overline{P}) - \gamma/\eta(P - \overline{P})] \quad (12)$$

与(11)式相比,(12)式排除了所有与决定商品市场均衡轨迹线之斜率无关的变量,而增加了与决定该曲线密切相关的 $\bar{e}$ 与 $\overline{P}$,目的是要通过实际值与回归值的离差来确定商品市场均衡轨迹线的斜率。

现在假定商品市场刚好处于均衡状态,即 $\dot{P}=0$,那么就有

$$\alpha(e - \bar{e}) = \alpha(P - \overline{P}) + \gamma/\eta(P - \overline{P}) = (\alpha + \gamma/\eta)(P - \overline{P})$$

对此式进行整理后,可以得到这样一个式子

$$\alpha/(\alpha + \gamma/\eta) = (P - \overline{P})/(e - \bar{e}) \quad (13)$$

(13)式给出的就是商品市场均衡轨迹线的斜率,它的斜率为正,且小于1,这是因为等式左边的分母大于分子。若将这一等式转换成为一条曲线添加到图 13-5-1 中去,那么它就是一条向右上方倾斜的曲线,我们在此将它定义为 XX 线,以示与资产市场均衡轨迹线 AA 线的区别。由于 XX 线的斜率与 AA 线的斜率方向刚好相反,因而必有这两条曲线的交点存在,这样,一般均衡的求解就不再是一个问题了。但是,在对一般均衡进行分析以前,我们首先必须对商品市场的局部均衡加以分析,这样做不仅有利于我们对 XX 线的性质与经济含义的正确理解,同时也可以消除在以后的一般均衡分析中可能遇到的疑问。

③ 商品市场的均衡分析。从(13)式与图 13-5-1 中的 XX 线来看,国内价格(P)与名义汇率(e)为正相关,即 P 的上升必定要求 e 也作同样的调整。其直观的解释是,P 的上升将以两种途径来减少商品市场的总需求,从而需要通过本国货币的贬值,即 e 的上升来增加国外需求,以便使本国的产出

与收入保持不变。

P 上升导致商品市场总需求减少的第一条途径是：P 上升，人们手中的实际货币余额就会减少；人们为恢复手中持有的实际货币余额，就只有减少它们的消费支出；于是，总需求便随之减少。从国内价格上升导致总需求减少的第一条途径来看，P 上升所产生的是支出减少的效应。

P 上升导致总需求减少的第二条途径是：P 上升，在 e 保持不变的情况下，实际汇率必下降，这可从实际汇率 $E=eP^*/P$ 这一等式中清楚地看到；本国实际汇率(E)的下降意味着实际汇率的升值，这会产生本国居民支出的转换效应，即人们会去减少本国产品的消费，转而增加价格相对便宜的外国商品的消费，由此产生的结果又将是国内总需求的减少。

因此，无论从哪条途径来看，贬值都是在价格上升情况下使产出与收入水平保持不变的平衡方法。

接下来的问题是，商品市场的均衡轨迹 XX 线的斜率为何会小于1，即要比 PPP 线的斜率来得小。这主要是因为，P 的上升既会产生支出减少的效应，又会产生支出转换的效应，而名义汇率的上升则只会产生支出转换效应，因此，为抵消由 P 上升所带来的双重效应，只具有单一效应的名义汇率之调整的幅度就应当大于国内价格变动的幅度。这样，出现在图 13-5-1 中的 XX 线的斜率自然就要小于1了。

（3）多恩布什资产市场模型的一般均衡分析。

如图 13-5-1 所示，假定经济的初始点为图中的 E_0 点，那么从商品市场的角度来看，这是一个存在过剩需求与通胀压力的经济。假如没有任何外力的干扰，该经济将会出现国内价格上升的趋势，而国内价格的上升将从两个方面引起经济的调整。

第一，如前所述，在价格上升而名义汇率又保持不变时，实际汇率就必定要升值。随着实际汇率的升值，本国的出口会下降，而进口则要增加，结果，过剩的需求由于包括国内外在内的总供给的增加而被吸收。

第二，国内价格的上升，还将引起人们实际货币余额的减少与对货币需求的增加，随之而来的自然又是利率(i)的上升与名义汇率的下降，即本国货币的升值。这一调整过程可从(1)式与(2)式直接推导出来：从(1)式看，在国外利率(i^*)保持不变的情况下，i 的上升必将引起预期汇率($E\dot{e}$)的上升；而(2)式又告诉我们，预期汇率的上升则会引起名义汇率(e)的下降。随着本国货币的升值，人们将调整它们的支出结构，结果国内过剩的需求将被转移到国外商品的购买中去，商品市场也将重新恢复均衡。

此外，不管是实际汇率的下降还是名义汇率的下降，它们在产生支出结构转换效应的同时，也都具有减少人们支出的支出减少效应。因此，实际汇率与名义汇率的升值在增加供给总量的同时，还具有减少总需求的作用。这样，在供给与需求同时进行调整的双重作用下，经济的均衡点将逐步向着其一般均衡的 $\bar{E}$ 点收敛。

(4) 扩张性货币政策的调整。

资产市场模型中的扩张性货币政策的调整过程可用图 13-5-2 分析如下。

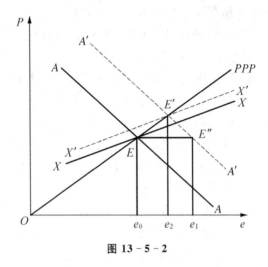

图 13-5-2

图 13-5-2 与图 13-5-1 的区别在于前者增加了后者所没有的表示实际汇率的购买力平价线（PPP），处于均衡状态的购买力平价应是一条斜率为 45°的直线。

假定经济的初始点为图中的 E 点，一项扩张性的货币政策将推动商品市场的均衡线 XX 向上移动，这是因为扩张性的货币政策会引起货币供给的增加，从而推动价格上涨与总需求的膨胀。

与此同时，扩张性的货币政策又会导致国内利率的下降。在资产市场为完全套利的情况下，本国利率的下降又会引起人们纷纷抛售本币的行为发生，于是，资产市场的均衡线 AA 也将向上移动。

又因为在有关当局实施扩张性货币政策的一瞬间，与货币因素直接相关的资产市场的反应,要快于与实际经济相连的商品市场的反应,因此,实际情况可能是 AA 线的移动要先于 XX 线的移动。这样,在价格还未作出上调的反应,而利率已先于价格作出下调反应条件下,瞬时的均衡点极有可能出现在图 13-5-2 中的 E'' 点。

然而,上述那种导致 AA 线向上移动的抛售本币的行为并不会无止境地持续下去。这是因为,由人们抛售本币而引起的名义汇率的贬值不会无止境地继续下去,它将受人们对汇率变动之回归预期的影响,而由贬值趋势转变为升值趋势。这可从图形中处于 E'' 点的名义汇率与以购买力平价为基准的实际汇率,已经出现了极大的背离,从而迟早会产生回归要求的现象中清楚地看到。

另一方面,在 AA 线作出如上这样的瞬间调整之后,反应相对迟钝的商品市场的调整迟早也是要开始的,商品市场调整的结果自然是价格的上涨。由等式(6)与(12)可知,P 与 e 是一种负相关的关系,因此,由商品市场调整而引起的价格上涨将导致本国名义汇率的升值。

这样,在资产市场的回归预期与商品市场价格上涨的双重作用下,经济的均衡点最终会出现在图形中的 E' 点上,而不是作为资产市场瞬间调整结果的 E'' 点上。在 E' 点,$X'X'$ 线与 $A'A'$ 线同时相交于购买力平价线,一般均衡的调整就此结束。

从整个调整过程来看,由购买力平价所表示的实际汇率保持不变,这是因为名义汇率的贬值与价格的上涨刚好相互抵消。价格上涨与名义汇率的贬值从支出量与支出结构两个方面压缩了国内的总需求,从而产生了以下两个结果:第一,将因扩张性货币政策所造成的过多的货币供给转化成了债券形式的货币资产;第二,将由扩张性的货币政策所引起的总供给的增加部分导向了国际商品市场,即实现了出口的增加,进而造成了产出与收入的增加,而出口的增加又为外汇供给的增加与本币的升值创造了前提条件,有关汇率变动的回归预期的合理性由此可见一斑。这两个结果反映在图形中,就有了 AA 线与 XX 线的先后上移。但是,值得注意的是,由扩张性货币政策所造成的调整过程,在其调整的瞬间显然存在调整过头或所谓的"超调"现象。即,最终的均衡名义汇率应为 e_2,然而瞬间调整的名义汇率却会出现在 e_1 的水平上。这种现象的存在清楚地表明,浮动汇率在实践中是多么的不稳定。

(5) 扩张性财政政策的调整。

扩张性的财政政策的调整过程可用图 13-5-3 分析如下:

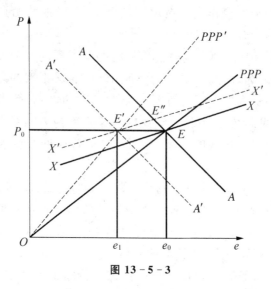

图 13-5-3

经济的初始点为图 13-5-3 中的 E 点。政府一项增加支出的财政扩张政策将会推动 XX 线向上移动,从而导致需求膨胀与通货膨胀的压力。在国内供给短期内不可调节的情况下,就只有通过增加进口来吸收过剩的需求,而要增加本国的进口,本国的名义汇率就必须升值。因为只有本国货币的升值才能产生支出结构的转换效应,进而使人们增加的对本国商品的需求转移到来自外国的进口商品上去。

然而,不断增加的进口势必会导致经常项目的逆差。这时,若想通过贬值的方法来对经常项目进行调整,那么扩张性的财政政策就将无法实行。这样,由经常项目逆差所引起的国际收支赤字,就只有依靠资本项目的顺差来加以平衡了。

要使资本流入,并出现顺差,本国的利率就必须上升,并且必须高于国际的利率水平。这一足以导致资本项目顺差的条件,事实上在政府推行扩张性财政政策的时候已经自动地被创造出来了。对此,我们可以分析如下:政府的扩张财政政策不仅意味着政府财政支出的增加,而且还会引起对货币需求的相应增加;当人们对货币的需求随着政府财政支出的增加而增加时,本国的利率就会趋于上升;假定原先国内的利率与国际利率因套利而处于均等状态,那么由财政扩张政策所引起的利率上升就会打破这种均衡而刺激外国套利资本的流入。

随着外国套利资本的流入,资产市场的均衡轨迹线 AA 线就会作向下的调整,并且在 E' 点与调整在先的商品市场的均衡轨迹线相交。在这个新的交点上,可以看到的一个十分有趣的现象是,本国的名义汇率出现了升值,但本国国内的价格却能继续保持不变。这样,就遇到了一个新的问题,是什么原因使得国内的价格保持不变?

对于这个问题的回答是:第一,从商品市场来看,由扩张财政政策的实施而出现的过剩需求,因本国名义汇率的升值与进口的增加而被全额吸收,故而对本国的价格几乎不产生影响;第二,从资产市场来看,由本国利率上升(其原因已在上面做过分析)而引起的外国资本的流入,满足了因扩张财政而造成的国内货币需求量的增加。若把这两个因素综合起来考虑,那么就可以得到以下的结论:扩张财政会导致国内货币需求的增加,并引起商品市场出现过剩的需求;在货币需求增加的压力下,本国的利率就会上升,从而引致外国资本流入,随着外国资本的流入,增加的货币需求将得到满足;与此同时,本国名义汇率的升值将刺激进口增加,而进口的增加又会把商品市场过剩的需求全数吸收;结果,本国的货币政策,从而本国的货币供给不需作任何调整就可使经济进入均衡状态。由于本国的货币政策与货币供给始终保持不变,因而本国的价格就可以保持不变。

在名义汇率升值、国内价格保持不变、商品市场与资产市场均进行了以上所述的调整,并于新的均衡点 E' 相交之后,扩张财政政策的调整过程是否就到此结束了呢?回答当然是否定的,这是因为,新的均衡点位于购买力平价曲线的左边,从而意味着以购买力平价为基准的本国实际汇率的低估,即 $E > eP^*/P$。从一般均衡的要求来看,它所需要的是所有相关的变量均处于均衡状态。现在,尽管其他有关的经济变量均已处于均衡状态,但是名义汇率与实际汇率却仍然存在相互背离的情况,因此,一般均衡实际上仍未实现。所以,由扩张财政政策所引起的调整过程还将继续下去。

就上述商品市场的调整结果来看,由于产出是增加的(因 XX 线是向上调整的),而价格是不变的,因而本国货币之实际购买力事实上是增加的;就资产市场的调整结果来看,由于利率是上升的,并且还有资本的净流入,因而投资者所持有的本国货币资产的收益是增加的,本国的外汇供给也是趋于增加的。这两种力量共同作用的结果,不仅会推动本国名义汇率的升值,而且也必定要求本国实际汇率的升值,舍此,就不能恢复本国货币的购买力平价。因此,在分别完成商品市场与资产市场的调整之后,紧接着需要进行调整的就必定是代表本国实际汇率水平的购买力平价了。这一调整过程反映在图 13-5-3 中就表现为 PPP 线的左向旋转,其调整的终点将是在 E' 点同时与 $X'X'$ 线和 $A'A'$ 线相交。只有当 PPP' 线与 $X'X'$ 线和 $A'A'$ 同时相交于 E' 点,从而使经济真正处于一般均衡状态时,由扩张财政政策所引起的调整过程才算真正完成。

从以上所述的整个调整过程来看,由商品市场的先行调整所达到的 E'' 点不过只是一种瞬间出现的均衡点,这是因为在此点所出现的瞬间的价格上升趋势很快就会被随之而来的名义汇率的升值、利率的上升,以及外国资本流入等因素所抵消,因此,其长期而又稳定的均衡点只能出现在 E' 点。将扩张财政政策下的调整过程与扩张货币政策下的调整过程作个比较,就不难发现,扩张财政政策下的调整过程不存在"射击过头"的问题,且国内的价格可以基本保持不变。由此可以得出的结论是,扩张性的财政政策在保持货币稳定方面要优于扩张性的货币政策。

13.5.3 多恩布什模型与蒙代尔—弗莱明模型的异同

(1) 货币扩张政策的异同。

在以上两个模型中,货币扩张政策的效应基本相同,即货币扩张均可引起名义收入的增加,且对经常项目不产生影响,这是因为由扩张性货币政策所必然要造成的本币贬值会使经常项目自动调整到均衡状态。然而,由于这两个模型的前提假定不同:在蒙代尔—弗莱明模型中假定的是名义工资不变;而在多恩布什模型中假定的是实际工资不变。因而,在蒙代尔—弗莱明模型中,名义收入的增加也就是实际收入的增加;而在多恩布什模型中实际收入是不变的,名义收入的增加不过是价格上涨的结果。所以,在多恩布什看来,扩张性的货币政策只会导致通货膨胀。

(2) 财政扩张政策的异同。

财政扩张政策的效应在这两个模型中是完全相同的,即名义收入会保持不变,但因本国货币的升值与经常项目的逆差,吸收或实际收入是增加的。

(3) 政策主张的分歧。

由于蒙代尔—弗莱明模型深信扩张性货币政策不仅可以增加名义收入,

而且也可以增加实际收入,因此,该模型坚持认为扩张性货币政策是增加就业与收入的有效手段;与此相反,多恩布什模型抱着扩张性货币政策只会引起通货膨胀的看法,从根本上反对用扩张的货币政策来刺激就业与收入的增长。

13.5.4 杰弗里·萨克斯证明

杰弗里·萨克斯(Jaffrey Sachs)十分支持多恩布什模型的关于扩张货币政策只会导致通货膨胀的结论,并对此作了进一步的证明。

萨克斯首先用实际工资不变的假定来替代蒙代尔—弗莱明模型中关于名义工资不变的假定。然后选择一个包括非贸易品在内的依附模型作为其基本的分析工具。萨克斯的证明过程可以描述如下:

假定非贸易品的价格等于名义工资,即

$$P_n = W \tag{14}$$

再假定工人所要求的实际工资为 V,那么就可得到以下等式

$$W = V(P_m)^\alpha (P_n)^{1-\alpha} \tag{15}$$

其含义是,名义工资(W)等于实际工资(V)乘上贸易品与非贸易品这两种不同类型商品的价格指数。

现在把等式(14)与完全套利的贸易品价格 $P_m = eP^*$ 代入(15)式,可得

$$W = V(eP^*)^\alpha (W)^{1-\alpha} \tag{16}$$

将(16)式作如下的整理

$$W = V(eP^*)^\alpha (W)^{1-\alpha} = V(eP^*)^\alpha (W)(W)^{-\alpha}$$

两边同时除以 $(W)(W)^{-\alpha}$,可以得到

$$1/W^{-\alpha} = V(eP^*)^\alpha$$

$$W^\alpha = V(eP^*)^\alpha$$

再将等式两边的指数同时除以 $1/\alpha$,便有

$$W = V^{1/\alpha} eP^* \tag{17}$$

从(17)式看,当一国采取扩张性的货币政策时,随着名义汇率(e)的贬值,即式中 e 值的增大,在实际工资(V)为给定变量、国际价格(P^*)为外生变

量,从而均不能进行调整的情况下,就只有通过名义工资(W)的上升来恢复经济的均衡,而 W 的上升正是经济出现通货膨胀的一个主要的信号。据此,萨克斯认为多恩布什模型关于扩张性货币政策只会导致通货膨胀的结论是可信的。

为使证明的结果可靠,萨克斯又进一步利用(17)式来验证扩张性财政政策下的后果。如前所述,扩张性财政政策调整的一般结果是,本国的名义汇率与实际汇率都会升值,但国内的价格却会保持不变。汇率升值反映在上式中就是 e 值的下降,而国内价格保持不变意味着上式中的名义工资(W)也可能保持不变。在 e 上升,而 W 与作为外生变量的 P^* 均不变的情况下,要使等式成立,也就是说,要使经济能够恢复均衡,唯一可以调整的就是让实际工资(V)上升,而 V 的上升则意味着实际收入的增加。因此,多恩布什关于扩张性财政政策可以增加一国的实际收入的结论再次被证明是对的。

这里唯一还需要加以说明的小问题是,在扩张性财政政策的上述调整过程中,由于实际工资(V)是一个带有指数的变量,因而汇率(e)的下降幅度与 V 的上升幅度并不是等值的。之所以会出现这样的情况,就是因为在实施扩张性财政政策而使本国的实际收入增加时,由本国汇率升值所造成的进口增加将会引起一部分实际收入的漏出,以致实际收入与实际工资的增加并非像原先预计的那么大。

13.5.5 库里的资产组合模型

(1) 库里模型的特征。

库里模型的特征为:

① 通过放松多恩布什模型关于资本完全流动的假设,进入资本不完全流动情况下的资本市场的均衡分析。

② 导入资产组合理论,分析与资产存量有关的资产市场的均衡问题。

(2) 库里模型的若干前提假定。

① 假定投资者的资产组合,仅限于两个国家的两种各自具有不变收益率的货币资产,这意味着投资者持有本国货币资产的机会成本就是它的预期的贬值率,换句话说,当本国货币出现贬值时,由于其收益率(对于货币资产来说就是利率)是不变的,因而它的收益就会下降甚至出现亏损,而持有外国货币资产的收益则会增加。

② 再假定有一个众所周知的均衡汇率,并且对这一均衡汇率的任何偏离,都会引起人们对重新恢复均衡的预期,这一假定其实就是多恩布什模型中的回归预期。

③ 第三个假定可以看作是以上两个假定的综合,即:当本国的货币升值时,投资者将会增加外国货币资产的持有;而当本国的货币贬值时,投资者则会增加本国货币资产的持有。其理由是,本国货币的升值虽然增加了即期的资产收益,但却增加了持有这种资产的未来的机会成本,因为在回归预期的作用下,本国货币的汇率迟早是要贬值的。因此,最好的做法就是,在本国货币升值时减少本国货币资产的持有而去增加外国货币资产的持有。反之,则相反。

(3) 库里模型的均衡分析。库里模型的基本构造可以用图 13-5-4 描述如下。

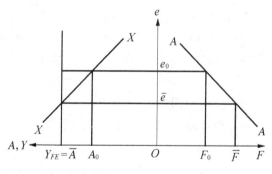

图 13-5-4

由图 13-5-4 可知,库里模型是由两个象限组成的。在右边的象限里,纵轴代表名义汇率(e),横轴为投资者所持有的外国资产的存量。资产市场均衡曲线 AA 向右下方倾斜,表明当本国的汇率贬值,并且预期会回归时,投资者就会减少外国资产的持有量而去增加本国资产的持有量。

左边象限的纵轴与右边象限的相同,横轴同时代表两个向量,一个是产出 Y,另一个是吸收 A。商品市场的均衡曲线向左下方倾斜,表明当本国的货币贬值时,人们就将减少吸收。反之,则相反。另一方面,收入 Y 由充分就业水平的产出所决定,由于充分就业的产出是固定的,因而充分就业的收入曲线就是一条垂直于横轴的直线。

假定经济的初始点位于图 13-5-4 中右象限的 F_0 点,即投资者只持有较少数量的外国资产存量,而持有较多数量的本国资产的存量,那么汇率必定是处在较高的水平上。较高的汇率将导致人们吸收的减少,这反映在图的左边象限上,就有对应于 e_0 的 A_0。这时,尽管右边象限是均衡的,但左边的象限却出了问题,因为在商品市场上出现了过剩的供给。这反映在图形中就是由充分就业决定的产出 Y_{FE} 未与 A_0 处在同一个位置上。

然而,左边象限上所出现的过剩供给并不是没有出路的,它可以借助于本国货币的贬值(上面所提到的本国较高水平的汇率出现已经使得本国的商品具备了较高的出口竞争力),通过向国际市场出口来加以出清。

但是,随着本国出口的增加,本国的经常项目就会出现顺差。在浮动汇率下,这又会引起本国汇率的升值,于是汇率就将从原先的 e_0 点调整到 $\bar{e}$ 点。本国汇率的这一变动将对左右两个象限所代表的商品市场均衡与资产市场均衡同时产生重大的影响。

首先,在资产市场上,因本币的升值,投资者就会按照我们在本模型的前提假定中所分析的那样,纷纷抛售本国的货币资产而去购买外国的货币资产,结果本国的外国资产持有的存量就会增加。这种情况一直要延续到 $\bar{F}$ 点为止。

其次,在商品市场上,也是因为本国货币的升值,人们将会增加吸收,同时出口也会因本币的升值而减少,结果,整个社会的吸收水平将从 A_0 点调整到与 Y_{FE} 重合的位置上,即 $\bar{A}=Y_{FE}$。

综合以上两个市场的调整结果,我们就可以清楚地看到,此时两个市场都处在均衡之中,均衡的汇率为 $\bar{e}$,均衡的外国资产存量为 $\bar{F}$,均衡的产出为 Y_{FE},而均衡的吸收则为 $\bar{A}$。在一个只有两个市场的经济中,这也同时意味着一般均衡的实现。

从库里模型的整个调整过程来看,用来平衡两个市场之供求关系,进而实现整个经济的一般均衡的经济变量,主要是资产存量的相对变化,而不是它们收益的变化。此外,就如蒙代尔—弗莱明模型所表明的那样,库里模型再次证明浮动汇率具有自动恢复均衡的能力。但是,它的缺陷是会助长投机,并把本国的经济波动传递到其他国家。例如,当本国的汇率对其均衡值发生较大偏离时,就像库里模型中实际汇率(e_0)对均衡汇率($\bar{e}$)的偏离,投资者立即就会做出抛售外国资产的反应。随着投资者纷纷抛售外国资产,本国的这种经济波动也就随之被转移到了其他的国家。因此,自世界实行浮动汇率制度以来,经济周期为什么仍然具有同步性的原因大概就在于此吧。

13.6 大国经济

13.6.1 大国经济与蒙代尔—弗莱明模型

放松小国假设主要与蒙代尔—弗莱明模型有关,这是因为在他们的模型中有这样两个重要的结论:

第一,在资本完全流动的情况下,货币政策在固定汇率下是无效的。

第二,同样也是在资本完全流动的情况下,财政政策在浮动汇率下则是无效的。

然而,这两个结论在大国经济中都是不能成立的,为此,需要放松蒙代尔—弗莱明模型关于小国经济的假设,来看一看以上两个结论在大国经济情况下会发生什么样的变化。

13.6.2 蒙代尔—弗莱明的货币政策与大国经济

就货币政策而言,在大国经济场合,一国货币供给的增加,将导致整个世界货币供给的增加,以致在本国利率下降的同时,也将引起整个世界利率水平的下降,这样,大国的扩张性的货币政策在资本完全流动与固定汇率的情况下,就不再是无效的了。

对此,可以将小国经济与大国经济下的调整过程比较分析如下:

在小国经济的场合,一国采取扩张性的货币政策将引起国内信贷的增加与利率的下降,随着本国利率的下降,本国的资本将会外流,这样,国内增加的信贷与因资本外流而造成的货币供给的下降会相互抵消,从而扩张性的货币政策对本国的收入是没有影响的。

然而在大国经济场合,情况就不同了,当一个大国采取扩张性的货币政策时,它不仅会引起本国利率的下降,而且也会同时引起世界利率的下降,这样,就不会产生小国经济下的那种资本外流的问题,结果大国货币供给的增加将对总需求,进而对总供给,直至对本国的就业与产出产生直接或间接的影响,因而是能够带来收入效应的。

13.6.3 蒙代尔—弗莱明的财政政策与大国经济

在蒙代尔—弗莱明假设的小国经济中,当资本为完全可流动,而汇率又可浮动时,扩张性的财政政策确实是没有收入效应的。这是因为,扩张性的财政政策在增加产出的同时也会引起国内利率的上升,而国内利率的上升又会吸引外国资本的流入,导致储备增加与本国货币的升值,结果本国的出口会下降,而进口则会增加,它们合力作用的结果,将足以抵消由扩张性财政政策所引起的产出的增加,因而本国的就业与产出可能保持不变。

但在大国经济中,以上的调整过程就会发生变化,从而大国的一项扩张性的财政政策也是可以产生收入效应的。对此,我们可以描述如下:

与小国经济场合的情况一样,大国的一项扩张性财政政策首先也会引起国际收支一般均衡模型中的 IS 曲线的右移。与此同时,本国的利率也会像小国经济时一样趋于上升,这在资本完全可流动情况下自然也要引起外国资本的流入。随着外国资本的流入,且汇率又可浮动时,本国的货币也将出现升值倾向。而本国货币的升值又会像小国经济时那样,直接导致出口的下降与进口的增加。至此,可以说,大国经济与小国经济还没有任何不同之处。但是接下来的调整就完全不同了。在大国经济场合,大国进口的增加会刺激外国产出的增加,进而导致外国收入与对大国产品的需求的增加,这样,大国因利率上升、资本流入与本国货币升值而出现的出口下降趋势就会被大国特有的这种乘数效应所遏制。结果,在小国经济中无效的扩张财政政策,在大国经济中却能产生相当大的收入效应。

13.7 远期外汇市场

13.7.1 远期外汇市场的意义

在本章的一开始,我们就已指出,外汇市场与其他市场的一个极其重要的区别,就在于它的价格极不稳定。为了防止汇价的频繁波动,可以用短期投机的方法与远期交易的方法来加以克服。关于短期套利投机方法,在以上的分析中已经涉及颇多,而对远期交易方法至今尚未作过任何分析。然而在一个实行浮动汇率制度的世界里,若不对远期交易进行分析与研究,那么本章在内容体系上就不能算是完美的。

此外,在现实的经济生活中,一个外汇市场上的投资者也往往会因为面临两种难以捉摸的选择而困惑不解,从而需要远期交易理论为它们指明方向。这两种难以捉摸的选择就是:在货币资产市场上究竟是选择本国货币资产的收益高?还是选择外国货币资产的收益高?

事实上,在这样的选择中至少要涉及以下一些变量,它们分别是:两国的利率及其差别,即以上分析中一直提到的 i 与 i^* 这两个变量;两国货币的即期汇率(e);以及两国货币的远期汇率(E)等。在以上所列举的各种变量中,我们已经分析了 i、i^* 与 e 对外汇市场均衡的影响,但从来还没有分析过 E 对外汇市场均衡的影响,故需导入这个新的变量进行外汇市场的均衡分析。

13.7.2 远期外汇市场的定义与活动种类

所谓远期市场,就是人们于现在签订交易合同,并按照现在议定的价格,在将来的某一天(通常是3～6个月)出售一种货币,去交换另一种货币的交易方式。

在远期市场上能够进行的活动类型主要有以下三种:

(1) 套期保值。这类远期交易通常是由贸易商进行的。这些贸易商一般都知道,它们在将来的某个日期将收到或需要支出一笔外汇,为了避免可能发生的汇率变动的风险,他们就于现在签订合同,以便为将来得到或出售这笔外汇做好事先的安排。

(2) 套汇。套汇是由寻求无风险利润的金融家,通常是银行所进行的外汇远期交易。他们卖出即期的一种货币,同时又买回它的期限,比如3个月远期的同一种货币,然后,再以这3个月为期,将这笔收入投资到其他种类的货币资产上去。

(3) 投机。投机当然是由投机者进行的一种远期交易。这些投机者试图通过接受汇率风险来赚取利润。他们许诺在将来的某一天,以现在确定的价格买进或卖出外汇,并希望在合同约定的交割日能够在当时的即期市场上,以有利可图的价格卖出或买进这笔外汇来获取利润。很显然,投机的利润收入将来源于投机者对远期外汇价格的预期能力。在远期外汇市场上参与投机的通常可包括跨国公司、商业银行以及有意接受风险的贸易商,有时也包括一些国家的中央银行。

13.7.3 远期汇率与利率平价

现在分析远期市场上的均衡问题。

为了简便起见,假定远期市场的交割期限是单一的,比如只有期限为1年的远期交易。

出于同样的理由,我们将把以上所说的三种交易行为加以综合而区分为两种不同类型的交易方式,即无抛补的交易方式与有抛补的交易方式,并对它们逐一进行分析。

(1) 无抛补的利率平价。

无抛补情况下的远期汇价的决定可用图13-7-1分析选择如下。

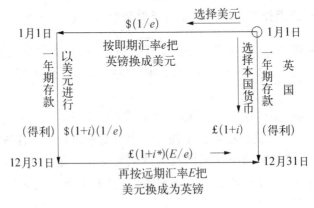

图 13-7-1

从图13-7-1中可知,投资者若用一笔资金去购买期限为1年的本国的货币资产(在图13-7-1中是用英镑来表示的),到期之后,他可以得到的预期收入为本金乘上$(1+i)$;假如现在他改变主意,决定用同样数量的资金去购买期限相同的外国货币资产(在图13-7-1中是用美元来表示的),那么他的预期收入将为本金乘上$(1+i^*)(E/e)$,其中E为预期的远期现汇价格,e为即期汇率。在均衡状态下,投资于这两种不同货币资产的收益应当是相等的,即

$$(1+i) = (1+i^*)(E/e) \tag{1}$$

如果预期的远期汇率(E)大于即期汇率(e),即$E/e>1$,那么就会有

$$E/e \equiv 1 + \Delta e \tag{2}$$

式中的 Δe 是指该年内本国货币贬值的比率或外国货币升值的比率。将(2)式代入(1)式,可以得到下式

$$(1+i) = (1+i^*)(1+\Delta e) = 1 + i^* + \Delta e + i^* \Delta e$$

或

$$i = i^* + \Delta e + i^* \Delta e \tag{3}$$

上式中的最后一项是外国利率与预期贬值率的乘积,只要没有出现较大幅度的通货膨胀,这个乘积项就是"二阶小量",从而可以忽略不计,于是(3)式又可变为

$$i = i^* + \Delta e \tag{4}$$

上式就是所谓的利率平价,只要这一条件不被破坏,那么无抛补的远期外汇市场就可以顺利地实现均衡。(4)式同时也告诉我们,一旦本国的利率发生变化时,远期外汇市场是怎样进行调整的。简单地讲,当本国的利率 i 上升,从而高于外国的利率 i^* 时,为恢复远期外汇市场的均衡,本国货币之预期的远期汇率就要贬值,即式中的 Δe 必须上升。这反映在投资者的主观判断中,就会出现本国汇率贬值的预期。对此,可以推导如下:

对(4)式作移项处理后可得

$$i - i^* = \Delta e \tag{5}$$

从(2)式已知,$E/e \equiv 1 + \Delta e$,对(2)式作移项处理后可得

$$\Delta e \equiv E/e - 1 \tag{6}$$

将(6)式代入(5)式,就有

$$i - i^* = E/e - 1 \tag{7}$$

从(7)式看,在外生变量(i^*)不变,前定的即期汇率(e)也不变的情况下,由本国利率(i)的上升所引起的均衡条件的破坏,就只有通过预期的远期现汇价格(E)的上升,即预期的远期汇率的贬值来加以恢复了。

(2) 有抛补的利率平价。

有抛补的利率平价是指:远期外汇市场上的投资者在以即期汇率将英镑兑换为美元的同时,立即以远期汇率(F)将在1年以后才到期的美元资产(包括本金与利息)如数卖掉。这样,我们只要把(1)式中预期的远期汇率 E 用 F 来替代,就可以得到有抛补的利率平价,即

$$(1+i) = (1+i^*)(F/e) \tag{8}$$

假如 $F/e > 1$,那么就有

$$F/e \equiv 1 + f \tag{9}$$

式中的 f 是远期的升水或贴水,它所反映的是一国的远期汇率高于或低于即期汇率的比例。当 $F > e$ 时,f 为正,这意味着远期汇率的升水,即远期的美元价格是上升的,而英镑则是贬值的;反之,则会出现远期汇率贴水的情况。

现在,如果把(9)式代入(8)式,那么就有

$$(1+i) = 1 + i^* + i^* f + f$$

与前相同,式中的 $i^* f$ 为二阶小量,可以忽略不计,因此,整理上式后可得

$$i = i^* + f \tag{10}$$

从以上这个有抛补的利率平价来看,本国利率的上升或下降将导致本国货币的远期贴水或升水。

(3) 无抛补利率平价与有抛补利率平价的关系。

无抛补利率平价与有抛补利率平价的关系取决于以下三个变量之间的关系,这三个变量就是:预期的汇率变动 $E\dot{e}$,以及 Δe 与 f。

假如以上三个变量刚好是相等的,即:$E\dot{e} = \Delta e = f$,那么无抛补的利率平价与有抛补的利率平价就没有什么区别,从而它们可以共用同一个等式来表示远期外汇市场的均衡。这个既适合无抛补利率平价又适合有抛补利率平价的等式就是

$$i = i^* + E\dot{e} \tag{11}$$

假如以上三个变量并不相等,那么无抛补利率平价与有抛补利率平价就会出现差异,从而这两种不同类型的远期外汇市场的投资结果也就会有很大的不同。究竟何种投资方式可以增加或减少投资者的远期收益,这不仅要取决于 Δe 与 f 的大小,而且还要取决于它们各自与 $E\dot{e}$ 的关系。

然而,常识告诉我们,只要远期汇率(F)与预期的远期汇率(E)之间出现了某种偏离,也就是说,只要 f 与 Δe 不等,那么就一定会产生一笔预期的收益。这在有资本流动与无外汇管制的情况下,势必会引起远期外汇市场的投机活动,在这种投机活动的作用下,F 与 E 之间的任何偏离最后都会被纠正。因此,从长期看,Δe 与 f,从而 E 与 F 必须是相等的,否则远期外汇市场就无法出清。

远期外汇市场的这种投机均衡调整过程可用图13-7-2分析如下。

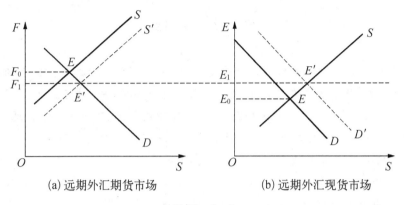

(a) 远期外汇期货市场　　　(b) 远期外汇现货市场

图 13-7-2

图13-7-2由(a)与(b)两部分组成。图(a)为远期外汇的期货市场,横轴为外汇的供给,纵轴为远期汇率F。图(b)为远期外汇的现货市场,横轴也为外汇的供给,纵轴为预期的远期外汇价格。为使问题变得简单化,我们将采取变焦的方法,把这两个市场从远期中拉回到即期中,这样,图(a)就成为期货市场,而图(b)则成了现货市场。

由于两个市场的初始均衡都在E点,因而F_0要大于E_0。两个市场的价格差为投机者提供了好机会,他们开始为追求一笔预期的收益而进行(远期)外汇市场的投机活动,其方法可以描述如下:

投机者根据两个市场的价格差,会在现汇市场买进美元,在期货市场卖出美元。这一套利行为一方面将导致现汇市场需求曲线的上移,以及由此而引起的现汇价格的上升;另一方面则会导致期货市场供给曲线的下移,以及由此而引起的期货市场价格的下跌。最后,当这两个市场的价格趋于一致,投机者无利可套时,这两个市场的一般均衡也就实现了。即:无论在期货市场,还是在现货市场,都不存在过剩的需求或供给。

当然,要使(远期)外汇市场上的投机活动能够起到以上这种平衡市场的作用,至少需要以下一些条件:

第一,市场必须有足够的资金与代理人;

第二,需要有一个明确的、组织良好的即期与远期市场;

第三,交易成本很低,且没有进入壁垒。

这些条件涉及许多制度与汇率政策问题,而这正是下一章所要研究的。

本 章 小 结

1. 本章所研究的是作为前两章既定条件分析的汇率本身。这样的研究之所以必要,是因为现在的汇率制度早已不再是布雷顿体系下的固定汇率制度了。由此带来的结果,便是国际收支调节理论得到了进一步的扩展,即从固定汇率下的国际收支调节推进到了浮动汇率下的国际收支调节。

2. 经常项目差额模型揭示了浮动汇率下国际收支调节的两个重要定理。第一,利用浮动汇率可使本国经济免受国外经济波动的影响;第二,在浮动汇率下,货币政策与财政政策对一国实际收入与就业的影响要大于它们在固定汇率下的影响。

3. 弱购买力平价理论表明,除了经常项目的变动之外,一国生产率的增长也会对汇率变动产生重大的影响。利用弱购买力平价理论不仅可以对不同国家的收入水平进行合理的比较,而且还可以解释那些生产率增长较快的国家为何会在国际收支出现大量顺差的情况下,却又存在高于其他国家的通货膨胀。

4. 蒙代尔—弗莱明模型以资本流动的流量理论为基础,比较研究了货币政策、财政政策与限制性商业政策在固定汇率与浮动汇率下的收入效应,由此而得出的主要结论是:货币政策在浮动汇率下的收入效应一般要大于固定汇率下的收入效应;财政政策在固定汇率下的收入效应一般要大于浮动汇率下的收入效应;限制性商业政策在固定汇率下可使本国的收入增加,但在浮动汇率下则被证明是完全无效的。当然在使用这样的结论时,还必须考虑资本流动的状况。

5. 多恩布什的资产模型通过导入资本流动的存量理论,分析了资本可完全流动情况下的货币资产因素对一国汇率的影响。其主要的结论是:人们对汇率变动的回归预期可以使一个对外开放资本市场的国家自动实现经济的均衡,但这必须以汇率的频繁变动为代价。特别是在政府推行扩张性货币政策的场合,因有"射击过头效应"的存在,汇率变动的幅度将会很大。

6. 萨克斯用一个依附模型进一步证明了多恩布什模型的上述结论,即:在浮动汇率下,扩张性的货币政策只会产生通货膨胀效应,而对实际收入的增长不产生任何实质性的影响。

7. 库里模型进一步放松了多恩布什模型中关于资本完全流动的假设,分析了资本不完全流动情况下,人们的资产组合行为对汇率变动的影响。由此得出的结论是:经常项目的不平衡可能改变现有外国资产的存量,从而导致汇率变化以维持资产组合的平衡。

8. 大国经济模型修正了蒙代尔—弗莱明模型的两个重要结论:第一,在固定汇率与资本完全可流动的情况下,小国经济中无效的扩张性货币政策在大国经济中则是有效的;第二,在浮动汇率与资本完全可流动的情况下,小国经济中无效的扩张性财政政策在大国经济中也是有效的。

9. 远期外汇市场模型揭示了一国外汇的利率平价是怎样形成的,并对有抛补的利率平价与无抛补的利率平价之区别,以及它们之间的联系作了解释。此外,远期外汇市场的分析也肯定了投机在保持汇率稳定中的作用。

本 章 关 键 词

经常项目差额　　弱购买力平价　　生产率的增长率　　资产市场　　静态预期　　外推预期　　适应性预期　　回归预期　　射击过头　　利率平价　　无抛补利率平价　　有抛补利率平价　　远期汇率　　远期现货汇率

本 章 思 考 题

1. 浮动汇率与固定汇率下的外汇市场有什么不同？针对浮动汇率下外汇价格变动频繁的问题,人们提出了什么样的解决方法？

2. 经常项目差额模型的两个基本定理各是什么？你能用有关的事实来加以证明吗？

3. 弱购买力平价与通常所说的购买力平价有什么不同？弱购买力平价的理论意义与现实意义各是什么？你能解释中国改革开放以来所出现的国际收支持续顺差,但又经常出现较高的通货膨胀的原因吗？

4. 在蒙代尔—弗莱明模型中共有多少种政策组合？它们各自的收入效应又是怎样的？

5. 在多恩布什模型中,为什么当汇率偏离它的均衡值以后又能够沿着正确的预测途径回到它的均衡位置?

6. 多恩布什模型中的"射击过头"现象是怎样发生的?它对经济活动会带来哪些不利的影响?

7. 你能用萨克斯证明的方法来说明浮动汇率与资本完全流动情况下的货币扩张政策,为什么不能产生预期的实际收入效应?

8. 在库里模型中,当一国出现经常项目的逆差时,经济将会发生怎样的调整?

9. 大国经济模型修正了蒙代尔—弗莱明模型中的哪些结论?导致这些结论更改的主要原因是什么?

10. 利率平价是怎样形成的?无抛补的利率平价与有抛补的利率平价有什么不同?这两种不同的利率平价在什么样的情况下是无差异的?投机在远期外汇市场的均衡调整中具有什么样的作用?它在远期外汇市场的运作过程中是一个必不可少的因素吗?

第十四章
汇率政策

14.1 导　言

　　本章所要研究的是有关汇率政策的理论问题,而不是汇率政策的实践。

　　关于汇率政策的理论是在经济学家们就固定汇率与浮动汇率孰优孰劣的争论中发展起来的。

　　一般说来,以货币主义为代表的自由主义经济学家比较偏爱浮动汇率;而以凯恩斯主义为代表的干预主义经济学家则比较倾向于固定汇率。

　　在自由主义与干预主义争执不下的情况下,又出现了介于两者之间的折中论者,它们撰写了一系列关于中间选择的文献,并提出了最适通货区理论,以及其他一些中间汇率制度。

　　以上这些极其简单的议论大致上也就确定了本章的研究范围与研究对象,它们分别是:浮动汇率政策、固定汇率政策,以及介于这两种政策之间的各种中间性汇率政策。

14.2　浮动汇率政策

14.2.1　浮动汇率的市场效率

　　早在20世纪50年代的初期,货币主义经济学家弗里德曼就主张用浮动汇率来取代效率低下的固定汇率制度。他提出这一政策主张的主要理由是:第一,与固定汇率相比,浮动汇率具有较高的市场效率;第二,与固定汇率相比,浮动汇率还可以使一国获得政策利益;第三,在浮动汇率下必然要产生的投机行为,是一种有助于浮动汇率稳定的积极力量,而不是一种具有破坏性的消极力量。

按照以上给出的赞成浮动汇率的理由之顺序,我们首先来分析浮动汇率的市场效率。

浮动汇率的市场效率主要反映在以下几个方面:

(1) 浮动汇率的调整变量少于固定汇率的调整变量。在浮动汇率下,当一国的国际收支失去平衡时,只需要通过汇率的贬值或升值,而无需调整国内的价格体系(包括各种市场的价格),就可使国际收支恢复均衡。

在固定汇率下,当一国的国际收支失去平衡时,它就必须通过调整国内各种市场的价格来恢复国际收支的均衡。

两种汇率制度下的调整变量数的这种多少差异意味着什么呢?回答是,意味着调整成本的差异。常识告诉我们,调整一个变量所需要的成本,显然小于调整多个变量所需的成本。这里所说的成本至少包含以下三层意思:

第一,是调整的信息成本。需要调整的变量越多,所需要的信息自然也就越多,而信息作为一种稀缺的经济资源,并不是可以免费得到的。所以,就固定汇率的调整而言,由于其需要调整的变量数很多,从而其调整所需要的信息也就较多,而调整所需要的信息越多,其调整的成本也就越高。

第二,是调整的执行成本。浮动汇率下的调整只需一个外汇市场来执行调整任务就可使问题得到解决;而固定汇率下的调整则需要动用多个市场来执行调整任务,因而其调整的成本将是十分高昂的。

第三,是调整过程中的犯错成本。浮动汇率下的调整只涉及一个变量,只需要动用一个市场,不存在各种变量与市场的协调问题,因而不容易犯错;然而在固定汇率调整的情况下,由于调整所涉及的变量与必须动用的市场数量很多,因而协调困难,容易犯错,从而会产生浮动汇率调整所没有的犯错成本。

比较浮动汇率调整与固定汇率调整这两种不同的调整成本,自然就可以得出这样的结论:浮动汇率的市场效率要高于固定汇率的市场效率。

(2) 浮动汇率的调整时间要短于固定汇率的调整时间。商业实践中有一句名言:时间就是金钱。经济学中有一个重要的命题:时间的支付也是成本。

若从时间效率上对浮动汇率与固定汇率的调整进行比较,所能得出的结论仍然是浮动汇率的市场效率要高于固定汇率的市场效率。

其理由是：浮动汇率下一个变量与一个市场的调整可以在很短的时间内完成，有时甚至可以在一瞬间完成；而固定汇率下多个变量与多个市场的调整，则需要较长的时间才能完成。这是因为，多变量的信息收集需要时间，各种变量间的信息传递与反馈需要时间，各种市场调整过程的协调动作需要时间，调整出错的纠正也需要时间。

(3) 浮动汇率的调整方式优于固定汇率的调整方式。浮动汇率的调整是自动的与柔性的。所谓自动的是指：在浮动汇率制度下，只要一国的国际收支出现失衡的情况，汇率就会自动地贬值或升值，在这里，任何强制性的干预都是多余的。所谓柔性的是指：在浮动汇率制度下，汇率可以根据一国国际收支的变动状况进行连续的微调而避免经济的急剧波动。

与浮动汇率的调整方式相比，固定汇率的调整不仅需要某种强制，而且还是十分僵硬的。固定汇率调整的强制性根源于国内价格体系的刚性，如工资下调的刚性等，在这种情况下若没有政府行政力量的强制性干预，调整的目标就可能无法实现。固定汇率调整的僵硬性产生于这样一个事实，即国内的很多调整变量是无法进行连续微调的，这不仅是因为存在工资下调的刚性，包括国内的利率、各种资本品和消费品的价格在内的整个价格体系事实上也是不可以时时刻刻进行调整的，它们通常总是在国际收支的平衡被破坏到一定程度，以致不对其进行调整就会引起经济运转失灵的时候才被迫进行调整的，而这样的调整势必具有幅度较大且较为突然的特征，因而不可能是柔性的。

比较这两种不同的调整方式，我们还是不得不承认，浮动汇率的市场效率要高于固定汇率的市场效率。

(4) 浮动汇率的调整结果要优于固定汇率的调整结果。浮动汇率的调整并不是随意的、无规律可循的。在浮动汇率下，一个均衡汇率的出现反映了一国外汇的供给与需求之间的一种均衡关系的建立。就一国外汇的供给来源于它的有效出口，而外汇的需求又取决于它的有购买力的进口而言，外汇供求的平衡也就意味着该国进出口的平衡。并且，就有购买力的进口依赖于有效的出口这一点来说，一种能够保证该国有效出口的均衡汇率的出现，也就同时意味着该国在国际分工与贸易中的比较利益的实现。换句话说，浮动汇率的优点就在于它能促成一种可使一国顺利实现其比较利益的均衡汇率的形成。如果不是这样，那么浮动汇率下的调整就必定还要进行下去。尽管资本流动会对这种均衡产生一定的干扰，但正如我们曾经在以上有关章节中分析的那样,一国国际收支的平衡归根到底是由经常项目来决定的,因此,资本项目的干扰可能导致汇率一时间对有效均衡汇率的偏离,但却不能改变这样的调整规律及其结果。

然而,对于固定汇率来说,情况就完全不同了。尽管一国在固定汇率下可以通过调整其国内的各种变量来实现国际收支的平衡,但是,由于汇率本身具有一定时期内不可调整的特点,因而随着本国与外国经济状况发生变化,如经济增长率出现差异,或生产率的增长率出现落差,就必定会发生本国汇率高估或低估的事情,其结果不是造成本国的过度进口,就是造成本国的过度出口,而这都将意味着本国比较利益的丧失。

比较浮动汇率与固定汇率的不同调整结果,我们所能得到的结论仍然是:浮动汇率的市场效率要高于固定汇率的市场效率。

14.2.2 浮动汇率的政策利益

浮动汇率的政策利益来自以下几个方面:

(1) 独立的国内政策。从经常项目差额模型的第一定理中已经知道,利用浮动汇率,一国可使本国的经济免受外国经济波动的影响。其实,这等于在告诉人们,在浮动汇率下,各国的国内经济政策可以是独立的,即各国可以通过独立地制定本国经济稳定与发展的政策,来实现充分就业与经济增长等政策目标,一切来自外部的冲击均可通过汇率的浮动予以缓冲或排除。

(2) 政策效应的放大。蒙代尔—弗莱明模型表明:在浮动汇率下,货币政策与财政政策的收入效应一般都要比固定汇率下来得大;而具有扭曲效应的限制性商业政策则是完全无效的。浮动汇率下政策效应的这种放大作用显然意味着一国政策收益的增加。即:在政策成本不变的情况下,浮动汇率的政策收益要大于固定汇率下的政策收益;而在政策收益相等的情况下,浮动汇率下的政策成本则要小于固定汇率下的政策成本。

(3) 政策偏好的自由选择。由于各国经济发展水平与经济结构的差异,各国在实现经济稳定与经济增长的做法上必然是不尽相同的。换句话说,由各国不同的经济环境所决定的政策偏好必定是不同的。这里,一个最具说服力的例子就是与菲利普斯曲线有关的,各国对失业与通货膨胀之替代率的选择。例如,英国与意大利偏好较低的失业率,而宁可忍受高于美国的通货膨胀率;而德国则宁可牺牲就业也要保持通货的稳定。由此导致的结果是,各国的通货膨胀率,从而它们的菲利普斯曲线的形状与位置并不是完全相同的。然而,这种具有个性的政策偏好在固定汇率下是不可能存在的。这是因为,在固定汇率制度下,各国的汇率一旦确定,就必须在一个相当长的时间里保持不变,这样,无论从购买力平价 $e=P/P^*$,还是从利率平价 $i=i^*+E\dot{e}$ 来看,由于 e 必须保持不变,所以 P 与 P^* 必须成比例,i 也就必须等于 i^*,这意味着本国任何不同于外国的通货膨胀率都是不允许的,否则就会出现 $P>P^*$ 或 $i<i^*$ 的情况而使均衡无法实现。固定汇率的这一缺陷在浮动汇率下就不复存在了,这是因为,各国政策当局现在可以借助于汇率 e 的调整,来维持一种相对高于或低于外国的通货膨胀率,来保持本国经济的稳定与增长。

(4) 政策纪律的强化。在固定汇率制度下,人们经常可以看到各国政策当局滥用固定汇率的现象,这在发展中国家中表现得尤为明显。例如,当一个发展中国家为加快本国的工业化而要大量进口资本品时,就会故意降低本国的汇率水平,以便减少进口成本。然而,这种人为高估本国货币的做法往往会导致进口过度、外汇供给短缺与国际债务状况迅速恶化的严重后果,以致对本国经济的健康发展有百害而无一利。拉美国家在 20 世纪 80 年代纷纷陷入严重的国际收支与国际债务的危机,在很大的程度上就是与它们高估本国的货币有关。另一种滥用固定汇率的现象是,那些急于通过增加出口来增加本国收入的国家,试图通过人为提高本国汇率,即故意低估本国货币价值的方法来实现这样的目的。然而,这同样是一种极其危险的做法,因为这会引起过度出口。在马歇尔—勒纳条件不能满足的情况下,过度出口只会恶化本国的贸易条件。而在出口产品为资源品的情况下,过度出口又会引起环境破坏、经济增长不可持续的严重后果。在浮动汇率制度下,以上所说的这些滥用汇率政策的做法就难以发生了,这是因为政策当局任何脱离实际的汇率政策都将被浮动汇率下的市场力量所纠正而使其归于徒劳。

(5) 增强经济的自由化。在固定汇率下,一国为维持一个固定的汇率,不仅需要对外汇市场的供求关系时时加以干预,有时甚至还要采取非常严厉的外汇管制政策。所有这样的干预,不仅需要支付很高的干预成本,而且还会导致严重的经济扭曲,以及因缺乏自由选择而引起的经济活力的下降。如上所述,浮动汇率可以减少有关当局的政策干预,这不仅可以降低社会成本(包括干预本身所需要的成本,由干预造成的经济扭曲所引起的成本,以及由干预出错所产生的成本),而且也有助于经济的自由化,而经济自由化又是一国经济活力与创新的源泉所在。

14.2.3 浮动汇率下的投机

尽管浮动汇率具有如上所说的市场效率与政策收益,但是仍有许多经济学家对其持反对的态度,其中一个最重要的反对理由是,由浮动汇率引发的投机会使浮动汇率变得极不稳定,或极易变动。针对浮动汇率反对论者的这一指责,浮动汇率的倡议者弗里德曼进行了反驳。弗里德曼的主要论点是:那些想使汇率变得不稳定,即准备推动汇率偏离均衡的投机者是注定要赔钱的,因为投机者只有在某种东西相对便宜时买入,当它变得相对昂贵时卖出,它才能赚钱,而投机者这样做的结果将是在价格最低时提高价格,在价格最高时降低价格,从而是稳定而不是扰乱浮动汇率的均衡。

14.3 固定汇率政策

14.3.1 较小的不确定性

除了浮动汇率会刺激投机、加剧浮动汇率的不稳定性这个主要的理由之外,反对浮动汇率的经济学家还提出了以下一些理由来证明,浮动汇率是有害的,而固定汇率则是一种占优的汇率政策。这些理由主要是:固定汇率下的不确定性较之浮动汇率要小得多;固定汇率下也会存在外汇市场的投机行为,但是与浮动汇率下的投机行为相比,固定汇率下的投机才真正具有稳定汇率与整个经济的作用;在浮动汇率下无价格(货币)纪律可言,而在固定汇率下价格纪律将对各国政府肆无忌惮地推行通货膨胀政策构成强有力的制约。

现在,先来比较两种不同汇率制度下的不确定性问题。经济生活中的不确定性,来源于经济变量的经常不断的变化,而浮动汇率恰恰就具有变化无常的特点。并且,由于汇率是一国参与国际经济活动的一种综合性变量,所以它的反复无常的变化不仅会影响外汇市场本身的均衡,而且还会影响到国际贸易、国际投资,以及国际分工。1997年秋天发生在东南亚各国的货币危机,很快就演变成为一次旷日持久的经济危机就是一个很好的说明。

浮动汇率的多变性或易变性不仅是因为存在大量的市场投机行为,而且还因为一国所有内部经济变量与外部经济变量的变化都会导致它的变动。

以致人们根本无法像预期消费或储蓄这类变动一样,可以借助于边际消费倾向或边际储蓄倾向这样的分析工具来预期收入增加之后的消费或储蓄的变动。浮动汇率所具有的这种多变且又难以预期的特点,导致了它的较大的不确定性。相比之下,固定汇率的不确定性却要小得多,这是因为,固定汇率制度下的汇率变动不是每时每刻都在进行的,至少在一个可预期的周期里它是稳定的。表 14-3-1 的统计资料似乎证实了这一点。

表 14-3-1 固定汇率与浮动汇率下的宏观经济表现(1960~1992)

	实际增长率		通 胀 率		失 业 率	
	1960~1972	1973~1992	1960~1972	1973~1992	1960~1972	1973~1992
美　国	3.7	2.3	2.8	6.3	4.9	7.1
日　本	11.0	4.0	5.6	5.3	1.2	2.2
德　国	5.5	2.3	2.9	3.7	0.6	4.6
法　国	6.0	2.5	4.3	7.7	1.8	7.4
英　国	2.9	1.9	4.5	9.8	2.8	7.9
意 大 利	5.7	2.9	3.8	12.0	3.1	8.6
加 拿 大	5.0	3.1	2.8	7.0	5.1	8.5
简单平均	5.7	2.7	3.8	7.4	2.8	6.6

资料来源: International Monetary Fund, *International Financial Statistics Yearbook*, 1991; Organization for Economic Cooperation and Development, *OECD Economic Outlook*, December 1993.

14.3.2 稳定性的投机

支持固定汇率制度的经济学家区分了两种不同性质的投机行为:一种是非稳定性的投机;另一种是稳定性的投机。并认为,浮动汇率制会助长非稳定性的投机,而固定汇率制度下产生的将是稳定性的投机。其理由如下:

第一,外汇市场上的投机当然也与人们的预期有关。当经济周期进入繁荣期以后,人们将预期其会继续增长,而当经济进入衰退期以后,人们则预期其还将继续变坏。因此,包括外汇市场在内的投机者,事实上并不是像弗里德曼所说的那样,在一种东西的价格处于最低时买进,然后在价格最高时将其卖出。而是相反,在价格上升,并预期其还会上升时买进;在价格下跌,并预期其还会下跌时卖出。

第二,在浮动汇率制度下,由于汇率是可变动的,因而,人们将按照经济变动的方向来对汇率的变动做出预期,结果,由此而引起的外汇市场上的投机将导致汇率波动幅度的加大(见图14-3-1中的C线)。

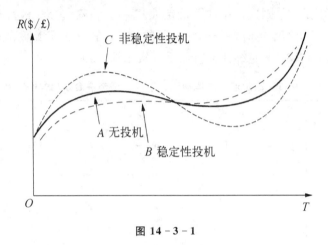

图 14-3-1

第三,在固定汇率制度下,由于汇率在一定时间内是保持不变的,因而,尽管人们对经济预期是看涨或看跌的,但因固定汇率的阻隔,对外汇市场上预期的价格变动并不像浮动汇率制度下那样强烈,而这将使固定汇率制度下外汇市场上的投机活动变得相对温和与迟钝,其结果反而是降低了实际的汇率波动幅度(见图14-3-1中的B线)。

14.3.3 严格的价格纪律

在浮动汇率下,一国可以通过本币贬值来推行具有较高通胀率的经济增长政策,在这里价格纪律,也就是货币纪律几乎是不起作用的。由此导致的后果是,国内价格的持续上涨(由价格下调刚性而产生的棘轮效应所致),以及经济周期的国际传递。就浮动汇率所产生的以上后果来看,由固定汇率转到浮动汇率而引起的货币纪律的放松,应当被看成是一种成本,而绝不能将其看作是一种收益。

在固定汇率下,由于汇率不可随意贬值,一国若随意推行过度扩张的经济政策,势必会引起储备的外流与资本的外逃,以致最后还得通过紧缩的经济政策来恢复经济的均衡。因此,可以这样说,固定汇率下的价格纪律要严于浮动汇率下的价格纪律,从而,固定汇率下的价格也要比浮动汇率下的价格来得稳定。

进一步的分析表明,与浮动汇率相比,固定汇率还具有内在稳定器的功能。在固定汇率下,一国经济的繁荣或衰退,将导致其进口的增加或减少,进而引起收入的增加或减少。然而在浮动汇率下,一国的收入增加或减少将因汇率的自动调整而被限制在国内,从而不是造成国内经济的通胀,就是引起国内经济的衰退。

14.3.4 世界货币主义的观点

在结束本节的讨论以前,我们有必要将越来越被人们所重视的世界货币主义的汇率政策作一个扼要的概述。世界货币主义在汇率政策问题上采取了不同于正统货币主义的立场。他们赞成固定汇率制度,并在以上各种反对浮动汇率制度理论的基础上,进一步提出了以下两个反对浮动汇率的理由:

第一,他们认为,只有当人们存在货币幻觉时,汇率的变动才会产生支出转换效应而使国际收支的调整得以进行,假如人们不存在货币幻觉,那么在一国出现国际收支逆差而实施贬值政策时,只会引致抵消性的通货膨胀,而不会改善国际收支。其理由可以推导如下:如果人们具有货币幻觉,贬值就会使人们相信本国的商品变得相对便宜了,而外国的商品则相对变得昂贵了,于是,人们就将调整他们的支出结构,即增加本国商品的消费,减少外国进口商品的消费,其结果是逆差得以消除;假如人们没有货币幻觉,那么当政策当局采取贬值政策时,人们将根据本国购买力平价未变的事实而保持原有的支出结构,这样就会导致货币需求的增加,以及随之而来的货币供给的增加,进而导致本国通货膨胀率的上升,而这又将抵消贬值在提高本国出口竞争力方面所起的作用,结果,国际收支的逆差依然存在,国内经济则因贬值所引起的货币供给的增加而走上通货膨胀的道路。

第二,由于存在棘轮效应,浮动汇率下汇率的伸缩性将会导致通货膨胀的加速。这是因为,本国货币的贬值会引起成比例的通胀率,而本国货币的升值却会因价格下降的刚性而非比例地下降,有时甚至还会拒绝下降。这样,浮动汇率制度下汇率变动的最终结果就是国内价格沿着梯子型的轨迹不断上升。

14.3.5 简单的小结

从以上两节关于浮动汇率政策好还是固定汇率政策好的争论来看,双方的论据似乎都很充分,这意味着它们都有存在的价值,并且都有被选择的机会。

一般说来,一种固定的汇率制度比较适合小国开放经济的场合,特别是那些只与一个或少数几个大国进行贸易的小国。这是因为:第一,小国经济内部调整的成本相对较低;第二,小国的贸易依存度较高,若采取浮动汇率制度会导致汇率过于频繁的波动;第三,由于小国的贸易伙伴国仅为一个或几个大国,所以采取固定汇率制度,钉住一种主要货币作周期性调整并不困难。

与此相反,一种浮动汇率制度则比较适合于大国经济,其理由是:第一,大国的对外贸易是多样化的,与之发生贸易关系的国家很多,很难选择一种基准货币实施固定汇率制度;第二,大国内部经济调整的成本相对较高,且又各自具有不同的通货膨胀率的偏好,因而采取浮动汇率制度将有利于其国内经济目标的实现;第三,大国的对外贸易依存度相对小国经济来说要低得多,若采取固定汇率制度,就将意味着以其内部经济的大调整来适应外部经济的小变化,而这肯定是不经济的。

由此可以得出的一个结论是:固定汇率与浮动汇率各有自己的长处与短处,一个国家究竟是选择固定汇率制度还是选择浮动汇率制度,将视其本国具体的经济条件而定。当然,除了固定汇率政策与浮动汇率政策这两种极端的选择之外,一国的政策当局也可以像私人投资中的资产组合一样,通过固定汇率政策与浮动汇率政策的某种组合来实现它所要达到的政策目标,对于这种政策组合的讨论就是下一节所要分析的主题。

14.4 中间选择的汇率政策

14.4.1 固定汇率中的浮动因素

固定汇率政策与浮动汇率政策组合的可能性来源于这样一个事实,即:在任何种类的固定汇率制度下事实上都包含着浮动汇率的基本因素。这一基本的因素就是所谓的汇率波动带(Exchange Rate Bands)。

在第二次世界大战以前的金本位制度下,汇率波动带是由一国黄金的输出(入)点所决定的。在战后的布雷顿体系中,则是由成员国共同认可的、上下1%的波动幅度所决定的。

在这样的一个可波动区域内,汇率的变动将主要取决于外汇市场的供求关系,政策当局的任务是防止汇率波动越出这样的一个波动区域,以保证固定汇率制度的正常运作。其基本的做法当然是这样的,即在汇率波动越出上述的波动带时,便通过国内政策的调整来迫使其返回预定的波动带(见图 14-4-1)。

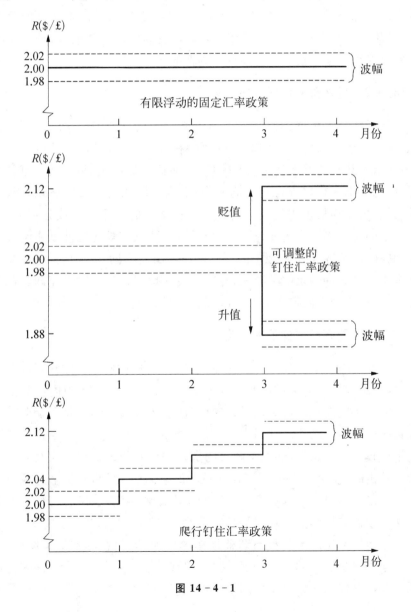

图 14-4-1

假如现在变金本位制为管理本位制(这在布雷顿体系解体之后已成为众所周知的事实),并可由各国政策当局随意放宽汇率波动带的波幅,那么一种既定的固定汇率制度就将演变为浮动汇率制度。

由此可见,固定汇率制度下的汇率并不是始终不变的,并且,它与浮动汇率制度之间也不存在不可逾越的鸿沟,只要放松对固定汇率波动幅度的管制,一种既定的固定汇率制度就会慢慢地转变为浮动汇率制度,或者成为固定汇率与浮动汇率相互混合的某种中间性的汇率制度。

14.4.2 可调整的汇率钉住政策

这种汇率政策在布雷顿体系下颇为盛行。在一国采取这样的汇率政策时,金融当局承担义务将本国的汇率保持在某个特定的,通常是钉住的水平上,但保留在某些情况下改变汇率的权力,即:当本国的国际收支出现持续的逆差时,有将本国货币进行贬值的权力;而当本国的国际收支出现持续的顺差时,又有将本国货币进行升值的权力。在本国的货币贬值或升值以后,再以一个新的钉住水平为基准,按照一个布雷顿协议所规定的波动带继续实施其可调整的汇率钉住政策(见图14-4-1)。由上可见,可调整的汇率钉住政策在本质上是一种固定汇率政策,但它又灵活地引入了浮动汇率政策的调整方法,因而被称为中间选择的汇率政策。

14.4.3 爬行钉住的汇率政策

爬行钉住的汇率政策是指:一国在一定的时间内接受本国货币的某个平价,并以一系列很小的调整幅度逐渐地改变平价,以适应本国内部经济与外部经济所发生的变化。简单地讲,爬行钉住汇率政策实际上是可调整钉住汇率政策的进一步浮动化。它通常发生在这样的情况之下,当一国汇率所要调整的幅度较大,采取可钉住调整政策的那种一步到位的调整方法会对经济造成较大冲击时,便可采取爬行钉住政策,通过多次小幅的调整来避免对经济的巨大冲击。与可调整钉住汇率政策的一次调整相比较,爬行钉住汇率政策的多次连续调整显然是增加了汇率的浮动性(见图14-4-1)。

随着爬行钉住汇率政策的调整频率的增加,即使在固定汇率制度下,也会出现某些只有在浮动汇率制度下才会出现的现象。例如,一个国家可以通过采用爬行过快的方法,即让本国货币尽快贬值的方法,来维持一种具有高于世界平均水平的通胀率的经济增长;同样,一个国家也可以采用爬行过慢的方法,来抵制外国通货膨胀的输入,从而享有一种高于世界普通水平的价格稳定性。

但是,由于爬行钉住的汇率政策仍然固守着固定汇率制度的基本规则,因而对于以下这些事情它显然是无能为力的:

第一,国内的货币政策仍然不能从汇率政策中独立出来。这是因为,在爬行钉住汇率政策下,为保持国际收支的平衡,一项贬值的爬行调整措施仍需要货币当局采取提高利率的措施来加以配合,否则,就必然会产生资本外流的现象,而使贬值的努力归于徒劳。

第二,爬行钉住汇率政策也不能使汇率对来自外部的冲击作出及时的反应和调整,特别是当来自外部的冲击较大时,更是如此。世界范围的固定汇率制度在70年代的石油危机中终结绝不是偶然的,由石油危机所引起的外部冲击几乎对所有工业化国家都产生了无法承受的国际收支危机,以致必须用浮动汇率来重新实现平衡,并以防类似情况的再次发生。

因此,爬行钉住的汇率政策,对于少数国家来说可能是一种可行的政策选择,但若作为一种普遍性的政策选择而在世界范围内加以推行则是有问题的。

14.4.4 宽幅波动的汇率政策

所谓宽幅波动的汇率政策,就是以某一个平价为基准,允许一国的汇率在一个较大的百分比之内进行波动。例如,在1971年以前的布雷顿体系下,一般只同意将汇率的调整控制在2%的波幅内。后来,随着美国放弃金汇兑制度与紧接着而来的石油危机,又将波幅放宽到5%~10%的波幅内。国际社会之所以要采用这种新的汇率政策,目的是为了给各国反周期(由石油危机所引起的战后最为严重的危机)的货币政策提供较多的自由,即:当一国试图用扩张性的货币政策来摆脱其国内的经济衰退时,允许其汇率可以有较大幅度的贬值。

此外,国际社会同意启用宽幅汇率政策的另一个意图是,增加对平价波动进行投机的成本,以便借此来减少投机力量对各国汇率波动的干扰性影响。以等式 $i^* = i - E\dot{e}$ 为例,假如外国利率(i^*)现在出现了一个较大幅度的变动,在本国利率(i)不可变的情况下,若只有汇率(e),进而也就是本国的预期汇率($E\hat{e}$)的小幅波动,在以上所述的两种钉住汇率政策下情况就是如此,那么 i^* 与 i 间的差额就无法被消除,套利者的收益将会因此而增加,套利活动也就会因此而猖獗起来,而这又将对 e 的稳定产生破坏性的影响。现在,通过放宽汇率可调整的幅度,即允许汇率及 $E\hat{e}$ 有较大的变动空间,那么当 i^* 上升时,金融当局就可以通过 e 与 $E\hat{e}$ 的相应波动来减少套利者的收益,从而使有害于 e 稳定的套利活动趋于收敛。不仅如此,在允许 e 与 $E\hat{e}$ 作较大幅度调整的情况下,套利者在收益下降的同时还将面临成本提高的现实。这是因为,在 i^* 上升并高于 i 时,本国的 $E\hat{e}$ 将是下降的,即本国的货币将会升值,而这意味着持有利率较高的外国货币资产的机会成本的增加。尽管我们的分析是有先后的,实际上由上式中 $E\hat{e}$ 的下降所引起的套利收益的减少与成本的增加是同时发生的,而套利成本—收益关系的这种双向变化势必会对套利行为产生抑制作用,进而增加汇率的稳定性。

从可调整的钉住汇率政策到爬行钉住的汇率政策,再到宽幅波动的汇率政策,我们可以发现,一种固定汇率制度正在汇率政策的这种静悄悄的变化中逐步演变成为浮动汇率制度。而从固定汇率与浮动汇率这两个极端出发,根据这两种汇率制度之基本因素的不同比例的组合,便有了以上三种具有代表性的中间选择的汇率政策。其中,就可调整的钉住汇率政策而言,其固定汇率制度的因素要多于浮动汇率制度的因素;就宽幅波动的汇率政策而言,其浮动汇率制度的因素要多于固定汇率制度的因素;而爬行钉住的汇率政策则处于一种中间选择的中间状态。

14.4.5 浮动汇率制度下的有效汇率政策

当各国的汇率政策经由以上所述的各种变化而走向宽幅波动的汇率政策时,由布雷顿体系所支持的固定汇率制度也就随着该体系一起完成了它的历史使命。从20世纪80年代起,几乎所有的工业化国家都开始走上了浮动汇率的道路。

在1973年以前的固定汇率制度下,各国金融当局所面临的主要问题是,何时以及怎样通过爬行钉住的汇率政策来改变一国的平价。但在世界货币体系由固定汇率制度转变为浮动汇率制度以后,所要解决的新问题则是钉住什么的问题。当主要国家的货币都相互钉住时,钉住美元的同时也就意味着必须钉住其他主要国家的货币,这对美国来说或许还有一些道理,但对钉住美元的小国来说,却没有任何理由值得这样去做,因为跟随美元一道去围绕主要国家的货币上下浮动纯粹是对本国经济的冲击。因此,在现行的浮动汇率制度下,各国所面临的首要问题是,为减少由世界主要货币之间的汇率变动所带来的损失,一个国家究竟应当钉住什么?是钉住一种主要货币;还是一揽子钉住。

广义地说,对于这个问题的回答只能是:各国应当努力通过钉住一揽子货币来稳定它们的有效汇率。所谓的有效汇率可以被定义为一国的贸易伙伴和竞争对手之双边或多边的汇率之贸易加权几何平均数。稳定有效汇率的这种做法,虽然不能完全消除由世界主要货币的汇率变动所产生的对于本国个别工业部门和厂商的竞争地位与出口成本的影响,但这些影响至少在整个经济中因加权平均的有效汇率政策的实施而趋于抵消,从而不至于破坏整个宏观经济的均衡。

当然,选择一揽子钉住的有效汇率政策也可能带来损失。例如,当个别厂商的主要贸易对象国的货币汇率出现超出平均水平的汇率波动时,就可能带来汇率风险。然而,这种损失究竟会对一国的福利产生多大的影响,还要将它与实施一揽子钉住的汇率政策的宏观经济收益进行权衡后,才能作出准确的判断。

最后,对于发展中国家来说,实行浮动汇率政策也许不是一种明智的选择。这是因为,大多数的发展中国家都具有市场规模相对较小,国内资本市场缺乏纵深等经济特征,由此带来的主要问题是,包括跨国公司直接投资与证券市场间接融资在内的资本流动性极差。在这种情况下,发展中国家若选择浮动汇率政策,那么因浮动汇率政策所导致的经常性的汇率波动是不可能通过资本流动来将其抵消的。其结果是,整个宏观经济将会因为汇率的不停波动而失去稳定性。

14.5 国际货币合作与通货区

14.5.1 国际货币合作的目的

几乎每一个主权国家都想在当前这样的一个充满竞争的国际货币领域中同时得到以下三个东西:第一,与主要贸易伙伴国的较为固定的汇率;第二,自主的货币政策;第三,受到控制的资本流动。然而,就像鱼和熊掌不能兼得一样,在现今的浮动汇率制度下,一个不与其他国家进行合作的国家,是不可能同时得到以上这三种东西的。

正如我们在以上的分析中已经表明的那样:在固定汇率政策下,一国的货币政策是缺乏弹性的,从而是不自主的,一国要想得到一种相对固定的汇率,就必须部分放弃其国内货币政策的自主性;假如一国改而采取钉住主要货币的汇率政策,尽管其国内货币政策的自主性与汇率的稳定性可以提高,但是它将因此而面临资本流动失控的局面,这是因为在钉住汇率政策下,汇率的变动是缺乏弹性的,只要外国的利率出现一个较大幅度的波动,就会出现大规模的投机性资本流动。

为了解决以上所面临的这些两难问题,出路只有选择国际货币合作的政策。例如,就像欧洲共同体国家所做的那样,建立货币联盟;或者像麦金农与蒙代尔所建议的那样建立最适通货区。

14.5.2 国际货币合作的形式

随着世界经济发展日趋一体化,在有关国际货币合作的文献中,货币一体化这一名词所出现的概率也越来越高了。但是,迄今为止,经济学家对于什么是货币一体化仍然没有提出一个能为大家所接受的,并且能够准确反映国际货币合作现状的定义。因此,在这里,我们只能就国际货币合作的程度之高低区分出几种较为典型的国际货币合作形式。

(1) 汇率联盟(Exchange-Rate Unions)。国际货币的这种合作方式包含以下一些合作内容:所有参加合作的成员国相互之间实行一种不可改变的固定汇率,且不允许作边际调整,各国国内的货币政策可自主选择。这样的国际货币合作显然需要对资本的自由流动加以控制,否则,任何一个成员国在改变其自主的货币政策而导致成员国间出现利率差异时,因汇率固定而必然要产生的投机资本的流动,就会使成员国之间的那种固定汇率无法得以维持。因此,这样的国际货币合作,事实上只是部分地解决了以上所说的两难问题。

(2) 名义汇率联盟(Pseudo Exchange-Rate Unions)。这个概念是由考尔顿(Corden)于1972年首先提出来的,它描述的是这样一种国际货币的合作形式:同盟成员国相互之间实行固定汇率,资本可以自由流动,并保证在货币政策上进行合作,但是,不实行货币政策的一体化。然而,正如我们在以上的分析中已经指出的那样,只要资本是可以自由流动的,那么要保证成员国之间的固定汇率几乎是不可能的,这也就是考尔顿为什么要把这样的国际货币合作称为名义的或虚假的汇率联盟的理由所在。

(3) 货币一体化(Monetary Integration)。这种国际货币合作的形式有时也被叫做通货区。它包括以下的合作内容：成员国采用单一汇率,即固定的,且不可作边际调整的汇率;货币一体化,即没有外汇管制,货币可以自由兑换;金融市场一体化,即资本可以在成员国之间自由流动;共同的货币政策。马斯特利赫特条约签署之后的欧洲货币体系,就是这样一种国际货币合作形式的典型例子。

(4) 货币单一化(Monetary Unification)。这一国际货币合作形式由以下三个要素构成：货币一体化;单一储备;再加上一个共同的中央银行。在这样的国际货币合作形式下,成员国没有汇率与货币政策的自主权,汇率水平与储备数量的多少,均由成员国共同的中央银行来决定。成员国与非成员国之间的外汇支付与平衡也由这个货币共同体负责处理。每个成员国的金融当局只能拥有少量的储备用于日常的周转。

从以上四种不同类型的国际货币合作形式来看,它们都不能使成员国同时得到上述的三种东西,即：较为固定的汇率;自主的货币政策;以及受到一定控制的资本流动。充其量只能满足参与国的两种要求：或者是固定汇率加自主的货币政策;或者是固定汇率加可控制的资本流动。既然如此,为什么仍有那么多的主权国家倾向于某种形式的国际货币合作呢？对此,必须通过国际货币合作的成本—收益分析,才能作出较为合理的解释。

14.5.3 国际货币合作的成本与收益

(1) 国际货币合作的收益。

国际货币合作的收益主要来自这样几个方面：一是可以降低贸易的汇率风险;二是可以减少货币兑换与资本流动的交易费用;三是可以实现国家与产业的规模经济。

对于各国的贸易商来说,一种不稳定的汇率是它的主要风险。对于厌恶风险的贸易商来说,由汇率变动而引起的风险增加也就是它的成本的增加。其结果势必会引起贸易的萎缩,进而导致收入的下降。现在,各国若能通过国际货币合作而形成一种相对固定的,甚至是单一的汇率,那么影响各国贸易量与收入水平之高低的汇率风险就会随之而消失。其结果将是成员国之间贸易量的增长与国民收入的增加。

在无国际货币合作的情况下,由于各国的货币不能自由兑换与流通,贸易商的资金融通与资本的跨国流动都须支付交易费用,特别是在外汇与资本管制的情况下,这种交易费用是很高的。当这种交易费用高到足以吞食掉贸易与对外投资所产生的利润时,它就会对一国的贸易与有收益的国外投资构成伤害。同样,当各国通过国际货币合作而使货币与资本可以自由流动时,这种交易费用就会大大减少,贸易与资本流动就会因此而受到刺激。

不仅如此,随着货币流通的交易费用的减少,外汇的流通价值提高了,而它的持有价值则相对下降了。这样人们就会减少外汇的持有量,进而导致整个国家储备量的减少与持汇成本的下降。这种由货币流通的交易费用下降所产生的挤出效应,也应当被看成是国际货币合作的一种收益。

最后,伴随着国际货币合作而来的汇率与货币的一体化,还将使一国的货币难以被人投机,这不仅是因为成员国的汇率与货币收益因国际货币合作而趋于一致了,而且还因为这种一体化的货币的绝对规模变大了,即,合作前的小货币变成了合作后的大货币,以致国际投机者没有那么大的力量,能够针对这种规模庞大的一体化货币制造差价。这就是我们所说的国家规模经济。此外,经由货币一体化而实现的市场内部化,无论如何要比通过贸易协定或跨国公司直接投资而实现的市场内部化更为有效,更加有利于国际分工的发展与产业规模经济的实现。

(2) 国际货币合作的成本。

国际货币合作的成本主要表现在以下两个方面:其一,参与合作的成员国将因此而失去汇率这一原本可以用来对本国宏观经济进行调整的政策变量;其二,参与合作的成员国也将因此而失去独立的货币政策。

一国参加国际货币合作以后,它在汇率政策上就再也没有任意选择与改变它的权力了,而这对于那些因要素禀赋从而贸易结构处于不利地位的国家来说,它们就将面临贸易项目的冲击(Terms-of-Trade Shock),结果合作前的汇率冲击并没有因参与国际货币合作而被消除,只不过采取了一种新的表现形式而已,即合作前的汇率冲击被合作后的贸易项目冲击所替代了。

另一种参加国际货币合作的成本是:各国因汇率与货币的一体化,特别是固定汇率的合作纪律,将失去本国独立的货币政策。这样,当本国的菲利普斯曲线的替代率与其他成员国不同时,就会出现以下两种情况中的某一种,即:或者是承受高于其他成员国的通胀率;或者是承受高于其他成员国的失业率。

(3) 改变成本—收益关系的政策措施。

以上所分析的国际货币合作的收益与成本究竟大小如何,是一个很难回答的问题。但是,人们至少可以通过改变国际货币合作的成本—收益关系,来使一个已经形成的合作体系继续存在与发展下去。

这里,最重要的政策措施就是在国际货币合作的基础上,进一步扩展经济合作的领域,通过经济的一体化来增加货币合作的收益,降低货币合作的成本。尽管经济一体化所导致的国际货币合作收益的增加很难直接观察到,但它对于降低国际货币合作的成本来说则是显而易见的。例如,若能通过经济一体化实现要素在成员国之间的自由流动,那么上面所提到的,作为国际货币合作之成本的贸易项目冲击就将不复存在。这是因为,由国际货币合作所造成的贸易项目冲击,原本产生于参与国的某种特定的要素禀赋,若允许要素自由流动,那么该成员国之易于招致贸易项目冲击的要素禀赋与贸易结构就会得到改变,冲击也就会随之消失,从而由这种冲击所造成的国际货币合作的成本也将挥之而去。我们在这里所作的分析也可以用来说明,欧洲共同体为什么在建立了通货区之后,还要通过签署马斯特利赫特条约,进一步推行整个经济的一体化。

至于上文中所提到的另外一种成本,即由国际货币合作所引起的货币政策独立性的丧失,仔细分析起来不能算是一种国际货币合作的成本支出。正如蒙代尔—弗莱明模型已经证明的那样,在固定汇率下,一国独立的货币政策对其本国收入的变动并没有什么影响。既然一国在参加国际货币合作时已经决定放弃浮动汇率,那么它还硬要坚持独立的国内货币政策也就没有多大实际意义了。

14.5.4 国际货币合作的条件

现在让我们来放松上述要素可自由流动的假定,设想一种只能进行国际货币合作,而无法实行整个经济一体化的情况。这种情况下的国际货币合作,实际上就是人们所说的通货区合作形式。

在通货区合作形式中,由于成员国只能进行国际货币合作,而不能进行更进一步的一体化合作,因而要素的流动是不自由的。在要素不能自由流动的情况下,以上所说的贸易项目的冲击就不可避免。这样,当要素禀赋不同的国家参与通货区合作时,势必会产生一部分成员国得益而另一部分成员国受损的结局,而这意味着该通货区最终是会解体的。这样就产生了一个问题:建立一个有效的,或最适的通货区究竟需要什么样的条件?

综合各种有关通货区的研究文献,通货区得以建立的条件大致有以下一些:

(1) 具有相近的通胀率。这一条件将使成员国之间的货币账户转换变得比较容易。

(2) 具有较高程度的要素流动性。因为要素的流动性可以用来补偿通货区建立之后汇率调整的刚性。

(3) 经济开放度较高的小国。这是因为,开放度高的国家偏好于稳定的汇率,而对于小国来说,它们通常又不具有依靠本国力量独自来稳定汇率的能力,所以,开放度越高、经济规模越小的国家就越是倾向于国际货币合作。

(4) 产品差别化的程度较高。这样成员国不必为了争夺相同产品市场而进行汇率战。

(5) 价格与工资都有较大的弹性。这样成员国就无须动用汇率杠杆来平抑物价,控制失业。

(6) 产品市场的一体化程度较高。其含义是,成员国的生产结构应当比较接近,这样便于选择共同商品来确定基准汇率。当然生产结构的相似并不排斥产品的差异,因而这个条件与上述的第四个条件并不冲突。

(7) 较高程度的财政合作。通货区的固定汇率将使各国的货币政策丧失功能,然而财政政策依然可以成为成员国损人利己的武器,因此,为防止通货区解体,就必须增加财政政策高度合作这一条件。

(8) 成员国的实际汇率是可变的。这是因为实际汇率反映的是一国购买力平价,它无法成为一国在通货区中伤害他国的手段。并且,实际汇率的调整是长期的,因为决定一国实际汇率的生产率的增长率的变动,是一国经济长期发展的结果。而当一国的实际汇率需要调整时,若通货区的其他缔约国不准其实现这样的调整,那么就会发生该国实际汇率低估的现象,从而会破坏通货区所达到的利益分配的均衡。

(9) 政治因素。这可能是所有条件中最为重要的一个条件,许多实证研究的成果表明,在欧洲通货区产生与发展的过程中,政治因素所起的作用要大于经济因素所起的作用,这是因为由参加通货区所造成的部分国家主权的让渡,若没有各国国内政治上的支持几乎是不可想象的。

(10) 地理环境因素。这是一个无需多加解释的条件,就通货区被冠名为"区"而言,参与通货区合作的国家自然应当是那些在地理位置上是相邻的,且处于一个共同区域内的国家。

以上所列举的这么多条件足以解释,为什么在今天的世界上只有欧洲一个通货区,而在世界的其他地区,产生不了与其相似的国际货币合作组织这种令人费解的现象。

14.5.5 通货区理论

(1) 通货区模型。

一个通货区至少需要两个或两个以上成员国的参加,为了使问题变得简单化,我们所要建立的是一个两国模型。

假定有两个国家 A 与 B,它们愿意组成一个通货区来形成一种相对固定的汇率。它们的名义货币需求分别为

$$P_A L_A(Y_A, i_A) = M_A \tag{1}$$

$$P_B L_B(Y_B, i_B) = M_B \tag{2}$$

式中,P_A 与 P_B 代表两国的价格水平;L_A 与 L_B 为两国的货币需求函数;Y_A 与 Y_B 为两国的实际收入;i_A 与 i_B 则是两国的名义利率;M_A 与 M_B 是两国名义货币的供给。

再假定,两国的货币市场是通过资本的自由流动而连接为一体的,而两国的金融资产又是完全可替代的,即不存在资产变换的交易费用与风险。这样,就可以得到连接两国货币市场的利率平价

$$i_A = i_B + e \tag{3}$$

这里的 e 是 A 国货币的预期贬值率(相对于 B 国的货币而言)。由于在建立通货区之后两国将实行固定汇率制度,因而(3)式中的 $e=0$,这样(3)式就会变为下式

$$i_A = i_B \tag{4}$$

舍去与 e 有关的(3)式(但我们必须经常记住它的实际存在,因为通货区面临的主要问题就是怎样才能使 $e=0$),那么从剩下的其他三个式子中可以看到,

在两国建立通货区时,有四个变量是需要双方共同来确定的,它们分别是:i_A,i_B,M_A 与 M_B。而确定这四个变量的过程实际上也就是确定通货区共同的固定汇率的过程。

(2) 通货区固定汇率的决定。

就以上四个变量的确定过程来看,其顺序大致是这样的:首先需要确定的是两国的均衡利率 i_A、i_B,这一均衡利率必须保证 $e=0$;然后,参加通货区的两个国家再根据这一均衡利率来决定它们各自的货币供给量 M_A 与 M_B。

为确定这四个变量,可以有两种不同的制度安排:一种是对称性的安排;另一种则是不对称的安排。所谓对称性的制度安排,就是合作双方共同来决定它们的均衡利率,进而建立起一个利率平价的固定汇率;所谓非对称的制度安排,就是在参与合作的两个国家中,由其中的一个国家首先确定它的利率水平,并将这一利率水平定义为通货区的均衡利率而要求另外一个成员国以此为基准来确定它的利率水平和国内货币供给的量。

在讨论两种不同制度安排下的均衡利率是怎样决定的这个问题以前,我们首先有必要来解决一个两种不同制度安排下都会遇到的问题,即菲利普斯曲线在通货区均衡利率决定中的作用问题。上述 A、B 两国在进行货币合作以前,其国内的货币政策显然是各自独立的,即它们国内货币供给量的决定是独立地进行的,但这并不是说这两个国家可以任意地决定它们国内货币供给量的多少,因为这将取决于它们两国所特有的菲利普斯曲线的形状与所处的位置(见图 14-5-1)。除此之外,还要涉及各国菲利普斯曲线的时间偏好,但考虑到这会使问题变得复杂化,故不在此加以讨论。

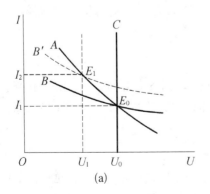
(a)

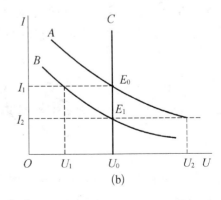
(b)

图 14-5-1

我们已经知道，一国的菲利普斯曲线给出的是一个国家对失业与通货膨胀间的替代关系的某种偏好，以及既定的替代率处于什么样的位置上。弗里德曼已经证明，长期的菲利普斯曲线是一条垂直于横轴的直线，因而，累积的货币存量的增加，会使该替代率处在一个相对较高的位置上。一个国家的货币存量越高，那么它的短期菲利普斯曲线与长期菲利普斯曲线之交点的位置也就会越高，由此所决定的货币供给的增量也就将越多，结果，为实现国内经济稳定的均衡利率就将越低。反之，则相反。现在，当以上所说的 A、B 两国怀揣不同的菲利普斯曲线来建立一个共同的通货体系时，即来共同决定一个能使 $e=0$ 的均衡利率时，将会发生什么呢？

我们先来讨论对称性制度安排下的均衡利率的决定问题。在对称性的制度安排下，当两国决定进行货币合作时，其均衡利率的决定可能出现以下三种结局：

① 如图 14-5-1(a) 中所示，当两国的自然失业率相等，即长期的菲利普斯曲线处在同一条直线上，并且两国的短期菲利普斯曲线能够在共同的长期菲利普斯曲线上相交时，那么这两个国家就可以在国内自然失业率与通胀率相等的情况下，轻而易举地确定一个能够保证 $e=0$ 的通货区均衡利率。

② 第二种可能出现的结局仍可从图 14-5-1(a) 中推导出来。即当两国的短期菲利普斯曲线斜率不同，而长期菲利普斯曲线的位置因两国偏好的自然失业率不同也不同时，能够保持 $e=0$ 的通货区均衡利率可能就会无解。这是因为，若选择图 14-5-1 中的 E_0 点为均衡解，那么 B 国就必须采取紧缩的货币政策来提高利率，而这将会引起 U_0-U_1 的失业，结果建立通货区的大部分成本将由 B 国来承担，这在对称性制度安排下显然是不可能为 B 国所接受的方案。假如选择图中的 E_1 点为均衡解，那么现在就该轮到 A 国来支付合作的成本了，这是因为在 E_1 点求均衡解，势必要求 A 国采取松的货币政策来加以配合，而这将导致 A 国通胀率的提高，因而也是不能为全体成员国所接受的方案。

③ 从图 14-5-1(b) 中则可以推导出第三种可能的结局。该图的含义是，两国长期菲利普斯曲线完全相同；短期菲利普斯曲线也完全相似，只是因为两国的货币存量不同，从而该曲线在长期菲利普斯曲线上的位置有高低之别。一旦出现这样的情况，那么在对称性的制度安排下，通货区的均衡利率仍将无解。其理由是：若在 E_0 点求均衡解，B 国就须独自承担由建立通货区

所产生的成本,即 B 国国内将因此而出现较高的通胀率;若在 E_1 点求均衡解,A 国则要独自承担建立通货区所带来的成本,即在 A 国国内将出现较高水平的失业率。

除了以上三种基本的结局之外,当然还存在其他的均衡解,这只要将两国的货币供给存量、自然失业率的位置、政策当局偏好何种斜率的短期菲利普斯曲线等因素综合起来考虑即可,在此就不再一一列举了。

现在,进一步来讨论非对称制度安排下的均衡解。从以上的分析中已经知道,只要两国的短期与长期菲利普斯曲线不能同时相交,那么通货区的均衡利率就会无解。假如参加通货区的成员国进一步增加到两个以上,那么由于各国长期、短期菲利普斯曲线不尽相同,要想得到一个成本均担的均衡利率就会变得更加困难。在这种情况下,为使问题得到解决,可能需要一种非对称的制度安排来求解通货区的均衡利率。或许有人会问,既然建立通货区的成本不能均担,那些明摆着要支付较高成本的国家为何还要去参加这样一个通货区呢?对此的回答是,尽管一国参加通货区的成本可能高于另外一个参加国,但只要参加通货区的净收益是为正的,那么即使要支付相对较高的成本,也仍然是值得的。

非对称制度安排下的均衡利率求解过程是这样的:先由上述两国中的某一个国家,比如 A 国根据其本国的菲利普斯曲线状况来决定它的货币供给量 M_A,然后据此来决定它的均衡利率 i_A,并由此决定 B 国的均衡利率 i_B,最后再决定 B 国的货币供给量 M_B。

由此得到的均衡解可能出现在图 14-5-1(a)中的 E_0 点或图 14-5-1(b)中的 E_0 点。若出现在图(a)的 E_0 点,假如主导国 A 与服从国 B 的短期菲利普斯曲线刚好相交,那么两国将均担货币一体化的成本;假如服从国的短期菲利普斯曲线为 B',从而位于主导国的短期菲利普斯曲线之上,那么服从国将支付国内失业增加的成本。若出现在图(b)的 E_0 点,那么服从国将支付国内通胀率提高的成本。

除了主导国与服从国的成本不同之外,非对称的制度安排必定要产生的一个新问题就是主导国的信用问题。在主导国信用度较低的情况下,即使服从国愿意承担相对较高的货币一体化成本,均衡利率也难以形成。以欧洲货币体系为例,参加货币联盟的各国之所以选择德国为决定均衡利率的主导国家,这不仅是因为德国的经济实力大于其他各国,而且最重要的是因为德国自第二次世界大战结束以来始终执行谨慎的货币政策,从而有着其他国家不能与之相比的货币信用度。在世界的其他地区,不仅是因为缺少某些建立通货区的必要条件,而且也找不到一个信用度较高的国家来充当货币联盟均衡利率决定的主导国家。最后,即使像德国这样一个货币信用度较高的国家,当其因东、西德合并而出现资金短缺,从而过分提高其本国利率,进而对货币联盟的均衡利率产生重大影响,并对其他服从国产生较大的伤害时,这种经由非对称的制度安排所建立起来的货币联盟还是产生了严重的危机,部分成员国为保持本国货币的价值安全(Safety-Value),不得不选择退出联盟的做法。由此可见,一个经由非对称的制度安排而建立起来的货币同盟,事实上也是非常不稳定的。更何况,这样的制度安排本身还包含着霸权主义的危险。

(3) 通货区的贸易冲击及其调整。

随着通货区的建立,成员国之间的货币冲击是消失了,但取而代之的则是来自实际经济方面的贸易冲击。贸易冲击可以区分为正向效应与负向效应两种。贸易冲击产生的原因包括:通货区各成员国之生产率的增长率出现了差异;或者各自的经济结构发生了非均衡的变化;或者是因为各自的消费与进口倾向发生了较为突然的变化;如此等等。

下面,以负向的贸易冲击为例来分析通货区(该通货区是经由非对称性制度安排而建立起来的)成员国的调整过程及其后果。假定通货区中的某一个服从国,例如模型中的 B 国,因为某种原因而出现了经常项目的逆差。由于汇率固定,而调整通货区均衡利率的权力又不在它的手中,因而,它唯一可以进行调整的方法就是在减少进口的同时缩减产量,而这又会引起它的实际收入的下降。随着实际收入的下降,人们对货币的需求也将趋于下降,在货币供给不能改变的情况下(这是由通货区的游戏规则所决定的),为满足 $i_A = i_B$ 这个条件,正在遭受贸易冲击的 B 国,就只有通过资本的外流来阻止本国利率的下降。其结果是不言自明的,该国最初的来自外部的贸易冲击,将引起一场真正的经济危机。

为了避免这样的危机发生,或当危机已经发生后,为了阻止危机的进一步恶化,该服从国的最终选择,可能就是宣布退出这种于己不利的货币合作体系。如果不只是一个成员国,而是有多个成员国采取这样的立场,那么这个通货区就将无法继续存在下去。为阻止成员国的这种退出行为,防止通货区的解体,可以采取的措施就是签署经济一体化的条约,以便借此来限制成员国自由退出的权力。因此,接着所要讨论的问题将是:经济一体化是否能够加强通货区的稳定性?

(4) 经济一体化的局限。

经济一体化虽然可以在名义上起到统一成员国的所有宏观经济政策的作用,但在实际上却未必,因为在成员国中可能存在"败德行为"。经济一体化虽然可通过扫除各种限制要素自由流动的障碍来促进要素的自由流动,进而增加成员国在面临贸易冲击时的调整手段,以防止它们随意退出通货区,然而因各种微观经济因素的制约,也未必能够达到预定的目标。

首先,就成员国的败德行为来说,在货币政策易于受监督的情况下,很可能利用较为隐蔽的财政政策来追求本国利益的极大化。例如,用降低税收的扩张财政政策来替代降低利率的扩张货币政策。或者用出口支持的政策来替代货币贬值的汇率政策等。当然,随着这些隐蔽性政策不断地给他国造成伤害,就如我们在上面所提到的贸易冲击,最终还是会被发觉的,但采取败德行为的国家已经得利在先。所以,最新的通货区理论研究的一个主要结论就是:一个稳定的通货区不仅需要成员国在货币政策上进行坦诚的合作,而且还必须在包括财政政策在内的所有宏观政策上进行全面的合作。这意味着成员国之间只有一个统一的中央银行还不够,还得在此之外再去建立统一的财政部等一体化的机构。然而,这样的经济一体化至少在目前是不现实的。

其次,发生在微观领域里的问题就更多了。在通货区汇率固定、货币政策又被锁定的情况下,通过经济一体化来打破资本与各种要素的流动壁垒,以增加各成员国在面临贸易冲击时的调整手段,当然是一个办法。但是,经济一体化只能扫除那些来自法律、制度与政府管制等方面的障碍,而不能解决一系列具体的微观经济问题。这些问题主要是:第一,劳动要素跨国流动中很高的迁徙成本与在他国就业所产生的较高的不确定性问题;第二,实际资本跨国流动过程中所产生的沉淀成本(Sunk Cost)与转换成本(Switching Cost)问题;第三,货币资产跨国流动中所遇到的资产组合因素的阻挠问题等。这些问题远不是通过签署一个经济一体化的条约就能解决的。因此,可以这样说,如何来保持通货区的稳定与有效的运转,至今仍是一个问题。

(5) 简单的小结。

综合以上几个方面的分析,我们可以看到通货区这种较高程度的国际货币合作形式,所需要的条件也要比其他国际货币合作形式来得更高。尽管通货区的合作形式较为高级,但它也存在相当大的不稳定性。经济一体化固然可以增强通货区的稳定性,但它的作用仍然有限。因此,适当增加通货区规则的灵活性,也许是一种成本较低,但收效却可能较大的改进措施。

本 章 小 结

1. 浮动汇率政策的好处是:具有较高的市场效率;可以产生许多政策上的收益。对于浮动汇率下的投机,人们有不同的看法:赞成浮动汇率的人认为投机是一种稳定汇率的力量;而反对浮动汇率的人则认为投机是破坏汇率稳定的力量。

2. 固定汇率的好处是:具有确定的汇率变动预期;投机将被控制在有利于经济与汇率稳定的范围内;货币纪律发挥着重要的作用。浮动汇率要以人们存在货币幻觉为前提条件,而固定汇率则不存在这个问题。

3. 从浮动汇率与固定汇率的争论中,人们得出的第一个结论是:固定汇率比较适合于大国,而浮动汇率则比较适合于开放度大的小国。

4. 从浮动汇率与固定汇率的争论中,人们得出的第二个结论是:一国可以从浮动汇率或固定汇率这两个不同的极端汇率政策出发,去选择这两种汇率政策之不同组合的中间性汇率政策,以提高本国汇率政策的效率与灵活性。

5. 从可调整的钉住汇率政策到爬行钉住的汇率政策,再到宽幅调整的汇率政策,汇率政策理论不仅给出了可供选择的各种中间性汇率政策的菜单,而且也是对布雷顿体系解体以来的各国汇率政策演变的理论阐述。

6. 有效汇率政策是在世界货币体系浮动化的条件下提出来的,它主张一揽子货币加权平均钉住的汇率政策,这对于那些对外贸易关系比较复杂的小国来说也许是可取的,但因存在各种技术上的难题,实行起来则相当困难。

7. 浮动汇率制度的普遍化导致了巨大的汇率风险。为避免这样的风险,各国开始寻求非布雷顿式的国际货币合作方式。依据国际货币合作程度上的差异,大致可以区分出以下一些类型的国际货币合作方式:汇率联盟;名义汇率联盟;货币一体化;以及货币单一化等。

8. 国际货币合作的条件与国际货币合作的程度正相关,即:国际货币合作的程度越高,国际货币合作所需要的条件也就越高。国际货币合作的可行性则取决于这种合作的成本与收益的比较结果。

9. 目前世界上比较成熟的国际货币合作方式首推通货区合作方式。这不仅是因为它有欧洲货币体系这个实际存在的样板,而且还因为它已经具有比较正式的理论模型。通货区的理论模型告诉我们,这种特定形式的国际货币合作方式所要解决的首要问题是通货区的均衡汇率如何来决定。这里大致有对称性与非对称性这两种不同的解决方法。其中对称性解决方法所要求的条件要比非对称性解决方法来得更高。通货区的收益来自货币冲击的消失与汇率预期的稳定,其成本则是作为货币冲击之替代物的贸易冲击。并且,在非对称的制度安排下,这种冲击对于成员国来说也是不对称的。为了抵消这种贸易冲击,就必须进一步在资本与要素的自由流动方面进行合作,而这将意味着经济的一体化。然而,由于成员国的败德问题,再加上各种微观因素的实际限制,经济一体化在改善资本与要素自由流动方面的作用并不像人们所预期的那样大,因而,如何提高通货区的效率与稳定性,至今仍是一个问题。

本 章 关 键 词

市场效率 　　政策收益 　　货币纪律 　　可调整的钉住 　　爬行钉住　　宽幅浮动 　　汇率联盟 　　名义汇率联盟 　　货币一体化 　　货币单一化 　　通货区 　　欧洲货币体系 　　通货区均衡汇率 　　对称性合作　　非对称性合作 　　贸易冲击 　　经济一体化

本 章 思 考 题

1. 浮动汇率的主要好处有哪些?投机在浮动汇率中究竟起着什么样的作用?

2. 赞成固定汇率的主要理由是什么?为什么在固定汇率下投机可以起到稳定汇率与经济波动的作用?

3. 中间性汇率政策的产生是否有其必然性?试从理论与实践两个方面来加以说明。

第十四章 汇率政策

4. 哪些汇率政策属于中间性的汇率政策？它们各自有什么样的特点？

5. 在从固定汇率政策、中间性汇率政策、浮动汇率政策，直至有效汇率政策这么多的汇率政策菜单中，一国究竟应当选择什么样的汇率政策？其条件是什么？其政策的成本与收益又各是怎样的？

6. 国际货币合作的形式有哪些？国际货币合作的基本条件是什么？为什么说国际货币合作的程度与国际货币合作的条件正相关？

7. 什么是通货区？通货区的均衡汇率是怎样确定的？菲利普斯曲线在通货区均衡汇率的决定过程中起着什么样的作用？

8. 通货区中的贸易冲击是怎样产生的？在通货区发生贸易冲击之后它又是怎样进行调整的？调整的结果又是怎样的？

9. 通货区的稳定性如何？当通货区的稳定性出现问题后能否通过经济一体化来给予加强？为什么？

主要参考书目

John Williamson: *The Open Economy and the World Economy* (Basic Books, Inc., Publishers, New York, 1987)

Paul R. Krugman, Maurice Obstfeld: *International Economics: Theory and Policy* (Eighth Edition, Addison-Wesley, 2008)

Dominick Salvatore: *International Economics* (Ninth Edition, Wiley, 2007)

Masahisa Fujita, Paul R. Krugman, Anthony J. Venables: *The Spatial Economy: Cities, Regions, and International Trade* (Massachusetts Institute of Technology, 1999)

Paul R. Krugman: *Strategic Trade Policy and the New International Economics* (Massachusetts Institute of Technology, 1986)

Robert C. Feenstra: *Advanced International Trade: Theory and Evidence* (Princeton University Press, 2004)

Journal of International Economics

后　记

　　随着我国经济对外开放度与依存度的不断提高,复旦大学世界经济系于1994年决定在本科生中开设国际经济学课程,并由我担任主讲。在世界国际经济学界文献浩如烟海、国际经济学教科书不断推陈出新的情况下,作者接受这一任务后真不知从何着手为好。在经过艰苦的文献查阅和研读比较的基础上,作者选择了三本在国际上享有声誉的优秀教科书作为本课程的主要参考文献("参见主要参考书目"),并以此为依据确立了教材编写大纲与本教材的框架体系。

　　1995年,复旦大学出版社决定出版经济管理系列教材,以推动复旦大学经济管理学科的建设,提高这两个学科的教学水平,笔者的《公共经济学》与《国际经济学》两本教材都被列入该出版计划。由于精力所限,再加上国际经济学的教学体系需要作进一步的完善,所以笔者将公共经济学教材的编写工作放在了优先的地位。及至1996年底,国家教委在天津南开大学召开的教委重点教材编写会议上通过了笔者的申请,将本书正式列入教委资助的重点教材系列,才使笔者最后下决心来编写这样一本难度较大的教科书。1997年9月,复旦大学选派我到日本关西大学访问研学半年,从而使得我能够集中精力,一气完成这部教材的编写工作。

　　在我已经出版的多部著作与教科书中,这是第一部从头到尾用电脑进行书写的作品,从而也是我历年来写作成本最高的作品,因为书写用的电脑与中文软件都是在日本购买的。不仅如此,由于在使用日本制式电脑的过程中,无论在电脑硬件还是软件的使用上都遇到过很多技术上的难题,因此,笔者不得不付出大量心血来对付这些技术问题。当然,通过干中学(learning-by-doing),作者也时常感受到知识上的满足。在这里,我特别要感谢关西大学国际交流中心的职员与经济学部的研究生土屋先生,他们分别在硬件与软件的使用上给了我极大的帮助。

此外，我还要特别感谢我的妻子申庆蒂女士。在本书的编写过程中，她先是承受了一人独自在国内照顾孩子的辛苦与寂寞。来日本探亲后，除了帮助我料理生活琐事之外，还帮助我作了文献资料整理、图表绘制与电脑编辑等工作，并经常陪伴我工作至深夜。可以这样说，在本书的字里行间也凝结着她的心血。

最后，我还要感谢日本神户大学的中国留学生潘志仁博士，他用自己的打印机为我提供了全书文稿打印的方便。当然，也要感谢本书的编辑徐惠平先生对本书出版所作出的贡献，以及复旦大学出版社对作者编写本书的支持。至于书中可能存在的问题与错误则应完全由笔者自己来负责。

华 民

1998 年 2 月 22 日

完稿于日本国大阪府吹田市千里山西竹园

第二版后记

本教材使用已经十年有余。在这十多年时间里，国际经济学研究的对象已经发生了很大的变化，国际经济学的研究方法也有了很大的突破，所以有必要对本教材加以修订。国际经济学的最新发展在微观领域里表现得格外突出，所以本次修订主要是扩展和增加微观贸易理论部分的内容。新增加的四章分别是：产品内贸易理论、经济地理与国际贸易理论、技术转移，以及战略性贸易理论。其中技术转移和战略性贸易理论也不是最近才讨论的问题，只是因为受课时限制，并且因为找不到一个好的理论框架来加以表述，所以未能在旧的版本中加以阐述。借本书修订的机会，与产品内贸易理论和经济地理与国际贸易这两章一并编入新编的教材。这样的做法是否合理尚有待教学实践的检验。在此次新版修订中，刘佳、田蒿、阚磊和谭旼旼等参与了修订工作，在此特表感谢。

华　民

2009 年 7 月 31 日于复旦

图书在版编目(CIP)数据

国际经济学/华民编写.—2版.—上海:复旦大学出版社,2010.2(2019.4重印)
(复旦博学·经济学系列)
ISBN 978-7-309-06975-4

Ⅰ.国… Ⅱ.华… Ⅲ.国际经济学 Ⅳ.F11-0

中国版本图书馆 CIP 数据核字(2009)第 209267 号

国际经济学(第二版)
华　民　编写
责任编辑/徐惠平　岑品杰

复旦大学出版社有限公司出版发行
上海市国权路 579 号　邮编:200433
网址: fupnet@fudanpress.com　http://www.fudanpress.com
门市零售:86-21-65642857　团体订购:86-21-65118853
外埠邮购:86-21-65109143　出版部电话:86-21-65642845
上海华教印务有限公司

开本 787×960　1/16　印张 22.5　字数 357 千
2019 年 4 月第 2 版第 7 次印刷
印数 23 501—25 100

ISBN 978-7-309-06975-4/F·1541
定价:45.00 元

如有印装质量问题,请向复旦大学出版社有限公司出版部调换。
版权所有　侵权必究